빅데이터
영어

'운도 실력이다.'는 말이 있다. 선택형 문항으로 이루어진 공무원시험에서는 운 역시 합격에 영향을 미치는 것처럼 보이기도 한다. 하지만 운은 저절로 실력이 되지는 않는다. 운이 실력이 되기 위해서는 반드시 단단하게 다져진 바탕이 필수적이다. 따라서 수험생은 무엇보다 단단한 바탕을 다지는 것에 힘써야 한다.

그렇다면 단단한 바탕을 다지기 위해 필요한 것은 무엇일까. 물론 각 과목의 이론을 정리하고 암기하는 것도 어느 정도 필요하다. 하지만 모든 과목이 그러하듯 관련 이론의 양은 매우 방대하며 그것을 다 암기하는 것은 거의 불가능하다.

운을 실력으로 만드는 단단한 바탕은 바로 충분한 문제풀이로 다질 수 있다. 그동안 쌓아온 실력을 실전에서 최대한으로 발휘하기 위해 반드시 요구되는 것은 바로 충분한 문제 풀이이다. 다양한 유형의 문제를 미리 접해보고 출제유형을 파악하는 것은 실제 시험에서 당황하지 않고 자신의 실력을 최대한으로 발휘할 수 있게 만든다.

영어는 학습할 양이 매우 많아 만족할 만한 성과를 내기 위해서는 인내와 노력이 필요한 과목이다. 9급공무원 영어 예상문제 빅데이터는 기출문제와 출제가능성이 높은 다양한 유형의 예상문제를 수록하여 공무원시험 완벽대비를 책임진다.

1%의 행운을 잡기 위한 99%의 노력! 본서가 수험생 여러분의 행운이 되어 합격을 향한 노력에 힘을 보탤 수 있기를 바란다.

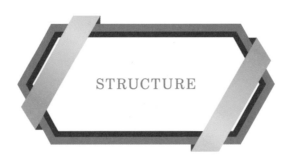

STRUCTURE

▌공무원시험 유형 완벽 분석

다양한 유형의 문제를 체계적으로 분석하여 내용에 대한 흐름을 파악할 수 있도록 구성
하였습니다.

▌단원별 기출문제 복원

최신 기출문제를 비롯하여 그동안 시행된 기출문제를 복원·재구성하여 출제유형 파악
에 도움이 되도록 만전을 기하였습니다.

▌해설의 상세화

기출문제 및 출제예상문제에 대한 해설을 이해하기 쉽도록 상세하게 기술하여 실전에
충분히 대비할 수 있도록 하였습니다.

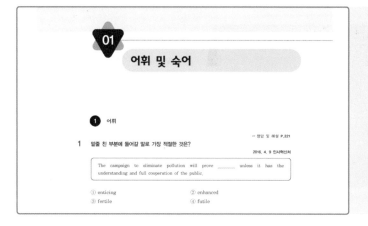

핵심예상문제

그동안 실시되어 온 기출문제의 유형을 파악하고 출제가 예상되는 핵심영역에 대하여 다양한 유형의 문제를 엄선·수록하였습니다.

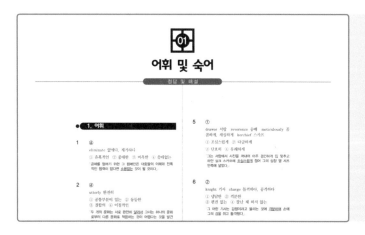

해설 및 보충설명

핵심을 콕! 짚는 해설과 참고가 되는 보충설명을 통해 기본이론에 대한 지식이 부족해도 문제풀이가 가능하도록 내용을 심도 있게 정리하였습니다.

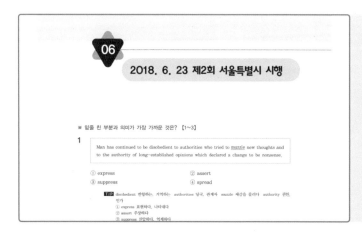

기출문제분석

최신 기출문제를 수록하여 공무원시험 출제유형 파악에 도움을 주고자 노력하였습니다.

CONTENTS

CONTENTS

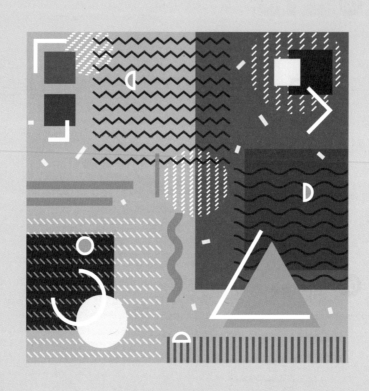

PART

01

영어

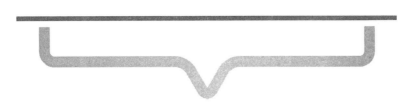

01

어휘 및 숙어

1 어휘

☞ 정답 및 해설 P.221

1 밑줄 친 부분에 들어갈 말로 가장 적절한 것은?

2016. 4. 9 인사혁신처

> The campaign to eliminate pollution will prove _____ unless it has the understanding and full cooperation of the public.

① enticing
② enhanced
③ fertile
④ futile

2 밑줄 친 부분에 들어갈 말로 가장 적절한 것을 고르면?

2016. 6. 18 제1회 지방직

> The two cultures were so utterly _____ that she found it hard to adapt from one to the other.

① overlapped
② equivalent
③ associative
④ disparate

3 다음 중 밑줄 친 단어와 뜻이 가장 가까운 것은?

2016. 6. 25 서울특별시

> Parents must not give up on kids who act <u>rebellious</u> or seem socially awkward; this is a normal stage most youngsters go through and eventually outgrow.

① passive   ② delirious

③ disobedient   ④ sporadic

4 밑줄 친 부분의 의미와 가장 가까운 것은?

2015. 3. 14 사회복지직

> Babies as young as one and two months of age have the capacity to <u>discriminate</u> speech sounds.

① distinguish   ② dislocate

③ disturb   ④ distribute

5 밑줄 친 부분과 의미가 가장 가까운 것은?

2015. 4. 18 인사혁신처

> He took out a picture from his drawer and kissed it with deep reverence, folded it <u>meticulously</u> in a white silk kerchief, and placed it inside his shirt next to his heart.

① carefully   ② hurriedly

③ decisively   ④ delightfully

6 밑줄 친 부분에 가장 적절한 것은?

2015. 4. 18 인사혁신처

> The young knight was so _____ at being called a coward that he charged forward with his sword in hand.

① aloof
② incensed
③ unbiased
④ unpretentious

7 밑줄 친 부분의 의미와 가장 가까운 것은?

2015. 6. 13 서울특별시

> Lawmakers in Nevada, New Mexico, Texas and Utah are trying to pass bills that would allow the states to circumvent daylight saving time laws.

① cramp
② maintain
③ codify
④ reestablish

8 밑줄 친 부분과 의미가 가장 가까운 것은?

2014. 6. 21 제1회 지방직

> Electric cars also are a key part of China's efforts to curb its unquenchable appetite for imported oil and gas, which communist leaders see as a strategic weakness.

① infallible
② aesthetic
③ adolescent
④ insatiable

2014. 6. 21 제1회 지방직

9

If you are someone who is _____, you tend to keep your feelings hidden and do not like to show other people what you really think.

① reserved   ② loquacious
③ eloquent   ④ confident

10

How did you _____ selling cosmetics online?

① go around   ② go back
③ go down   ④ go into

11 밑줄 친 부분과 의미가 가장 가까운 것은?

2014. 6. 28 서울특별시

David decided to <u>efface</u> some lines from his manuscript.

① enlighten   ② appreciate
③ construe   ④ recite
⑤ erase

※ 밑줄 친 부분에 들어갈 가장 적절한 것을 고르시오. 【12~13】

12

> Visaokay assists the Australian travel industry, corporations and government, and individuals by _____ the entire visa advice and visa issuance process. Visaokay minimizes the complexity and time delays associated with applying for and obtaining travel visas.

① appreciating ② aggravating
③ meditating ④ facilitating

13

> Given our awesome capacities for rationalization and self-deception, most of us are going to measure ourselves _____ : I was honest with that blind passenger because I'm a wonder person. I cheated the sighted one because she probably has too much money anyway.

① harshly ② leniently
③ honestly ④ thankfully

※ 밑줄 친 부분과 의미가 가장 가까운 것을 고르시오. 【14~15】

14

> They didn't want to be bothered with <u>mundane</u> concerns like doing the dishes while on vacation.

① embarrassing ② everyday
③ deep ④ annoying

15

> Two banks underwent <u>a merger</u> and combined into one huge operation.

① (an) amalgamation ② (an) inspection
③ (a) trial ④ (a) dissolution

16

> A classic stereotype is that men are better at math than women, but there has been little _____ evidence to explain this.

① simultaneous   ② suspicious

③ unstable   ④ solid

17

> Many people in southern India have dark skins, but scientists have been _____ to classify them with black Africans because of their Caucasoid facial features and hair forms.

① reluctant   ② welcome

③ diffident   ④ willing

18

> The American Academy of Pediatrics suggests that parents _____ their own TV watching, to allow more time to actually talk with their kids.

① prevail   ② assimilate

③ bestow   ④ curb

19 다음 문장의 빈칸에 들어갈 가장 적절한 것은?

> The executives should estimate their debt-to-income ratios to see whether they run the risk of becoming _____.

① insolvent   ② inverted

③ distracted   ④ decoded

20 문맥상 밑줄 친 부분에 들어갈 표현으로 가장 적절한 것은?

> Fast-food franchises have been very successful in the U.S. Part of the appeal is _____. At the major hamburger or chicken franchises, people know what the food is going to taste like, wherever they buy it.

① the profitability   ② the predictability

③ the feasibility   ④ the substantiality

21 밑줄 친 곳에 공통으로 들어갈 단어로 가장 적절한 것은?

> • She thought she just had a _____ of flu.
> • At university he wrote a bit, did a _____ of acting, and indulged in internal college politics.
> • The dishes he produces all have a personal _____.

① touch   ② pain

③ symptom   ④ case

22 밑줄 친 부분에 들어갈 표현으로 가장 적절한 것은?

> A very small number of news organizations, including The Wall Street Journal, The Financial Times and Newsday, already charge online readers, each with a system developed largely in-house, and The New York Times announced recently that it planned to do the same. But with advertising plummeting, many other publishers eager for a new source of _____ are considering making the switch, despite the risk of losing audience and advertising.

① revenue   ② information

③ renewal   ④ interest

※ 다음 밑줄 친 부분과 의미가 가장 가까운 것을 고르시오. 【23~24】

23 Sarah frequently hurts others when she criticizes their work because she is so underline{outspoken}.

① reserved   ② wordy

③ retrospective   ④ candid

24 Mary and I have been friends over 10 years but I sometimes have a strange feeling to her. She is underline{as deep as a well}.

① easy to persuade

② simple to satisfy

③ impatient to deal with

④ difficult to understand

25 빈칸에 들어갈 말로 가장 적절한 것은?

> One bacterium that survives keeps replicating because it is not _____ to the drug treatment.

① curable   ② susceptible

③ prosperous   ④ reproductive

26 다음 중 의미상 서로 어울리지 않은 표현끼리 짝지어진 것은?

① generous — benefactors

② luxuriant — hair

③ complimentary — gift

④ stationery — troops

※ 다음 글의 빈칸에 들어갈 말로 가장 적절한 것을 고르시오. 【27~28】

27 There are two excellent television programs scheduled tonight, but I can see only one of them because they are _____.

① indisputable
③ matchless

② concurrent
④ indispensable

28 Icelanders are individualists like Americans. The difference seems to be in a sense of community. Iceland, known as the land of "fire and ice," is about living with opposing forces. It is one of the most active volcanic countries on earth, but has 4,536 square miles of _____ — heat and cold, co-existing. No surprise then that its society can reconcile another set of opposing forces : individualism and the needs of the community.

① glacier
③ desert

② prairie
④ swamp

29 다음 글이 설명하는 단어로 가장 알맞은 것은?

> To some fairly frequently, perhaps occasionally to all, there come little flashes of illumination — momentary glimpses into the nature of the world, which come to us when we're off our guard.

① impulse
③ inspiration

② lust
④ idealism

※ Choose the one that best satisfies the blank. 【30~32】

30 He is very _____ about the music he picks. He exclusively listens to hip hop and reggae.

① fastidious
③ unreasonable

② capricious
④ frugal

31 Jaws, Steven Spielberg's 1975 film, was a huge commercial success, and it _____ many copycat flicks.

① transported
② appreciated
③ oppressed
④ hatched

32 Time is like art — mysterious, _____, and precious.

① inflammable
② imprudent
③ impenitent
④ intangible

33 Choose the one which is closest to the underlined expression in meaning.

> The complexity of their work means that educational psychologists have to undergo a <u>rigorous</u> professional training.

① high-level
② delicate
③ harsh
④ trifling

34 밑줄 친 단어와 괄호 안에 주어진 단어의 의미가 서로 다른 것은?

① Her mother was a <u>celebrated</u> actress. (famous)
② Paul Scofield gave an <u>exquisite</u> performance. (excellent)
③ Wash the fish and take off the <u>scales</u> with a knife. (measures)
④ She's on study <u>leave</u> until the end of September. (vacation)

35 밑줄 친 부분과 의미가 가장 가까운 것은?

> Their office work has largely been <u>supplanted</u> by the use of a computer program that fulfills the same function.

① supported
② substituted
③ dismissed
④ provided

36 다음 밑줄 친 단어와 의미가 가장 가까운 것은?

> Air temperatures of over 130 degrees in summer are common in this <u>desolate</u> island.

① sultry
② temperate
③ deserted
④ wet and humid

37 다음 빈칸에 들어갈 적절한 단어는?

> Reviews on caffeine and conception _____. One study of 2,817 women found no effect of caffeine on their chances of conceiving, while another of 1,909 women linked more than 300 milligrams of caffeine daily to a delay in conception.

① conflict
② coincide
③ make sense
④ manifest themselves

※ 다음 중 밑줄 친 부분의 단어와 의미가 가장 유사한 것을 고르시오. 【38~40】

38 Pride goes before destruction and a <u>haughty</u> spirit before a fall.

① holy
② still
③ arrogant
④ severe

39 Infosys rightly sees itself as more <u>agile</u> than IBM.

① nimble   ② extravagant
③ caustic   ④ suspicious

40 Having U.S. citizens in the family has also become something of a political <u>liability</u> for public figures.

① benefit   ② stance
③ precursor   ④ disadvantage

41 다음 밑줄 친 부분에 가장 적당한 것은?

> Totalitarianism champions the idea that everyone should be subservient to the state. All personal goals and desires should be thrown aside unless they coincide with the common good of society. Freedom for the individual is _____ so that the level of freedom for all can be raised.

① sacrificed   ② rewarded
③ advocated   ④ expounded

42 다음 밑줄 친 단어와 의미가 같은 것은?

> If you happen to have an unhealthy <u>penchant</u> for salt, it may not be solely your fault. Mom may have to share some of the blame. Or so suggests a small but intriguing body of research.

① ailment   ② liking
③ ornament   ④ translation

43 밑줄 친 jeopardized와 같은 의미를 가진 것은?

> Once pregnant, women face an uncomfortable reality : The stigma of unwed motherhood is greater than that of having an abortion. Students are often forced to drop out of school. Working women can find their careers jeopardized.

① destroyed   ② regulated

③ endangered   ④ increased

※ 다음 글의 밑줄 친 곳에 들어갈 알맞은 것을 고르시오. 【44~46】

44 This attitude — that nothing is easier than to love — has continued to be the prevalent idea about love in spite of overwhelming evidence _____.

① to the contrary   ② by and large

③ in addition   ④ in vain

45 I do not mean to suggest that we should seek to eliminate fear altogether from human life. Were this humanly possible, it would not be practically _____. Fear is the elemental alarm system of the human organism which warns of approaching dangers and without which man could not have survived in either the primitive or modern world. Fear, moreover, is a powerfully creative force.

① desirable   ② lamentable

③ potential   ④ reiterant

46 In 1966, Edward Hall compared the nature of culture to an iceberg. You can see part of an iceberg, but most of the iceberg is below the water and cannot be seen. _____, most aspects of culture are not visible. These invisible aspects are things which we are familiar with but don't usually think about or question.

① After all   ② In contrast

③ Nevertheless   ④ Similarly

47 밑줄 친 단어의 의미를 가장 잘 나타낸 것은?

> Edgar Stevens is 80 years old, but he still steps along with the <u>jaunty</u> air he had at 40.

① having a self－confident manner
② looking upon something
③ reserved and serious in manner
④ shaking with a rapid motion

48 다음 중 밑줄 친 단어의 쓰임이 적절치 못한 것은?

① Alcohol has a very bad <u>affect</u> on drivers.
② Their opinion will not <u>affect</u> my decision.
③ The incident <u>effected</u> a profound change in her.
④ The new law will be put into <u>effect</u> next month.

49 다음 문장의 밑줄 친 곳에 가장 적절한 것은?

> The normally ＿＿＿＿＿＿ Mr. Robert has said little.

① taciturn   ② reticent
③ quiet   ④ loquacious

50 다음 글의 밑줄 친 단어와 의미가 같은 것은?

> The purpose of environmental water retention areas is to slow down the <u>permeation</u> of water into the soil in order to reduce harmful chemicals reaching the ground water and water ways.

① infiltration   ② evaporation
③ permanent   ④ pregnancy

51 글의 문맥상 밑줄 친 단어와 의미가 가장 가까운 것은?

> In ancient Greece athletic festivals were very important and had strong religious associations. The Olympic athletic festival, held every four years in honour of Zeus, eventually lost its local character, became first a national event, and then after the rules against foreign competitors had been <u>waived</u> international.

① controlled ② noticed

③ abolished ④ arranged

※ 밑줄 친 부분과 의미가 가장 가까운 것을 고르시오. 【52~53】

52 In recent years his relatives tried repeatedly to persuade him to give up his trial. He angrily rebuffed the pleas. Just as his <u>siblings</u> lamented his narrow mind, he certainly despised their ideas.

① friends ② parents

③ supporters ④ brothers and sisters

53 The material in the unconscious is not forgotten or dormant. It has been repressed because of anxiety producing nature, but its influence on behavior is <u>pervasive</u>. The unconscious constitutes personality. Much of our behavior is acting out our unconscious fantasies.

① widespread ② persuasive

③ perverse ④ negligible

54 다음 밑줄 친 propitious의 동의어는?

> The <u>propitious</u> weather gave the farmers assurance of a good crop.

① rainy ② sunny

③ overcast ④ auspicious

55 다음 밑줄 친 categorically의 동의어는?

> I categorically refuse to do anything whatsoever at any time, in any place, with anyone.

① absolutely   ② obviously

③ gladly   ④ surprisingly

※ 밑줄 친 부분과 의미가 가장 가까운 것을 고르시오. 【56~58】

56 You can sense it as employers quietly read employee's electronic mail for controlling them.

① silently   ② calmly

③ rapidly   ④ secretly

57 Movie studios often boost a new star with guest appearances on television talk show.

① promote   ② watch

③ denounce   ④ assault

58 In the autumn, the mountain are ablaze with shades of red, yellow, and orange.

① abloom   ② inaccessible

③ feasible   ④ radiant

59 다음 밑줄 친 부분에 들어갈 가장 알맞은 것은?

> Avalanches not only endanger life but they block important avenues of communication and _____ commercial activity.

① deplore   ② disguise

③ disrupt   ④ implore

60 다음 문장의 빈칸에 공통으로 들어갈 알맞은 단어는?

> • Finding a stranger on our doorstep startled me, but the _____ expression on his face told me not to worry.
> • In his usual _____ manner, my neighbor carefully picked up the ant in his kitchen, brought it outside, and gently put it down on the sidewalk.

① arrogant   ② benign

③ lucrative   ④ mandatory

61 다음 글의 밑줄 친 terms와 같은 뜻으로 쓰인 것은?

> The <u>terms</u> culture and society are frequently used interchangeably, and there is usually no great harm in doing so as long as we know what the difference is. In simplest form, we can say that a society is always made up of people ; their culture is the way they behave.

① I am on good <u>terms</u> with him.

② Since our contract is getting near its <u>term</u>, we must negotiate a new one.

③ There are so many technical <u>terms</u> in this book.

④ We are apt to see life in <u>terms</u> of money.

62 다음 문장의 밑줄 친 말과 의미가 가장 가까운 것은?

> President Bush knows that a <u>coalition</u> is critical for a military response.

① strong power
② temporary union
③ quick retaliation
④ sufficient resource

63 다음의 밑줄 친 단어와 의미가 같은 것은?

> <u>Weaving</u> is an art among the Navaho of Arizona and New Mexico.

① Pottery making
② Jewelry making
③ Doll making
④ Cloth making

64 다음 중 단어의 뜻풀이가 옳지 않은 것은?

① cadre — nucleus of trained personnel
② fetus — unborn animal or human in the womb
③ impeach — accuse or charge with a crime before a tribunal
④ putrid — period when sexual maturity is being reached

65 다음 글이 설명하고 있는 것은?

> A painting, drawing, or other pictorial representation of a person usually showing his face

① an image
② a chest
③ a portrait
④ a photograph

66 다음 중 낱말의 풀이가 옳지 않은 것은?

① identical — same

② notorious — having a social reputation

③ solemn — rousing awe and reverence

④ pathetic — causing a feeling of sadness

67 다음 밑줄 친 부분에 가장 알맞은 것은?

> Rubber and leather are _____ ; Wood and glass are not.

① attached   ② devastated

③ flexible   ④ simplified

68 다음 밑줄 친 부분과 뜻이 같은 것은?

> You should have physical exercise to keep you in good health.

① intellectual   ② bodily

③ spiritual   ④ spectacular

69 다음 문장의 밑줄 친 말과 의미가 가장 가까운 것은?

> When the children go away, I shall miss their cheerful faces.

① He fired but missed.

② The missing papers was found under the desk.

③ He missed his footing, and fell into the pond.

④ She would miss her husband if he should die.

70 다음 밑줄 친 부분과 뜻이 같은 것은?

> The car is a basic model with no <u>frills</u> such as cassette player or sunshine roof.

① necessities
② bargains
③ conveniences
④ luxuries

※ 다음 밑줄 친 부분과 의미가 가장 가까운 것을 고르시오. 【71~73】

71 France and Britain won a pledge from Washington that it would not abandon its allies as they struggled to <u>extricate</u> their forces.

① send in
② free
③ defeat
④ strengthen

72 The radioactive poisoning of the soil and the vegetation is so heavy that the inhabitants of some districts ought to <u>abstain</u> from using their harvest for food.

① hold themselves back
② obtain for
③ abort
④ absorb by

73 The pupil of human eye <u>dilates</u> when the level of light is low.

① numbs
② expands
③ reacts
④ focuses

74 The two drivers — an elderly man and a young man — were instantly killed in the <u>collision</u> that took place last night.

① meeting   ② fight
③ crash   ④ conference

75 The government officials once seriously considered placing an <u>embargo</u> on foreign textile.

① ban   ② limit
③ penalty   ④ price

76 We should admit that life in the Middle Ages was far more <u>precarious</u> than it is now.

① uncomfortable   ② insecure
③ tedious   ④ monotonous

※ 다음 글의 밑줄 친 곳에 들어갈 가장 알맞은 단어를 고르시오. 【77~82】

77 On city streets where broken windows have gone _____, the crime rate immediately soars. Why? The broken windows make an announcement to the public : Come and do what you like.

① unrepaired   ② unnoticed
③ undetected   ④ camouflaged

78 The high _____ of car accidents on the highway caused serious concern.

① occurrence   ② incident
③ occasion   ④ coincidence

79 Around 1476 William Caxton set up a printing press in England, which resulted in a _____ in communication. Printing brought into English the wealth of new thinking that sprang from the European Renaissance.

① disaster   ② decrease

③ revolution   ④ confusion

80 The bow is still the primary weapon of many people in Africa and parts of Asia. They use bows and arrows as highly practical _____ devices, especially if the arrows are poisoned.

① lethal   ② nutritious

③ intractable   ④ blatant

81 The inhabitants of the Old World are accustomed to finding relics of the past, forgotten treasures, and long-lost _____ of life many decades or centuries old.

① salvation   ② holocaust

③ remnants   ④ oblivion

82 Nine years ago doctors informed me that a benign brain tumor I'd had for more than a decade suddenly had turned malignant. It was _____, they said, and I had maybe three months to live.

① inoperable   ② curable

③ manageable   ④ expensive

② 숙어

☞ 정답 및 해설 P.230

1 밑줄 친 부분과 의미가 가장 가까운 것은?

2016. 4. 9 인사혁신처

> Up to now, newspaper articles have only <u>scratched the surface of</u> this tremendously complex issue.

① superficially dealt with   ② hit the nail on the head of

③ seized hold of   ④ positively followed up on

2 밑줄 친 부분에 공통으로 들어갈 말로 가장 적절한 것은?

2016. 6. 18 제1회 지방직

> • The psychologist used a new test to _____ overall personality development of students.
> • Snacks _____ 25 % to 30 % of daily energy intake among adolescents.

① carry on   ② figure out

③ account for   ④ depend upon

3 밑줄 친 부분과 의미가 가장 가까운 것은?

2015. 3. 14 사회복지직

> Students who click their ball-point pens in class <u>drive me up the wall</u>.

① distract me a lot

② annoy me greatly

③ play up to me frequently

④ take a big load off my mind

4 밑줄 친 부분에 가장 적절한 것은?

2015. 4. 18 인사혁신처

> Back in the mid-1970s, an American computer scientist called John Holland _____ the idea of using the theory of evolution to solve notoriously difficult problems in science.

① took on　　　　　　② got on
③ put upon　　　　　　④ hit upon

5 밑줄 친 부분과 의미가 가장 가까운 것은?

2015. 6. 27 제1회 지방직

> There are some diseases your doctor will <u>rule out</u> before making a diagnosis.

① trace　　　　　　② exclude
③ instruct　　　　　④ examine

6 밑줄 친 부분에 가장 적절한 것은?

2014. 4. 19 안전행정부

> Before she traveled to Mexico last winter, she needed to _____ her Spanish because she had not practiced it since college.

① make up to　　　　　② brush up on
③ shun away from　　　④ come down with

2014. 4. 19 안전행정부

7

> I was told to let Jim pore over computer printouts.

① examine   ② distribute

③ discard   ④ correct

2014. 6. 21 제1회 지방직

8

> John had just started working for the company, and he was not dry behind the ears yet. We should have given him a break.

① did not listen to his boss   ② knew his way around

③ was not experienced   ④ was not careful

9 밑줄 친 ㉠과 ㉡에 공통으로 들어갈 가장 적절한 것은?

> • In Korea, the eldest son tends to ____㉠____ a lot of responsibility.
> • The same words ____㉡____ different meaning when said in different ways.

① take over   ② take down

③ take on   ④ take off

10 밑줄 친 부분과 의미가 가장 가까운 것은?

> She was sorry to tell her husband that she couldn't keep the appointment. She was up to her eyes in work at that moment.

① interested in   ② prepared for

③ released from   ④ preoccupied with

11 문맥상 밑줄 친 부분과 뜻이 가장 가까운 것은?

> In today's business climate, you've got to be clever enough to come up with ideas that others haven't thought of yet. Take my friend Mr. Kim, an organic apple farmer. Five years ago, his business wasn't making a profit. It was about to go under. Then organic fruit really caught on. Suddenly it seemed that everyone wanted to buy his organic apples! He then decided to try something new. He set up a mail-order business so his customers could order his apples from home and get them quickly. Sales took off and Mr. Kim made even more money. Now he's thinking about retiring early.

① become popular   ② break even

③ decrease   ④ become bankrupt

⑤ get right down to business

※ 밑줄 친 부분의 의미로 가장 적절한 것을 고르시오. 【12~13】

12 The function of the historian is neither to love the past nor to emancipate himself from the past, but to master and understand it as the key to the understanding of the present.

① free   ② please

③ invoke   ④ emulate

13 A : Why do you have to be so stubborn?
B : I don't know. That's just the way I am.
      I guess I'm just a chip off the old block.

① I'm just like my father

② I'm just in a bad mood

③ I just have confidence in my intuition

④ I just like to have fun with old friends

14 다음 중 의미하는 바가 나머지 셋과 다른 것은?

① You said it.
② I'm all for it.
③ Over my dead body.
④ I couldn't agree with you more.

15 다음 중 밑줄 친 부분과 의미가 가장 가까운 것은?

> Officials at the National Institute of Health say that Severe Acute Respiratory Syndrome(SARS) is spreading and all children under five are <u>at stake</u>.

① safe
② at risk
③ free
④ immune

16 다음 중 문맥상 밑줄 친 부분과 의미가 가장 가까운 것은?

> The Acme Construction Company is having problems. They have been working on a new office building for the last seven months, and everything seems to be going wrong. Earlier, they stopped work on a smaller structure that they had been building so they could <u>take on</u> this job. Now both projects are in jeopardy.

① finish
② share
③ evaluate
④ undertake

17 다음 중 문맥상 밑줄 친 부분과 의미가 가장 가까운 것은?

> The latest move to <u>stave off</u> a recession saw another reduction in the interest rates last night — the second cut in only eight days. The Central Bank also indicated that further cuts could be enforced.

① improve
② prevent
③ treat
④ recover from

18 I can get you <u>off the hook</u> once you are done with this process.

① clean   ② free

③ involved   ④ exposed

19 You'd better not say anything to the owner of the building about painting your apartment. If I were you, I'd <u>let sleeping dogs lie</u>. The last time you asked him to do some repairs, he raised your rent.

① be fortunate   ② try very hard

③ not make troubles   ④ take it or leave it

※ 다음 글의 밑줄 친 부분의 의미로 가장 적절한 것을 고르시오. 【 20~21 】

20 In retrospect, I was <u>taken in</u> by the real estate agent who had a fancy manner of talking.

① inspected   ② deceived

③ revered   ④ amused

21 The substantial rise in the number of working mothers, whose costs for childcare were not <u>factored into</u> the administration's policymaking, was one of the main reasons that led to the unexpected result at the polls.

① considered in   ② diminished in

③ substituted for   ④ excluded by

22 다음 글의 밑줄 친 부분의 의미로 가장 적절한 것은?

> I was vain enough to have ambition of <u>cutting a fine figure</u> in the world.

① getting a handsome child

② becoming a sculptor

③ making big money

④ being preeminent

※다음 밑줄 친 숙어와 가장 유사한 뜻을 가진 것을 고르시오. 【23~24】

23 He <u>collaborated</u> with his son on the English translation of a text on food production.

① put together   ② went together

③ started together   ④ worked together

24 At my last school, they <u>called me names</u> because I was so slow.

① abused me   ② deceived me

③ called the roll   ④ finished with me

25 다음 중 밑줄 친 부분의 단어와 의미가 가장 유사한 것은?

> He reached the age when he can act <u>with impunity</u>.

① with pleasure

② with composure

③ definitely

④ without punishment

26 다음 중 해석이 옳지 않은 것은?

① give me the green light : 정식으로 허가하다.

② the black sheep : 애물단지

③ red herrings : 관심을 딴 데로 돌리게 하는 것들

④ be in his black books : 그에게 큰 빚을 지고 있다.

27 다음 중 ( ) 안에 들어갈 말로 적절한 것은?

> I wish Paul and Ted would forget about their old quarrel. It's time they ( ) and became friend again.

① turned up trumps

② flew of the handle

③ buried the hatchet

④ grew on trees

28 다음 중 밑줄 친 부분과 같은 뜻으로 옳은 것은?

> I hate having to scrape and save so as to make both ends meet.

① to finish my tasks

② to have just enough money for the things I need

③ to make friends with each other

④ to achieve my ends

29 다음 밑줄 친 곳에 공통으로 들어갈 숙어는?

> • Half through the chapter I stoped, I could not _____ single word.
> • Many households, in the neighborhood of the university _____ students, to add to their income.
> • I am sorry you are so easy to _____. You ought to know better with all your experience of the trade.

① figure out   ② get along

③ pick up   ④ take in

30 다음 밑줄 친 말과 바꾸어 쓸 수 있는 것은?

> After all the delays, we were anxious to <u>make up for</u> lost time.

① speed up   ② compensate for

③ turn down   ④ rule out

31 다음 중 밑줄 친 부분에 들어갈 알맞은 것은?

> I recommended that he _____ his report quickly.

① finish the producing   ② finish producing

③ finishes producing   ④ finished producing

32 다음 문장의 밑줄 친 말 중 어색한 것은?

① The match <u>was called off</u> because of bad weather.

② A petition containing 50,000 signatures <u>was handed in</u> at the mayor's office.

③ She <u>was suddenly possessed by</u> an overwhelming jealousy.

④ Most traffic accidents <u>result in</u> drivers' carelessness.

33 다음 대화의 빈칸에 들어가기에 어색한 것은?

> A : I've been doing this work for twenty years. I don't like it any more.
> B : It's very understandable that you _____ your job.

① kept up with   ② are fed up with

③ are sick and tired of   ④ have had enough of

34 다음 제시된 문장의 밑줄 친 곳에 공통으로 들어갈 단어는?

> • I am _____ friendly terms with her.
> • You should reflect _____ how to solve that problem.

① to   ② on

③ against   ④ in

35 다음 문장의 밑줄 친 부분과 의미가 가장 가까운 것은?

> He seemed to be immune to these emotions.

① be protected against   ② be likely to

③ be proud of   ④ be capable of

36 다음 각 문장 중에서 밑줄 친 부분의 해석이 옳지 않은 것은?

① Tom's wife seems to be wearing the pants around the house.
  → 집에서 바지를 입다.

② Everybody was in the dark about the firm's financial problem.
  → (문제를) 알지 못했다.

③ Susan left no stone unturned to prevent bankruptcy.
  → 백방으로 노력했다.

④ I insured my house against fire, to be on the safe side.
  → 신중을 기하기 위해

37 다음에 제시된 두 문장이 같은 뜻이 되도록 (   ) 안에 들어갈 가장 적절한 것은?

> His reasoning is impressive, but not to the point.
> = His reasoning is impressive, but (   ) of the mark.

① pointless   ② within

③ short   ④ wide

※ 밑줄 친 부분과 의미가 가장 가까운 것을 고르시오. 【38~39】

38 The foolish dog took his own shadow on the lake for another dog with a piece of meat larger than his own, and <u>let go of</u> his own meat so that he could attack the other dog and get his meat from him. Of course he lost his own meat by this, for it sank to the bottom and he was not able to get it back.

① ignored   ② clutched

③ released   ④ grasped

39 The couple seemed to be talking calmly, when <u>out of the blue</u> she slapped him in the face.

① all of a sudden   ② in no time

③ long before   ④ in no way

40 Choose one word that is closest in meaning to the underlined word.

> With the process of evolution, man <u>broke in</u> some cattle to labor.

① raised   ② beat

③ fed   ④ tamed

41 다음 문장의 밑줄 친 부분과 의미가 가장 가까운 것은?

> The offer was so impractical that the lawyer <u>turned down</u> the case.

① acknowledged　　　　② generated

③ rejected　　　　　　④ resigned

42 다음 문장의 빈칸에 들어갈 가장 알맞은 어구는?

> He _____ his fine secretary by leaving all the work to her and doing
> nothing himself ; I wouldn't put up with him!

① loses track of

② makes a point of

③ takes a stand on

④ takes advantage of

43 다음 문장에서 밑줄 친 곳에 공통으로 들어갈 가장 알맞은 것은?

> • She was willing to _____ me through to the man in charge.
> • The boy took the radio apart but he was not able to _____ it together again.
> • I can't _____ up with his rude actions any longer.
> • They tried to _____ up several new buildings in that block.

① take　　　　　　　② put

③ make　　　　　　 ④ get

44 다음 밑줄 친 부분과 의미가 같은 것은?

> Many parents in my country bend over backwards to educate their children.

① 앞뒤 분간할 줄 모르다.　　② 역효과를 낸다.

③ 발전은커녕 퇴보한다.　　④ 기를 쓴다.

45 다음 밑줄 친 부분과 의미가 같은 것은?

> It is a matter of moment to remove the suppression of publication of these obscene books.

① at any moment　　② every moment

③ on the moment　　④ of importance

46 다음 밑줄 친 부분과 뜻이 같은 것은?

> The hair style has caught on with the girl students.

① been charmed　　② become popular

③ become familiar　　④ been satisfied

47 다음 밑줄 친 부분과 의미가 같은 것은?

> The two countries do not seem to see eye to eye on the speed of Korea's financial market-opening.

① convert　　② avert

③ hinder　　④ agree

48 다음 밑줄 친 부분과 가장 비슷한 의미는?

> When I clean a field for sowing, I am all thumbs.

① am clumsy   ② am tired

③ am fast   ④ am joyful

49 다음 문장의 밑줄 친 부분과 의미가 같은 것은?

> I am fed up with seeing the same programs on TV week after week.

① enjoy   ② am interested in

③ am bored with   ④ am satisfied with

50 다음 문장의 밑줄 친 부분과 의미가 가장 가까운 것은?

> The flight F803 reached punctually Kimpo airport today.

① arrived at a time   ② entered

③ arrived in time   ④ just get to

※ 다음 밑줄 친 곳에 가장 알맞은 것을 고르시오. 【51~53】

51 The name of the man is _____.

① on my head   ② on the tip of my tongue

③ out of my mind   ④ at my arm's length

52 It was agreed that during the period the prisoner _____ the right to see living people and to receive letters and newspapers.

① deprive of   ② is deprived of

③ will deprive of   ④ would deprive of

53 In spite of the deep-seated craving _____ love, almost everything else is considered to be more important than love ; success, prestige, money, power almost all our energy is used for the learning of how to achieve these aims, and almost none to learn the art of loving.

① of   ② towards

③ in   ④ for

※ 다음 중 밑줄 친 부분의 의미와 가장 가까운 것을 고르시오. 【54~62】

54 He <u>lost his heart</u> when he had failed to win the game.

① was discouraged   ② was surprised

③ were sad   ④ went mad

55 He tired to <u>keep down</u> his anger.

① explode   ② stimulate

③ amuse   ④ suppress

56 I could tell this story better if so many people hadn't <u>entered by force</u>.

① broken away   ② broken forth

③ broken in   ④ broken off

57 Mary gave him a lighter <u>in token of</u> friendship.

① as a sign of　　　　　　② in return for

③ in terms of　　　　　　④ as a result of

58 He was the only person, I know, who had <u>come to terms with</u> himself and the world around him.

① become angry　　　　　② disagreed

③ come to cope　　　　　④ come to an agreement

59 You must <u>look over</u> the contract before you sign it.

① examine　　　　　　　② glance at

③ cancel　　　　　　　　④ neglect

60 Phillip <u>lost his temper</u> and kicked the dog in his garden.

① was unhappy　　　　　② became worse

③ was too late　　　　　④ became angry

61 We had to <u>call off</u> the sale because the items didn't arrive on time.

① phone　　　　　　　　② cancel

③ visit　　　　　　　　④ choose

62 Nothing must be allowed to <u>interfere with</u> our search for the truth.

① stop　　　　　　　　② promote

③ hinder　　　　　　　④ circulate

02

문법 및 영작

1 문법

☞ 정답 및 해설 P.237

1 어법상 옳은 것은?

2016. 4. 9 인사혁신처

① Jessica is a much careless person who makes little effort to improve her knowledge.

② But he will come or not is not certain.

③ The police demanded that she not leave the country for the time being.

④ The more a hotel is expensiver, the better its service is.

2 어법상 옳은 것을 고르면?

2016. 6. 18 제1회 지방직

① That place is fantastic whether you like swimming or to walk.

② She suggested going out for dinner after the meeting.

③ The dancer that I told you about her is coming to town.

④ If she took the medicine last night, she would have been better today.

3 밑줄 친 부분 중 어법상 가장 옳지 않은 것은?

2016. 6. 25 서울특별시

He acknowledged that ① the number of Koreans were forced ② into labor ③ under harsh conditions in some of the locations ④ during the 1940's.

4 어법상 틀린 것은?

2015. 3. 14 사회복지직

① Surrounded by great people, I felt proud.

② I asked my brother to borrow me five dollars.

③ On the platform was a woman in a black dress.

④ The former Soviet Union comprised fifteen union republics.

5 어법상 옳지 않은 것은?

2015. 4. 18 인사혁신처

① The main reason I stopped smoking was that all my friends had already stopped smoking.

② That a husband understands a wife does not mean they are necessarily compatible.

③ The package, having wrong addressed, reached him late and damaged.

④ She wants her husband to buy two dozen of eggs on his way home.

6 어법상 옳은 것은?

2015. 4. 18 인사혁신처

① China's imports of Russian oil skyrocketed by 36 percent in 2014.

② Sleeping has long been tied to improve memory among humans.

③ Last night, she nearly escaped from running over by a car.

④ The failure is reminiscent of the problems surrounded the causes of the fatal space shuttle disasters.

7 밑줄 친 부분 중 어법상 옳지 않은 것은?

2015. 6. 13 서울특별시

> The cartoon character SpongeBob SquarePants is ①in a hot water from a study ② suggesting that watching just nine minutes ③of that program can cause short-term attention and learning problems ④in 4-year-olds.

8 어법상 밑줄 친 부분에 가장 적절한 것은?

2015. 6. 13 서울특별시

> Most of the art _____ in the museum is from Italy in the 19th century.

① is displayed

② displaying

③ displayed

④ are displayed

9 다음 중 어법상 옳은 것은?

2014. 6. 21 제1회 지방직

① Many a careless walker was killed in the street.

② Each officer must perform their duties efficient.

③ However you may try hard, you cannot carry it out.

④ German shepherd dogs are smart, alert, and loyalty.

2014. 6. 28 서울특별시

10

_____ test positive for antibiotics when tanker trucks arrive at a milk processing plant, according to the Federal Law, the entire truckload must be discarded.

① Should milk   ② If milk

③ If milk is   ④ Were milk

⑤ Milk will

11

The sales industry is one _____ constant interaction is required, so good social skills are a must.

① but which   ② in which

③ those which   ④ which

⑤ what

12 어법상 옳은 것은?

① Few living things are linked together as intimately than bees and flowers.

② My father would not company us to the place where they were staying, but insisted on me going.

③ The situation in Iraq looked so serious that it seemed as if the Third World War might break out at any time.

④ According to a recent report, the number of sugar that Americans consume does not vary significantly from year to year.

13 밑줄 친 부분 중 어법상 옳지 않은 것은?

Noise pollution ①is different from other forms of pollution in ②a number of ways. Noise is transient: once the pollution stops, the environment is free of it. This is not the case with air pollution, for example. We can measure the amount of chemicals ③introduced into the air, ④whereas is extremely difficult to monitor cumulative exposure to noise.

14 어법상 옳지 않은 것은?

① George has not completed the assignment yet, and Mark hasn't either.

② My sister was upset last night because she had to do too many homeworks.

③ If he had taken more money out of the bank, he could have bought the shoes.

④ It was so quiet in the room that I could hear the leaves being blown off the trees outside.

15 밑줄 친 부분이 어법상 옳지 않은 것은?

Most children shift ㉠adaptively between two general strategies for managing emotion. In problem-centered coping, they appraise the situation ㉡as changeable, identify the difficulty, and decide ㉢what to do about it. If this does not work, they engage in ㉣emotional centered coping, ㉤that is internal and private.

① ㉠ ㉡   ② ㉢ ㉣

③ ㉣ ㉤   ④ ㉡ ㉣

16 밑줄 친 부분 중 어법상 옳지 않은 것은?

A man who ①shoplifted from the Woolworth's store in Shanton in 1952 recently sent the shop an anonymous letter of apology. In it, he said, "I ②have been guilt-ridden all these days." The item he ③stole was a two dollar toy. He enclosed a money order ④paid back the two dollars with interest.

17 다음 글의 밑줄 친 부분 중 어법상 바르지 않은 것은?

One of your greatest mental powers ①is imagination. You can visualize anything you want and you can embellish and exaggerate your imagery as ②much as you want. For example, you could imagine the free fatty acids ③being burned for energy in the "cellular powerhouse" — the mitochondria — and you could imagine the mitochondria as a fiery furnace... "incinerating" the fat! I think it's a pretty cool idea to "see" your fat cells shrinking and ④visualizing your body as a "fat burning furnace".

① is   ② much
③ being burned   ④ visualizing

18 다음 글에서 밑줄 친 부분 중 어법상 틀린 것은?

We solve problems every day. For a computer to solve a problem, not only must the solution ①be very detailed, it must be written in a form the computer can understand. An algorithm is a procedure for solving a problem. It is a step-by-step set of instructions that, if ②carried out, exactly solves the problem. While a computer follows instructions very rapidly, it does only and exactly what it ③tells. Algorithm are used to ④design these very specific instructions.

19 다음 중 어법상 옳은 것은?

① She objects to be asked out by people at work.

② I have no idea where is the nearest bank around here.

③ Tom, one of my best friends, were born in April 4th, 1985.

④ Had they followed my order, they would not have been punished.

20 밑줄 친 부분 중 어법상 옳지 않은 것은?

The Aztecs believed that chocolate ①made people intelligent. Today, we do not believe this. But chocolate has a special chemical ②calling phenylethylamine. This is the same chemical ③the body makes when a person is in love. Which do you prefer — ④eating chocolate or being in love?

※ 밑줄 친 부분 중 어법상 옳지 않은 것을 고르시오. 【21~22】

21

Yesterday at the swimming pool everything seemed ①to go wrong. Soon after I arrived, I sat on my sunglasses and broke them. But my worst moment came when I decided to climb up to the high diving tower to see ②how the view was like. ③Once I was up there, I realized that my friends were looking at me because they thought I was going to dive. I decided I was too afraid to dive from that height. So I climbed down the ladder, feeling very ④embarrassed.

22

Chile is a Latin American country ①where throughout most of the twentieth century ②was marked by a relatively advanced liberal democracy on the one hand and only moderate economic growth, ③which forced it to become a food importer, ④on the other.

23 다음 중 어법상 올바른 문장은?

① I never dreamed of there being a river in the deep forest.
② No sooner he had gone out than it started raining.
③ Most tellers in the banks these days cannot dispense without computers.
④ I have successfully completed writing the book three weeks ago.

24 다음 중 어법에 맞는 문장은?

① It is stupid for him to make that mistake.
② We arranged for a car to collect us from the airport.
③ I have some money to be used.
④ We noticed them to come in.

25 다음 문장 중 어법상 옳지 않은 것은?

① Everything changed afterwards we left home.
② At the moment, she's working as an assistant in a bookstore.
③ I'm going to train hard until the marathon and then I'll relax.
④ This beautiful photo album is the perfect gift for a newly-married couple.

26 다음 문장 중 어법상 옳지 않은 것은?

① He is leaving for China next Friday.
② The weather has been nasty for half a month.
③ I have not walked a mile before it began to rain.
④ I will have read this book four times if I read it once again.

27 밑줄 친 부분 중 어법상 옳지 않은 것은?

> ① In the mid 1990s, ② it was estimated that 9 million Americans ③ were planning a summer vacation alone. Since then, the number of solo travelers ④ have increased.

28 어법상 밑줄 친 곳에 가장 적절한 것은?

> Our failure to provide full security to the American people has shaken the nation devastated by this terrible carnage and has stunned the whole world. It is high time that we _____ our foreign policy in the Middle East.

① have reviewed   ② review

③ reviewed   ④ are reviewed

29 다음 글의 밑줄 친 부분 중 어법상 옳지 않은 것은?

> Younger students ⓐ who participated in the survey ⓑ sponsored by a weekly magazine turned out ⓒ to be less concerned about the serious problems of homeless people ⓓ as the older students were.

① ⓐ who   ② ⓑ sponsored

③ ⓒ to be   ④ ⓓ as

30 다음 밑줄 친 부분 중 어법상 가장 어색한 것은?

> ① As decision－making reached higher levels, half the harvests of the world ② was bought and sold in political and financial ③ deals which ignored the fact ④ that food was grown to be eaten.

31 There are as many explanations as to what causes hiccups as there are _____.

① which they tell how to be rid of
② which they tell how to be rid of them
③ which tell how to be rid of
④ which tell how to be rid of them

32 I couldn't find any vegetables in the refrigerator, which means my wife must have forgotten _____ some on her way home.

① buy ② buying
③ to buy ④ to have bought

33 The third-person approach is _____ in academic writing.

① the most point common view of by far
② the most by far common point of view
③ by far the most common view of point
④ by far the most common point of view

34 밑줄 친 부분 중 어법상 옳지 않은 것은?

John took ①carefully notes ②of all the presentations throughout the conference, ③to be able to refer to ④them later.

35 다음 빈칸에 들어가기에 적절한 것은?

> All _____ is a continuous supply of food and water.

① what is needed ② which is needed

③ the things needed ④ that is needed

36 Choose the part which should be corrected or rewritten in order for the sentence to be grammatical.

> Many students assume (A) that textbook writers restrict themselves to fact avoid (B) to present opinions. Although (C) that may be true for some science texts, (D) it's not true for textbooks in general, particularly in the areas of psychology, history, and government.

① (A) ② (B)

③ (C) ④ (D)

37 Choose the one underlined word of phrase that needs to be corrected of rewritten.

> The alarming ①increase in childhood obesity rates ②has galvanized parents and schools ③across the nation to find ④ways improve children's diets and health, and we hope our report will assist that effort.

※ 다음 중 문법적으로 어색한 것을 고르시오. 【38~39】

38 ①On the day of surgery, ②a few minutes before my wife went into the operating room, a physician's assistant demanded that ③she signed a consent form for the surgery she did not want. ④When she refused, the anesthesiologist threatened to cancel the operation.

39 Moreover, lawmakers have so many other issues to ①deal during the remainder of the 20-day inspection. Foremost among them are deteriorating economic conditions, ②ranging from slowing growth and the ③worsening job market to property bubbles and wilting entrepreneurship. Lawmakers would ④earn our praise if they drew public attention to those pressing issues and present alternatives to failing government policies.

40 다음 밑줄 친 부분 중 문법적으로 어색한 부분은?

Toy-related injuries for last year ①are estimated at about two million. This is bad news, but, there is good news. Part of good news is that this estimate was about one percent less than ②those for the previous year. The other good news is that ③less than three percent of these injuries required emergency room visits. However, ④this would suggest millions of these injuries were serious.

41 다음 문장에서 어법상 옳지 않은 부분은?

Companies ①lose billions of dollars each year ②due to employees suffering ③from illnesses ④bringing on by stress.

42 다음 밑줄 친 부분과 용법이 같은 것은?

It is strange that he should have called me up yesterday.

① It is a pity that he should have died young.
② You should have called me up yesterday.
③ I should like to go hiking.
④ Why should have I wait for another week?

43 다음 대화 중 어법상 틀리거나 문법적으로 잘못된 것은?

① A : When have you come back from your trip?

② B : Two days ago.

③ A : How was the trip? Did you enjoy every moment of it?

④ B : Of course. I did.

44 다음 글에서 문법적으로 틀리거나 어색한 것은?

①There are hundreds of studies showing that how parents treat their children has deep and lasting consequences for the child's emotional life. ②Only recently there have been hard data showing that having emotionally intelligent parents is itself of enormous benefit to a child. ③The ways a couple handles their own feelings give powerful lessons to their children, who are astute learners, attuned to the subtlest emotional exchanges in the family. Those couples ④who are more emotionally competent in the marriage are also the most effective in helping their children with their emotional ups and downs.

45 다음 중 어법상 옳지 않은 것은?

① He is the only person that she thinks can be called a gentleman.

② Her skirt, though expensive, didn't become her.

③ She seldom, if ever, goes to her parent's house.

④ It was John that he met her in the restaurant last night.

46 다음 문장의 밑줄 친 부분의 표현이 어법상 부적절한 것은?

① He gave me a check instead of cash.

② In spite of all his exertions, he failed the test.

③ In the case of rain, the athletic meeting will be postponed.

④ Because of an advance in the cost of living, salary raise is needed.

47 다음 문장 중 어법상 옳지 않은 것은?

① I never see her without being reminded of my mother.

② They were on the verge to leave the summer resort.

③ It is needless to say that diligence wins in the end.

④ I just hate the thought of doing just one thing throughout the day.

48 다음 (   ) 안에 들어갈 단어를 차례대로 짝지은 것으로 가장 올바른 것은?

• You must take care (   ) you should catch cold.
• (   ) you have no objection, I will come tomorrow.
• My teacher's remark, strange (   ) it may seem, encouraged me.

① of − Unless − however

② but − Unless − as

③ that − If − how

④ lest − If − as

49 다음 글의 밑줄 친 부분이 어법상 옳지 않은 것은?

ⓐNot content with having given to the jackal and the vulture, ⓑthe roles of being the scavengers of the America bush, Nature seems ⓒto have gone out of her way also to make them ⓓlooked as unattractive as possible.

① ⓐ   ② ⓑ

③ ⓒ   ④ ⓓ

50 다음 글의 ⓐ, ⓑ의 각 밑줄 친 곳에서 가장 적절한 표현을 차례대로 짝지은 것은?

ingerprints left at the scene of a crime ⓐis / are detected in various ways. Many of them are visible and can be photographed as soon as sighted. But some fingerprints are barely visible. If ⓑleaving / left on a dark surface, a white dusting powder is used on light surfaces. Often prints may be found on textiles such as bed clothes or shirts. In order to make such prints visible, the cloth is put into a chemical solution that turns the print brown.

① ⓐ is − ⓑ leaving
② ⓐ is − ⓑ left
③ ⓐ are − ⓑ leaving
④ ⓐ are − ⓑ left

51 다음 문장 중 어법상 옳은 것은?

① When have you read the news?
② He employed a man he thought was diligent.
③ The garden is all wet ; it must rain last night.
④ While waiting, I began to feel strangely nervous.

52 다음 중 ( ) 안에 알맞은 것은?

Flight 1029 ( ) for Seoul will begin boarding immediately at gate.

① departed
② departures
③ arriving
④ departing

53 다음 문장의 밑줄 친 부분 중에서 문법적으로 옳지 않은 것은?

①Written in the 1910s, the nature writer Ernest N. Seton estimated ②that by the end of the 18th century the ③original population of buffalo in North America ④had been 75 million.

54 다음 문장 중 어법상 옳지 않은 것은?

① He is impossible for us to persuade.
② English is difficult for us to master in a year or two.
③ Mary was good to leave the place immediately.
④ It is easy that we convince him.

55 다음 중에서 어법상 옳은 것은?

① There are so many guests for me to speak to them all.
② The Library facilities will be available in more ten minutes.
③ How long do you think it will take finishing the job?
④ It would be wiser to leave it unsaid.

56 다음 문장의 밑줄 친 부분 중에서 문법적으로 옳지 않은 것은?

The population ①of the world has increased ②more significant in modern times than ③in all other ages of ④history combined.

57 다음 짝지어진 두 문장의 연결이 어법상 옳지 않은 것은?

① You have only to do your best.
   = All that you should do is to do your best.
② Experimenting with chemicals, he is very attentive.
   = Experimenting with chemicals, he is all attention.
③ She comes to see me once in six days.
   = She comes to see me every sixth days.
④ The matters don't concern me.
   = I have nothing to do with the matters.

58 다음 중 어법상 옳은 문장은?

① The higher the tree is, the stronger is the wind.
② The population of Seoul is very larger than that of London.
③ They wouldn't let me to attend the anniversary.
④ This book is worth to read carefully.

59 다음 중 어법상 옳지 않은 것은?

① The soldiers advanced slowly.
② Mr. Kim asked Jane to repeat herself.
③ The salary was sufficient enough for his needs.
④ She seems to have been a beauty in her days.

※ 다음 문장에서 문법적으로 옳지 않은 부분을 고르시오. 【60~61】

60 One of Thornton Wilder's ①work, The matchmaker, ②was made into a motion picture ③in 1958 and was adapted in 1964 ④as the musical comedy Hello Dolly!

61 ①I listened very carefully to the president's ②saying, but I ③still couldn't understand exactly what he ④meant.

62 다음 문장에서 문법적으로 옳지 않은 부분은?

> There ⓐare many organizations ⓑwhich purpose is ⓒto help ⓓendangered animals.

① ⓐ   ② ⓑ

③ ⓒ   ④ ⓓ

63 밑줄 친 부분 중 가장 어색한 것은?

> ⓐI wish ⓑI have studied harder ⓒwhile I was young. In other words, I regret ⓓnot having studied harder.

① ⓐ   ② ⓑ

③ ⓒ   ④ ⓓ

64 다음 문장 중 어법상 어색한 것은?

① The refugees had neither food nor shelter.

② Brave man as he was, he hesitated to do it.

③ Do what you are told, or you will be punished.

④ Though she has never been either to England or America, she is good at English.

65 다음 글에서 밑줄 친 부분 중 어법상 옳지 않은 것은?

There are about 10,000,000 children under five years old who need care while their mothers work. ①Relatives care for about half of these preschool children. The other half ②is looking after by people outside of the family. Some working mothers hire baby-sitters ③to come into their homes. However, this choice is ④too expensive for many people.

66 다음 글의 밑줄 친 부분 중 문법적으로 옳지 않은 것은?

To be sure, human beings have turned almost every technological advance to the service of the destructive impulse. But mankind ⓐhas already brought war — making powers to the point ⓑwhich civilization can be destroyed in a day. We can't save ourselves in this respect ⓒby banning robots. All over the world, people fear war, and this general fear, which grows yearly, ⓓmay succeed in putting an end to war — in which case there will be no warrior robots.

① ⓐ   ② ⓑ

③ ⓒ   ④ ⓓ

※ 다음 밑줄 친 부분에 알맞은 것을 고르시오. 【67~70】

67 They have been _____ the question for several months.

① considering

② mentioning about

③ considering about

④ discussing about

68 _____ for the money, I could not have bought that book.

① Had it not been   ② Were it not

③ Without   ④ It had not been

69 He won a _____ race.

① ten-mile   ② ten-miles'

③ ten-miles   ④ ten-mile's

70 Although he doesn't like most sports, he _____.

① enjoys swimming and golfing

② likes to swim and a golfer

③ becomes a swimmer

④ is a swimming and golfs

※ 다음 밑줄 친 부분이 문법적으로 옳지 않은 것을 고르시오. 【71~78】

71 Bill was very ①much interested ②in those ladies ③whom he found were ④dressed in green.

72 The clerk ①murdered ②his boss and later ③made an attempt to murder ④his wife.

73 ①Entering the gallery, my attention ②was ③at once drawn to the ④large picture in the corner.

74 ①If it does occurred to the Greeks ②to distinguish between a person's "inside" and "outside", ③they still expected that ④inner beauty would be matched by beauty of the other kind.

75 ①In order to get married in this state, one ②must present a medical report ③along with ④your identification.

76 This book is ①too elementary : it ②can help ③neither you nor ④I.

77 I ①have read these two novels. They are ②both excellent, ③but this one is ④best.

78 Mrs. Lee is ①on the phone ②at the moment, but she will be ③with you ④short.

② 영작

☞ 정답 및 해설 P.247

1 우리말을 영어로 잘못 옮긴 것은?

2016. 4. 9 인사혁신처

① 나의 이모는 파티에서 그녀를 만난 것을 기억하지 못했다.

→My aunt didn't remember meeting her at the party.

② 나의 첫 책을 쓰는 데 40년이 걸렸다.

→It took me 40 years to write my first book.

③ 학교에서 집으로 걸어오고 있을 때 강풍에 내 우산이 뒤집혔다.

→A strong wind blew my umbrella inside out as I was walking home from school.

④ 끝까지 생존하는 생물은 가장 강한 생물도, 가장 지적인 생물도 아니고, 변화에 가장 잘 반응하는 생물이다.

→It is not the strongest of the species, nor the most intelligent, or the one most responsive to change that survives to the end.

※ 우리말을 영어로 잘못 옮긴 것을 고르시오. 【2 ~ 3】

2016. 6. 18 제1회 지방직

2 ① 오늘 밤 나는 영화 보러 가기보다는 집에서 쉬고 싶다.

→I'd rather relax at home than going to the movies tonight.

② 경찰은 집안 문제에 대해서는 개입하기를 무척 꺼린다.

→The police are very unwilling to interfere in family problems.

③ 네가 통제하지 못하는 과거의 일을 걱정해봐야 소용없다.

→It's no use worrying about past events over which you have no control.

④ 내가 자주 열쇠를 엉뚱한 곳에 두어서 내 비서가 나를 위해 여분의 열쇠를 갖고 다닌다.

→I misplace my keys so often that my secretary carries spare ones for me.

3 ① 그녀가 어리석은 계획을 포기하도록 설득해 줄래요?

→Can you talk her out of her foolish plan?

② 그녀의 어머니에 대해서는 나도 너만큼 아는 것이 없다.

→I know no more than you don't about her mother.

③ 그의 군대는 거의 2대 1로 수적 열세였다.

→His army was outnumbered almost two to one.

④ 같은 나이의 두 소녀라고 해서 반드시 생각이 같은 것은 아니다.

→Two girls of an age are not always of a mind.

4 우리말을 영어로 가장 잘 옮긴 것은?

2015. 3. 14 사회복지직

> 소년이 잠들자마자 그의 아버지가 집에 왔다.

① The boy had no sooner fallen asleep than his father came home.

② Immediately after his father came home, the boy fell asleep.

③ When his father came home, the boy did not fall asleep.

④ Before the boy fell asleep, his father came home.

5 우리말을 영어로 옮긴 것 중 가장 어색한 것은?

2015. 6. 27 제1회 지방직

① 그녀는 젊었을 때 더 열심히 일하지 않았던 것을 후회한다.

→She regrets not having worked harder in her youth.

② 그는 경험과 지식을 둘 다 겸비한 사람이다.

→He is a man of both experience and knowledge.

③ 분노는 정상적이고 건강한 감정이다.

→Anger is a normal and healthy emotion.

④ 어떤 상황에서도 너는 이곳을 떠나면 안 된다.

→Under no circumstances you should not leave here.

6 밑줄 친 우리말 문장을 영어로 가장 적절하게 옮긴 것은?

2014. 6. 21 제1회 지방직

> Goods for which the marginal costs are close to zero are inherently public goods and should be made publicly available. Bridges and roads are good examples. Once society has incurred the capital costs of constructing a bridge or road, maximum benefit from the initial investment is gained only if use is not restricted by charging. <u>따라서 사람들은 무료로 그러한 시설들을 이용할 수 있어야 한다.</u>

① Therefore, people freely such facilities must be able to use.
② Hence, people should be allowed free access to such facilities.
③ Therefore, people must make access to such facilities without charging.
④ Hence, people should be given freedom to such facilities' accession.

7 우리말을 영어로 잘못 옮긴 것은?

① 그들은 지구상에서 진화한 가장 큰 동물인데, 공룡보다 훨씬 크다.
  → They are the largest animals ever to evolve on Earth, larger by far than the dinosaurs.
② 그녀는 나의 엄마가 그랬던 것만큼이나 아메리카 원주민이라는 용어를 좋아하지 않았다.
  → She didn't like the term Native American any more than my mother did.
③ 우리가 자연에 대해 정보로 받아들이는 것의 4분의 3은 눈을 통해 우리 뇌로 들어온다.
  → Three-quarters of what we absorb in the way of information about nature comes into our brains via our eyes.
④ 많은 의사들이 의학에서의 모든 최신의 발전에 뒤떨어지지 않기 위해서 열심히 공부한다.
  → The number of doctors study hard in order that they can keep abreast of all the latest developments in medicine.

8 밑줄 친 문장을 영어로 가장 적절히 옮긴 것은?

China's government has talked about introducing a fully fledged tax on home ownership since 2003. What has stopped it? The logistical barriers should not be underestimated. 정부는 누가 무엇을 소유하고 있는지, 또한 자산의 가치가 얼마인지 규명해야 한다. Fair valuations need expertise and independent judgment—both in short supply in China.

① The government must estimate who has which and how much properties.
② The government must clarify who owns what and what a property is worth.
③ The government should decide whose property and what amount to tax.
④ The government had to find out the ownership and valuation of properties.

9 우리말을 영어로 가장 잘 옮긴 문장은?

① 그는 제인이 제안한 대안이 실효성이 없을 것이라고 굳게 믿고 있다.
  →He strongly believes that the alternatives had been offered by Jane won't work.
② 히틀러가 다른 유럽국가를 침략하지 않았다면 2차세계 대전은 일어나지 않았을 것이다.
  →If Hitler hadn't invaded other European countries, World War II might not take place.
③ 나는 커튼 뒤에 숨어서 그림자가 다시 나타나기를 기다렸다.
  →Hiding behind the curtain, I waited the shadow to reappear.
④ 탐은 자기 생각을 영어보다 러시아어로 표현하는 것이 훨씬 쉽다고 한다.
  →Tom says that it is much easier for him to express his thoughts in Russian than in English.

10 우리말을 영어로 잘못 옮긴 것은?

① 매일 아침 공복에 한 숟갈씩 먹어라.

→ Take a spoonful on an empty stomach every morning.

② 그 그룹은 10명으로 구성되었다.

→ The group was consisted of ten people.

③ 그는 수업에 3일 연속 지각했다.

→ He has been late for the class three days in a row.

④ 그는 어렸을 때 부모님의 말씀에 늘 따랐다.

→ He obeyed his parents all the time when he was young.

11 다음 우리말을 영어로 옮긴 것으로 가장 적절한 것은?

> 그녀가 나한테 전화했을 때 비로소 그녀가 사무실에 없다는 것을 나는 알았다.

① I did not realize that she was in her office even when she called me.

② She called and told me that she was not in her office.

③ I had not realized she was not in her office until she called me.

④ She did call me in order to let me know that she was not in her office.

12 주어진 우리말을 영어로 가장 잘 옮긴 것은?

> 폭설로 인해 열차가 많이 늦어져서 자정까지 집에 도착할 수 있을지 걱정이 되었다.

① The heavy snow delayed my train a lot, and I was worrying about my arrival at home until midnight.

② The heavy snow delayed the train so much that I felt worried about whether I could get home by midnight.

③ The train was very late thanks to the heavy snow, I felt worrying whether I could arrive home in the midnight.

④ As the train had been long delayed owing to the heavy snow, I felt worrying about whether I could get home till midnight.

13 다음 우리말을 영어로 옮긴 것으로 가장 옳은 것은?

> 우리가 작년에 그 아파트를 구입했었더라면 얼마나 좋을까.

① I wish we purchased the apartment last year.
② I wished we purchased the apartment last year.
③ I wish we had purchased the apartment last year.
④ I wished we had purchased the apartment last year.

14 다음 우리말을 영어로 옮긴 것으로 옳지 않은 것은?

① 영어를 배우는 것은 결코 쉬운 일은 아니다.
→ It is by no means easy to learn English.
② 비록 가난하지만 그녀는 정직하고 부지런하다.
→ Poor as she is, she is honest and diligent.
③ 사업에서 신용만큼 중요한 것은 없다.
→ Everything in business is so important as credit.
④ 그 남자뿐만 아니라 너도 그 실패에 책임이 있다.
→ You as well as he are responsible for the failure.

15 다음 중 우리말을 영어로 잘못 옮긴 것은?

① 이 가방은 가짜다. 비쌀 리가 없어.
→ This handbag is fake. It can't be expensive.
② 한국에서는 대통령 선거가 5년에 한 번씩 치러진다.
→ In Korea, a presidential election held every five years.
③ 이 표면은 쉽게 닦인다.
→ This surface cleans easily.
④ 내일까지 논문을 제출하는 것은 불가능하다고 생각한다.
→ I think it impossible to hand in the paper by tomorrow.

16 다음 우리말을 영어로 잘못 옮긴 것은?

① 난 그 파티에 가지 말았어야 했다.

→I should not have gone to the party.

② 그는 그 사실을 미리 알고 있었음에 틀림없다.

→He must have known the truth in advance.

③ 그가 그렇게 어리석은 짓을 했을 리가 없다.

→He could have done such a stupid thing.

④ 아프면 운전을 하지 말아야 한다.

→You ought not to drive if you're sick.

17 다음 우리말을 영어로 가장 잘 옮긴 것은?

> 이삼십 년 동안 매일 아침 면도를 하다 보면, 누구나 무언가를 배우기 마련이다.

① All men can shave every morning for twenty or thirty years without learning something.

② All men can shave every morning for twenty or thirty years in order to learn something.

③ No man can shave every morning for twenty or thirty years in order to learn something.

④ No man can shave every morning for twenty or thirty years without learning something.

18 다음 우리말을 영어로 잘못 옮긴 것은?

① 어떠한 경우에도 낯선 사람들을 들어오게 해서는 안 된다.

→On no account must strangers be let in.

② 상처에 염증이 나면 즉시 나에게 전화해.

→Should the wound be inflamed, call me at once.

③ 나는 학생들이 수업시간에 지각하도록 내버려두지 않겠다.

→I won't have my students arriving late for class.

④ 두 명의 가수 모두 넓은 음역의 풍부한 목소리를 가지고 있다.

→Either of the singers has a rich voice with great range.

※ 다음 우리말을 영어로 가장 잘 옮긴 것을 고르시오. 【19~20】

19 우리 비행기는 예정보다 10분 늦게 도착했다.

① Our plane would land in about ten minutes.
② Our plane arrived ten minutes behind schedule.
③ Our plane was schedule to arrive in ten minutes.
④ Our plane was delayed to land in ten minutes.

20 미국 우주비행사들을 대상으로 실험한 결과 강하고 튼튼한 뼈를 유지하기 위해서는 신체활동이 매우 중요하다는 것이 입증되었다.

① With an experiment conducted on American astronauts, it has been proven how important is body movement in maintaining strong, healthy bones.
② An experiment done on American astronauts made clear that physical activity is important to retain strong, healthy bones.
③ An experiment done with American astronauts made it clear how important physical activity is in maintaining strong, healthy bones.
④ With an experiment conducted on American astronauts proved that body movement in important to retain strong, healthy bones.

21 다음을 바르게 영작한 것은?

> 이 책은 우리 시대의 한 선도적 지식인에 대한 필수불가결한 안내서이다.

① This book essentially a guide to a leading intellect in our time.
② This book guides essentially to our time's one leading intellectuals.
③ This book is essential guide to a leading intellectual figure of our time.
④ This book is an essential guide to one of the leading intellectual figures of our time.

22 다음 우리말을 영어로 옮긴 문장 중 적절하지 않은 것은?

> 내가 집을 나오자마자, 비가 몹시 내리기 시작했다.

① I never left home without beginning to rain heavily.

② As soon as I left home, it began to rain heavily.

③ The moment I left home, it began to rain heavily.

④ No sooner had I left home than it began to rain heavily.

23 다음 우리말을 영어로 가장 잘 옮긴 것은?

> 5세 미만 9백만 명의 아이들은 적어도 한 명의 흡연자가 있는 집에 산다.

① Nine million children under the age of 5 live in homes where at least one person smokes.

② Nine million children above the age of 5 live in home with at least one smoker.

③ Nine million children below the age of 5 live in homes with one smoker.

④ Nine million children of the age of 5 live in homes where both parents smoke.

24 다음 중 우리말을 영작한 것으로 옳은 것은?

① 안전에 관한 것은 아무리 조심하여도 지나치지 않는다.

　→You can't be too careful when it comes to safety.

② 행진을 보는 것은 아주 재미있었다.

　→The parade was fascinating to watch it.

③ Sue는 지난주에 그녀의 아버지를 만나러 교도소에 갔다.

　→Sue went to prison to visit her father last week.

④ 차가 심하게 망가져서 나는 돈이 많이 들었다.

　→My badly damaging car cost me a lot of money.

25 우리말을 영어로 옮긴 것 중 옳지 않은 것은?

① 당신이 갈등을 해결할 때, 그것을 어떻게 말하느냐가 무엇을 말하느냐 만큼 중요하다.
→ In resolving conflict, what you say it is as important as how you say.

② 사랑하지 않고 줄 수는 있으나, 주지 않고 사랑할 수는 없다.
→ You can give without loving, but you can't love without giving.

③ 차이점이 아니라 우리가 공통으로 가지고 있는 것에 집중하라.
→ Focus on what we have in common, not on our differences.

④ 당신이 하겠다고 결단하는 것보다 당신의 인생을 만들어 가는 것은 없다.
→ Nothing shapes your life more than the commitments you choose to make.

26 다음 중 영작이 옳지 않은 것은?

① 요점에서 벗어나지 마라. → Keep to the point.

② 선착순 → First come, first served.

③ 지나간 일은 허물하지 마라. → Let bygones be bygones.

④ 정신 차려! → Give me a break!

27 다음 중 우리말을 영어로 옮긴 것 중 어색한 것은?

① 그 일을 한다면, 어떤 아이라도 비웃음을 받을 것이다.
→ Any child, who should do that, would be laughed.

② 그는 곧 집에 돌아올 것이다.
→ It will not be long before he comes back home.

③ 어떤 사람들은 별들이 하늘에 붙어 있는 불빛이라고 생각했다.
→ Some thought that the stars were lights attached to the sky.

④ 그가 유죄임에는 의심의 여지가 없다.
→ There is no doubt that he is guilty.

28 다음 중 우리말을 영어로 옮긴 것 중 어색한 것은?

① 당신은 그의 충고를 따르는 것이 좋다.

→You would do well follow his advice.

② 기술 때문에 많은 진보를 했다.

→We have come a long way because of technology.

③ 정부는 시각장애인들의 요구사항을 충족시키는 데 힘을 써야 한다.

→The government should be geared to the needs of the blind.

④ John은 면접 보러 갔을 때 임기응변으로 넘어가기로 했다.

→John decided to play it by ear when he went out for his interview.

29 다음 중 우리말을 영어로 옮긴 것 중 어색한 것은?

① 나의 성공은 어머니 덕분이다.

→I owe my success to my mother.

② 안개 때문에 교통사고가 났다.

→The smog was responsible for the traffic accident.

③ 그들은 나쁜 날씨에도 불구하고 산보하러 나갔다.

→They went out for a walk despite the bad weather.

④ 내일 날씨는 어떨까요?

→How is the weather like tomorrow?

30 다음 우리말을 영어로 가장 잘 옮긴 것은?

> 그녀가 울음을 터뜨린다고 해서 놀라지 말아라.

① Don't be surprised if she bursts into tears.

② Do not surprise yourself she starts sobbing.

③ Never to be surprised if she starts sobbing.

④ No be surprised at all she bursts into tears.

31 다음을 영어로 옮길 때 가장 적절한 것은?

> 그녀를 전송하기 위하여 역까지 갔다 왔다.

① I have been to the station to see her off.

② I have been in the station to see off her.

③ I went and came back to the station to see off her.

④ I went to the station to see off her.

※ 다음 우리말을 영작한 것 중 가장 적절한 것을 고르시오. 【32~35】

32 일찍 자고 일찍 일어나는 것은 사람을 건강하게 해준다.

① Early to bed and early to rise make a man health.

② To sleep and to rise early make a man healthy.

③ Early sleeping and rising makes a man healthful.

④ To keep early hours makes a man healthy.

33 당신이 마음을 바꾸더라도 아무도 당신을 비난하지 않을 것입니다.

① Should you change your mind, no one would blame you.

② If you should change your mind, any one would not blame you.

③ Change your mind, or no one will put the blame on you.

④ If you had changed your mind, none would have blamed you.

34 버스 한 대가 커브길에서 트럭을 추월하고 있었다.

① A bus was overtaking a truck on the curve.

② A bus was taking over a truck on the curve.

③ A bus was passing a truck on the curb.

④ A bus was undertaking a truck on the curb.

35 둘 중에서 그는 더 비싼 것을 택했다.

① Of the two, the more expensive one was his favorite.

② Of the two, he chose the one with the highest price.

③ Of the two, the expensive one was given choice by him.

④ Of the two, he chose the more expensive.

생활영어

☞ 정답 및 해설 P.250

1 밑줄 친 부분에 들어갈 말로 가장 적절한 것을 고르면?

2016. 4. 9 인사혁신처

> A : I'd like to get a refund for this tablecloth I bought here yesterday.
> B : Is there a problem with the tablecloth?
> A : It doesn't fit our table and I would like to return it. Here is my receipt.
> B : I'm sorry, but this tablecloth was a final sale item, and it cannot be refunded.
> A : _____
> B : It's written at the bottom of the receipt.

① Nobody mentioned that to me.

② Where is the price tag?

③ What's the problem with it?

④ I got a good deal on it.

2 밑줄 친 부분에 들어갈 말로 가장 적절한 것은?

2016. 6. 18 제1회 지방직

> John : Excuse me. Can you tell me where Namdaemun Market is?
> Mira : Sure. Go straight ahead and turn right at the taxi stop over there.
> John : Oh, I see. Is that where the market is?
> Mira : _____

① That's right. You have to take a bus over there to the market.

② You can usually get good deals at traditional markets.

③ I don't really know. Please ask a taxi driver.

④ Not exactly. You need to go down two more blocks.

3 밑줄 친 부분에 들어갈 가장 적절한 것은?

2015. 3. 14 사회복지직

> A : Hi, Gus. I'm glad to see you up and about.
> B : Thanks. After that truck plowed into my car last month, I thought it was all over for me. I'm really lucky to be alive.
> A : That's for sure. It must have been quite a traumatic experience for you. Has your car been repaired yet?
> B : Yes, it has. But I won't be driving it anymore. I'm not taking any chances on being hit again.
> A : Come on, now. You can't let one unfortunate incident keep you from ever driving again. _____
> B : That's what people say, but for the time being, I'll be taking public transportation.

① A squeaky wheel gets the oil.

② It is better to be safe than sorry.

③ The grass is always greener on the other side.

④ Lightning never strikes twice in the same place.

4 밑줄 친 부분에 들어갈 가장 적절한 것은?

2015. 3. 14 사회복지직

> A : What do you say we take a break now?
> B : _____
> A : Great! I'll meet you in the lobby in five minutes.

① Okay, let's keep working.

② That sounds good.

③ I'm already broke.

④ It will take one hour.

5 다음 대화의 흐름으로 보아 밑줄 친 부분에 가장 적절한 것은?

2015. 6. 13 서울특별시

A : Do you have any vacancies?
B : I'm sorry. _____
A : I should have made a reservation.
B : That would have helped.

① How many people are there in your company?
② We're completely booked.
③ We have plenty of rooms.
④ What kind of room would you like?

6 밑줄 친 부분에 들어갈 표현으로 가장 적절한 것은?

2015. 6. 27 제1회 지방직

M : Excuse me. How can I get to Seoul Station?
W : You can take the subway.
M : How long does it take?
W : It takes approximately an hour.
M : How often does the subway run?
W : _____.

① It is too far to walk
② Every five minutes or so
③ You should wait in line
④ It takes about half an hour

2014. 4. 19 안전행정부

7

A : I saw the announcement for your parents' 25th anniversary in yesterday's newspaper. It was really neat. Do you know how your parents met?

B : Yes. It was really incredible, actually, very romantic. They met in college, found they were compatible, and began to date. Their courtship lasted all through school.

A : No kidding! That's really beautiful. I haven't noticed anyone in class that I could fall in love with!

B : _____. Oh, well, maybe next semester!

① Me neither

② You shouldn't blame me

③ It is up to your parents

④ You'd better hang about with her

2014. 6. 21 제1회 지방직

8

A : Excuse me. I'm looking for Nambu Bus Terminal.

B : Ah, it's right over there.

A : Where? _____

B : Okay. Just walk down the street, and then turn right at the first intersection. The terminal's on your left. You can't miss it.

① Could you be more specific?

② Do you think I am punctual?

③ Will you run right into it?

④ How long will it take from here by car?

9

> A : Look at this letter.
>
> B : Ah yes, I thought it was something official looking. You're being fined for exceeding the speed limit, it says. Why weren't you fined on the spot?
>
> A : _____.
>
> B : They're installing more and more of them around here. You're going to have to be more careful in future.
>
> A : You're not kidding. The fine is $60.

① Because the spot was too busy to be fined

② Because I could not find any camera to take it

③ Because I already paid for it when I was fined

④ Because I was photographed by one of speed cameras

10

> Tom : Frankly, I don't think my new boss knows what he is doing.
>
> Jack : He is young, Tom. You have to give him a chance.
>
> Tom : How many chances do I have to give him? He's actually doing terribly.
>
> Jack : _____.
>
> Tom : What? Where?
>
> Jack : Over there. Your new boss just turned around the corner.

① Speak of the devil

② I wish you good luck

③ Keep up the good work

④ Money makes the mare go

11 밑줄 친 부분에 들어갈 가장 알맞은 표현은?

A : The first thing you should consider when buying a used car is the mileage.
B : That's what I've heard. _____.
A : Yes. You should always look at the amount of rust it has.
B : That's good to know.

① How can you tell if it is a used one?

② Do you know how long the engine will last?

③ How much mileage do I need?

④ Is there anything else I should watch out for?

12 다음 대화를 읽고 빈칸에 가장 알맞은 것을 고르시오.

A : I make a point of avoiding watching TV. It's for kids and idiots.
B : I don't agree. The TV news is very adult. It gives me facts. It tells me what's going on. It helps me _____ the world.
A : The news lasts thirty minutes. What do you think you're watching the rest of the day?
B : Well, there are also educational programs ─ you know, programs about art and science.
A : They're fine if you can _____ five minutes of advertising for ten minutes of program. As for me, I turn off the sound whenever there's an advertisement.

① keep up with ─ put up with

② put up with ─ catch up with

③ get along with ─ keep up with

④ catch up with ─ come down with

※ 다음 대화의 흐름으로 보아 밑줄 친 부분에 들어갈 가장 적절한 표현을 고르시오. 【13~14】

13 A : As beginners, we just have to take it on the chins and move on.

B : _____

① Don't talk around.

② You make no sense.

③ Oh, it's on the tip of my tongue.

④ You are telling me.

14 A : I am afraid I will fail in the exam tomorrow.

B : Cheer up. _____

① I hope so.

② Things will work out for the best.

③ You should regret about the result.

④ You should be in a flap about the result.

※ 대화의 빈칸에 들어갈 말로 가장 적절한 것을 고르시오. 【15~17】

15 A : Would you like to get some coffee?

B : That's a good idea.

A : Should we buy Americano or Cafe-Latte?

B : It doesn't matter to me. _____

A : I think I'll get Americano.

B : Sounds great to me.

① Not really.

② Suit yourself.

③ Come see for yourself.

④ Maybe just a handful or so.

16 A : _____

B : Today is Monday, so you can have it until next Monday.

A : Can I have the book for a few more days?

B : No. Books borrowed should be returned within one week.

A : Is there any way to keep this book for around 10 days?

B : Well, I'm afraid there isn't. You'll just have to renew the book for another week.

① What date is it?

② When is this book due?

③ I'd like to return this book.

④ This book can be checked out in due form, right?

17 A : Are you ready to go to the party, Amy?

B : I don't know whether I can go. I'm feeling a little sick, and my dress is really not that nice. Maybe you should just go without me.

A : Come on, Amy. Stop _____. I know you too well. You're not sick. What is the real root of the problem?

① shaking a leg   ② hitting the ceiling

③ holding your horses   ④ beating around the bush

18 다음 대화의 흐름으로 보아 밑줄 친 부분에 들어갈 가장 적절한 표현은?

A : I got my paycheck today, and I didn't get the raise I expected to get.

B : There is probably a good reason.

C : You should _____ right away and talk to the boss about it.

A : I don't know. He might still be mad about the finance report last week.

① take the bull by the horns

② let sleeping dogs lie

③ give him the cold shoulder

④ throw in the towel

19 다음 대화의 빈칸에 들어갈 말로 가장 적절한 것은?

> A : Have you been served?
> B : _____

① Yes, I'm on my way.
② It was a close call.
③ Yes, I'm being waited on.
④ Please let go of my hand.

20 다음 두 사람의 대화 내용이 어색한 것은?

① A : What do you do for a living?
   B : I fly commercial jets for a large airline.
② A : How would you like your coffee?
   B : I'd like it strong.
③ A : I'm afraid her phone is busy. Would you like to hold?
   B : I'd prefer to leave her a message.
④ A : These books are so heavy. Can you give me a hand?
   B : Sure, I'd be glad to keep my hands off.

21 다음 대화의 빈칸에 들어갈 말로 알맞지 않은 것은?

> A : I want to go home early.
> B : So soon? You look gloomy these days.
>   _____

① What does it matter to you?
② What's eating you?
③ What's getting on your nerves?
④ What's weighting on your mind?

22 다음 두 사람의 대화 내용이 가장 어색한 것은?

① A : Hi, Ted! Glad to see you. Is this seat taken?
  B : No, help yourself.
② A : I'd like to invite you to a party this Friday.
  B : Thanks for your invitation. I'd love to come.
③ A : Oh! Do I have to dress up?
  B : Come as you are.
④ A : Could you save my place, please?
  B : I appreciate your cooperation.

23 다음 대화의 빈칸에 들어갈 말로 가장 적절한 것은?

> A : Tim, we have a staff meeting around four, don't we?
> B : You're right. I'm glad you reminded me. I almost forgot.
> A : Do you have any idea what's on the agenda today?
> B : I think that we're dealing with new strategies for raising sales figures.
> A : _____
> B : Me too. I thought last week's meeting was never going to end.

① Did you see all those data at the last meeting?
② I guess we are out of time. Don't you think so?
③ I hope the meeting doesn't drag on like last time.
④ I feel like most decisions at the last meeting were too hasty.

※ 다음 대화의 흐름으로 보아 밑줄 친 곳에 들어갈 가장 적절한 것을 고르시오. 【24~25】

24
A : Did we finish packing all the orders?
B : No, we still have to do about ten more.
A : I'm tired of packing this stuff.
B : Maybe we could finish it later.
A : Sure, we could do it tomorrow morning.
B : O.K. _____

① Those were the days.
② Let's call it a days.
③ Why don't we call it off now?
④ You know we don't have all day.

25 A : I looked for a parking place over and over again. I couldn't find one anywhere.

B : So what did you.

A : I had no choice but to park in a loading zone.

B : _____

① Oh, no! You could be fined for that.

② Well! I certainly don't know where it is.

③ O.K! Just follow the directions on the sign.

④ Great! It is not easy to find a parking place here.

※ 다음 대화의 밑줄 부분에 들어갈 말로 가장 알맞은 것을 고르시오. 【26~27】

26 A : David, you didn't attend the board meeting this morning.

B : I couldn't make it. I called in sick, in fact.

A : Important agendas were decided.

B : _____

① Could you fill me in?

② Let's make it together.

③ Let me attend instead.

④ I haven't decided yet.

27 A : Are you getting along well with the new manager?

B : Sure. He is competent and modest. How about you?

A : Can't complain. I think the would of him.

B : _____

① It's luck to have him with us.

② I'll ask him to reconsider.

③ I'm sorry you didn't like him.

④ I can't make it even.

※ 다음 대화 중 밑줄 친 곳에 들어갈 가장 적합한 표현을 고르시오. 【28~29】

28 A : Excuse me, I bought this radio here, and it doesn't work.
B : Do you have any receipt?
A : No. I lost it. Can I exchange the radio for another one?
B : Without your receipt, it's hard.
A : Believe me, I bought it this morning.
B : Then do you have any identification?
A : Yes, I have a driver's license, and a credit card.
B : OK. _____ All you have to do is go to the manager's office. Right over there.

① Either will do.
② All of them matter.
③ I couldn't help it.
④ Your opinion doesn't stand.

29 Mary : Our student from Seoul arrived on Monday.
Bill : What's her
Bill : Oh, that's good. name?
Mary : Soon－hee.
Bill : That's a pretty name! _____
Mary : She's really nice. I'm sure we'll get along well. We seem to have a lot in common.
Bill : How do you know that already? What does she like doing?
Mary : Well, she likes dancing, and so do I. And we both like listening to the same kind of music. I can't wait to see her.

① How is she now?
② What's she like?
③ What does she look like?
④ What would she like to do?

30 다음 대화에서 밑줄 친 곳에 들어가기 가장 알맞은 것으로 옳은 것은?

> A : Oh, dear!
> B : What's the matter?
> A : I'm afraid I've left my purse in my car!
> B : Well, you'd better go and get it before you buy your ticket.
> A : ＿＿＿＿＿＿＿＿＿＿＿＿＿＿＿＿＿＿
> B : Yes, of course. Hurry up!

① Can you tell me where it is after I come back?

② Could you save my place in line please?

③ Can I drop you a line?

④ Would you hold the line please?

31 다음 대화에서 밑줄 친 ㉠~㉢에 들어갈 알맞은 문장을 골라 바르게 연결한 것은?

> Tom : It certainly is beautiful here.
> Emma : It really is. Oh, look. Perter Kadar is singing tonight.
> Tom : I don't think I've ever heard of him.
> Emma : He's a well-known Hungarian singer, and he performs in the U.S. every year.
> I'm always interested in Hungarian performers. My parents were both musicians from Hungary.
> Tom : ＿＿＿＿＿＿＿ ㉠ ＿＿＿＿＿＿＿.
> Emma : Well, Kovacs is my married name. But, yes, my husband was Hungarian, too.
> Tom : ＿＿＿＿＿＿＿ ㉡ ＿＿＿＿＿＿＿.
> Emma : Yes, we spoke it at home when I was a child. I also speak it with my husband from time to time.
> Tom : ＿＿＿＿＿＿＿ ㉢ ＿＿＿＿＿＿＿.
> Emma : Well, airline pilots travel a lot, so I suppose it's hard to have a family.

> A : That's interesting. Do you speak Hungarian?
> B : My parents came here from Sweden, so I speak a little Swedish, but I didn't marry a Swedish woman. In fact, I've never been married.
> C : Oh, is Kovacs a Hungarian name?

	㉠	㉡	㉢			㉠	㉡	㉢
①	A	B	C		②	B	A	C
③	A	C	B		④	C	A	B

32 다음 대화의 밑줄 친 부분과 바꾸어 쓸 수 있는 것은?

A : See if you get this. How do you get down from an elephant?

B : By using a ladder?

A : NO. You don't get down from an elephant. You get down from a duck. <u>Are you following me</u>?

B : Hmm... funny.

① Are you with me?

② I beg your pardon?

③ Shall we go together?

④ Could you say that again?

33 A에 대한 B의 응답으로 가장 적절한 것은?

A : Even though going out for two years, she and I are still not talking the same language.

B : _____

① You never fail to please me.

② So, do you intend to be through with her?

③ She must have gotten stuck in lots of work.

④ You're right. She doesn't have a liking for English.

34 A, B 대화의 연결이 자연스럽지 않은 것은?

① A : Is it okay if I use your computer?

    B : Not at the moment.

② A : This is the doctor's office, isn't it?

    B : I'm afraid not. The doctor's office is next door.

③ A : Oh, my God! Is that you, Barbara?

    B : Yes, it is. Good to see you again, Danny.

④ A : What about some dessert? We have ice cream.

    B : Sure, give some more. I'm stuffed.

35 다음 대화의 밑줄 친 곳에 가장 적절한 것은?

A : Hey, what are you doing?

B : I'm reading the newspaper to look for a part-time job.

A : Are there any interesting jobs in the paper today?

B : Well, here's one for a computer programmer. I like computer, but I'm not so skillful.

A : Then, how about another job?

B : Oh, here is another for a private teacher.

A : Let me see. You should have some career of teaching.

B : _____

① Then, I'll forget about it.

② Well, I want to be a computer programmer.

③ I'm sorry, but I don't like teaching children.

④ No problem. I've taught some students before.

36 다음 대화의 흐름으로 보아 빈칸에 들어갈 표현으로 적절한 것은?

Girl : This pie's very good.

Boy : _____ㄱ_____ I like American desserts.

Girl : What's your favorite?

Boy : Oh, I don't know. Ice cream. I think.

Girl : _____ㄴ_____

Boy : I see. Next time I will.

① ㄱ : So mine is.

ㄴ : You can have had ice cream with your pie, then.

② ㄱ : So is mine.

ㄴ : You must have had ice cream with your pie, then.

③ ㄱ : So do I.

ㄴ : You may have had ice cream with your pie, then.

④ ㄱ : So is mine.

ㄴ : You should have had ice cream with your pie, then.

37 다음 대화의 빈칸에 알맞은 것은?

A : I'm on my way to the store. Is there anything you'd like me to get?

B : Yes. Could you stop at the bakery and pick up a chocolate cake?

A : A chocolate cake?

B : Yes. It's Marion's birthday. We're having a party.

A : Oh, I bet she'll be surprised. Did you invite everyone?

B : Yes. _____

① It's all set.

② They are finished.

③ It's out of the question.

④ I'm through with you.

38 Which is correct according to the dialogue?

> Tom : How much is this blouse?
> Julie : It's 40 dollars.
> Tom : It seems a bit expensive. Can you give me some discount?
> Julie : Sorry. it's already marked down. I can't sell it for less.
> Tom : How about a discount of 5 dollars?
> Julie : Take it or leave it. will you?

① Tom will buy the blouse for his girlfriend.

② Julie won't sell the blouse for less than 40 dollars.

③ Tom has only 35 dollars.

④ The regular price of the blouse is 45 dollars.

39 다음 밑줄 친 곳에 들어갈 가장 알맞은 것은?

> A : How's your business?
> B : _____

① Don't take it too hard.

② We've been slow lately.

③ Nothing has come up yet.

④ Shall we meet halfway.

40 다음 대화의 흐름으로 보아 빈칸에 들어가기에 적절한 것은?

> Mechanic : Good morning. How are you today?
>
> Dianne : Great. Thank you. By the way how much do you think it'll cost to have my car repaired?
>
> Mechanic : Sorry I'm not exactly sure how much this is going to cost.
>
> Dianne : Well, _____?
>
> Mechanic : Well, parts will come to about seventy-five dollars.
>
> Dianne : And the labor?
>
> Mechanic : Probably around a hundred dollars. This isn't an easy job.
>
> Dianne : So it's going to cost a hundred and seventy-five dollars to fix my car, huh?
>
> Mechanic : At least. Probably a little more.
>
> Dianne : How long do you think it's going to take?
>
> Mechanic : Oh, I'd say, uh ······ two or three hours.

① can you give me a rough idea

② can you come up with a great idea

③ how come you give me a brief idea

④ what do you think of the idea

41 다음 중 A, B 대화의 연결이 부자연스러운 것은?

① A : I am really too tired to work any more.

　B : O.K. Let's call it a day.

② A : What would you do if you were in my shoes?

　B : I wish I were you.

③ A : You don't look yourself today.

　B : I've got a headache.

④ A : I can't thank you enough.

　B : You're welcome.

42 다음 대화에서 밑줄 친 부분에 가장 적합한 것은?

> A : I'm trying to find the Columbia Hotel. Do you know where it is?
> B : The Columbia Hotel ······, Not around here. _____, anyway.
> A : It's supposed to be near Lake Park?
> B : What street? Do you know?
> A : No. All I know is it's close to Lake Park.
> B : I'm sorry. I can't help you.

① Unless I know of   ② Not that I know of

③ Not until I know of   ④ Not only I know of

43 다음 대화에서 밑줄 친 부분에 가장 알맞은 것은?

> A : Can you _____ with this desk? I want to move it.
> B : Sure. Where are you going to put it?

① put up   ② give a ring

③ give a ride   ④ give me a hand

44 다음 중 A와 B의 대화가 어색한 것은?

① A : How long have you lived in Chicago?

    B : I've lived here since I was 12.

② A : Hi, Peter. What's up?

    B : Not much. I'm still hanging in there.

③ A : Can you tell me when you're going to come visit us?

    B : Well, it's nothing. You'd better forget it.

④ A : What are you going to do tonight?

    B : I'm going to the movies. Do you want to come with me?

45 다음 A와 B의 대화 중 밑줄 친 부분에 가장 적당한 표현은?

> A : I would like to have dinner with you this evening.
>   How about at 6? _____
> B : O.K.

① Could you give me your hand?

② What's new?

③ Can you make it?

④ What are you going to have tonight?

46 다음 ( ) 안에 들어갈 가장 알맞은 것은?

> A : I don't have a good working relationship with my coworkers.
> B : When ( ) a solid relationship, honesty is the best policy.

① it comes to establishing

② there comes to establish

③ there has come to establish

④ it come to establish

독해

① 글의 주제

☞ 정답 및 해설 P.257

1 글의 제목으로 가장 적절한 것은?

2016. 4. 9 인사혁신처

> After analyzing a mass of data on job interview results, a research team discovered a surprising reality. Did the likelihood of being hired depend on qualifications? Or was it work experience? In fact, it was neither. It was just one important factor: did the candidate appear to be a pleasant person. Those candidates who had managed to ingratiate themselves were very likely to be offered a position; they had charmed their way to success. Some had made a special effort to smile and maintain eye contact. Others had praised the organization. This positivity had convinced the interviewers that such pleasant and socially skilled applicants would fit well into the workplace, and so should be offered a job.

① To Get a Job, Be a Pleasant Person
② More Qualifications Bring Better Chances
③ It Is Ability That Counts, Not Personality
④ Show Yourself As You Are at an Interview

2 글의 주제로 가장 적절한 것은?

2016. 4. 9 인사혁신처

Children who under-achieve at school may just have poor working memory rather than low intelligence. Researchers from a university surveyed more than 3,000 primary school children of all ages and found that 10% of them suffer from poor working memory, which seriously impedes their learning. Nationally, this equates to almost 500,000 children in primary education being affected. The researchers also found that teachers rarely identify poor working memory and often describe children with this problem as inattentive or less intelligent.

① children's identification with teachers at school
② low intelligence of primary school children
③ influence of poor working memory on primary school children
④ teachers' efforts to solve children's working-memory problem

3 글의 제목으로 가장 적절한 것을 고르면?

2016. 6. 18 제1회 지방직

The planet is warming, from North Pole to South Pole, and everywhere in between. Globally, the mercury is already up more than 1 degree Fahrenheit, and even more in sensitive polar regions. And the effects of rising temperatures aren't waiting for some far-flung future. They're happening right now. Signs are appearing all over, and some of them are surprising. The heat is not only melting glaciers and sea ice; it's also shifting precipitation patterns and setting animals on the move.

① Preventive Measures Against Climate Change
② Melting Down of North Pole's Ice Cap
③ Growing Signs of Global Warming
④ Positive Effects of Temperature Rise

4 다음 글의 요지로 가장 적절한 것은?

2015. 3. 14 사회복지직

> Supporters of positive computing make the case that technology should contribute to well-being and human potential. The real potential for positive computing to make a difference in our lives is in the next generation of wearable computing devices. One idea for how wearables might lead to increased well-being and mindfulness is in the current generation of fitness trackers and health devices. Designed to measure physical factors such as heart rate and the amount of sleep we get, they could theoretically become positive feedback devices for regulating moods. These devices would not just be ergonomically well-designed and aesthetically pleasing to the eye, but they would also lead to experiences that remove barriers to well-being.

① Wearable computing devices can contribute to well-being.

② Positive computing can contribute to national power.

③ Wearable computing devices increase living costs.

④ Positive computing develops science.

5 다음 글의 주제로 가장 적합한 것은?

2015. 3. 14 사회복지직

> It may seem improbable that you can make money by selling to people who don't have much, but companies that have actually bothered to try are flourishing. Hindustan Lever has built a lucrative business in Africa and India selling brand-name consumer goods, from lotion to salt. Casas Bahia, a department-store chain, now sells more than five billion dollars' worth of brand-name electronics and appliances to working-class Brazilians every year. Big companies often disdain what they think of as the low-end market, because they make a lot less money on each sale than they do selling high-end goods. But, because of the sheer size of that market, they can still make a lot of money on it.

① Poor people do not have high standards for their products.

② The objectives of big companies should not be solely based on profits.

③ People in low-end markets can be a great opportunity for large businesses.

④ The individual purchasing power is still very low in the developing countries.

6 다음 글의 제목으로 가장 적절한 것은?

2015. 4. 18 인사혁신처

America gets 97% of its limes from Mexico, and a combination of bad weather and disease has sent that supply plummeting and prices skyrocketing. A 40-lb. (18kg) box of limes that cost the local restaurateurs about $20 late last year now goes for $120. In April, the average retail price for a lime hit 56 cents, more than double the price last year. Across the U.S., bars and restaurants are rationing their supply or, like Alaska Airlines, eliminating limes altogether. In Mexico, the value spike is attracting criminals, forcing growers to guard their limited supply of "green gold" from drug cartels. Business owners who depend on citrus are hoping that spring growth will soon bring costs back to normal.

① An Irreversible Change in Wholesale Price of Lime
② Mexican Lime Cartel Spreading to the U.S.
③ Americans Eat More Limes than Ever
④ A Costly Lime Shortage

※ 주어진 글의 제목으로 가장 적절한 것을 고르시오. 【7~8】

2015. 6. 27 제1회 지방직

7

Depending on your values, different kinds of numbers may be important to you. To some, it's cholesterol count and blood pressure figures; to others, it's the number of years they've been married. To many, the sum total in the retirement account is the number-one number, and some people zero in on the amount left on their mortgage. But I contend that your per-hour worth should be among the top-of-mind numbers that are important to you — no matter what your values or priorities are — even if you don't earn your living on a per-hour rate. Knowing the value of your time enables you to make wise decisions about where and how you spend it so you can make the most of this limited resource according to your circumstances, goals, and interests. Obviously, the higher you raise your per-hour worth while upholding your priorities, the more you can propel your efforts toward meeting your goals, because you have more resources at your disposal — you have either more money or more time, whichever you need most.

① Your Time Is Money
③ Part-time Jobs Are Better

② Maintaining High Motivation
④ Living Within Your Income

8

Making mistakes is central to the education of budding scientists and artists of all kinds, who must have the freedom to experiment, try this idea, flop, try another idea, take a risk, be willing to get the wrong answer. One classic example is Thomas Edison's reply to a reporter who was lamenting Edison's ten thousand experimental failures in his effort to create the first incandescent light bulb. "I have not failed," he told the reporter. "I successfully discovered 10,000 elements that don't work." Most children, however, are denied the freedom to noodle around, experiment, and be wrong in ten ways, let alone ten thousand. The focus on constant testing to measure and standardize children's accomplishments has intensified their fear of failure. It is certainly important for children to learn to succeed; but it is just as important for them to learn not to fear failure.

① Getting It Right the First Time
② The Secret Inventions of Edison
③ Road to Creativity: Avoid Risks
④ Failure : Nothing to Be Afraid Of

9 피드백에 대한 글쓴이의 주장으로 가장 적절한 것은?

2014. 4. 19 안전행정부

Feedback, particularly the negative kind, should be descriptive rather than judgmental or evaluative. No matter how upset you are, keep the feedback job-related and never criticize someone personally because of an inappropriate action. Telling people they're stupid, incompetent, or the like is almost always counterproductive. It provokes such an emotional reaction that the performance deviation itself is apt to be overlooked. When you're criticizing, remember that you're censuring a job-related behavior, not the person.

① 상대방에게 직접 전달하는 것이 바람직하다.
② 상대방의 인격보다는 업무에 초점을 두어야 한다.
③ 긍정적인 평가가 부정적인 것보다 더 많아야 한다.
④ 상대방의 지위와 감정을 고려해야 한다.

10 다음 글의 요지로 가장 적절한 것은?

2014. 4. 19 안전행정부

Through discoveries and inventions, science has extended life, conquered disease and offered new material freedom. It has pushed aside gods and demons and revealed a cosmos more intricate and awesome than anything produced by pure imagination. But there are new troubles in the peculiar paradise that science has created. It seems that science is losing the popular support to meet the future challenges of pollution, security, energy, education, and food. The public has come to fear the potential consequences of unfettered science and technology in such areas as genetic engineering, global warming, nuclear power, and the proliferation of nuclear arms.

① Science is very helpful in modern society.
② Science and technology are developing quickly.
③ The absolute belief in science is weakening.
④ Scientific research is getting more funds from private sectors.

11 다음 글을 쓴 목적으로 가장 적절한 것은?

2014. 6. 21 제1회 지방직

Last month felt like the longest in my life with all the calamities that took us by surprise. There was only one light at the end of the tunnel, and that light was you. I cannot begin to tell you how much your thoughtfulness has meant to me. I'm sure I was too tired to be thinking clearly, but each time you appeared to whisk my children off for an hour so that I could rest, or to bring a dinner with a pitcher of iced tea, all I knew was that something incredibly wonderful had just happened. Now that we are back to normal, I know that something incredibly wonderful was you. There are no adequate words to express thanks with, but gratefulness will always be in my heart.

① 어려움에 처한 사람을 격려하려고
② 아이들을 돌보아 줄 사람을 찾아 부탁하려고
③ 힘들 때 도와주었던 사람에게 감사하려고
④ 건강이 좋지 않았던 사람의 안부를 물으려고

12 다음 글을 쓴 목적으로 적절한 것은?

2014. 6. 28 서울특별시

Among the growing number of alternative work styles is flextime. Flextime allows workers to adjust work hours to suit personal needs. The total number of hours in the week remains the same, but the daily schedule varies from standard business hours. Flextime can also mean a change in workdays, such as four 10-hour days and six short days. Workers on flextime schedules include employment agents, claim adjusters, mail clerks, and data entry operators.

① To define flextime

② To describe flexible workers

③ To discuss the alternative work styles

④ To compare different jobs

⑤ To arrange flextime schedules

13 다음 글의 요지로 가장 적절한 것은?

No matter how satisfying our work is, it is a mistake to rely on work as our only source of satisfaction. Just as humans need a varied diet to supply a variety of needed vitamins and minerals to maintain health, so we need a varied diet of activities that can supply a sense of enjoyment and satisfaction. Some experts suggest that one can start by making an inventory—a list of the things you enjoy doing, your talents and interests, and even new things that you think you might enjoy if you tried them. It may be gardening, cooking, a sport, learning a new language, or volunteer work. If you shift your interest and attention to other activities for a while, eventually the cycle will swing again, and you can return to your work with renewed interest and enthusiasm.

① 다양한 비타민 섭취를 통해 건강한 삶을 유지할 수 있다.

② 성공적인 직장 생활은 일 자체를 즐김으로써 이루어진다.

③ 만족스러운 삶을 위해서는 일 외의 다양한 활동이 필요하다.

④ 직장과 가정 생활의 조화가 업무 효율성을 높이는 지름길이다.

14 다음 글의 요지로 가장 적절한 것은?

As soon as we are born, the world gets to work on us and transforms us from merely biological into social units. Every human being at every stage of history or pre-history is born into a society and from his earliest years is molded by that society. The language which he speaks is not an individual inheritance, but a social acquisition from the group in which he grows up. Both language and environment help to determine the character of his thought; his earliest ideas come to him from others. As has been well said, the individual apart from society would be both speechless and mindless. The lasting fascination of the Robinson Crusoe myth is due to its attempt to imagine an individual independent of society. The attempt fails. Robinson is not an abstract individual, but an Englishman from York.

① Every act determines our membership of the society.

② Society and the individual are complementary to each other.

③ Language and environment determine our way of thinking.

④ Human beings cannot live independently of society.

15 글의 제목으로 가장 적합한 것은?

As the weather changes, joggers, like some exotic species of bird, begin to molt. On frigid winter days, when the wind and snow sweep down from Canada, the joggers wear heavy layers of clothes. Ski masks cover their faces, woolen caps hide their hair, and heavy scarves are wrapped snugly around their necks. Gradually, however, the weather warms, and the bulky layers of clothes are peeled away. First, lightweight jogging suits in terry cloth, velour, and even plastic dot the paths in parks and along streets. As spring changes to summer, winter-pale legs and arms begin to appear, covered only partially by shorts and T-shirts.

① Fashionable clothes in Canada

② The latest fashion in jogging suits

③ How to choose a proper jogging suit

④ The effect of weather on joggers' fashion

16 다음 글의 주제로 가장 적절한 것은?

I have always wondered at the passion many people have to meet the celebrated. The prestige you acquire by being able to tell your friends that you know famous men proves only that you are yourself of small account. The celebrated develop a technique to deal with the persons they come across. They show the world a mask, often an impressive one. but take care to conceal their real selves. They play the part that is expected from them and with practice learn to play it very well, but you are stupid if you think this public performance of theirs corresponds with the man within.

① You shouldn't confuse public performance of the celebrated with their real selves.

② You should have the passion to meet celebrated.

③ You shouldn't believe in whatever the celebrated say.

④ You should realize that the celebrated take care of their real selves.

17 다음 글의 주제를 가장 잘 나타낸 것을 고르시오.

Many people are under impression that reading improvement comes from learning 'tricks' or mastering some mechanical gimmicks that will magically improve reading speed and comprehension. However, most reading professionals agree that we learn to read better simply as a result of reading widely. So much of reading depends on our 'prior knowledge' — the information that we carry inside our head when we open the page and begin reading. Many learning theorists maintain that we remember new information only if we relate it to knowledge we already hold. There is no greater guarantee of a person's reading efficiency than extensive experience with words on the printed page. You can make slow but steady progress as a reader simply by reading more extensively to increase your base of knowledge.

① Reading increases our base of knowledge.

② More reading makes reading more interesting.

③ We become better readers by reading extensively.

④ We improve our reading by learning certain tricks.

18 다음 글의 요지로 가장 적절한 것은?

More and more people are turning away from their doctors and, instead, going to individuals who have no medical training and who sell unproven treatments. They go to quacks to get everything from treatments for colds to cures for cancer. And they are putting themselves in dangerous situations. Many people don't realize how unsafe it is to use unproven treatments. First of all, the treatments usually don't work. They may be harmless, but, if someone uses these products instead of proven treatments, he or she may be harmed. Why? Because during the time the person is using the product, his or her illness may be getting worse. This can even cause the person to die.

① Better train should be given to medical students.
② Alternative medical treatments can be a great help.
③ Don't let yourself become a victim of health fraud.
④ In any case, it is alright to hold off going to a doctor for several days.

19 다음 글의 제목으로 가장 적절한 것은?

Dogs have long had special standing in the medical world. Trained to see for the blind, hear for the deaf and move for the immobilized, dogs have become indispensable companions for people with disabilities. However, dogs appear to be far more than four-legged health care workers. One Japanese study found pet owners made 30 percent fewer visits to doctors. A Melbourne study of 6,000 people showed that owners of dogs and other pets had lower cholesterol, blood pressure and heart attack risk compared with people who didn't have pets. Obviously, the better health of pet owners could be explained by a variety of factors, but many experts believe companion animals improve health at least in part by lowering stress.

① The friendliness of dogs
② The healing power of dogs
③ Dogs as health care workers
④ Japanese dogs for the disabled

20 다음 글의 주제로 가장 적합한 것은?

Many women have prolonged difficulties achieving good sleep. As mothers, students, caretakers, and professionals, many of us lead hectic lives, filled with both obvious and subtle stressors that are on our minds as we attempt to settle into sleep. The sheer numbers of over-the-counter and prescription sleep aids give you an idea of how widespread insomnia is today. But the problem with these sleep aids is that even though they induce drowsiness, they do not promote real sleep – deep, lasting, and refreshing. And some of these agents, if taken over the course of months may lead to dependency or stop working altogether. Don't be surprised if your physician is not inclined to prescribe them.

① Women, as opposed to men, suffer from insomnia.
② There are many different kinds of pills for insomnia, but their safety isn't guaranteed.
③ Many women suffer from insomnia, but they need prescription to purchase sleep aids that help alleviate their symptom.
④ Many women suffer from insomnia, but doctors will never prescribe sleep aids for them.

21 다음 글의 제목으로 가장 적절한 것은?

Please examine your shipment upon receipt. Any damage or inconsistencies with the materials ordered or invoiced must be reported within ten days. Any billing errors should be reported as soon as possible by calling toll-free 1 − 800 − 848 − 9500.

① 상품 하자(瑕疵) 신고
② 반품(返品)
③ 상품 광고
④ 상품 주문 안내

22 다음 글의 제목으로 가장 적절한 것은?

At one moment the word 'diplomacy' is employed as a synonym for 'foreign policy', as when we say 'British diplomacy in the Near East has been lacking in vigour'. At another moment it signifies 'negotiation', as when we say 'the problem is one which might well be solved by diplomacy'. More specifically, the word denotes the processes and machinery by which such negotiation is carried out. A fourth meaning is that of a branch of the Foreign Service, as when one says 'my nephew is working for diplomacy'.

① The importance of diplomacy

② Branches of politics

③ Diplomatic methods

④ Different interpretations of the word 'diplomacy'

23 다음 글의 제목으로 가장 적절한 것은?

The term home schooling or home tuition, as it is called in England, means educating children at home or in places other than a mainstream setting such as a public or private school. There are many reasons why parents choose home schooling for their children. Some parents are dissatisfied with the quality of education in the public schools. Others do not want their children to have to worry about "peer pressure," or social pressure from friends. They say it may interfere with the child's studies. These parents fear this type of pressure will lead to negative behavior such as smoking, drinking alcohol, and taking drugs.

① Types of Pressure in Schools

② Pros and Cons of Home Schooling

③ Side Effects of Home Schooling

④ Reasons for Home Schooling

24 다음 글의 요지로 가장 적절한 것은?

A cause always has an effect, and an effect has a cause. Often, however, in searching for the cause or effect of an act, we jump to conclusions. If John Wilkins, who is big and strong, doesn't go out for the football team, some pupils say, "Wilkins has no courage."

Perhaps the real reason is that his parents object, he is behind in his school work and can't afford the time, or he believes that football is not worth playing.

① Easy come, easy go.
② Don't be dejected, take courage.
③ Everybody has his own talent.
④ Don't make a hasty judgment.

25 다음 글의 제목으로 가장 적절한 것은?

Although I learned to speak Danish while I was in Denmark, the accent was difficult to master. When I ordered tea and toast in a restaurant, invariably I received tea and a cheese sandwich. I practiced diligently, and I took special care one day to explain that I wanted toast—I did not want a cheese sandwich, just toast. I asked if the waiter understood. "Yes, Yes," he assured me. He soon returned and placed triumphantly before me a toasted cheese sandwich.

① Language Barriers
② Treating Customers
③ How to Teach Danish
④ Ways of Ordering Toast

26 다음 글의 주제로 가장 적절한 것은?

Beginning at breakfast with flying globs of oatmeal, spilled juice, and toast that always lands jelly-side down, a day with small children grows into a nightmare of frantic activity, punctuated with shrieks, cries, and hyena-style laughs. The very act of playing turns the house into a disaster area : blankets and sheets that are thrown over tables and chairs to form caves, miniature cars and trucks that race endlessly up and down hallways, and a cat that becomes a caged tiger, imprisoned under the laundry basket. After supper, with more spilled milk, uneaten vegetables and tidbits fed to the cat under the table, it's finally time for bed. But before they fall blissfully asleep, the children still have time to knock over one more bedtime glass of water, jump on the beds until the springs threaten to break, and demand a last ride to the bathroom on mother's back.

① the crazy daily life of parents with small children
② difficulties of choosing what to eat for each meal
③ the importance of children's learning good table manners
④ necessities for the early treatment of hyperactive children

※ 다음 글의 주제로 가장 적절한 것을 고르시오. 【27~28】

27 "They say best men are molded out of faults," wrote Shakespeare in Measure for Measure, "and, for the most, become much more the better for being a little bad." Thus, each goof-up can be seen as a prime opportunity for self-improvement. Indeed, the bigger the blooper, the better its chance of helping you become a better person — if you know how to make amends.

① Everyone makes mistake.

② Try not to commit a fault.

③ Knowing how to make amends is not a big deal.

④ People may learn through what they've done wrong.

28 Among the many physical risks facing astronauts sent to the Moon or Mars, the biggest danger will be the least visible : radiation. This is nuclear particles that arrive at almost light speed from beyond the Solar System. The particles slice through strands of DNA, boosting the risk of cancer and other ailments. A 2001 NASA study found that at least 39 former astronauts suffered cataracts after flying in space, 36 of whom took part in high-radiations missions such as the Apollo landings.

① many types of space missions

② the danger of radiation to astronauts

③ diverse medical problem of astronauts

④ the effect of nuclear particles on spaceships

29 The economic struggle in America continues ; but it seems apparent that the struggle is no longer between the giant segments of our society, but within them. Battles for power and control are being fought within some of the large corporations, enlivened by wars in which the big prizes are stockholders' votes or proxies. Similarly, struggles for power are taking place within the large labor organizations. In each case public opinion seems to be playing an increasingly important part, judging by the dramatic efforts being made to inform the people about the partisan positions. And so long as the battleground involves public favor, moderation seems neither implausible nor unnatural.

① The importance of votes and proxies
② Public influence in internal industrial conflicts
③ A compromise in disputes between labor and capital
④ The need for moderation in labor—management disputes

30 Then there was the dark side. Amid the glories of the century lurked some of history's worst horrors : Stalin's collectivization, Hitler's Holocaust, Mao's Cultural Revolution, Pol Pot's killing fields, Idi Amin's rampages. We try to personalize the blame, as if it were the fault of just a few madmen, but in fact it was whole societies, including advanced ones like Germany, that embraced or tolerated madness. What they had in common was that they sought totalitarian solutions rather than freedom. Theologians have to answer the question of why God allows evil. Rationalists have one almost as difficult ; Why doesn't progress make civilizations more civilized?

① The Genocidal Century
② The Global Century
③ The Century of Capitalism
④ The Century of Revolution

31 다음 중 글의 요지로 가장 알맞은 것은?

The door of nature was at last unlocked and we were offered the dreadful burden of choice. We have usurped many of the powers we once ascribed to God. Fearful and unprepared, we have assumed the lordship over the life and death of the whole world of all living things. The danger and the glory and choice rest finally in man. The test of his perceptibility is at hand. Having taken God-like power we must seek in ourselves for the responsibility and the wisdom we once prayed some deity might have. Man himself has become our greatest hazard and our only hope. So that today, St. John the apostle may well be paraphrased. In the end is the word, and word is man, and the word is with men.

① 인간은 자연을 보호하여 후손들에게 물려주어야 한다.
② 자연보다 인간이 우월한 위치에 있게 된 것은 노력을 많이 한 결과이다.
③ 자연에 인간이 순종하는 것은 당연한 일이다.
④ 자연을 지배하게 된 인간은 지혜와 책임감을 가져야 한다.

32 다음 중 글의 요지를 잘 나타낸 속담으로 옳은 것은?

Do you ever find a small hole in your socks or your stocking? If you do not do necessary repairs at once, the torn place will get worse, or the hole will get larger. It will take you as much longer time to repair it. It is better to spend five minutes repairing a small hole today than to spend fifteen minutes repairing a large hole later on.

① A stitch in time saves nine.
② Slow and steady wins the race.
③ Well begun is half done.
④ Time and tide wait for no man.

33 다음 글에서 필자의 주장으로 가장 옳은 것은?

Do you immediately think of excuses? If so, train yourself to say 'yes' instead of thinking up conflicts. My brother-in-law's operating principle is "Never say 'no' to an invitation!" This may not always be practical, but it is attitude that counts. Be ready to involve yourself. Work things out and find ways to accept invitations, rather than ways to say 'no'. Remember that your presence can be a greater gift than anything material you could send.

① 갈등의 소지를 제거해라.
② 신중하게 초대하라.
③ 초대에 적극적으로 응하라.
④ 선물은 간단하게 하라.

34 다음 글의 주장을 가장 잘 나타낸 것은?

Until the nineteenth century, when steamships and transcontinental trains made long-distance travel possible for large numbers of people, only a few adventurers, mainly sailors and traders, ever traveled out of their own countries. 'Abroad' was a truly foreign place about which the vast majority of people knew very little indeed. Early map makers therefore had little fear of being accused of mistakes, even though they were often wildly inaccurate as geographic reality. Nowhere is this more evident than in old maps illustrated with mythical creatures and strange humans.

① Imaginative maps were often drawn before the nineteenth century because so few people had traveled abroad.
② Despite their unusual illustrations, maps made before the nineteenth century were remarkably accurate.
③ Old maps had to include pictures of imaginary animals.
④ Before the nineteenth century, map makers drew strange humans in maps because they were scared of mythical animals.

35 다음 글의 주제로 가장 적절한 것은?

If we don't protect Antarctica from tourism, there may be serious consequences for us all. The ice of Antarctica holds 70 percent of the world's fresh water. If this ice melts, ocean levels could rise 200 feet and flood the coastal cities of the Earth. Also, the continent's vast fields of ice provide natural air conditioning for our planet. They keep Earth from getting too hot as they reflect sunlight back into space. Clearly, Antarctica should remain a place for careful and controlled scientific research. We cannot allow tourism to bring possible danger to the planet. The only way to protect this fragile and important part of the planet is to stop tourists from traveling to Antarctica.

① The ice of Antarctica attracts sunlight and heats the Earth.
② Our excessive visits to Antarctica will harm it and then our planet.
③ The writer wants Antarctica to be banned from scientific research.
④ If we stop tourism in Antarctica, there may be consequences for tour companies.

36 다음 글의 요지로 가장 적절한 것은?

In times of economic recession when jobs are hard to find, it is important to organize your job search carefully. Here are some tips to make your search more productive. First of all, consider that your job is getting a job. Work at getting a job every day for a regular number of hours. Next, ask people whom you know to suggest other people for you to talk to others about a job. Offer to work part-time if a full-time job is not immediately available. Appear willing and eager. Most important, don't get discouraged and give up. Your job search will eventually be successful if you work hard at getting work.

① 힘든 일을 할수록 적당한 휴식을 취하면 능률이 더 높아진다.
② 성공하기 위해서는 먼저 자신의 특기와 적성을 파악할 필요가 있다.
③ 전임근무보다는 시간제 근무로 직장생활을 시작하는 것이 더 유리하다.
④ 직장을 얻기 원한다면 구체적이고 열성적인 구직계획을 세워야 한다.

37 다음 글의 주제로 가장 적절한 것은?

The sea horse uses its tail like a hand. So do some monkeys. The sea horse holds on to sea plants with its tail. Then water can't wash it away. Some monkeys hang from trees by their tail. They use their hands to do other things. The lizard and the fox use their tails to keep safe. Sometimes another animal gets hold of a lizard by the tail. The tail just falls off, and the lizard runs away. Later, it grows a new tail. When a fox gets into a fight, it hides behind its tail. The tail is covered with thick fur. A bite there won't hurt.

① 꼬리의 역할
② 먹이사슬
③ 자연의 균형
④ 동물의 지능

38 다음 글의 주제로 가장 적절한 것은?

Unfortunately not everyone has her willpower. Some may want to quit for the sake of their loved ones or for their well-being, but the power of nicotine addiction is too great. Others claim to enjoy their cigarettes and have no desire to give them up. If you can't or won't quit, there is still a great deal you can do to safeguard those around you.

Never allow anyone to smoke in your home or car, even when there are no children present. Explain that people must respect your right not to smoke involuntarily. Toxins linger in the air, even though you may not be able to see or smell them.

If you are a smoker, take it outside, or smoke in an area where the ventilation system is separate from that of your home.

① 건강증진법
② 간접흡연 예방법
③ 금연하는 방법
④ 흡연의 해독성

39 다음 글의 주제로 알맞은 것은?

A health warning will appear on all liquor bottles beginning on March 23 for the first time in the nation, according to liquor manufacturers. The warning will read : "Excessive drinking may cause cirrhosis of the liver or liver cancer and increase the probability of accidents while driving or working." The move is in compliance with the Public Health Promotion Law enacted last September, which makes it mandatory for all liquor sellers to place a warning on their liquor bottles. The actual sentence of the warning has been chosen from among three examples suggested by the Ministry of Health and Welfare.

① 음주운전의 위험성
② 간암예방 안내문
③ 음주경고문의 부착
④ 공중건강촉진법

40 다음 글에서 필자가 말하고자 하는 요지는?

I would certainly sooner live in a monotonous community than in a world of universal war, but I would sooner be dead than live in either of them. My heart is in the world of today, with its varieties and contrasts, its blue and green faces, and my hope is that, through courageous tolerance, the world of today may be preserved.

① Preference for a monotonous life
② Preservation of world peace
③ Varieties and contrasts of the world
④ The necessity of courageous tolerance.

☞ 정답 및 해설 P.265

1 주어진 문장이 들어갈 위치로 가장 적절한 곳은?

2016. 4. 9 인사혁신처

> He dismally fails the first two, but redeems himself in the concluding whale episode, where he does indeed demonstrate courage, honesty, and unselfishness.

> Disney's work draws heavily from fairy tales, myths, and folklore, which are profuse in archetypal elements. (①) Pinocchio is a good example of how these elements can be emphasized rather than submerged beneath a surface realism. (②) Early in the film, the boy/puppet Pinocchio is told that in order to be a "real boy," he must show that he is "brave, truthful, and unselfish." (③) The three principal episodes of the movie represent ritualistic trials, testing the youth's moral fortitude. (④) As such, like most of Disney's works, the values in Pinocchio are traditional and conservative, an affirmation of the sanctity of the family unit, the importance of a Higher Power in guiding our destinies, and the need to play by society's rules.

2 다음 글을 문맥에 맞게 순서대로 배열한 것은?

2016. 6. 25 서울특별시

> ㉠ Rosa Parks was arrested, jailed, convicted and fined. She refused to pay. Her experience set off a 382-day boycott of Montgomery city buses.
> ㉡ According to the segregation laws of the day, Rosa Parks, an African American, was required to sit in the back of the bus. She was accused of encroaching on the whites-only section, and the bus driver tried to convince her to obey the law.
> ㉢ Instead, Rosa Parks kept both her mien and her seat. At last, the driver warned her that he would send for the police. "Go ahead and call them". Parks answered.
> ㉣ On December 1, 1955, Rosa Parks took a city bus home from her job at a store in downtown Montgomery, Alabama.

① ㉡-㉠-㉣-㉢
② ㉣-㉢-㉠-㉡
③ ㉡-㉢-㉣-㉠
④ ㉣-㉡-㉢-㉠

3 내용의 흐름상 적절하지 못한 문장은?

2015. 3. 14 사회복지직

Asian art and music have had profound influences on the West across the centuries.
①Chinese porcelain, for example, was imitated not only by Persian ceramicists, but
also by English bone china designers. ②Japanese watercolors shown at Far East
exhibitions in Paris in the late nineteenth century affected the compositions and
palettes of Matisse and Degas. ③When Westerners collect non-Western art or view it
in a museum, they probably miss much of its original context. ④Oriental musical
modes also influenced composers like Mozart and Debussy.

4 주어진 글 다음에 이어질 글의 순서로 가장 적절한 것은?

2015. 4. 18 인사혁신처

Thunderstorms are extremely common in many parts of the world, for example,
throughout most of North America. Updrafts of warm air set off these storms.

(A) This more buoyant air then rises and carries water vapor to higher altitudes. The
air cools as it rises, and the water vapor condenses and starts to drop as rain.
As the rain falls, it pulls air along with it and turns part of the draft
downward.

(B) An updraft may start over ground that is more intensely heated by the sun than
the land surrounding the area. Bare, rocky, or paved areas, for example, usually
have updrafts above them. The air in contact with the ground heats up and thus
becomes lighter, more buoyant, than the air surrounding it.

(C) The draft may turn upward again and send the rain churning around in the
cloud. Some of it may freeze to hail. Sooner or later, the water droplets grow
heavy enough to resist the updrafts and fall to the ground, pulling air in the
form of downdrafts with them.

① (A)—(C)—(B) ② (B)—(A)—(C)

③ (B)—(C)—(A) ④ (C)—(A)—(B)

5 다음 문장이 들어갈 위치로 가장 적절한 것은?

2015. 4. 18 인사혁신처

> Print, however, with its standard format and type, introduced exact mass reproduction.

Print transformed how knowledge itself was understood and transmitted. A manuscript is a unique and unreproducible object. (A) This meant that two readers separated by distance could discuss and compare identical books, right down to a specific word on a particular page. (B) With the introduction of consistent pagination, indexes, alphabetic ordering, and bibliographies (all unthinkable in manuscript), knowledge itself was slowly repackaged. (C) Textual scholarship became a cumulative science, as scholars could now gather manuscripts of, say, Aristotle's *Politics* and print a standard authoritative edition based on a comparison of all available copies. (D) This also led to the phenomenon of new and revised editions.

① A

② B

③ C

④ D

6 다음 글을 문맥에 맞게 순서대로 연결한 것은?

2015. 6. 13 서울특별시

ⓐ Speaking two languages rather than just one has obvious practical benefits in an increasingly globalized world.

ⓑ Being bilingual, it turns out, makes you smarter.

ⓒ It can have a profound effect on your brain, improving cognitive skills not related to language and even shielding against dementia in old age.

ⓓ But in recent years, scientists have begun to show that the advantages of bilingualism are even more fundamental than being able to converse with a wider range of people.

① ㉠-㉡-㉢-㉣

② ㉠-㉣-㉡-㉢

③ ㉡-㉣-㉢-㉠

④ ㉢-㉡-㉣-㉠

주어진 글 다음에 이어질 글의 순서로 가장 적절한 것은?

2014. 4. 19 안전행정부

It's amazing what a little free beer can accomplish. Samso, then known for its dairy and pig farms, would become Denmark's showcase for sustainable power, eventually going carbon-free. How that would happen, however, was far from clear, since the government initially offered no funding, tax breaks or technical expertise.

(A) So Hermansen showed up at every community or club meeting to give his pitch for going green. He pointed to the blustery island's untapped potential for wind power and the economic benefits of making Samso energy-independent. And he sometimes brought free beer.

(B) It worked. The islanders exchanged their oil-burning furnaces for centralized plants that burned leftover straw or wood chips to produce heat and hot water. They bought shares in new wind turbines, which generated the capital to build 11 large land-based turbines, enough to meet the entire island's electricity needs. Today Samso isn't just carbon-neutral – it actually produces 10% more clean electricity than it uses, with the extra power fed back into the grid at a profit.

(C) Given that almost all its power came from oil or coal – and the island's 4,300 residents didn't know a wind turbine from a grain silo – Samso seemed an odd choice. Soren Hermansen, though, saw an opportunity. The appeal was immediate, and when a renewable-energy project finally secured some funding, he volunteered to be the first – and only – staffer.

① (A) – (B) – (C)　　　　② (B) – (A) – (C)

③ (C) – (B) – (A)　　　　④ (C) – (A) – (B)

8 다음 문장이 들어갈 위치로 가장 적절한 것은?

2014. 4. 19 안전행정부

For example, some cultural groups were often portrayed as gangsters, while others were usually shown as the 'good guys' who arrested them.

One of the challenges we face in the world today is that a lot of the information we get about other people and places comes from the advertising and entertainment we see in the media. (A) You can't always trust these types of information. (B) To the people who make television programs and advertisements, true facts and honest opinions aren't as important as keeping you interested long enough to sell you something! (C) In the past, the messages we received from television programs, advertisements, and movies were full of stereotypes. (D) Even places were presented as stereotypes: European cities, such as Paris and Venice, were usually shown as beautiful and romantic, but cities in Africa and Asia, such as Cairo and Calcutta, were often shown as poor and overcrowded.

① A   ② B

③ C   ④ D

9 주어진 글 다음에 이어질 글의 순서로 가장 적절한 것은?

2014. 6. 21 제1회 지방직

Experienced travel agents of yesterday are being rapidly replaced by new ones who have less firsthand knowledge of destinations. What this new breed faces are clients who do not know much about geography but have leisure time and money at their disposal. The solution is to equip these less knowledgeable travel agents with computer and video technology to help them match clients with right destinations.

(A) The client then views video programs on those destinations that seem most appealing, and finalizes his or her vacation plan. This way, travel agencies use modern technology to compensate for the inexperience of many agents on their payroll.

(B) Responses collected are fed into a computer program to produce a list of suggested destinations and itinerary options matched to the client's preferences.

(C) The key is to ask a client about his or her preferred vacation in mind. Included might be specific requests the representatives of which are "I don't like to pack and unpack repeatedly," or "I don't like to quickly move around and see many things."

① (A) – (B) – (C)
② (A) – (C) – (B)
③ (B) – (C) – (A)
④ (C) – (B) – (A)

10 다음 문장이 들어갈 위치로 가장 적절한 것은?

2014. 6. 21 제1회 지방직

His hiring concluded an exhaustive process that collected input from all segments of the university.

The selection as Heoha University's tenth president of Carlos Jimenez, the current chancellor at the University of Licafornia since 2008, was announced at the board of trustees meeting on March 15. (A) He will begin his term on July 1. (B) Faculty, students, and alumni were invited to nominate candidates. An advisory subcommittee also gathered input through 40 public forums held around the country. (C) The nominations were first narrowed to 100 names, then to 20 who received interviews, and then to five finalists. Board member Jeffrey Pinorius, who headed the search committee, said that Jimenez emerged as the clear choice. (D) "The presidential search committee was responsible for finding a leader with a clear vision and proven leadership skills required for running a highly complex organization," he added.

① (A)   ② (B)

③ (C)   ④ (D)

11 다음 ㉠~㉢을 문맥에 맞게 배열한 것은?

2014. 6. 28 서울특별시

㉠ Mark Twain began his career writing light, humorous verse, but evolved into a chronicler of the vanities and hypocrisies of mankind.

㉡ Though Twain earned a great deal of money from his writings and lectures, he lost a great deal through investments in ventures in his later life.

㉢ Samuel Langhorne Clemens, better known by his pen name Mark Twain had worked as a typesetter and a riverboat pilot on the Mississippi River before he became a writer.

㉣ At mid-career, with The Adventures of Huckleberry Finn, he combined rich humor, sturdy narrative and social criticism, popularizing a distinctive American literature built on American themes and language.

① ㉠ - ㉡ - ㉢ - ㉣   ② ㉡ - ㉣ - ㉢ - ㉠

③ ㉠ - ㉣ - ㉡ - ㉢   ④ ㉢ - ㉠ - ㉣ - ㉡

⑤ ㉢ - ㉣ - ㉠ - ㉡

12 주어진 글 다음에 이어질 글의 순서로 가장 적절한 것은?

2013. 7. 27 안전행정부

Year after year, a survey sponsored by Scotland's Centre for European Labour Market Research finds the same thing: If you want to be happy in life, be happy in your job. Okay, but what will make me happy in my job? Some researchers at the University of British Columbia in Canada have come up with an interesting way quantifying the seemingly unquantifiable.

(A) For example, trust in management—by far the biggest component of job satisfaction—is worth as much in your overall happiness as a very substantial raise. Say you get a new boss and your trust in your workplace's management goes up a bit.

(B) By analyzing life-satisfaction surveys that consider four key factors in job satisfaction, they have figured out how much each is worth when compared with salary increases.

(C) Even that small increase in trust is like getting a thirty six percent pay raise, the researchers calculate. In other words, that will boost your level of overall satisfaction in life by about the same amount as a thirty six percent raise would.

① (A) — (B) — (C) ② (B) — (A) — (C)

③ (C) — (A) — (B) ④ (C) — (B) — (A)

13 주어진 문장이 들어갈 위치로 가장 적절한 것은?

2013. 7. 27 안전행정부

He knew, though, he would never become an Olympic runner, so he looked for other sports that he could play.

Many people have faced great obstacles in their lives but have found ways to overcome and actually benefit from these obstacles. For example, Greg Barton, the 1984, 1988, and 1992 U.S. Olympic medalist in kayaking, was born with a serious disability. (A) He had deformed feet, his toes pointed inward, and as a result, he could not walk easily. Even after a series of operations, he still had limited mobility. (B) Even so, Greg was never defeated. First, he taught himself to walk, and even to run. Then, he competed in his high school running team. (C) Happily, he discovered kayaking, a perfect sport for him because it required minimal leg and foot muscles. Using his upper body strength, he was able to master the sport. (D) Finally, after many years of training and perseverance, Greg made the 1984 Olympic team.

① A

② B

③ C

④ D

14 다음 문장들을 문맥에 맞게 배열한 것은?

(A) They are still left out in the world where the so-called age of information has not arrived yet.

(B) The bad news, however, is that millions of people around the world cannot even afford to busy a computer.

(C) The internet is bringing us closer than ever.

(D) That's the good news for those who have access to the web.

① (D) − (A) − (C) − (B)

② (C) − (A) − (B) − (D)

③ (C) − (D) − (B) − (A)

④ (D) − (C) − (B) − (A)

15 다음 글의 문맥상 어색한 것을 고르시오.

Hot springs are found on every continent and on the ocean floor of the earth. ①They are produced by the powerful emergence of heated groundwater from a fissure in the Earth's crust. ②For example, water from the hot springs of the Yellowstone National Park, a volcanic zone, is likely heated when it comes into contact with molten rocks. ③Several definitions of hot springs exist and none of which are universally accepted. ④On the other hand, the phenomenon is called a hydrothermal vent on the ocean floor where the water that issues is warmed by the heat from the interior of the earth.

16 다음 글을 읽고 문맥상 가장 알맞은 문장의 순서를 고르시오.

No matter how carefully you manage your money, there may be times when you will need more cash than you currently have available.
(A) Remember, however, that both using savings and increasing borrowing reduce your net worth and your potential to achieve long-term financial security.
(B) A savings account, certificate of deposit, mutual fund, or other investment may be accessed when you need funds.
(C) To cope with that situation, you have two basic choices : liquidate savings or borrow.
(D) Or a credit card cash advance or a personal loan may be appropriate.

① (B) − (C) − (A) − (D)
② (B) − (D) − (C) − (A)
③ (C) − (B) − (D) − (A)
④ (C) − (A) − (B) − (D)

17 Rearrange the sentences (A)(B)(C)(D) so that they make sense.

> The ancient Egyptians believed in life after death.
> (A) It could fly around by day but must return to the tomb at night.
> (B) The body, therefore, was preserved so that the soul could recognize it.
> (C) They thought of the soul as a bird with a human face.
> (D) They prepared for the after life with great care.
>   The word mummy comes from the Persian mum, meaning wax.

① (C)(B)(D)(A)   ② (A)(B)(C)(D)

③ (D)(C)(A)(B)   ④ (C)(D)(B)(A)

18 밑줄 친 부분 중 글의 전체적 흐름에 맞지 않는 문장은?

> Given the general knowledge of the health risks of smoking, it is no wonder that the majority of smokers have tried at some time in their lives to quit. ① But in most cases their attempts have been unsuccessful. People begin smoking, often when they are adolescents, for a variety of reasons, including the example of parents and pressure from peers. ② The installation of smoke detectors in buildings is required by law. ③ If others in one's group of friends are starting to smoke, it can be hard to resist going along with the crowd. ④ Once people start smoking, they are likely to indulge in it.

19 다음 주어진 글에 이어질 순서로 가장 적절한 것은?

Dogs are considered by many to be "man's best friend." They are considered loyal, loving, and courageous members of the family. But at what cost?

(A) Added to this caring cost is the social cost of canine aggression. In one year, insurance companies in the United States paid 250 million dollars to victims of dog attacks.

(B) Every year, people in the United States spend more than five billion dollars on dog food and seven billion dollars on veterinary care for their canine pets.

(C) When other costs are included, experts estimate that aggressive dogs cost society one billion dollars a year.

① (A) − (C) − (B)　　　　　② (A) − (B) − (C)
③ (B) − (A) − (C)　　　　　④ (C) − (A) − (B)

20 다음 주어진 문장에 이어질 글의 순서로 가장 적절한 것은?

Although industrial countries have made great advances in health care, today their health care systems are experiencing some serious problems.

(A) In the United States, for example, nearly $2 billion is spent every day for health care, and this amount is increasing at an annual rate of 12 percent.

(B) As a result of these increasing costs, access to good health care is being reduced rather than expanded.

(C) By far the most urgent of these problems is financial : medical costs are rising faster than prices in most other areas of the economy.

① (A) − (B) − (C)　　　　　② (A) − (C) − (B)
③ (C) − (A) − (B)　　　　　④ (C) − (B) − (A)

21 문맥상 다음의 문장이 들어가기에 적합한 곳은?

Like most other human scientific feats, however, it threatens social and industrial relations.

①The decoding of the human genome is a phenomenal development. ②It is a transcendental discovery in humanity's effort to improve miserable health conditions caused by pollution, wars and poverty. ③It has the potential to throw people out of work and shake up families. ④Effective laws must be passed to guard against converting this scientific feat into a tool of racism.

22 다음 글들을 문맥에 맞게 순서대로 나열한 것은?

ⓐ In one study, biometeorologists suggested a statistical correlation between bone density and temperature. Some Hungarian scientists found an increase in dental periostitis (gum inflammation) with the passage of a warm front. According to some Swedish doctors, migraine headaches increase three days after a change in barometric pressure and temperature.

ⓑ In Europe, where biometeorology began and had flourished, it's assumed that ordinary weather affects ordinary human beings in myriad ways.

ⓒ Meanwhile, researchers in Japan noticed an increase in asthma attacks when the wind changes direction.

① ⓑ − ⓐ − ⓒ
② ⓑ − ⓒ − ⓐ
③ ⓒ − ⓐ − ⓑ
④ ⓒ − ⓑ − ⓐ

23 다음 중 주어진 문장이 들어갈 곳으로 옳은 것은?

> As the child matures, cells reach out and set up pathways to other cells needed to determine a behavior.

> An infant is born with billions of brain cells called neurons. ① Some are wired to other cells before birth to regulate the basics of life, such as heartbeat and breathing. ② Others are waiting to be wired to help him or her interpret and respond to the outside world. Experience dictates the hookups. ③ For instance, the neurons in the eye send branches to the visual cortex, which interprets what the eye sees and, via other branches, cues the person to react to what is seen. Each time an experience is repeated, the pathways are strengthened. ④

24 다음 중 주어진 글이 들어갈 곳으로 알맞은 것은?

> Even after three miscarriages, a woman has a good chance of having a successful pregnancy without treatment.

> The bulk of miscarriages are caused by a random scrambling of chromosomes, bringing about an embryo so gravely affected that it stops developing. ① These accidents of nature occur by pure chance and are not likely to happen again. Up to 90 percent of first-time miscarriages have a successful pregnancy the next time around. ② A small percentage of early miscarriages, however, stem from genetic abnormalities in one of the parent's chromosomes. ③ these can be detected by genetic tests. At this point, such abnormalities are incurable. ④ However, doctors are now better able to diagnose and counsel couples who have a potential problem.

25 다음 문장이 들어갈 가장 적절한 곳은?

A few years ago doctors were saying that to reap the benefits of exercise, you had to perform a vigorous activity such as jogging several times a week. ①A recent report found that women 45 and older who walked for at least an hour a week cut their heart-disease risk in half. ②Men, too, benefit from small amounts of exercise. ③Even moderate activities like golf of gardening help reduce their risk of heart attack. ④"The important thing is just to do it," says Howard Sesso, a doctor at the Harvard School of Public Health.

Now it appears that any exercise can save your heart.

26 다음 주어진 문장이 들어가기에 가장 알맞은 곳은?

After that, the calf is fed elsewhere and the farmer milks the cow twice a day.

Cows don't have an inexhaustible supply of milk. A cow cannot produce milk until it has given birth to a calf. ①Then it will give milk for approximately ten months, which is the amount of time a calf would be nursing. ②Dairy farmers only let the newborn calf suckle for a few days, when the cow's milk is not suitable for human consumption. ③Most cows can give birth once a year, and the average dairy cow produces milk for five or six years. ④

27 다음 글의 흐름으로 보아 아래의 문장이 들어가기에 가장 적당한 곳은?

(ⓐ) It is time for computers to take over the classroom and introduce a new age in education. (ⓑ) The classroom, the teacher, and the current formal system of education should be eliminated because computers have the ability to provide individual instruction. (ⓒ) For instance, smart ten−year−olds could work on advanced degrees while their less−gifted peers learn at their own pace. (ⓓ) Multimedia programs would make learning fun and concepts easier to understand. No more lectures or overcrowded classroom. The computer is the school of the future.

With computerized education, children could all learn at their own pace.

① ⓐ   ② ⓑ

③ ⓒ   ④ ⓓ

28 다음 문장에 이어질 글의 순서가 바르게 짝지어진 것은?

The art of shipbuilding has some odd traditions, and one of the most interesting of all has its roots in Greek and Roman history.

(A) Today scientists find evidence of this long−stading tradition in a variety of locations, from the decayed remains of old Greek ships to the still active frigate U.S.S. Constitution.

(B) In case of a disaster at sea, the dead crew needed these coins to pay to get to the afterlife. It was believed that sailors without money to cross this river should not be able to take their place in the afterlife.

(C) During ancient Greek and Roman times, when a new ship was built, a small number of coins were left under the mast of the ship. The shipbuilders did this for a very special reason.

(D) According to legend, the crew members gave these coins to the ferry master Charon to take them across the river Styx to Hades, the land of the dead.

① (C) − (B) − (D) − (A)   ② (C) − (D) − (B) − (A)

③ (D) − (A) − (C) − (B)   ④ (D) − (C) − (A) − (B)

29 다음 글의 바로 앞에 나올 내용으로 알맞은 것은?

In spite of these benefits, consumers who purchase these sets now may be disappointed with the results. There are very few digitally produced program on television, and the number is unlikely to increase in the near future. The major network plan to offer only five hours of digital programming per week next year. Further, cable companies are not under any regulation to switch to carrying digital programming. Since two-thirds of American receive their television through cable, the delay may be even longer.

① 디지털 TV의 장점들
② 주요 방송사들이 제공하는 혜택
③ 미국 방송의 전송방식의 단점
④ 디지털 방송시대의 소비자 선택

30 다음 제시된 문장에 이어질 글의 순서로 가장 적절한 것은?

Most male insects are smaller than females, but there are exceptions to this rule.

(A) In this case, the males are larger than the females.
(B) There are, however, other beetles which are not known to fight together, of which the males exceed the females in size.
(C) Sometimes the size and strength of the insect would be an advantage to the males which fight for the possession of the females.

① (A) − (B) − (C)
② (A) − (C) − (B)
③ (B) − (A) − (C)
④ (C) − (A) − (B)

31 다음 주어진 문장에 이어질 글의 순서로 옳은 것은?

> While cordless drills are ideal portable devices, they are not well suited to masonry work.

> (A) This is because cordless drills are not as powerful(the drill bit does not revolve as fast) and the battery will quickly drain if used to drill into brick.
> (B) If you intend to use the drill for a lot of non-wood drilling(particularly masonry), then you should purchase a corded drill.
> (C) However, for the occasional masonry hole, cordless drills are still adequate.

① (B) − (A) − (C)　　　　　② (B) − (C) − (C)
③ (C) − (A) − (B)　　　　　④ (C) − (B) − (A)

32 각 문장이 문맥상으로 그 순서가 적절하게 나열된 것은?

> (A) Born a slave in North Carolina, Harriet Jacobs was taught to read and write by her mistress.
> (B) Although her owner believed so, she in fact spent almost seven years hidden in the tiny dark attic.
> (C) She finally escaped from her owner and started a rumor that she had fled North.
> (D) On her mistress's death, Jacobs was sold to a white master who harassed her very much.

① (A) − (B) − (C) − (D)　　　　② (A) − (D) − (C) − (B)
③ (D) − (C) − (B) − (A)　　　　④ (C) − (A) − (B) − (D)

33 다음 글의 문맥으로 보아 바로 앞에 올 수 있는 내용은?

> Resignation, however, has also its part to play in the conquest of happiness, and it is a part no less essential than that played by effort. The wise man, though he will not sit down under preventable misfortunes, will not waste time and emotion upon such as are unavoidable.

① How to overcome misfortunes

② Importance of resignation in achieving our happiness

③ Significance of our efforts in seeking our happiness

④ The wise man's conquest of happiness

34 다음 글의 흐름으로 보아, 주어진 문장이 들어가기에 알맞은 곳은?

> In preparing the juice, the skin and other textural components of the apple are left behind.

> Pay attention to the way food is prepared. ⓐ Processing can reduce fiber content. ⓑ A cup of apple juice, for example, has only about one-twentieth the fiber of a single whole apple. ⓒ Many brown-colored breads called wheat or multi-grain are made with highly refined flour, meaning most of the fiber has been milled out. ⓓ

① ⓐ   ② ⓑ

③ ⓒ   ④ ⓓ

35 다음 주어진 문장에 이어질 글의 순서로 가장 알맞은 것은?

Many stores use electronic devices to protect their merchandise, especially clothing.

(A) The tag is keyed to an alarm built into the store's entrance.
(B) If an item is taken through the entrance with the tag still attached, the alarm sounds.
(C) This system is based on a special tag that storeowners attach to certain items.

① (A) − (C) − (B)   ② (B) − (A) − (C)
③ (B) − (C) − (A)   ④ (C) − (A) − (B)

36 다음 글 바로 뒤에 올 내용으로 가장 알맞은 것은?

What is the secret ingredient of tough people that enables them to succeed? Why do they survive the tough times when others are overcome by them? The answer is all in how they perceive their problems. They look at problems realistically and practically. They understand the six principles that pertain to all problems. What are these principles?

① six principles for the survival
② six principles for the 21th century
③ six principles for escaping problems
④ six principles for perceiving our problems

37 다음 주어진 문장이 들어가기에 가장 적절한 곳은?

Confusion has reigned ever since.

If you have difficulty distinguishing the World Bank from the International Monetary Fund, you are not alone. ⓐ Most people have only the vaguest idea of what these institutions do, and very few people indeed could, if pressed on the point, say why and how they differ. ⓑ Even John Maynard Keynes, a founding father of the two institutions and considered by many the most brilliant economist of the twentieth century, admitted at the inaugural meeting of the International Monetary Fund that he was confused by the names. ⓒ He thought the Fund should be called a bank, and the Bank should be called a fund. ⓓ

① ⓐ   ② ⓑ
③ ⓒ   ④ ⓓ

3 빈칸넣기

☞ 정답 및 해설 P.273

※ 밑줄 친 부분에 들어갈 말로 가장 적절한 것을 고르시오. 【1~2】

2016. 4. 9 인사혁신처

1

There's a knock at your door. Standing in front of you is a young man who needs help. He's injured and is bleeding. You take him in and help him, make him feel comfortable and safe and phone for an ambulance. This is clearly the right thing to do. But if you help him just because you feel sorry for him, according to Immanuel Kant, _____. Your sympathy is irrelevant to the morality of your action. That's part of your character, but nothing to do with right and wrong. Morality for Kant wasn't just about what you do, but about why you do it. Those who do the right thing don't do it simply because of how they feel : the decision has to be based on reason, reason that tells you what your duty is, regardless of how you happen to feel.

① that wouldn't be a moral action at all

② your action is founded on reason

③ then you're exhibiting ethical behavior

④ you're encouraging him to be an honest person

2

A group of tribes and genera of hopping reptiles, small creatures of the dinosaur type, seem to have been pushed by competition and the pursuit of their enemies towards the alternatives of extinction or adaptation to colder conditions in the higher hills or by the sea. Among these distressed tribes there was developed a new type of scale—scales that were elongated into quill-like forms and that presently branched into the crude beginnings of feathers. These quill-like scales lay over one another and formed a heat-retaining covering more efficient than any reptilian covering that had hitherto existed. So they permitted an invasion of colder regions that were otherwise uninhabited. Perhaps simultaneously with these changes there arose in these creatures a greater solicitude for their eggs. Most reptiles are apparently quite careless about their eggs, which are left for sun and season to hatch. But some of the varieties upon this new branch of the tree of life were acquiring a habit of guarding their eggs and _____. With these adaptations to cold, other internal modifications were going on that made these creatures, the primitive birds, warm-blooded and independent of basking.

① hatching them unsuccessfully
② leaving them under the sun on their own
③ keeping them warm with the warmth of their bodies
④ flying them to scaled reptiles

3 밑줄 친 부분에 들어갈 말로 가장 적절한 것을 고르면?

2016. 6. 18 제1회 지방직

I don't know how it is for women or for other guys, but when I was young, I had a fear of _____. I thought it was a giant step toward death. So I did all I could to resist it because the idea was frightening to me. Then, one day I met Jane while I was shooting my first film. This changed everything. Jane, who was from Kentucky, was waitressing at that time, and I noticed her right away. She was really beautiful, and it took me all day to get up the nerve to ask her out. Just then a makeup man on the film snapped a photo of the two of us. About two years ago he sent it to me, saying, "Here you are asking a local girl for a date." He didn't know that that "local girl" became my wife. I still remember that day vividly.

① death
② marriage
③ making films
④ taking photos

4 다음 빈칸에 들어갈 가장 적절한 연결어를 고르면?

2016. 6. 25 서울특별시

Our brain processes and stores different kinds of information in different ways. Think about factual knowledge. Fact memory entails learning explicit information, such as names, faces, words and dates. It is related to our conscious thoughts and our ability to manipulate symbols and language. When fact memories are committed to long-term memory, they are usually filed along with the context in which they were learned : _____, when you think of your new friend Joe, you probably picture him at the basketball game where you met him.

① In short
② For instance
③ Above all
④ In addition

5 아래 글 바로 다음에 이어질 문장으로 가장 적절한 것을 고르면?

2016. 6. 25 서울특별시

The moon is different from the earth in many respects. First of all, there is no known life on the moon. And in terms of size, it is much smaller than the earth. You may think both of them have the same spherical shape. But strictly speaking, they are not the same. The moon is almost a perfect sphere; its diameter differs by no more than 1% in any direction. The faster an astronomical object spins, the more it becomes bulged at the equator and flattened at the poles. _____

① So spinning objects undergo some changes of their shape, except for the moon and the earth.

② Since the moon rotates more slowly than the earth, it is more nearly spherical.

③ Moreover, the moon's diameter has been varied for the last hundred years.

④ In fact, the moon's spherical shape is rather

6 ⊙, ⓒ에 들어갈 가장 적절한 것은?

2015. 3. 14 사회복지직

Stress is a fact of life and can affect all aspects of our daily existence. Stress can have a negative impact on one's mental, as well as physiological, functioning. An important issue here is the way that employees handle stress. For some individuals, stress motivates and challenges them to excel; this is *eustress*. For others, _____⊙_____, excessive stress diminishes the capacity to function and can have severe medical ramifications; this is *distress*. Even though stress is inevitable, the negative and dangerous consequences associated with it are not. _____ⓒ_____, it is necessary to examine potential sources of stress, especially in the workforce, in order to prevent unnecessary and unhealthy outcomes for the individual as well as the organization.

	⊙	ⓒ		⊙	ⓒ
①	however	Therefore	②	in addition	Furthermore
③	thus	Nevertheless	④	for instance	Accordingly

7 밑줄 친 부분에 가장 적절한 것은?

2015. 4. 18 인사혁신처

Language is saturated with implicit metaphors like "Events are objects and time is space." Indeed, space turns out to be a conceptual vehicle not just for time but for many kinds of states and circumstances. Just as a meeting can be moved from 3:00 to 4:00, a traffic light can go from green to red, a person can go from flipping burgers to running a corporation, and the economy can go from bad to worse. Metaphor is so widespread in language that it's hard to find expressions for abstract ideas that are not metaphorical. Does it imply that even our wispiest concepts are represented in the mind as hunks of matter that we move around on a mental stage? Does it say that rival claims about the world can never be true or false but can only be _____? Few things in life cannot be characterized in terms of variables and the causation of changes in them.

① proven to be always true in all circumstances

② irreversible and established truths that cannot be disputed

③ subject to scientific testings for their authenticity and clarity

④ alternative metaphors that frame a situation in different ways

8 문맥상 밑줄에 들어가기 가장 적절한 것은?

2015. 6. 13 서울특별시

Since William Shakespeare lived more than 400 years ago, and many records from that time are lost or never existed in the first place, we don't know everything about his life. For example, we know that he was baptized in Stratford-upon-Avon, 100 miles northwest of London, on April 26, 1564. But we don't know his exact birthdate, which must have been a few days earlier. However, we do know that Shakespeare's life revolved around two locations: Stratford and London. He grew up, had a family, and bought property in Stratford, but he worked in London, the center of English theater. As an actor, a playwright, and a partner in a leading acting company, he became both prosperous and well-known. _____, fans of Shakespeare have imagined and reimagined him according to their own tastes, just as we see with the 19th-century portrait of Shakespeare wooing his wife at the top of this page.

① Even without knowing everything about his life
② Because we know everything about him
③ Because it is impossible to understand him
④ Even though he was our contemporary poet

2015. 6. 27 제1회 지방직

9

A growing number of people are seeking medical attention for vitamin D deficiency, a common condition among those who spend a lot of time indoors. It is well known that vitamin D deficiency can affect one's muscles, bones and immunity and is even associated with cancer. Vitamin D is produced by the body in response to skin being exposed to sunlight. A lot of women, however, wear sunscreen before they go out, and this often makes it more difficult for their body to produce vitamin D—as _____.

① many types of sunscreen may contain beneficial substances
② sunscreen can block vitamin D-producing ultraviolet rays
③ their sunscreen is professionally prescribed
④ they exercise on a regular basis

10

Muzafer Sherif's research on the autokinetic effect is a good example of the role of _____ in perception. People in his experiments were told that a spot of light projected on the wall would move and were instructed to estimate the amount of movement. Although the spot of light never actually moved, the people inevitably reported movement. When told that the spot of light would even trace out letters and words, participants began reporting words and sentences. Clearly what they thought would happen resulted in the addition of a considerable amount of information to their sensations.

① unification   ② expectation
③ competition   ④ quantification

※ 밑줄 친 부분에 가장 적절한 것은? 【11~12】

2014. 4. 19 안전행정부

11

Until recently many experts assumed that under the influence of universal literacy and mass media, regional dialects were being leveled. _____. Local identity and other social forces exert a stronger influence than even TV on how dialects evolve. The Inland North, the Midland, Canada, and the South are now more different from each other than ever.

① Absolutely true

② Too much so

③ Not so

④ Well enough

12

Body type was useless as a predictor of how the men would fare in life. So was birth order or political affiliation. Even social class had a limited effect. But having a warm childhood was powerful. It's not that the men who flourished had perfect childhoods. Rather, as Vaillant puts it, "What goes right is more important than what goes wrong." The positive effect of one loving relative, mentor or friend can _____ the negative effects of the bad things that happen.

① augment

② convene

③ vanquish

④ reinforce

13 밑줄 친 부분에 들어갈 가장 적절한 것을 고르시오.

2014. 6. 21 제1회 지방직

Unlike in the House of Representatives, representation in the Senate is equal for every state: each state has two senators. Senators serve six-year terms. The purpose of the guaranteed term is to insulate senators from public opinion and allow them to act independently. In regard to the selection, public servants in the Senate used to be _____ by the legislatures of the states they represented. It was the Seventeenth Amendment, ratified in 1913, that gave Americans the power to elect their own senators directly.

① appointed ② applauded
③ appeased ④ appealed

14 다음 빈칸에 들어갈 단어가 순서대로 짝지어진 것은?

2014. 6. 28 서울특별시

Ancient navigation relied on the sun, and therefore depended on fair weather; overcast skies could mean extensive delays or worse. The contingencies of weather paired with the lack of more sophisticated navigational tools meant that the Greeks and other ancient Mediterranean civilizations were forced to (A)_____ their exploration; trade relations were mostly limited to closely surrounding islands and coasts. Eventually, sailors were able to venture farther out using celestial navigations, which used the positions of the stars relative to the movement of the ship for direction. But even then, few captains dared to travel too far beyond the sight of coastlines for fear of unfavorable currents carrying ships off course into more dangerous waters. Finally, the introduction of the compass to Europe (B) _____ the age of explorations and paved the way for future Western European empires.

	(A)	(B)
①	restrict	circumvented
②	expedite	recorded
③	circumscribe	ignited
④	ban	depicted
⑤	facilitate	spurred

15

It can sometimes feel as if South Korea, overworked, overstressed and ever anxious, is _____ a national nervous breakdown, with a rising divorce rate, students who feel suffocated by academic pressures, a suicide rate among the highest in the world and a macho corporate culture that still encourages blackout drinking sessions after work. More than 30 Koreans kill themselves everyday, and the suicides of entertainers, politicians, athletes and business leaders have become almost commonplace.

① by virtue of　　　　　　② as opposed to

③ in favor of　　　　　　④ on the verge of

16

Strategic thinking can make a positive impact on any area of life. The first step in strategic thinking is to _____ so that you can focus on it more effectively. That's what automotive innovator Henry Ford did when he created the assembly line, and that's why he said, "Nothing is particularly hard if you divide it into small jobs." He also said, "Only one person in a million can juggle the whole things at the same time and think strategically to create solid, valid plans." He is well known for his habit of splitting tasks. Right before the beginning of each weekday, he would think about daily issues, prioritizing the issues for the weekday. He made a rule to deal with the issues only allotted for the day.

① make a habit of taking notes

② break down an issue smaller

③ deal with daily tasks without delay

④ think twice before setting to a work

17

You as the parent must try to read their crying to be able to help them. This will also help you assess your children's perception of your discipline. In many cases, when a child feels that he has been punished wrongly, it is more difficult to console him. He cried pathetically. Others may receive the punishment in a defiant mood. _____, when a child feels guilty and he is not punished or assured of forgiveness, he is likely to feel insecure and timid. In such a case when punished they may cry but quickly compose themselves and seek to attract love from the parent. Children usually want the crisp and clean punishment followed by fellowship rather than living with uncertainty.

① As a result
② For example
③ In other words
④ On the other hand

18 다음 글을 요약한 문장에서 빈칸 ㉠, ㉡에 들어갈 가장 적절한 것은?

Look at the following list of numbers: 4, 8, 5, 3, 9, 7, 6. Read them out loud and memorize that sequence. If you speak English, you have about a 50 percent chance of remembering that perfectly. If you're Chinese, though, you're almost certain to get it right every time. This is because pronouncing them in Chinese takes shorter time. In addition, the number—naming systems are in Western and Asian languages. In English, for example, they say fourteen and sixteen, so one might expect that they would also say oneteen and twoteen. But they don't. The number system in English is irregular. In contrast, Asians have logical counting systems. Those differences mean that Asian children learn to count much faster and perform basic functions better than Western children.

⇩

Being good at _____㉠_____ may be rooted in the different _____㉡_____ systems.

㉠	㉡
① pronunciations	counting
② mathematics	language
③ languages	name
④ logic	culture

19 다음 글의 빈칸에 들어갈 가장 적절한 것은?

Many sports help to (A) one's reactions and dexterity. Sports can also improve one's process of thought. Be sure to judge whether or not the level of exercise activity is appropriate as you are participating in the sport. Being wise about the health benefits of sports will ensure a healthy lifestyle. Regular exercise will help one's personality to be positive. If you (B) what has been suggested, you will have favorable results.

	(A)	(B)
①	control	complement
②	enhance	complement
③	control	implement
④	enhance	implement

20 다음 글의 빈칸에 들어갈 가장 적절한 것은?

Character is a respect for human beings and the right to interpret experience differently. Character admits self-interest as a natural trait, but pins its faith on man's hesitant but heartening instinct to understand and support others. Character is allergic to tyranny, irritable with ignorance and always open to improvement. Character implies the ability to laugh wholeheartedly and weep unashamedly. Character is, above all, a tremendous humility before the facts—an automatic alliance with truth even when that truth is bitter medicine.

A quality of character not mentioned by the author is _____.

① freedom   ② patience

③ sympathy   ④ humbleness

21 다음 글의 흐름으로 보아 괄호에 들어갈 가장 적절한 단어는?

A helicopter piloted by a woman lifted a (   ) from a rooftop of La Sante Prison in Paris on Monday and flew him out. The escaped one was identified as Michel Vaujour, 34, who was found guilty of armed robbery last year. He was serving an 18-year sentence and this was his fourth escape from prison. According to police, the helicopter flew into the prison at about 10:45 A.M. and hovered over a prison building. Two people were aboard the aircraft. They dropped a line to Vaujour and then flew away.

① janitor
② policeman
③ prisoner
④ flight

22 다음 중 밑줄 친 부분에 들어갈 가장 적절한 단어는?

Emily is a writer and is always writing things down. Even when she can't find paper, she scrambles to find envelopes, napkins, anything she can use to write down her thoughts. She does this because she is both realistic and disciplined enough to know humans run across too many ideas to remember all of them or even most of them. Good ideas come floating into our heads and will easily float out. Writers acknowledge they carry around a notebook so that the best of those ideas can make it to paper. You don't have to be a writer, however, to have good ideas floating through you. Keep a notebook and pen _____ and you will be able to hold onto those floating thoughts.

① neat
② handy
③ fancy
④ remote

23 다음 글의 빈칸 (ⓐ), (ⓑ)에 들어갈 말로 적절한 것은?

It is a great nuisance that knowledge cannot be acquired without trouble. It can only be acquired by hard work. It would be fine if we could swallow the powder of profitable information made palatable by the jam of fiction. But the truth is that, so made palatable, we cannot be sure that the powder will be profitable. I suggest to you that the knowledge the novelist imparts is (ⓐ) and thus (ⓑ) and it is better not to know a thing at all than to know it in a distorted fashion. If readers wish to inform themselves of the pressing problems of the day, they will do better to read, not novels but the books that specifically deal with them. I suggest to you that it is enough for a novelist to be a good novelist. It is unnecessary for him to be a prophet, a politician or a leader of thought. Fiction is an art and the purpose of art is to please.

	ⓐ	ⓑ		ⓐ	ⓑ
①	reasonable	believable	②	naive	wholesome
③	biased	unreliable	④	impartial	realistic

※ 다음 글의 빈칸에 들어갈 말로 가장 적절한 것을 고르시오. 【24~25】

24 Two men were dining together in a restaurant. The first man ordered the food. The second man, who was unaccustomed to eating out, said nothing. When the food arrived, the second man _____ everything his friend did. When the first man took rice, so did the second. The first man ate a shrimp, and so did the second man. Finally, the first man took a toothpick, and his friend did the same. Later the first man asked his friend how he had enjoyed the meal. The second man answered, "Everything was perfect, except for the last bit. It tasted like bamboo."

① copied　　　　　　　　② cursed
③ ignored　　　　　　　　④ opposed

25 A Western—style conversation between two people is like a game of tennis. If I introduce a topic, a conversational ball, I expect you to hit it back. If you agree with me, I don't expect you simply to agree and do nothing more. I expect you to add something—a reason for agreeing, another example, or an elaboration to carry the idea further. But I don't expect you always to agree. I am just as happy if you question me, or challenge me, or completely disagree with me. Whether you agree or disagree,

① you'll be playing the wrong game
② your response will return the ball to me
③ you'll learn a new lesson from your experience
④ your conversation style will differ from the Western style

26 다음 글의 빈칸에 들어갈 말로 가장 적절한 것은?

Chomsky's main message was that union leaders were more concerned with maintaining their own power than with representing workers. His audiences? Union leaders. During the question—and—answer period they reached, _____, with defensiveness and even hostility. But Chomsky met their arguments with such a relentless barrage of facts.

① however   ② on the other hard
③ That is he emphasized   ④ as one might expect

27 다음 글의 빈칸에 들어갈 말로 가장 적절한 것은?

For a variety of reasons, wildlife officials often redistribute wildlife from one part of a country to another. For practical purposes, some species may be transplanted because they damage crops or because their original habitat has scarce supplies of natural food. Quite often, the purpose of redistribution is to move a particular species from a place where it is overabundant to a place where _____.

① it is needed   ② food is scarce
③ it is unpopular   ④ it can't damage crops

28 다음 괄호 안에 알맞은 표현을 차례대로 고르면?

According to the following article, doctors in a couple of prominent hospitals are trying to say (ⓐ) before (ⓑ). For decades, malpractice lawyers and insurers have counseled doctors and hospitals to "deny and defend." Many still warn clients that any admission of fault, or even expression of regret, is likely to invite litigation and imperil careers. But with providers choking on malpractice costs and consumers demanding action against medical errors, a handful of prominent academic medical centers, like Johns Hopkins and Standford, are trying a disarming approach. By promptly disclosing medical errors and offering earnest apologies and fair compensation, they hope to restore integrity to dealings with patients, make it easier to learn from mistakes and dilute anger that often fuels lawsuits. Malpractice lawyers say that what often transforms a reasonable patient into an indignant plaintiff is less an error than its concealment, and the victim's concern that it will happen again. Despite some projections that disclosure would prompt a flood of lawsuits, hospitals are reporting decreases in their caseloads and savings in legal costs. Malpractice premiums have declined in some instances, though market forces may be partly responsible.

ⓐ	ⓑ
① I'm sorry	they see you in court
② they see you in court	I don't know
③ I'd like to help	they see you in court
④ none of my business	I don't know

29 Many years of trying to help people with every kind of trouble have left me with one sure conviction : The difficulty could have been overcome or might never have arisen if the people involved had just treated one another with common courtesy. "It's not so much what my husband says," a tearful wife tells me, "as the way he says it." Why does he have to yell at me? A grim-faced office worker mutters, "I hate my boss. He never shows appreciation for anything." Human beings _____ courtesy. Courtesy, politeness, good manners — call it what you will — the supply never seems to equal the demand.

① hunger for

② are overfed with

③ behave well with

④ are satisfied with

30 In Africa, people are sadder about the death of an old man than about that of a newborn baby. The old man represented a wealth of experience that might have benefited the tribe, whereas the newborn baby had not lived and could not even be aware of dying. _____, people in Europe are sad about the death of the newborn baby because they think he might well have done wonderful things if he had lived. They, however, pay little attention to the death of the old man, who had already lived his life anyway.

① After all

② As a result

③ By any means

④ On the other hand

31 When listening to operas, you must remember that opera is a special kind of theater. Just as ability to understand the spoken word is necessary if you are to comprehend a play, you cannot fail to profit by the knowledge of the words of opera. It is inconceivable that one should attend a performance of a Shakespearean tragedy, for example, simply for a view of the stage pictures and the beauty of the sound of the actors' voices. If opera is theater and the words are important, what part, then, does music play in an opera? _____ Music begins where the word ends to communicate expression beyond the power of words.

① Music plays an important role in tragic plays.
② Actors are often sensitive to their emotions.
③ Music in an opera adds a new dimension to the word.
④ Opera singers tend to have different tastes for music.

※ 다음 밑줄 친 곳에 들어갈 가장 적절한 것을 고르시오. 【32~35】

32 Suddenly finding yourself in a strange country can be rather frightening. You lose all of the props that generally support you, and all of the familiar cues that provide information about what to do. Without familiar props and cues to orient you in unfamiliar situations, it becomes difficult to _____ life in a new setting. Everything can seem different. You don't even know how much to tip a cab driver or a waiter in a restaurant. In this situation. you can lose a sense of logic, developing irrational fear of the local people.

① give in   ② make up for
③ cope with   ④ get away from

33 People who are happy don't get everything they want, but they want most of what they can get. In other words, they rig the game in their favor by choosing to value things that are within their grasp. People who find themselves, dissatisfied in life often set unreachable goals for themselves, setting themselves up to fail. Yet people who set high goals for themselves and try to reach them are no happier than people who set and reach more modest goals. _____

① Aim high and try to reach it.
② Take whatever comes your way.
③ Don't get frustrated when you fail.
④ Stay within reality and strive to make things better.

34 In the field of intercultural communication, I learned that the position of the bodies of people in conversation varies with the culture. It used to puzzle me that a special Arab friend seemed unable to walk and talk at the same time. After years in the US, he could not bring himself to stroll along, facing forward while talking. Our progress would be arrested while he edged ahead, cutting slighty in front of me and turning sideways so we could see each other. Once in this position, he would stop. His behavior was explained when I learned that for the Arabs to view the other person _____ is regarded as impolite.

① angrily   ② closely
③ straightly   ④ peripherally

35 According to some experts, we are leaving our children and grandchildren a frightening inheritance : an increased accumulation of so-called greenhouse gases in the atmosphere and the potentially disastrous climate changes that this increase may bring about. However, the scientific community _____. Other scientists claim that the evidence for global warming is inconclusive and argue that predictions based on it are questionable. The scientific debate has been intense. It has also fueled a political controversy about what measures, if any, should be taken to address the possible problem of climate changes.

① is not speaking with one voice
② has suggested many practical ideas
③ is concerned about the climate change
④ worries about the misuse of scientific discovery

36 다음 밑줄 부분에 들어갈 말이 순서대로 바르게 짝지어진 것은?

> We all know that a little bit of stress can be a good thing, as it can motivate a person to take action. A lot of stress, though, can seriously affect one's mental and physical health and can prevent a person ___ⓐ___. Many people know that a job, schoolwork, or lifestyle can cause negative stress levels to increase dramatically, but very few are aware that certain kinds of food and drink, ___ⓑ___, can lead to higher levels of stress.

① doing things effectively — if it consumed regular
② doing things effectively — if consuming regularly
③ from doing things effectively — if consumed regularly
④ from doing things effectively — if it consuming regular

※ 밑줄 친 부분에 공통으로 들어갈 것으로 문맥상 가장 적절한 것을 고르시오. 【37~38】

37 A few years ago, a(n) _____. researcher at the University of Washington named Adam Drewnowski ventured into the supermarket to solve a mystery. He wanted to figure out why it is that the most reliable predictor of _____ in America today is a person's wealth. For most of history, after all, the poor have typically suffered from a shortage of calories, not a surfeit. So how is it that today the people with the least amount of money to spend on food are the ones most likely to be overweight?

① nourishment   ② undergrowth

③ pennilessness   ④ obesity

38 In August 1914 Great Britain, with 29 capital ships ready and 13 under construction, and Germany, with 18 and 9, were the two great rival sea powers. Neither of them at first wanted a direct _____ : the British were chiefly concerned with the protection of their trade routes ; the Germans hoped that and submarine attacks would gradually destroy Great Britain's numerical superiority, so that _____ could eventually take place on equal terms.

① bisection   ② confrontation

③ conclusion   ④ reconciliation

39 다음 글에서 문맥상 밑줄 친 곳에 들어갈 가장 알맞은 단어로 옳은 것은?

It is often said that usefulness is the end of life ; and so it is. But _____ creates and inspires usefulness. If you have many gifts, and the power to understand. Even if you meditate day and night how to promote the welfare of the world, it shall profit you little if you have not joy. Take up joy, then, as you stand before the gate of your student life, and enter fearlessly.

① happiness   ② meditation

③ fearlessness   ④ power

40 다음 글에서 빈칸에 들어갈 것을 순서대로 나열한 것으로 옳은 것은?

The origin of species said that all living things on earth are here as a result of descent, with modification, from a common ancestor. This is the theory of evolution. Expressed another way, it tells us that species are not fixed, unchanging things but have, _____, evolved through a process of gradual change from pre−existing, different species. The theory implies, too, that all species are cousins, _____, any two species on earth, have shared a common ancestor at some point in their history. This theory of evolution directly contradicts the still widely accepted idea that each species has been placed on earth in its present from.

① by contrast − however

② in short − moreover

③ on the contrary − that is

④ in comparison − in addition

41 다음 글의 ⓐ와 ⓑ에 들어갈 말로 바르게 짝지어진 것은?

In september of 1983, an art dealer by the name of Gianfranco Becchina approached the J. Paul Getty Museum in California. He had in his possession, he said, a marble statue ⓐ(dating / dated) from the sixth century BC. It was what is known as a kouros − a sculpture of a nude male youth. There are only about two hundred kouroi in existence, and most have been recovered badly damaged or in fragments from grave sites or archeological digs. But this one was almost perfectly preserved. It was an extraordinary find. Becchins's ⓑ(asking / asked) price was just under $10 million.

① dated − asked　　　　　② dated − asking

③ dating − asked　　　　　④ dating − asking

42 다음 글의 ( ) 안에 들어갈 가장 알맞은 것은?

"I'll be in there in two minutes," Mom said in a loud voice. "You girls had better be through." Sighing, we attacked the potatoes again. Liaay stuffed her mouth full and ( ) to get them down with a gulp of water. I choked. Sherre chewed and chewed. Almost choking, she spit the whole mess into her napkin. "Look, Liz," she said. "Those footprints are back!" She pointed to the ceiling. Lizzy looked up. Plop, plop. Lizzy still was looking up when Mom reached the doorway.

① confiscated   ② drained

③ lamented   ④ managed

43 다음 글의 내용으로 보아 빈칸에 들어갈 가장 알맞은 말은?

Western civilization took centuries to develop the idea of childhood. But television had erased it in a few decades. What a child once learned through reading roughly matched with his ability to process the information. In the television age, however, we all get the same messages. A child of five and an adult of 40 can see the same images and hear the same words simply by pushing a button. It shows in our behavior. Children and adults now dress alike, talk alike and play the same games. The concept of childhood is _____.

① expanding   ② lingering

③ prevailing   ④ vanishing

44 다음 글의 빈칸에 들어갈 가장 알맞은 것은?

I have seldom met a businessman who was not persuaded that inflation is produced by rising wages _____, by strong labor unions – and many a nonbusinessman is of the same mind. This belief is false yet entirely understandable. To each businessman separately, inflation comes in the form of higher costs, mostly wages ; yet for all businessman combined, higher onces produce the higher costs. What is involved is a fallacy of composition. Any one person may be able to leave a crowded theater in two minutes without difficulty. Let everyone try to leave in two minutes and there may be utter chaos. What is true for each separately need not be true for all together.

① by accident

② in true

③ yet

④ unless

45 다음 중 빈칸에 들어갈 가장 알맞은 연결어는?

Mr. Schwarzenegger also steps into the political ring virtually none of the preparation of Mr. Reagan. When Mr. Reagan ran for governor in 1966, he had not only been a well-known actor, the host of a popular Sunday television show and a dashing figure around Los Angeles, but a visible Republican activist across the country. Mr. Reagan's entry into elective politics was a foregone conclusion after the defeat of the Republican presidential nominee Barry M. Goldwater in 1964. Mr. Schwarzenegger _____, arrives on the Republican scene as a virtual outsider. He doesn't have a group of people who two years before the election, as in Reagan's case, were going to do everything they could to advance him.

① by contrast

② in brief

③ moreover

④ therefore

46 다음 빈칸에 가장 적절한 것은?

To the average consumer, the difference between a brand and a product can be confusing. One way to explain the difference is that brands are around for a long time, while products are quick to come and go. Take, for instance, the sportswear manufacture Nike. Nike is the brand name. Nike might make many different products over the years, such as different kinds of athletic shoes and clothing, but the brand name "Nike" will _____.

① advertise itself
② always be the same
③ often succeed
④ sometimes make mistakes

47 다음 빈칸에 가장 적절한 것은?

The scholars have found that gender differences are reflected in the ways that children use language while they play. Boys often use commands when they talk to each other. For instance, when a boy is captain he might say. "You go first. Don't wait for me." As the leader of the other boys, he tells them exactly what to do. But when a girl wants to influence her friends, she uses different forms of language. Instead of using commands, she will say. "Let's try it this way. Let's do this." This is how she tries to direct the other girls without sounding bossy. By using the form "Let's," she also emphasizes the fact that the girls all belong to the same group.

These differences seem to do part of growing up in a given culture and following its rules of gender. If men and women can understand that many of their differences are _____, they may be able to improve their relationships.

① individual, not social
② cultural, not personal
③ voluntary, not compulsory
④ temporary, not permanent

48 다음 글을 읽고, 빈칸에 들어갈 말로 가장 적절한 것은?

> Elements of culture can be divided into two categories. The first is the material culture, which is made up of all the physical objects that people make and give meaning to. Books, clothing, and buildings are some examples. We have a shared understanding of their purpost and meanings. _____, nonmaterial culture consists of human creations that are not physical. Examples of nonmaterial culture are values and customs. Our beliefs and the languages we speak are also part of our nonmaterial culture.

① Above all
② As a result
③ In contrast
④ In addition

49 다음 글의 빈칸 (A), (B), (C)에 가장 적절한 단어끼리 바르게 짝지어진 것은?

> We humans have (A) involved / evolved into quite strange beings. Whatever happens in the future is unlikely to be odder than what has already happened in the past. We differ from other animals in that we cook our food and wear clothes. But perhaps the most important distinguishing (B) figure / feature is human language. This extraordinary system allows us to communicate about anything whatsoever, whether it is present, absent or even non-existent. Though this system is what makes us different from other animals, the (C) original / origin of our extraordinary communication system is still a mystery.

	(A)	(B)	(C)
①	evolved	feature	origin
②	evolved	figure	origin
③	involved	feature	original
④	involved	figure	original

50 다음 글의 빈칸 ⓐ, ⓑ에 들어갈 말로 가장 적절한 것은?

On an airplane in the Far East, in typhoon season, I asked the pilot how he handled those strong winds. "Oh, the strong winds sometimes can improve flight conditions," he replied. "I turn strong winds into tailwinds!" Perhaps suffering and hardship in life, some seemingly as big as typhoons, serve the same purpose for a human being. Then you can turn (ⓐ) into (ⓑ) and make it speed you on your way to achievement.

① chance — adversity
② difficulty — opportunity
③ disaster — courage
④ good luck — challenge

※ 다음 글의 밑줄 친 곳에 들어갈 가장 적절한 것을 고르시오. 【51~53】

51 There are many places people visit to get services, such as banks, public offices, etc. Depending upon how many servers are available, they stand in many lines. When they are supposed to stand in line, they are always faced with a problem of making a decision. _____ It's because a shorter line does not always lead to quicker service. Some people who come later get served earlier simply because they happen to stand in the 'lucky' line. That's why some early comers wait longer than they expect to. This is not fair for all the parties concerned, both servers and customers.

① The solution to this problem seems to be easy.
② It would be possible for us to think of a social invention.
③ That is, in which line will I be able to get my job done most quickly?
④ A fair waiting system makes it possible for us to serve and be served on a first- come-first-served basis.

52 The smoke signals from Asia's ailing cities are increasingly obvious, but many leaders and ordinary citizens are slow to act. For a relatively quick fix, governments can beef up enforcement of existing regulations on _____ levels and later bring them in line with more stringent international standards. They can also require assessments of the environmental cost of schemes that increase commercial and private traffic. A long—term regimen includes investing in more efficient and extensive mass transport systems and in alternative sources of clean energy; and committing to far—sighted urban planning that would help create jobs and housing _____ congested city centers.

① education — next to

② preservation — just under

③ emission — outside of

④ expectation — except for

53 _____ Scientists think the zebra evolved from a horselike animal with no stripes. They have different ideas about what the zebra's stripeless ancestor looked like, but many argue that it was mostly dark—colored or black. (So, to answer an old question, a zebra is probably a black animal with white stripes, rather than the other way around.) The way stripes might have evolved is this : By accidental variation, some of the dark horse foals were born with lighter—colored stripes. Since stripes were protective coloring, they were an advantage. And so striped animals often survived to have striped foals — another example of natural selection. More and more striped animals appeared as the generations passed. Eventually, there were several distinct species of an animal we call the zebra.

① What is the origin of the zebra?

② What good are zebra's stripes?

③ Where did the stripes of the zebra come from?

④ How did the zebra evolve from horses?

54 다음 글의 빈칸 (A), (B)에 들어갈 것으로 가장 적절한 것은?

It's relatively easy to experience deep listening. All you need to do is to understand its improvement and to give it some practice. But it's not 'practice' in the way we sometimes think of practice. There's little effort involved. In fact, (A) effort you make, (B) it will be. What you have to do is to clear your mind and relax — but at the same time, really be there with the other person. By doing this, you're removing the distractions. As you listen, notice how your mind tends to fill with other things — plans, answers, fears, whatever. When this happens, gently clear your mind and simply listen.

① the less — the easier
② the less — the more difficult
③ the more — the more difficult
④ the more — the easier

55 다음 글의 빈칸에 가장 적절한 것은?

Albert Schweitzer was born on October 29, 1875 in Kaysersberg, a town near Strasbourg in Alsace, Germany. Schweitzer has been called the greatest Christian of his time. He based his personal philosophy on a 'reverence for life' and on a deep commitment to serve humanity through thought and action. And he was a man of great strength who faced great problems with courage. The threat of war, the reality of imprisonment during World War One as a German citizen, and the unbearable heat in Africa did not deter him at all. He believed that man could overcome these obsacles if _____.

① he didn't mind about his nationality
② he had a sense of idealism
③ he faced the great problems in Germany
④ he wanted to help the poor in a foreign country

56 다음 빈칸에 들어갈 표현으로 옳은 것은?

Some people carry on active social lives with computers — their own or the ones available at terminals in public places like cafes, social centers, libraries, etc. Communicating with others on "bulletin boards", they get to know people they might never meet in traditional way. (㉠), a graduate student in San Francisco, California, has made more than fifty "net friends", including a homeless vegetarian who gets around on roller-blades, an HIV-positive police officer, some members of an Iranian family, an 80-year-old detective, and a medical geneticist who studies DNA. She has gone out on dates with about ten of her "network contacts". The romance didn't last, (㉡). She doesn't blame the computer for breaking up the relationship.

① ㉠ Therefore,   ㉡ in addition

② ㉠ By the way,   ㉡ nevertheless

③ ㉠ For example,   ㉡ however

④ ㉠ As a result,   ㉡ that is

57 다음 (   ) 안에 가장 적합한 것은?

When we think of the public face of scientific genius, we often remember someone with old and graying appearances. For example, we think of Albert Einstein's disheveled hair, Charles Darwin's majestic beard, Isaac Newton's wrinkled visage.
Yet the truth is that most of the scientific breakthroughs that have changed our lives are usually made by people who are still in their 30s and that includes Einstein, Newton and Darwin. Indeed, not surprisingly, younger scientists are less affected by (   ) than their elders.
They question authority instinctively. They do not believe it when they are told that a new idea is crazy, so they are free to do the impossible.

① economic concerns

② innovative experimental data

③ religious faith

④ the intellectual dogma of the day

58 다음 문장의 밑줄 친 곳에 들어갈 가장 적절한 것은?

In educating students for adult work and adult life, American schools try, above all, to be practical. American education has been greatly influenced by the writings of a famous 20th-century philosopher named John Dewey. Dewey believed that the only worthwhile knowledge was knowledge that _____. He convinced educators that it was pointless to make students memorize useless facts that they would quickly forget. Rather, schools should teach thinking processes and skills that affect how people live and work.

① has the right purpose

② is common to all people

③ can be used in a real life

④ can explain human nature

59 다음 ( ) 안에 가장 적합한 것은?

The Mediterranean Sea linked three continents Europe, Asia and Africa. Surrounding that sea was a world of diverse peoples, languages, and religions. Even its northern shores, largely united by Christianity, exhibited a remarkable variety of languages, customs, currencies, and political economies. ( ), the peoples who inhabited the shores of the Mediterranean were united in common world view — as the name suggests, they saw themselves as living at the center of the world.

① Moreover

② In brief

③ Therefore

④ However

60 다음 글의 빈칸에 들어갈 알맞은 것은?

The Danish flag, a large white cross on a red field, is the oldest unchanged national flag in the world. Its design is more than seven hundred years old. There is an unusual legend that tells of how the flag came to be. About A.D. 1218, King Valdemar Ⅱ of Denmark led a crusade against the pagans who were attacking his colonies. In 1219 the Danes won the war, saving their lands. According to legend, at a critical point in the battle _____ mysteriously appeared in the sky. The Danes say that King Valdemar adopted this design as the national flag.

① a red banner bearing a white cross
② an angel with a red flag in her left hand
③ Jesus Christ bearing wooden cross on his back
④ Jesus Christ wearing white garment

61 다음 문장의 빈칸에 들어갈 알맞은 말은?

If you are inviting your guests to feel comfortable and to do in your house the things that they would do on their own, you would say to her or him, "_____"

① This is your home.
② Make yourself at home.
③ Why don't you feel comfortable?
④ Isn't it nice for you to be comfortable with everything here?

62 다음 빈칸에 들어갈 가장 적절한 것은?

> So often have I removed, so rough has been the treatment of my little library at each change of place, and, to tell the truth, so little care have I given to its well-being at normal times, that even the comeliest of my books show the results of _____.

① unfair usage
② great care
③ hard study
④ high price

63 다음 빈칸에 들어갈 가장 적절한 것은?

> A society lacking language would be incapable of engaging in any but the simplest of cooperative enterprises. An individual or group of individuals would have no way of planning such activities, of explaining them to others, or of directing the actions of the participants in cooperative enterprises toward the _____ goal. Each individual would be to a large extent dependent on his own strength and ability since he would lack the means of securing the help of others.

① individual
② special
③ common
④ intensive

64 다음 글의 빈칸에 가장 적절한 것은?

> Joseph Schumpeter was an unusual economist. Most economists have tried to reduce business cycles, but Schumpeter believed that constant change was the strength of capitalism. In constantly developing new products and new ideas, entrepreneurs cause the destruction of old products and ideas. Schumpeter thought that this process, which he called creative destruction, causes the business cycles that are part of a capital system. He believed that business cycles are _____ to the economy in the long run.

① helpful
② harmful
③ indifferent
④ ineffective

65 다음 글의 빈칸에 들어갈 가장 적절한 것은?

In the west, the old people efface themselves and prefer to live alone in some hotel with a restaurant on the ground floor, out of consideration for their children and an entirely unselfish desire not to interfere in their home life. But the old people have a right to interfere and if interference is unpleasant, it is nevertheless natural, for all life, particularly the domestic life, is a lesson in restraint. Parents interfere with their children anyway when they are young, and the logic of noninterference is already seen in the results of the Behaviorists, who think that all children should be taken away from their parents. If one cannot tolerate one's own parents when they are old and comparatively helpless, parents who have done so much for us, whom else can one tolerate in the home? One has to learn self-restraint anyway, or even marriage will go on the rocks. And how can the personal service and devotion and adoration of loving children ever be replaced by the best _____?

① hotel waiters　　　　　　　② behaviorists

③ natural prospect　　　　　　④ parents available

4 글의 내용

☞ 정답 및 해설 P.287

1 글의 내용과 일치하지 않는 것은?

2016. 4. 9 인사혁신처

> Stanislavski was fortunate in many ways. He was the son of a wealthy man who could give him the advantages of a broad education, the opportunity to see the greatest exponents of theatre art at home and abroad. He acquired a great reputation because he had set high goals and never faltered along the hard road leading to them. His personal integrity and inexhaustible capacity for work contributed to making him a professional artist of the first rank. Stanislavski was also richly endowed by nature with a handsome exterior, fine voice and genuine talent. As an actor, director and teacher, he was destined to influence and inspire the many who worked with him and under him or who had the privilege of seeing him on the stage.

① Stanislavski was born with attractive features.

② Stanislavski remained uninfluential on his colleagues throughout his life.

③ Stanislavski's father was affluent enough to support his education.

④ Stanislavski became a top-ranked artist by the aid of his upright character and untiring competence.

2 콜라비에 대한 설명 중 글의 내용과 일치하지 않는 것은?

2016. 6. 18 제1회 지방직

Kohlrabi is one of the vegetables many people avoid, mainly because of its odd shape and strange name. However, kohlrabi is delicious, versatile and good for you. Kohlrabi is a member of Brassica, which also includes broccoli and cabbage. Brassica plants are high in antioxidants, and kohlrabi is no exception. Plus kohlrabi contains fiber, useful amounts of vitamin C, together with vitamin B, potassium and calcium. Kohlrabi can be eaten raw: it's delicious when thinly sliced and mixed into salads. You can also roast chunks of it in the oven, or use it as the base for a soup.

* brassica : 배추속(屬)

① 생김새와 이름이 이상하여 사람들이 좋아하지 않는다.
② 브로콜리와 양배추와 함께 배추속에 속한다.
③ 다른 배추속 식물과는 달리 항산화제가 적다.
④ 날것으로 먹거나 오븐에 구워먹을 수 있다.

3 다음 글의 목적으로 가장 적절한 것은?

2016. 6. 25 서울특별시

Casa Heiwa is an apartment building where people can learn some important life skills and how to cope with living in a new environment. The building managers run a service that offers many programs to children and adults living in the building. For the children, there is a day-care center that operates from 7 a.m. until 6 p.m. There are also educational programs available for adults including computer processing and English conversation courses.

① to argue for a need for educational programs
② to recruit employees for an apartment building
③ to attract apartment residents toward programs
④ to recommend ways to improve the living standard

4 다음 글을 쓴 작가가 장난감을 살펴본 이유로 가장 적절한 것은?

2015. 3. 14 사회복지직

The first hint of spring floated across the East River, mixing with the soft-coal smoke from the factories and the street smells of the poor neighborhood. As I turned the corner on my way to work and came to Sheftel's, I was made once more aware of the poor collection of toys in the dusty window, and I remembered the approaching birthday of a small niece of mine in Cleveland, to whom I was in the habit of sending modest gifts. Therefore, I stopped and examined the window to see if there might be anything appropriate, and looked at the confusing collection of unappealing objects.

① The toy smelled like the writer's niece.

② The toy was as charming as the writer's niece.

③ The birthday of the writer's niece was around the corner.

④ The writer was impressed by the low prices and wide selection.

5 다음 글의 내용과 일치하지 않는 것은?

2015. 4. 18 인사혁신처

East of the Mississippi, the land rises slowly into the foothills of the Appalachian Mountains. At the edge of the Canadian plains, the Canadian Shield, a giant core of rock centered on the Hudson and James Bays, anchors the continent. The stony land of the Shield makes up the eastern half of Canada and the northeastern United States. In northern Quebec, the Canadian Shield descends to the Hudson Bay. The heavily eroded Appalachian Mountains are North America's oldest mountains and the continent's second-longest mountain range. They extend about 1,500 miles from Quebec to central Alabama. Coastal lowlands lie east and south of the Appalachians. Between the mountains and the coastal lowlands lies a wide area of rolling hills. Many rivers cut through the Piedmont and flow across to the Atlantic Coastal Plain in the Carolinas.

① Centered on the Hudson and James Bays is a giant core of rock, the Canadian Shield.

② The Appalachian Mountains are North America's longest mountain range.

③ From Quebec to central Alabama, the Appalachian Mountains stretch.

④ The Piedmont is traversed by many rivers that flow toward the Plain.

6 다음 글의 내용에 가장 가까운 것은?

2015. 6. 13 서울특별시

> To act well, a person needs to determine which action-guiding statements are true, or likely to be true, and which false, or likely to be false. For it seems reasonable to suppose that a person who is acting in accordance with true statements, and not false ones likely to be true, has more chance of reaching acceptable goals.

① It can be unreliable to act in accordance with statements which are likely to be true.

② Acceptable results will be guaranteed to a person acting on the ground of true statements.

③ It is equally dangerous to act on the statements that are true and on those that are likely to be true.

④ Action is one thing, and statements another; the two have no mutual dependency.

7 George Stephenson에 관한 다음 글의 내용과 일치하지 않는 것은?

2015. 6. 27 제1회 지방직

George Stephenson gained a reputation for working with the primitive steam engines employed in mines in the northeast of England and in Scotland. In 1814, Stephenson made his first locomotive, 'Blucher.' In 1821, Stephenson was appointed engineer for the construction of the Stockton and Darlington railway. It opened in 1825 and was the first public railway. In October 1829, the railway's owners staged a competition to find the best kind of locomotive to pull heavy loads over long distances. Stephenson's locomotive 'Rocket' was the winner, achieving a record speed of 36 miles per hour. The opening of the Stockton and Darlington railway and the success of 'Rocket' stimulated the laying of railway lines and the construction of locomotives all over the country. Stephenson became engineer on a number of these projects and also participated in the development of railways in Belgium and Spain.

① 탄광에 사용된 초기 증기 기관과 관련된 일을 하여 명성을 얻었다.
② 1814년에 그의 첫 번째 기관차를 만들었다.
③ 시속 36마일의 기관차를 개발하여 기관차 대회에서 준우승했다.
④ 벨기에와 스페인의 철도 개발에도 참여했다.

8 다음 글의 내용과 일치하지 않는 것은?

2014. 4. 19 안전행정부

Chicago's Newberry Library and the Brookfield Zoo were among 10 institutions presented Monday with the National Medal for Museum and Library Service by First Lady Laura Bush at the White House. The annual awards, given by the Institute of Museum and Library Services in Washington, D. C., honor institutions for their collections and community involvement, and include a $10,000 award each. The Brookfield Zoo was honored for programs such as Zoo Adventure Passport, which provides free field trips to low-income families. "Brookfield Zoo is a living classroom for local students," Bush said. The Newberry Library was also honored for its extensive collection of more than half a million maps and its role in helping African-Americans trace their family heritage.

① The Brookfield Zoo ran a program that supports free admission for low-income families.

② The Brookfield Zoo assisted African-American kids in tracing their family history.

③ The Newberry Library and the Brookfield Zoo won a $10,000 award respectively.

④ The Newberry Library was awarded the medal for an extensive number of maps.

9 다음 글의 내용과 일치하는 것은?

2014. 4. 19 안전행정부

During the nine-week summer session, services for the university community will follow a revised schedule. Specific changes for campus bus services, the cafeteria, and summer hours for the infirmary and recreational and athletic facilities will be posted on the bulletin board outside of the cafeteria. Weekly movie and concert schedules are being finalized and will be posted outside the cafeteria every Wednesday. Campus buses will leave the main hall every half an hour and make all of the regular stops along their routes around the campus. The cafeteria will serve breakfast, lunch, and early dinner from 7 a.m. to 7 p.m. during the weekdays and from noon to 7 p.m. on weekends. The library will maintain regular hours during the weekdays, but shorter hours noon to 7 p.m. on Saturdays and Sundays. All students who want to use the library borrowing services and the recreational, athletic, and entertainment facilities must have an authorized summer identification card. This announcement will also appear in the next issue of the student newspaper.

① Movie and concert schedules will be notified twice a month.

② During the weekdays, the cafeteria and the library will open at noon.

③ Campus buses will run every hour and make all of the regular stops.

④ A valid identification card is required to use the athletic and entertainment facilities during the summer session.

10 글의 내용에 해당하는 가장 적절한 표현은?

Two hunters saw a wild goose fly overhead. As one of the hunters placed an arrow in his bow and aimed it at the goose, he said, "That goose will make a fine stew." "Stew!" said the other. "It would be far better to roast it." "Stewed!" said the first, putting down his arrow. "Roasted!" replied the other. The argument went on. "Let's ask our clan leader to decide the best way to cook that goose." The leader settled the argument by suggesting that when they caught the goose, half should be stewed and half should be roasted. In that way, everyone's needs would be met. Pleased, the two hunters went out to shoot the wild goose, but by that time, the goose was safely long gone.

① Haste makes waste.
② Judge not a book by its cover.
③ Do not count your chickens before they hatch.
④ The highest spoke in fortune's wheel may soon turn lowest.

11 글의 내용과 일치하는 것은?

The Wildfoods Festival takes place in the old mining town of Hokitika on the west coast of the South Island. This year, the organizers are preparing for more than 23,000 curious visitors from all over the world, a 10 percent increase in attendance over last year's crowd. Each year, the chefs invent more and more exotic dishes, and you may need to have a strong stomach and be open-minded to try them. This year they are offering new dishes such as insect eggs, scorpions, and venison tongue. Last year's favorites are still available : kangaroo and emu steaks fresh from neighboring Australia, and of course, earthworms and snails. It's a country full of sheep, but don't expect to eat any of them here!

① The Wildfoods Festival takes place in Australia.
② More than 20,000 visitors attended last year's festival.
③ Kangaroo steak is one of this year's new dishes.
④ Sheep steak is one of last year's favorites.

12 다음 글을 읽고 대변인의 주장에 가장 가까운 것은?

2013. 9. 7 서울특별시

> Spokesman for a chemical company to residents of a nearby town : We have conducted tests and have found no evidence that the fumes leaking from our waste disposal site are harmful to humans. There is no reason to be alarmed, much less to begin evacuating people from their homes.

① 폐기물 처리장에서 나오는 연기가 인간에게 해롭다.
② 폐기물 처리장에서 나오는 연기 때문에 인근 주민들은 빠른 시간 안에 집을 비워야 한다.
③ 인체에 유해한 실험을 했기 때문에 경각심을 가져야 한다.
④ 실험한 결과 경각심을 갖거나 집을 당장 비울 필요는 없다.
⑤ 실험한 결과 인체에 해롭다는 증거는 없지만 경각심을 갖고 집을 비워야 한다.

13 다음 글의 내용과 일치하는 것은?

> Charles Darwin was about as keen an observer of nature as ever walked the earth, but even he missed the pink iguana of the Galapagos. The rare land iguanas were first seen, in fact, only in 1986, when one was spotted by park rangers on Volcan Wolf on the island of Isabela. Since then, they have been found only on that volcano, which would explain why Darwin missed them, since he didn't explore it. An analysis by the researchers shows that there is significant genetic isolation between the pink iguana and a yellow iguana that also lives on Volcan Wolf. And besides the obvious difference in color, there are differences in morphology between the two reptiles, the researchers say. Their genetic analysis suggests that the pink iguana diverged from the other land iguana lineages about 5.7 million years ago. Since Volcan Wolf formed much more recently, the current distribution of the pink iguanas only on that volcano represents something of a riddle, the researchers report.

① Charles Darwin first found the pink iguana of the Galapagos.
② The pink iguana is similar to yellow iguanas in morphology.
③ The pink iguana originates in Volcan Wolf.
④ Both pink iguanas and yellow iguanas are found on Volcan Wolf.

14 다음 글의 목적으로 가장 적절한 것은?

Every hour of every day, one thousand children, women and men die from preventable illness. While life expectancy has continued to climb in the world's most affluent countries, it is decreasing in many of the poorest countries. That is simply not right. And the world has means to address this injustice. For more than 30 years, we have worked to see that these means are put into action. Tremendous strides have been made but much is left to accomplish. You can help us as we work with governments and multilateral agencies to ensure that adequate resources and sound policies are applied to global health. Your support also enables us to make sure that effective, low-cost health-care practices are recognized and promoted. Your financial support helps us save lives. Not dozens or even hundreds of lives, but millions.

① 빈곤 퇴치를 위한 정부의 정책을 홍보하려고
② 저소득층의 기대 수명 연장 방안을 공모하려고
③ 세계적 보건문제 해결을 위한 기금을 모으려고
④ 경제 위기 극복을 위한 국제적 협력을 촉구하려고

15 다음 글의 내용을 한 문장으로 요약하고자 한다. 빈칸 (A)와 (B)에 들어갈 말로 가장 적절한 것은?

The discovery that the seeds of the coffee fruit tasted good when roasted was undoubtedly the key moment in coffee history. It marked the beginning of the transformation of coffee from an obscure medicinal herb known only in the horn of Africa and southern Arabia to the most popular beverage in the world. A skeptic might counter that it is caffeine, not flavor that made coffee into one of the world's most important commodities. This argument is difficult to sustain, however. Tea, yerba mate, cocoa and other less famous plants also contain substances that wake us up and make us feel good. Yet none has achieved quite the same universal success as coffee. Furthermore coffee figures as important flavoring in countless candies, cookies, cakes and confections. It is clear that the ___(A)___ has(have) a great deal to do with its triumph as the ___(B)___ in the world.

	(A)	(B)
①	aromatics of roasted coffee	most popular artificial flavor
②	aromatics of roasted coffee	most favored beverage
③	caffeine in roasted coffee	most popular artificial flavor
④	caffeine in roasted coffee	most favored beverage

16 다음 글의 내용상 빈칸에 들어갈 말로 가장 적절한 것은?

In Bootle, England, a city of 55,000, people were bombed nightly for a week during World War Ⅱ with only 10 percent of the houses escaping serious damage. Yet one-fourth of the population remained asleep in their homes during the raids. Only 37 percent of the London mothers and children who were eligible for evacuation left the city during the war crisis. Furthermore, even during periods of heavy bombing in London, evacuees drifted back nearly as rapidly as they were being evacuated. Similar findings are on record for Germany and Japan during World War Ⅱ. This should not be surprising. Human beings have a very strong tendency to _____.

① continue with their established behavior patterns

② play a definite role within their group

③ run away in a panic during emergency situations

④ initiate new courses of action

17 다음 글의 빈칸에 들어갈 속담으로 가장 적절한 것은?

The saying goes : _____. In language teaching, teachers can provide all the necessary circumstances and input, but learning can only happen if learners are willing to contribute. Their passive presence will not suffice. In order for learners to be actively involved in the learning process, they first need to realize and accept that success in learning depends as much on the student as on the teacher. That is, they share responsibility for the outcome. In other words, success in learning very much depends on learners having a responsible attitude.

① learn to walk before you run

② burn not your house to fright the mouse away

③ do as most men do, then most men will speak well of you

④ you can bring the horse to water, but you cannot make him drink

18 다음 글의 요지를 아래와 같이 한 문장으로 요약하고자 한다. 빈칸에 가장 적절한 것은?

Problems, problems! Some would-be problem solvers are so overwhelmed by the problem that they usually fail. There are others who approach the problem calmly and practically, and usually solve it. Still others-only the truly inventive-find a unique solution to the problem in order to prove a point. For example, Alexander the Great, an ancient Greek ruler, was said to have been challenged to untie the Gordian knot. In mythology, this knot was fastened to a wagon and was thought to be impossible to undo. The great ruler was able to accomplish the task easily, however. He simply cut the knot with his sword! Tradition has it that Christopher Columbus was once given a challenge, too. In 1493, he attended a banquet in his honor, where he was questioned about how he had coped with the difficulties of his voyage to the New World. Columbus replied by challenging his questioners to balance an egg. When they couldn't, he did. How? He cracked the shell to create a flat bottom!

→ According to the passage above, we can infer that some difficult problems _____.

① could be solved easily
② gave us questions
③ gave us challenges
④ could be solved by the science

19 Bernice의 심경으로 가장 적절한 것은?

When Marjorie and Bernice reached home at half past midnight, they said good night at the top of the stairs. Although they were cousins, they were not close friends. In fact, Marjorie had no female friends-she considered girls stupid. Bernice, on the other hand, had hoped that she and Marjorie would share their secrets. She had looked forward to long talks full of girlish laughter and tears. For her these were an important part of all feminine conversation. However, she found Marjorie rather cold. For Bernice it was as difficult to talk to Marjorie as it was to talk to men.

① satisfied and happy
② relieved and rested
③ terrified and panicked
④ uncomfortable and awkward

20 다음 글을 읽고 질문에 답하시오.

> It is common knowledge that ability to do a particular job and performance on the job do not always go hand in hand. Persons with great potential abilities sometimes fall down on the job because of laziness or lack of interest in the job, while persons with mediocre talents have often achieved excellent results through their industry and their loyalty to the interests of their employers. It is clear, therefore, that the final test of any employee is the person's performance on the job.

> According to the above paragraph, an employee's efficiency is best determined by his/her _____.

① interest in the job
② work performance
③ loyalty to the employer
④ potential work skills

21 다음 글의 밑줄 친 부분의 의미로 가장 적절한 것은?

> An old woman came into her doctor's office and confessed to an embarrassing problem. "I fart all the time, Doctor Johnson, but they're soundless, and they have no odor. In fact, since I've been here, I've farted no less than twenty times. What can I do?" "Here's a prescription, Mrs. Harris. Take these pills three times a day for seven days and come back and see me in a week." Next week in upset Mrs. Harris marched into Dr. Johnson's office. "Doctor, I don't know what was in those pills, but the problem is worse! I'm farting just as much, but now they smell terrible! What do you have to say for yourself?" "Calm down, Mrs. Harris." said the doctor soothingly. "Now that we've fixed your sinuses, we'll work on your other sense!"

① oral   ② sixth
③ visual   ④ auditory

22 다음 글에서 전체적인 흐름과 관계없는 문장은?

Some students make the mistake of thinking that mathematics consists solely of solving problems by means of and rules. ①To become successful problem solvers, however, they have to appreciate the theory, recognizing the logical structure and reasoning behind the mathematical methods. ②To do so requires a precision of understanding the exact meaning of a mathematical statement and of expressing thoughts with accuracy and clarity. ③However, this precision cannot be achieved without real appreciation of the subtleties of language. ④In fact, anyone can advance much beyond mere problem solving tasks without manipulating mathematical formulas and rules. That is, superior ability in the use of language is a prerequisite to become successful problem solvers.

※ 다음 글의 내용과 일치하지 않는 것을 고르시오. 【23~24】

23 In the late 20th century, the northern hemisphere experienced its most widespread warmth for 1,200 years, according to the journal Science. The findings support evidence pointing to unprecedented recent warming of the climate linked to greenhouse emissions. University of East Anglia(UEA) researchers measured changes in fossil shells, tree rings, ice cores and other past temperature records. They also looked at people's diaries from the last 750 years. Timothy Osborn and Keith Briffa of UEA analysed instrument measurements of temperatures from 1856 onwards to establish the geographic extent of recent warming. Then, they compared this data with evidence dating back as far as AD 800. The analysis confirmed periods of significant warmth in the northern hemisphere from AD 890 to 1170 (the so-called "Medieval Warm Period") and for much colder periods from AD 1580 to 1850 (the "Little Ice Age").

① Researchers at UEA examined a variety of materials to check temperature changes.
② The Medieval Warm Period was shorter than the Little Ice Age.
③ The late 20th century is not the first in history that witnessed a temperature change.
④ Greenhouse emissions are considered to be the cause of the recent warming.

24 Ice wines are becoming increasingly popular across North America. While ice wines have always been fashionable in Western Europe, they were hard to find in North America and often ridiculously expensive. Ice wines are more expensive than other types of wine on account of the temperature requirements to make them. The grapes must be left on the vines until the first frost, after which they are harvested. If the first frost comes too late, the grapes will turn rotten, and the harvest will be lost. Add to that the cost of shipping the wines, and they become rather expensive. However, good quality North American ice wines, produced in California and British Columbia, have recently come onto the market, making ice wines more affordable.

① Specific temperature conditions are required to make ice wines.
② Ice wines used to be difficult to come by in North America.
③ The shipping costs contribute to the high prices of ice wines.
④ North America was well-known for its high quality ice wines.

25 다음 글의 내용과 일치하는 것은?

> The umbrella is so old that no one knows where it came from — it was invented before man learned how to write. But for thousands of years, the umbrella was used only for protection from the sun, rather than from the rain. The word 'umbrella', in fact, comes from the Latin word 'umbra', which means 'shade', and ancient slaves held umbrellas over their masters to give them shade. At the beginning, umbrellas were carried only by women, for they weren't considered 'manly' enough to be used by men. It wasn't until about 300 years ago that people began to use water-proof umbrellas in the rain.

① The umbrella was invented after man learned how to write.
② The umbrella was used mainly for protection from the rain.
③ At the beginning, umbrellas were carried only by men.
④ People began to use waterproof umbrellas about 300 years ago.

26 다음 글에 의하면, 사람들이 세제를 구입할 때 고려하지 않는 사항은?

Every year, people spend approximately 400 million dollars on detergents to clean, and help keep their laundry fresh. Most consumers of detergents are not novices, meaning that they have tried various brands of detergents and carefully selected the best product. To each customer, the best product may have a different priority. For example, some people may select the most well-known product, while others purchase according to how economical the product may be. Still, for others buying environmentally safe products is their priority.

However, many customers do not actually compare what is inside the box of various detergents. A surprising study showed that while each brand had its own marketing strategy, over 90% of the same basic ingredients were identical to all brands. Another interesting result was found when veteran detergent customers were not shown the box, and were asked to choose their favorite brand based only on the result of the detergent. Only 3% were able to identify their brand and even then, most of them were not entirely sure. This goes to show that while detergents may seem different, marketing is just giving basically the same products different clothes.

① How environmentally safe the products are
② How famous the products are
③ How economical the products are
④ What ingredients are in the products

27 다음 글을 읽고 수도 정책에 대하여 나머지 셋과 다른 입장을 취하고 있는 것을 고르면?

Conserving water is typically a good thing — except when you're penalized for your frugality. Elected officials are urging people to speak out against the Water Board's potential double — digit water rate hike at a public hearing in St. Albans on Feb. 16. The rate hike is needed, the city officials have said, because people are using less water, which means less revenue.

"The only way to stop the soaking of taxpayers is by showing up and making our voices heard," City Councilman Peter Koo said. "We must remain ever watchful, informed and ready to fight."

He attended a Queens Borough Board meeting Monday where a representative from the City Department of Environmental Protection spoke in favor of the proposed rate hike.

① The Water Board
② The city officials
③ City Councilman Peter Koo
④ The City Department of Environmental Protection

※ 다음 글의 내용과 일치하지 않는 것을 고르시오. 【28~29】

28 The biggest hurdle to cross is realizing that credit is not an extension of income. Living within your means can require a major lifestyle change. Credit, when used wisely, is a useful money-management tool, but learning when and how to use it requires dedication and diligence. However, most consumers who have successfully made the change to debt-free living say that living with one credit card and using a spending plan has created a sense of freedom that they have never known before. All the stress and negativity of living from paycheck to paycheck has vanished.

① It is not wise to regard credit as a part of income.
② For debt-free living, it is helpful to live with one credit card.
③ If you work with dedication and diligence, you will be able to live free from debt.
④ To spend money with a plan will relieve you of the stress of barely making both ends meet.

29 With a well-diversified production structure, German and Japanese producers are now more resilient to shocks. The ruthless cost-cutting that went along with outsourcing significant parts of their manufacturing production has enabled them to stay competitive and maintain their traditional focus on export-driven growth. This focus is not always an advantage in a modern consumer society. At the moment, however, it helps. As ever more people in ever more emerging markets are leaving abject poverty behind and are turning into consumers, the export-oriented companies of the developed world find fast-growing markets for their products.

① The production structure of German and Japanese producers makes it easier to adapt to shocks.

② Cost-cutting is the more effective strategy than outsourcing for German and Japanese producers to stay competitive.

③ The focus on export-driven growth is conducive to German and Japanese producers.

④ German and Japanese firms are able to sell more products due to the increasing number of customers.

※ 글의 목적으로 가장 적절한 것을 고르시오. 【30~31】

30 Various fogs are essentially clouds that form at the earth's surface, produced by temperature differences and moisture in the air. As warm, moisture-laden air cools, the amount of moisture that air can contain decreases. Warm air can hold more water vapor than cold air. So if the air is cooled sufficiently it will reach the dew point, at which the moisture begins to gather together out of the air and form water drops, creating fog.

① To explain how fog is formed

② To describe various types of fog

③ To show when warm air affects the fog

④ To point out why moisture works in the air

31 Job-related stress can lead to symptoms of poor physical health such as weight gain, fatigue and illness. Both diet and exercise can contribute to the alleviation of these negative effects of stress. The first step is to eliminate junk food from the diet. Instead of soda or a candy bar, try a piece of fresh fruit. The next step is to make a habit of exercising every day. And you should aim for twenty to thirty minutes of exercise a day. The key is to find a form of exercise that you enjoy. That way, you are more likely to do it every day and will receive the maximum benefit. Both diet and exercise can help you maintain a healthy weight, keep you feeling energized, and protect you from sickness. Then you will be better equipped to deal with the sources of stress at your job.

① To prevent weight gain

② To explain the causes of stress

③ To announce why junk food is bad for the health

④ To explain how to ease the negative effects of stress

32 다음 제시된 편지의 내용과 일치하지 않는 것은?

International Import Company
100 East Houston St.
New York, NY 10053
U. S. A.

Farmers Fruit Ltd.

Aghia Paraskevi 19081
Athens, Greece

Dear Sirs,

In reply to your letter dated May 3rd, we thank you for allowing us a special discount. This makes it possible for us to place an order and to expect quite good sales.

We have pleasure of enclosing our Order No. 813/BS, and would ask you to return the duplicate to us, duly signed, as an acknowledgement.

Yours faithfully,
Paul Hogan

Enc. Order No. 813/BS

① Order No. 813/BS is being enclosed.
② Paul Hogan is turning the order down.
③ Paul Hogan works for a company in New York.
④ The special discount makes possible an order for products.

33 다음 제시된 글의 내용과 일치하지 않는 것은?

Fortunately, psychologists believe that books can serve as therapeutic tools — or at least as effective adjuncts to professional therapy — to help children come to terms with their parents' divorce. According to educator-counselor Joanne Bernstein, stories that confront life's problems with candor and credibility may provide insights, promote self-examination, and lead to changes in attitude and behavior. One way stories accomplish this is through identification. Reading about the grief and anxiety of others, she explains, can arouse sudden awareness as problems that have not been consciously or completely recognized are allowed to surface. Introduced to characters who share their difficulties, children may feel less alienated and thus freer to discuss and resolve their own plight.

① Children come to terms with their plight by reading.
② Stories are likely to alienate children from their parents.
③ Books are helpful for children whose parents are divorced.
④ Children identify themselves with characters while reading.

34 다음 문장에서 추론할 수 있는 것으로 가장 적절한 것은?

Illegible handwriting does not indicate weakness of character, as even a quick glance at the penmanship of George Washington, Franklin D. Roosevelt, or John F. Kennedy reveals.

① A person's handwriting reveals a lot about that person.
② The weakness of character is evident in illegible handwriting.
③ Washington, Roosevelt, and Kennedy all had weak characters.
④ Washington, Roosevelt, and Kennedy all had handwriting that was difficult to read.

35 다음 글의 종류로 가장 적절한 것은?

In one of the most widespread man-made disasters the region has known, smoke from the fires has blanketed a broad swath of Southeast Asia this month.

Flights have been canceled around the region, the busy shipping lanes of the Strait of Malacca have been disrupted by low visibility, and millions of people are coughing and wheezing. It is impossible to say how many people have been made sick by the smoke. The fires are mostly intentionally set. Hundreds of Indonesian and Malaysian companies — mostly large agricultural concerns, and some with high-placed Government connections — are using fire as a cheap and illegal means of land-clearing.

① 신문기사
② 문학비평
③ 기행문
④ 관광안내

36 다음 글의 분위기로 가장 적절한 것은?

Mary is six years old. She loves her grandmother a lot. Whenever she comes to visit her, she meets her at the port. One day she was taken to the port to see her grandmother off. When she got on the ship, Mary began to cry. She said to her mother, "Why does Grandmother live in the ocean and not on the ground like everybody else?"

① sad
② disappointed
③ anxious
④ humorous

37 다음 글의 Broom jumping에 관한 내용과 일치하지 않는 것은?

Broom jumping is most famous in the United States as an African-American wedding custom. The broom holds spiritual significance for many African people, representing the beginning of homemaking for a couple. The ritual itself in America was created during slavery. Because slaves could not legally marry, they created their own ways to honor their unions. Broom jumping is a ritual in which the bride and the groom, either at the ceremony or at the reception, signify their entrance into a new life and their creation of a new family by symbolically sweeping away of their former single lives, and jumping over the broom to enter upon a new adventure as wife and husband.

① It is a well-known African-American wedding custom.

② Its origin traces back to the period of slavery on America.

③ It was performed by the slaves who got legally married.

④ It signifies the union of the bride and the groom and their entrance into a new life.

38 다음 글의 내용과 일치하는 것은?

Upstate New York florist Patricia Woysher has been in the business for forty years. She's sold flowers to tens of thousands of folks in the area and even received one of the best assignments a florist could hope for, decorating the White House for the Christmas season. "I had to take a deep breath. I mean, you see pictures of the place all your life, then one day you're in the Oval Office." Despite the excitement, Patricia's focus remained on her day-to-day concerns. "Doing the White House was exciting and rewarding, but my job is to run my business. I want to have something here that will last forever, that I can pass on to my children."

① Patricia runs a flower shop in the White House.

② Patricia was invited to the White House for a party.

③ Patricia worked for the White House and forgot her daily routines.

④ Patricia hopes to turn her business over to her offspring.

39 다음 글의 밑줄 친 부분의 뜻으로 가장 적절한 것은?

When jesse and Rachel got married, they knew they wanted to live in a traditional nuclear family — mother, father, and biological children. Each of them had come from other family arrangements, and they had decided that a more traditional arrangement was what they wanted. Rachel had been born out of wedlock. Because her parents had never married, she had never met her biological father. Jesse's mother had been widowed. His father's early death made Jesse want to have a large family.

① rich   ② illegitimate
③ divorced   ④ handicapped

※ 다음 글을 읽고, 물음에 답하시오. 【40~41】

"Future shock" — the disease of change — can be prevented. But it will take drastic social, even political action. No matter how individuals try to pace their lives, no matter what psychic crutches we offer them, no matter how we alter their education, the society as a whole will still be caught on a runaway treadmill until we capture control of the accelerative thrust itself.

The high velocity of change can be traced to many factors. Population growth, urbanization, the shifting proportions of young and old — all play their part. Yet technological advance is clearly a critical node in the network of causes, indeed, it may be the node that activates the entire net. One powerful strategy in the battle to prevent mass future shock, therefore, involves the conscious regulation of technological advance.

We cannot and must not turn off the switch of technological progress. Only _____ babble about returning to a "state of nature." A state of nature is one in which infants shrivel and die for lack of elementary medical care, in which malnutrition stultifies the brain, in which, as Hobbes reminded us, the typical life is "poor, nasty, brutish, and short.'' To turn our back on technology would be not only stupid but immoral.

40 위 글의 빈칸에 들어갈 말로 가장 적절한 것은?

① severe realists   ② intelligent idealists
③ clever politicians   ④ romantic fools

41 다음 중 윗글의 필자의 생각을 가장 잘 표현한 것은?

① Future shock has no bearing on change.
② We must defy the advance of technology.
③ The state of nature is a bliss we seek after.
④ There are pros and cons as for technological progress.

42 다음 글의 내용과 일치하는 것은?

According to history we have the Mayan Indians to thank for discovering chocolate or at least the cacao bean. They prepared a special drink from the cacao bean for religious ceremonies mixing this early form of chocolate with spices, wine, and water. The Aztecs learned of chocolate from the Mayans. Aztec Emperor Montezuma was known to take no other beverage than the chocolate. When Hernan Cortez arrived in Mexico in 1519, this early Spanish explorer was introduced to the chocolate drink by the Aztec Emperor Montezuma. Cortez is credited with bringing the chocolate drink back to Spain. The Spanish added vanilla, spices and sweeteners to their version of the drink. It wasn't until 1828 when Conrad van Houten in Holland developed the process for removing fat from the cocoa bean creating cocoa powder and cocoa butter, that chocolate could finally be molded into bars.

① The Mayans took the chocolate drink almost every day.
② The Emperor Montezuma enjoyed the chocolate drink mixed with sweeteners.
③ The chocolate bar was introduced to the Aztec.
④ Europeans couldn't enjoy the chocolate bar in the 1700s.

43 What does the underlined you refer to?

> It was a very emotional time for me — my youngest son was about to leave for basic training. I took the day off so we could spend his last day as a civilian together. My son likes to pass himself off as a tough guy, but as we climbed into the car, he blurted out in a halting, sad voice, "I'm going to miss you." Well, I just about lost it. The tears flowed from my eyes as I turned to say how much I was going to miss him too. That's when I saw that he was addressing a can of Pepsi he'd just opened.

① father   ② mother

③ brother   ④ drink

※ 다음 글의 내용과 일치하지 않는 것을 고르시오. 【44~45】

44 Is it possible to construct machines that will talk and understand speech? As early as the 18th century, attempts were being made to devise ways of mechanically reproducing human voices. The Austrian inventor, Wolfgang von Kempelen (1734~1804), built one such machine, consisting of a pair of bellows to produce air flow, and other mechanisms to simulate parts of the vocal tract. Alexander Bell (1847~1922) also constructed a 'talking head', made out of various synthetic materials, that was able to produce a few distinct sounds. Modern techniques have led to massive progress in this field. It is no longer necessary to build physical models of the vocal tract. Sound waves can be generated electronically by synthesizing the different components of the sound waves.

① Efforts were made to replicate human speech sounds in the 18th century.

② Kempelen devised mechanisms to simulate human vocal parts.

③ Bell's 'talking head' was made out of a variety of artificial materials.

④ It is still important to construct physical models of human articulators.

45 Sputnik I, the first manmade object to orbit the earth, was launched on October 4, 1957. With its launch, the space race was officially begun! The satellite was not much more than a spider-like metal sphere with four external antennae. It contained no scientific instrument other than a small radio transmitter. But Sputnik I, whose name literally means 'traveler', was launched much to the disbelief and shock of the world. Bold claims were made by critics of the day who averred that Russian technology wasn't advanced enough to perform such a feat and therefore the project was a fake. However, those voices were quickly silenced when radio transmissions from the satellite were heard days later.

① Sputnik I looked like a spider.

② Sputnik I contained a radio transmitter.

③ The early Russian success in space made people stunned.

④ The world's disbelief in Sputnik I lasted for a long time.

46 다음 글을 쓴 목적으로 가장 적절한 것은?

I was extremely sorry to hear of your disappointment. It was a very hard luck, and you were so near to getting the job. You had worked hard and deserved success, and no one can do more. However, I know you have too much grit to let a thing like this unduly depress you. Wipe out all thought of it and have another try — that's the only sensible thing to do. I know your luck will turn soon, so don't be depressed about it. Are you doing anything Wednesday night? If not, give me a ring, and we might fix up a night out together.

① to report

② to relieve

③ to complain

④ to forgive

47 다음 글을 가장 잘 요약한 것은?

Everyone worries at one time or another. It is a part of our every day lives. We worry about deadlines, about financial problems, and about our relationships with others. Surprisingly, the fact is that worrying is not always a bad thing. Some amount of worry is necessary because it gives us time to concentrate on a problem and find possible solutions or ways to deal with it. Some worry is stimulating. It can propel you to do better work or to complete work on time. In other cases, however, our worries can interfere with our problem-solving abilities. We worry so much that it stops us from taking the steps needed to solve the problem. If it continues, worrying can take away our energy and lead to physical problems such as fatigue, headaches, muscle pain, and insomnia.

① Some amount of worry can be useful.
② Worry has both positive and negative effects on us.
③ Worry can bring about a variety of problems to our body.
④ Too much worry may keep us from concentrating on our problems.

48 다음 글의 내용과 일치하지 않는 것은?

Humans have always been fascinated by dreams. The vivid dreams people remember and talk about are REM dreams — the type that occurs almost continuously during periods of rapid eye movement (REM) during sleep. But people also have NREM dreams — dreams that occur during periods without rapid eye movement — although they are typically less frequent and less memorable than REM dreams. REM dreams have a story-like or dream-like quality and are more visual, vivid, and emotional than NREM dreams. Interestingly, blind people who lose their sight before age five usually do not have visual dreams, but they have vivid dreams involving the other senses. A popular belief about dreams is that an entire dream takes place in an instant, but in fact, it is not true. Sleep researchers have discovered that it takes about as long to dream a dream as it would to experience the same thing in real life.

① REM dreams are usually easy to remember.
② Human dreams usually occur in an instant.
③ Even a 4-year-old blind boy can have vivid dreams.
④ REM dreams take place more often than NREM dreams.

49 다음 글의 내용과 일치하는 것은?

Galileo Galilei was long obsessed with Copernicus's theory of the nature of the universe, and planned to publish a book that supported it. However, his plan was changed by the pope's injunction of 1624 that the should not publish such a book. Although the publication was delayed, Galilei finally published the book in 1632. The book was an immediate success, largely because it was extremely controversial. Clearly violating the ban of the church, Galilei defended the Copernican theory. Certainly, the pope was furious, and Galilei was summoned to Rome to stand trial. He was judged to have supported the Copernican theory against the teachings of the church. He was ordered to recant and did so against his will.

① Galilei's enemies were satisfied when the church imprisoned Galilei.
② Galilei's book of 1632 did not bring forth much response from the public.
③ The Copernican theory was not approved by the church in Galilei's time.
④ The pope encouraged Galilei to develop a new scientific discovery before 1632.

50 다음 글을 읽고 밑줄 친 곳에 들어갈 가장 알맞은 것을 고르면?

Wildlife officials would introduce five bears to the Bitterroot Mountains each year for five consecutive years, starting in 2002. They anticipate that the grizzly population, with its slow reproductive cycle, would take more than 100 years to reach the projected goal of about 300 bears.

Wildlife officials have a plan _____

① to set bears free to increase their population.
② to observe the grizzlys' behavior in a wild state.
③ to live with five bears in the Bitterroot Mountains.
④ to reproduce bears in an extremely controlled situation.

51 다음 빈칸에 들어갈 가장 알맞은 것은?

> For many years, alligator skin was popular in the United States for making fashionable leather shoes and purses. From 1870 to 1965 at least ten million alligators were killed in the United States for leather. Then, in 1967, the government made laws against hunting alligators. After that the alligator population began to grow again. Now there are _____.

① fewer alligators than they expected

② more alligator hunters than in 1870

③ more alligators than there were in 1967

④ still more alligators killed in America

52 다음 밑줄 친 부분 중 의미하는 바가 나머지 셋과 다른 것은?

> One superstition I can't seem to escape is the one dealing with calendars. In my family, it's bad luck to look at ①a new calendar before the start of the new year. I can't ignore this because efficient administrative assistants at work hand out new calendars in late November or early December. And some of my coworkers hang ②them up as soon as they get them. So at any time, I'm likely to walk into a colleague's space and confront ③the offending object. If I see one, I avert my eyes. Try as I might to rid myself of ④this superstition, I'm not willing to take any chances, either.

53 다음 밑줄 친 빈칸에 들어갈 알맞은 것은?

Hawthorn experiment was conducted in the late 1920s and early 1930s. The management of Western Electric's Hawthorn plant, located near Chicago, wanted to find out if environmental factors, such as lighting, could affect workers' productivity and morale.

A team of social scientists experimented with a small group of employees who were set apart from their coworkers. The environmental conditions of this group's work area were controlled, and the subjects themselves were closely observed. To the great surprise of the researchers, the productivity of these workers decreased in response to any change in their environmental conditions. The rate of work increased even when the change (such as sharp decrease in the level of light in the workplace) seemed unlikely to have such an effect. It was concluded that the presence of the observers had caused the workers in the experimental group to feel special. As a result, the employees came to know and trust one another, and they developed a strong belief in the importance of their job. The researchers believed that this, not the changes in the work environment, accounted for the increased productivity.

The Hawthorn experiment suggests that _____.

① social scientists are good workers

② productivity in electric plants tends to be low

③ workers' attitudes are more important than their environment

④ even those Hawthorn workers who were not in the experiment improved their productivity

54 다음 글의 밑줄 친 곳에 들어갈 가장 알맞은 것은?

When it comes to American presidential elections, blue blood _____. So say British researchers who predict Democratic challenger will oust President Bush on Nov. 2 simply because he boasts more royal connections than his Republican rival.

After months of research into Kerry's ancestry, Burke's Peerage, experts on British aristocracy, reported on Monday that the Vietnam War veteran is related to all the royal houses of Europe and can claim kinship with Czar Ivan "The Terrible," a previous Emperor of Byzantium and the Shahs of Persia. "Because of the fact that every presidential candidate with the most royal genes and chromosomes has always won the November presidential election, the coming election − based on 42 previous presidents − will go to John Kerry." Similar research carried out on Bush ahead of the 2000 presidential race showed that he beat Al Gore in the royal stakes, claiming kinship with Britain's Queen Elizabeth as well as with King Henry Ⅲ and Charles Ⅱ of England.

① counts

② is to be made little of

③ fails the Vietnam War veteran

④ can have a positive effect on Bush

55 다음 밑줄 친 곳에 들어갈 알맞은 것은?

As in other jurisdictions, public safety determines the priority for snow removal in the district. Clearing and salting efforts focus first on major roads, commuter thoroughfares and designated Snow Emergency Routes. Streets that are narrow, steep, or shaded, receive special attention, _____ scheduled for next day trash collection. Please be patient and allow sufficient time for snow operations to be implemented.

① as those streets do   ② do those streets as

③ do as those streets   ④ as do those streets

56 다음 글의 내용과 일치하지 않는 설명은?

Trousers seem to have been invented in Persia in the later prehistoric period. They were then adopted by many northen European and central Asian "barbarians"(as they were referred to by "civilized" members of the Roman and Chinese empires), such as the Saxons. In many cases, barbarian women also wore trousers, especially when horseback riding was part of the nomadic way of life. In the cities of the two empires, however, both men and women of the elite wore long flowing robes. Even after the Roman Empire collapsed into a fragmented feudal Europe, noble men and women continued to wear long, quasi-Roman robes. Peasants wore short robes, and occasionally male peasants wore loose "barbarian" trousers.

① 로마와 중국 제국은 Saxon족을 야만인으로 취급하였다.
② 중세의 유럽에서 귀족 여성들은 바지를 자주 입었다.
③ 바지는 로마제국시절 북부 유럽에 존재하였다.
④ 중세 유럽의 귀족들은 로마 제국의 복식을 답습하였다.

57 다음 밑줄 친 부분 중 성격이 나머지 셋과 다른 것은?

Many people who want to stay young-looking ask their doctors for Retin-A. ①This is an ointment that was originally made to help people with pimple, but researchers found that ②it also reduces the number of fine wrinkles and makes the skin look smoother and healthier. Unfortunately, the effects from ③the ointment do not come immediately. The results of ermabrasion can be seen quickly, usually within a week or so. This is a minor surgical technique that some antiagers have had done. ④It involves peeling off a layer or so of skin. The result is that the skin looks younger and smoother, subtracting fifteen or more years from someone's appearance.

58 다음 중 밑줄 친 these organs가 가리키는 것으로 가장 적절한 것은?

At about 2,000 feet, the ocean is completely black. Yet in these dark depths, fish live. It is pretty amazing to imagine that life can exist in water that deep and dark. These animals are grotesque, with huge mouths and strange shapes. What might be even more amazing is that these creatures emit light. In fact, over half the fish that live below 2,000 feet have organs called photophores. Fish who have these organs do not give off light all the time. They flash their lights at other fish. They will also flash their lights when they bump into something, but the lights are not meant to help the fish see.

① 발광기관   ② 발성기관
③ 소화기관   ④ 호흡기관

59 다음 글을 쓴 목적으로 가장 적절한 것은?

Klez. E is the most common world-wide spreading worm. It's very dangerous as it will corrupt your files. Because of its very smart stealth and anti – anti – virus technique, most common anti virus software can't detect or clean it. We developed this free immunity tool to defeat the malicious virus. This tool acts as a fake Klez to fool the real worm.
So some anti – virus monitors may cry when you run it. If so, ignore the warning, and select 'continue'. You only need to run this tool once, and then Klez will never come into your PC.

① 칭찬하려고   ② 문의하려고
③ 주문하려고   ④ 안내하려고

60 다음 글을 읽고 아래 물음에 대한 답으로 가장 알맞은 것을 고르면?

Two boys argue when the teacher entered the room. The teacher said, "Why are you arguing?" One boy answered, "We found a ten-dollar bill and decided to give it to whoever tells the biggest lie." "You should be ashamed of yourselves," said the teacher. "When I was your age, I didn't even know what a lie was." the boys gave the ten dollars to the teacher.

Q: Why did they give the money to the teacher?

① Because the money was the teacher's.
② Because the teacher told the biggest lie.
③ Because boys couldn't find the solution.
④ Because they wanted the teacher to find the owner.

61 다음 글의 내용과 의미가 가장 가까운 것은?

When you overspend on your budget by ten dollars in one day, it's not a big problem. But if you do it again tomorrow, and the next day, and the next, you end up broke. For people who put on weight, it usually isn't a sudden big disaster — it's a bit today and a bit tomorrow — then one day they find themselves in big trouble and ask, "What happened?"
One thing adds to another, and the little things become the big things. The little things in life can make such a big difference.

① Misfortunes seldom come singly.
② One good turn deserves another.
③ You can't eat your cake and have it.
④ Drop by drop, water wears away a stone.

62 다음 글에서 전체 흐름과 관계없는 문장은?

There are a couple of important steps to take when choosing a puppy. ⓐOne is to check out a puppy's physical condition carefully. The animal's eye should be clear and bright, and its gums should be pink and firm. ⓑAlso, watch it play with other puppies, and get an idea of the puppy's personality. ⓒOwing a pretty puppy can improve a person's mental and physical well-being. ⓓIf it's very timid or aggressive, it might not make a good pet.

① ⓐ   ② ⓑ

③ ⓒ   ④ ⓓ

63 다음에 주어진 단어의 뜻풀이 가운데, 밑줄 친 out of의 의미로 가장 적절한 것은?

Many people have lost faith in modern medicine because researchers have been unable to find cures for a variety of problems, from cancer to the common cold. Some people turn to "alternative medicine" <u>out of</u> curiosity' others out of desperation. What many have realized is that where one treatment is no good, another is often effective ; one medical techinque can complement another.

① not having ; lacking — We're out of coffee.

② from within to the outside of — got out of the car

③ because of — I came out of real interest, not just to have a good time!

④ in a position or situation beyond the range, boundaries, limits, or sphere of — The plane flew out of sight.

64 밑줄 친 Just let me listen to the clatter and chatter의 의미로 가장 적절한 것은?

My friend Jerome told me about her first Chirstmas away from home. She timed a telephone call to the hour when she knew that three generations of her family would be together getting a variety of dishes ready for Christmas dinner. "Put down the phone," she said. "<u>Just let me listen to the clatter and chatter</u>." It seemed an odd thing to do, but Jerome had the right idea. When I spent a Christmas alone in Florida, I called home at a time when most of my farmily just happened to be on the kitchen. The background sounds of busyness were like Christmas music to my ears.

① 큰소리로 말해야겠다.
② 나도 곧 참석하겠다.
③ 분위기를 느끼고 싶다.
④ 여러 사람과 통화하고 싶다.

65 다음 글의 내용과 일치하는 것은?

Although many people think of reptiles as slimy, snakes and other reptiles are covered with scales that are dry to the touch. Scales are outgrowths of the animal's skin. Although in some species they are nearly invisible, in most they form a tile—like covering. The turtle's shell is made up hardened scales that are fused together. The crocodile has a tough but more flexible covering.

① All reptiles have scales.
② All reptiles are dangerous.
③ Every reptile has hard scales.
④ The scales of all reptiles are alike.

66 다음 글에서 'I'가 겪은 심경의 변화로 가장 적절한 것은?

I blinked snow out of my eyes. I was buried up to my neck. Only my head and right hand were free. My legs were still wrapped around the tree, in snow packed so tight it felt like concrete. Before long there was another horrible roar. What looked like the entire top half of the mountain broke loose, sending a 20-foot-high wall of snow rumbling right toward me, flinging chunks of snow the size of a car. I couldn't move at all. I thought of my wife, our two sons, the sounds of their voice. Lord, I want to see them again! All at once the wall of snow stopped, 30 feet away. Just stopped.

① gloomy → overwhelmed
② surprised → disappointed
③ fearful → relieved
④ lonely → happy

67 다음 글의 목적으로 가장 적절한 것은?

The Metropolitan Museum of Art, which was founded in 1870 by a group of civic leaders, financiers, industrialists, and art collectors, moved to its present location in Central Park in 1880. Today the Metropolitan is the largest museum of art in the Western Hemisphere. Its collections include more than 3.3 million works of art from ancient, medieval, and modern times and from all areas of world. The educational function of the Museum is implicit in every facet to the Museum's endeavors. The Museum's bimonthly Calendar/News provides a handy index to the many ongoing programs and activities.

① to enjoy
② to invite
③ to introduce
④ to report

68 다음 글의 내용과 가장 일치하는 것은?

Around the world, people are wrestling with the question of humane death —
especially in the face of painful terminal illnesses. The dilemma has become more
complicated in recent years, as advanced medical technology has enabled doctors to
keep patients alive much longer in even the most extreme cases. Of course, patients
have the right to refuse medical treatment at any time ; requesting lethal injections,
however, is another matter. Therefore, although it officially endorsed euthanasia in
1984, the Netherlands issued strict guidelines on how to perform it, and proclaimed
that doctors who don't follow the guidelines can be imprisoned for up to 12 years.

① Advanced medical science lengthened people's life expectancy as long as they
want.
② Patients with terminal illnesses can ask for euthanasia anywhere in the world.
③ The right for euthanasia should be fully given to an individual.
④ Lethal injections may cause doctors to be imprisoned for up to 12 years.

69 다음 글에서 밑줄 친 this가 가리키는 것은?

This is generally used in summer for the circulation of air. In Korea, this helps to
keep rooms cool and shaded. This also makes the interior of a room almost invisible
from the outside. Yet this allows a person seated inside to see out, providing some
privacy even when windows and doors are open. Hung above a door, this is designed
to be rolled or lifted up. Because of its woven patterns and decorative metal
hangers, this can also serve as a wall hanging.

① 멍석　　　　　　　　　　　② 부채
③ 병풍　　　　　　　　　　　④ 발

※ 다음 글을 읽고 물음에 답하시오. 【70~71】

Truman Capote's In Cold Blood(1966) is a well-known example of the 'non-fiction novel,' a recently popular type of writing based on factual events in which the author attempts to describe the underlying forces, thoughts, and emotions that lead to actual events. In the book, the author describes the sadistic murder of a family on a Kansas farm, often showing the point of view of killers. To research the book, Capote interviewed the murderers, and he maintains that his book presents a faithful reconstruction of the incident.

70 Which of the following best describes the tone of the passage?

① descriptive   ② sadistic

③ cold   ④ emotional

71 The purpose of this passage is to _____.

① discuss an example of a new literary genre

② tell the story of In Cold Blood

③ explain Truman Capote's reasons for writing In Cold Blood

④ describe how Truman Capote researched his nonfiction novel

72 다음 광고문으로 보아 이 식당과 어울리지 않는 손님은?

Dynasty Restaurant
2nd floor, Ward Shopping Center, Open 11 A.M. to 10 P.M. 7 days a week, Excellent Chinese cuisine, Shrimp with lobster sauce, Spicy fried beef or chicken, Lemon chicken, Vegetarian orders also available, Dine in or take out! For free delivery call 922 − 4860.

① 월요일 오전 11시에 중국 요리사를 시간제로 고용하려는 손님
② 오후 1시에 새우요리를 집으로 배달시키고자 하는 손님
③ 새우요리 미식가로 일요일에 이 식당에서 닭고기를 먹고자 하는 손님
④ 채식주의자 손님으로 금요일에 중국 요리를 먹고자 하는 손님

73 다음 글의 내용과 일치하지 않는 것은?

> From the day the first motor car appeared on the streets it had to me appeared to be a necessity. It was this knowledge and assurance that led me to build to the one end — a car that would meet the wants of the multitudes.
> All my efforts were then and still are turned to the production of one car — one model. And year following year, the pressure was, and still is, to improve and refine and make better, with an increasing reduction in price.

① The writer asserts that cars should satisfy the wants of the multitudes.
② The writer did all his might to produce one car — one model.
③ The writer devoted himself to the reduction of price in producing a car.
④ The writer emphasizes the improvement of a car according to a reduction in price.

74 다음 글의 어조로 가장 알맞은 것은?

> The boss was disturbed when he saw his employees loafing. "Look," he said, "everytime I come in there I see things I'd rather not see. Now, I'm a fair man, and if there are things that bother you, tell me. I'm putting up a suggestion box and I urge you to use it so that I'll never see what I just saw!"
> At the end of the day, when the boss opened the box, there was only one little piece of paper in it. It read : "Don't wear rubber-soled shoes!"

① upset   ② instructive
③ humorous   ④ critical

75 다음 글에서 섬유광학을 사용함으로써 얻는 이득은?

> Communications systems using fiber optic technology provide a high degree of reliability which allows complex digital signals to be transmitted, including a high volume of data base information. In the audio field, fiber optics provide high quality for international communications going through a number of relay points. The world-wide fiber optic network is constantly expanding and is never likely to be really completed as points are added to better serve customers.

① Higher volume
② Fewer relay points
③ More reliability
④ Less complex signals

76 다음은 어떤 글의 일부이다. 이 글의 종류로 가장 알맞은 것은?

> Acknowledging that there are common elements in the South's proposal for a confederation and the North's proposal for a federation of lower stage as the formulae for achieving reunification, the South and the North agreed to promote reunification in that direction. The South and the North have agreed to promptly resolve humanitarian issues such as exchange visits by separated family members and relatives on the occasion of the August 15 National Liberation Day and the question of former long-term prisoners who had refused to renounce Communism.

① 기행문   ② 광고문
③ 안내문   ④ 선언문

77 다음 글의 내용과 일치하지 않는 것은?

When we're little, our mother is the center of our attention, and we are center of hers. So our mother's characteristics leave an indelible impression, and we are forever after attracted to people with her facial features, body type, personality, even sense of humor. If our mother was warm and giving, as adults we tend to be attached to people who are warm and giving. If our mother was strong and even-tempered, we are going to be attached to a fair-minded strength our mates.

① 어머니에 대한 인상은 강하게 남는다.
② 외모가 어머니와 비슷한 사람을 좋아한다.
③ 어머니와 같은 성격을 가진 사람에게 끌린다.
④ 성인이 되어야 서서히 어머니의 영향을 벗어난다.

78 다음 글의 내용을 가장 잘 표현한 속담은?

Jane and Mary had been homebodies most of their lives. After their kids were grown, they decided to take a trip around the world. Of course, they were inexperienced travelers and had trouble accepting the customs of foreign countries. Their guide suggested that they should make an effort to follow the customs of the local people and not expect to behave in a foreign country as they would at home. Once they began to follow this advice, they enjoyed their trip much more.

① A friend in need is a friend indeed.
② Beauty is in the eye of the beholder.
③ One swallow doesn't make a summer.
④ When in Rome, do as the Romans do.

※ 다음 글을 읽고 물음에 답하시오. 【79~80】

As much as puppies or pandas or even children, dolphins are universally beloved. They seem to cavort and frolic at the least provocation, their mouths are fixed in what looks like a state of perpetual merriment, and their behavior and enormous brains suggest an intelligent approaching that of humans — or even, some might argue, surpassing it.

Dolphins are turning out to be exceedingly clever, but not in the loving, utopian-socialist manner that sentimental dolphin lovers might have hoped.

Researchers who have spent thousands of hours observing the behavior of bottle-nosed dolphins off the coast of Australia have discovered that the males form social alliances with one another that are far more sophisticated and devious than any seen in animals apart from human beings.

79 The main subject for the passage is the _____ of dolphins.

① living condition
② high intelligence
③ rare brutality
④ beloved nature

80 Choose the one which might come after this passage.

① What is more, females seem to exert choice over the males that seek to herd them, sometimes swimming alongside them in apparent contentment, but at other times working furiously to escape, and often succeeding.

② The scientists call this effort to control females "herding," but they acknowledge that the word does not convey the aggressiveness of the act.

③ Species like the bottle-nosed dolphins make most of their decisions by consensus, spending hours dawdling in a protected bay, nuzzling each other and generating an eerie nautical symphony of squeaks, whistles, barks, twangs and clicks.

④ They found that one team of male dolphins will recruit the help of another team of males to gang up against a third group, a sort of multitiered battle plan requires considerable mental calculus to work out.

PART

02

정답 및 해설

어휘 및 숙어

정답 및 해설

● 1. 어휘

1 ④

eliminate 없애다, 제거하다

① 유혹적인 ② 중대한 ③ 비옥한 ④ 쓸데없는

「공해를 없애기 위한 그 캠페인은 대중들의 이해와 전폭적인 협력이 없다면 <u>소용없는</u> 것이 될 것이다.」

2 ④

utterly 완전히

① 공통부분이 있는 ② 동등한
③ 결합의 ④ 이질적인

「두 개의 문화는 서로 완전히 <u>달라서</u> 그녀는 하나의 문화로부터 다른 문화로 적응하는 것이 어렵다는 것을 발견했다.」

3 ③

rebellious 반항적인

① 수동적인 ② 기뻐 날뛰는, 의식이 혼미한
③ 반항하는 ④ 산발적인

「부모들은 사회적으로 다루기 곤란해 보이거나 <u>반항적으로</u> 행동하는 아이들을 단념해서는 안 된다. 이것은 대부분의 청소년들이 통과하고 나이가 들면 결국에는 그만두게 되는 정상적인 단계이다.」

4 ①

capacity (…을 이해하거나 할 수 있는) 능력, 용량, 수용력 discriminate 식별하다, 차별하다

① (보거나 듣고) 식별하다, 알아듣다.
② (뼈를) 탈구시키다. (시스템·계획 등을) 혼란에 빠트리다.
③ (작업·수면 등을) 방해하다, 불안하게 만들다.
④ (사람들에게) 나누어 주다, 분배하다. (상품을) 유통시키다.

「한 달, 두 달된 아기들은 말소리를 구별하는 능력이 있다.」

5 ①

drawer 서랍 reverence 숭배 meticulously 꼼꼼하게, 세심하게 kerchief 스카프

① 조심스럽게 ② 다급하게
③ 단호히 ④ 유쾌하게

「그는 서랍에서 사진을 꺼내어 아주 경건하게 입 맞추고 하얀 실크 스카프에 <u>조심스럽게</u> 접어 그의 심장 옆 셔츠 안쪽에 넣었다.」

6 ②

knight 기사 charge 돌격하다, 공격하다

① 냉담한 ② 격분한
③ 편견 없는 ④ 잘난 체 하지 않는

「그 어린 기사는 겁쟁이라고 불리는 것에 <u>격분하여</u> 손에 그의 검을 쥐고 돌격했다.」

7 ①

circumvent (어려움이나 법 등을) 피하다, 면하다 lawmaker 입법자 daylight saving time law 썸머타임법

① cramp 피하다, 방해하다
② maintain 유지하다, 지키다
③ codify (법률 등을) 성문화하다
④ reestablish 재건하다

「네바다, 뉴멕시코, 텍사스 그리고 유타주의 입법자들은 그 주가 썸머타임법을 피하도록 허락하는 법안을 통과시키려고 노력하고 있다.」

8 ④

curb : 억제하다, 제한하다 unquenchable : 채울(충족시킬) 수 없는 appetite : 식욕, 욕구 communist : 공산주의자, 공산당 see as : ~으로 생각하다(간주하다)

① infallible 결코 틀리지(실수하지) 않는
② aesthetic 심미적, 미학적
③ adolescent 청소년
④ insatiable 채울(만족시킬) 수 없는

「전기자동차는 또한 중국의 공산당 지도층이 전략적 약점으로 생각하는 석유와 가스 수입에 대한 끝없는 욕구를 억제하기 위한 당국의 노력으로서 중요한 부분이다.」

9 ①

tend to : (~하는) 경향이 있다.

① reserved 말을 잘 하지 않는, 내성적인
② loquacious 말이 많은
③ eloquent 유창한, 연설을 잘 하는
④ confident 자신감 있는, 확신하는

「만약 당신이 내성적인 사람이라면, 당신은 당신의 감정을 숨기는 경향이 있고 다른 사람들에게 당신의 진심을 드러내는 것을 좋아하지 않을 것이다.」

10 ④

cosmetics : 화장품

① go around (둥글게) 돌다, (사람들에게 몫이) 돌아가다, (자주) ~하다(하고 다니다), (소문 등이) 퍼지다, 순회하다
② go back (두 사람이 보통 긴 시간) 알고 지내다, (앞에 있었던 일 또는 말하던 내용으로) 돌아가다
③ go down 넘어지다, 쓰러지다
④ go into (어떤 직종에) 들어가다, (어떤 일이나 행동을) 하기 시작하다, (차량이) ~을 들이받다, (차량이) ~을 하기 시작하다, 검토(조사)하다, (돈, 시간, 노력 등이) 투입되다(쓰이다)

「당신은 어떻게 온라인에서 화장품 판매를 시작하게 되었습니까?」

11 ⑤

efface : 지우다, 없애다 manuscript : 원고

① 이해시키다 ② 진가를 알아보다, 고마워하다
③ 이해하다 ④ 암송하다 ⑤ 지우다

「David는 그의 원고에서 몇 줄을 <u>지우기로</u> 결정했다.」

12 ④

issuance : 배급, 배포, 발행, 간행 appreciate : 진가를 알아보다, 고마워하다 aggravate : 악화시키다, 짜증나게 만들다 meditate : 명상(묵상)하다 facilitate : 가능하게(용이하게) 하다

「Visaokay는 비자 전체의 조언과 비자 발행 과정을 용이하게 함으로써 호주의 여행산업과 기업들, 정부, 그리고 개인들을 돕는다. Visaokay는 여행 비자들을 신청하고 지원하는 것과 관련된 복잡함과 시간 지연을 최소화 한다.」

13 ②

capacity : 용량, 수용력, 능력, 지위 rationalization : 합리화, 이론적 설명, 합리적 사고 self-deception : 자기기만 sighted : 앞을 볼 수 있는, 시력이 정상인 harshly : 엄격히 엄하게 leniently : 인자하게, 관대하게 honestly : 솔직히, 정말로 thankfully : 고맙게도, 기꺼이

「우리의 합리화와 자기기만을 위한 멋진 능력을 고려해봤을 때, 대부분의 우리는 스스로 관대하게 평가한다. 나는 멋진 사람이기에 저 맹인 승객에게 정직했다. 나는 앞을 볼 수 있는 이는 속였다. 게다가 그녀는 아마 돈도 너무 많이 가졌을 것이기 때문이다.」

14 ②

mundane : 재미없는, 일상적인

① 난처한, 당혹스러운
② 일상적인, 매일의
③ 깊은
④ 짜증스러운

「그들은 휴가 동안에 설거지 같은 <u>일상적인</u> 일에 신경 쓰는 것을 원치 않았다.」

15 ①

undergo : (변화, 안 좋은 일 등을) 겪다 merger : 합병

① 합동, 합병 ② 사찰, 점검
③ 재판, 시험 ④ 파경, 소멸

「두 은행은 <u>합병</u>을 통해 하나의 거대한 조직으로 통합되었다.」

16 ⑤

stereotype : 고정관념, 정형화된 생각

① 동시의 ② 의혹을 갖는
③ 불안정한 ④ 단단한, 견고한, 확실한

「남자가 여자보다 수학을 더 잘한다는 것은 전통적인 고정관념이지만, 이것을 설명할 <u>확실한</u> 증거가 없다.」

17 ①

classify : 분류하다, 구분하다 caucasoid : 코카서스 인종의(백색 인종)

① 꺼리는, 마지못한
② 반가운, 환영받는
③ 조심스러운, 소심한
④ 꺼리지 않는, 반대할 이유가 없는

「남부 인도의 많은 사람들은 어두운 피부를 가지고 있지만, 과학자들은 그들의 코카서스 인종의 얼굴 생김새와 머리카락 모양 때문에 아프리카계 흑인들로 분류하기를 <u>꺼려왔다.</u>」

18 ⑤

Pediatrics : 소아과

① 만연하다, 팽배하다
② 완전히 이해하다, 동화되다
③ 수여하다
④ 판독하다
⑤ 자제하다, 억제하다

「미국 소아과 학회는 부모들이 자녀들과의 대화로 더 많은 시간을 보내기 위해서는 그들의 TV 시청을 자제할 것을 제안한다.」

19 ①

executives : 경영자   estimate : 추정하다, 추산하다, 추정, 견적서   insolvent : 파산한   inverted : 반대의, 반전된   distracted : 산만해진   decoded : 해독하는

「경영자들은 파산할 위험이 있는지 확인하기 위해서 그들의 총부채상환비율(소득대비 부채상환비율)을 추산해야 한다.」

20 ②

franchise : 특권, 특허, 독점 판매권, 체인점, 가맹점   appeal : 애원, 간청, 호소, 매력   major : 대형의, 다수의   be like : ~와 같다, 아마, 추측컨대   predictability : 예상, 예측가능성   feasibility : (실행)가능성   sustainability : 지속가능성

「미국에서 패스트푸드 프랜차이즈는 매우 성공적이었다. 사람들에게 매력적인 한 부분은 예측가능성이다. 대형 햄버거 또는 치킨 프랜차이즈에서 사람들은 그들이 어디에서 그것을 사든 그 음식의 맛이 어떤지 알고 있다.」

21 ①

indulged : ~에 빠지다   touch : 대다, 가볍게 누르다, 손을 대다, 도달하다, 만짐, 촉감   a touch of the flu : 독감 기운   a touch of : ~약간의   personal touch : 개인적 방식, 취향, 접촉

「• 그녀는 단지 가벼운 감기기운이 있다고 생각했다.
 • 대학에서 그는 글을 조금 썼고, 약간의 연극을 했으며 학내 정치에 몸담았다.
 • 그가 만드는 요리는 모두 독특한 개인의 취향을 반영하고 있다.」

22 ①

organization : 단체, 조직   charge : 요금을 부과하다, 청구하다   announce : 알리다, 발표하다   plummeting : ~으로 곤두박질치다   publisher : 출판업자   eager : 갈망하다, 열망하다   switch : 변경, 바꾸다   despite : ~에도 불구하고   revenue : 수입원, 세입, 수익   information : 정보   renewal : 갱신   interest : 수입, 관심, 흥미

「월스트리트 저널, 파이낸셜 타임즈 그리고 뉴스데이를 포함한 뉴스 단체의 매우 적은 수가 이미 회사에서 개발한 시스템으로 온라인 독자들에게 요금을 부과하고 있고, 뉴욕 타임즈는 최근에 그와 같이 요금을 부과할 계획이라고 발표했다. 하지만 광고업이 밑으로 치달으면서, 새로운 수입원을 갈망하는 많은 다른 출판업자들이 독자와 광고를 잃을 위험성에도 불구하고 변경을 고려하고 있다.」

23 ④

outspoken : 솔직한, 노골적으로 말하는   reserve : 말을 잘 하지 않는, 내성적인   wordy : 장황한   retrospective : 회고(회상)하는, 소급 적용되는   candid : 솔직한, (사진 등이) 자연스러운

「Sarah는 매우 거리낌 없이 말하기 때문에 다른 이들의 작품을 비판할 때 종종 다른 사람들에게 상처를 준다.」

24 ④

strange : 이상한, 낯선   well : 우물   impatient : 짜증난, 못 견디는

① 설득하기 쉬운
② 만족시키기 쉬운
③ 다루기가 짜증나는
④ 이해하기 어려운

「Mary와 나는 10년이 넘게 친구로 지내오고 있지만 나는 때때로 그녀에게서 낯선 느낌을 받는다. 그녀는 우물만큼 깊다(이해하기가 너무 어렵다).」

25 ②

replicate : 모사하다, 복제하다   curable : 치료할 수 있는, 고칠 수 있는   susceptible : 영향을 받기 쉬운, 감염되기 쉬운   prosperous : 번영하는, 순조로운   reproductive : 번식하는, 복제하는

「박테리아가 개체를 유지하기 위해서는 약품에 영향을 받기 쉬우면 안 된다.」

26 ④

① 아끼지 않은, 관대한 – 은혜를 베푸는 사람, 후원자
② 풍부한, 무성한 – 털, 머리카락
③ 경의를 표하는, 우대의 – 선물, 경품, 아주 싼 물건
④ 문방구, 편지지 – 군대, 무리

27 ②

① 논의의 여지가 없는, 부정할 수 없는, 명백한(= incontrovertible, unquestionable, indubitable)
② 동시 발생의, 공존하는(= simultaneous)
③ 비할 데 없는
④ 없어서는 안 되는, 필수의(= absolutely necessary, essential)

「오늘 밤 편성된 두 건의 멋진 TV프로그램이 있지만, 이 둘은 동시에(동일 시간대에) 방영되기 때문에 나는 둘 중 하나만 볼 수 있다.」

28 ①

Icelander : 아이슬란드 사람 individualist : 개인(이기)주의자 difference : 다름, 차이(점) community : 공동사회, 공동체 known as : ～로 알려져 있는 opposing : 반대하는, 반대의 force : (물리적인) 힘, 세력 active : 활동적인, 활동(진행) 중인 volcanic : 화산(성)의, 화산이 많은 on earth : 지상(에서) co-exist : 동시(같은 장소)에 존재하다, 공존하다 surprise : 놀라운 일, 뜻밖의 일(것) society : 사회 reconcile : ～을 화해(융화)시키다, 조화시키다 individualism : 개인주의 need : 필요한 것, 요구하는 것

one of the most active volcanic countries on earth 다음에 but이 나오므로 빈칸에는 대조되는 말이 와야 한다. one of the most active volcanic countries는 fire, heat에 해당히므로 ice, cold에 해당하는 말인 glacier가 알맞다.

① 빙하
② (대)초원, 목초지
③ 사막
④ 늪, 소택지(沼澤地)

「아이슬란드 사람들은 미국인들처럼 개인주의자들이다. 차이는 공동체 의식에 있는 것 같다. '불과 얼음'의 나라로 알려져 있는 아이슬란드는 상반된 세력을 지니고 살아간다. 이 나라는 지상에서 가장 활동적인 화산이 많은 나라 중의 하나이지만 4,536평방 마일의 빙하가 있어 열과 추위가 공존한다. 그래서 아이슬란드 사회가 또 다른 상반된 세력인 개인주의와 공동체의 요구를 융화시킬 수 있다는 것은 전혀 놀라운 일이 아니다.」

29 ③

fairly : 꽤, 상당히, 정말로 frequently : 자주, 빈번히 flash : (감흥·영감·기지 등의) 번뜩임, 섬광 illumination : 조명, 조도(照度) momentary : 순식간의, 순간적인 glimpse : 일견(一見), 힐끗 보기, (빛의) 희미한 번쩍임, 섬광 off one's guard : 방심하여, 경계를 게을리 하여

little flashes of illumination, momentary glimpses 등으로 보아 설명하는 단어가 inspiration(영감)이라는 것을 알 수 있다. '영감(inspiration)'은 순간적으로 스쳐 지나가는 '번득임(flash)'과 잘 호응한다.

① 충격, 추진력, 충동
② 욕망, 갈망, 열의
③ 영감, 고취, 감화
④ 이상주의, 관념론

「일부 사람들에게 꽤 빈번히, 아마도 모든 사람에게는 이따금, 조명의 짧은 섬광으로 다가오고 세상의 본질에 순간적인 일견[섬광]으로 다가온다. 이것은 우리가 방심하고 있을 때 우리에게 다가온다.」

30 ①

pick : 고르다 exclusively : 오로지, 오직 ～만(= solely), 배타적으로, 독점적으로 reggae : 레게 (1968년에서부터 1969년에 자메이카에서 발생한 라틴계의 새로운 음악 양식)

① 까다로운
② 변덕스러운(= fickle), 급변하는, 변하기 쉬운
③ 이성적이 아닌, 불합리한, (요금·요구 등이) 부당한
④ 절약하는, (식사 등이) 검소한, 빈약한

「그는 자신이 고르는 음악에 매우 까다롭다. 그는 오직 힙합과 레게만 듣는다.」

31 ④

commercial : 영리적인, 상업상의 success : 성공, 성공한 것, 대성공 copycat : 모방의 flick : 영화

① 수송하다, 운송하다
② 진가[좋은 점]를 인정하다, (사물을) 올바르게 인식하나, (사람의 호의 등을) 고맙게 생각하다
③ 압박하다, 억압하다
④ (알을) 까다, 부화시키다, 탄생시키다

「Steven Spielberg의 1975년 영화인 죠스는 영리 면에서 대성공작이었고, 이 영화는 수많은 모방 영화들을 탄생시켰다.」

32 ④

mysterious : 신비한, 수수께끼 같은 precious : 귀중한, 값비싼, 소중한

① 불타기 쉬운, 가연성(可燃性)의
② 경솔한
③ 뉘우치지 않는, 회개하지 않는, 고집 센, 완고한
④ 감지할 수 없는, 손으로 만질 수 없는, 실체가 없는, 무형의

「시간은 마치 예술 같다. 즉, 신비하고 감지할 수 없으며 소중하다.」

33 ③

complexity : 복잡성 educational : 교육상의, 교육적인 psychologist : 심리학자 undergo : (검열·수술을) 받다, (변화 등을) 겪다, 경험하다 rigorous : 엄격한, 엄한(= severe), 엄밀한, 정밀한 professional training : 직업 교육, 직업 훈련 professional : 직업의, 직업적인, 전문적인 training : 훈련, 교육

① (회의·대표단 등이) 고위층으로 구성된, 지위가 높은
② 섬세한, 고운(= fine), 우아한, 연약한, 깨지기 쉬운
③ 가혹한, 엄한, 거친, (소리 등이) 귀에 거슬리는

④ 하찮은, 시시한

「그들 업무의 복잡성은 교육심리학자들이 엄격한 직업[전문] 교육을 받아야 한다는 것을 의미한다.」

34 ③

celebrated : 유명한, 저명한(= famous) exquisite : 훌륭한, 절묘한, 매우 아름다운(= excellent, admirable, very beautiful, gorgeous, lovely) scale : 비늘 measure : 측정 (기구), 기준, 척도 be on leave : 휴가 중이다 leave : 휴가 (기간)(= vacation, holiday)

③ scale이 '가치 평가의 기준'이라는 뜻이 있기는 하지만 보기에서 쓰인 scale은 '(물고기의) 비늘'의 의미로 쓰였으므로 measure와 의미가 같다고 볼 수 없다.

「① 그녀의 어머니는 유명한 여배우셨다.
② Paul Scofield는 훌륭한 공연을 했다.
③ 생선을 물로 씻고 칼로 비늘을 제거해라.
④ 그녀는 9월 말까지 휴학 중이다.」

35 ②

supplant : 대신하다, 대체하다(= substitute, replace, supersede, take the place of) dismiss : 해고하다

「그들의 업무는 주로 동일한 기능을 수행하는 컴퓨터 프로그램의 사용으로 대체되어 왔다.」

36 ③

desolate : 황폐한, 황량한

① 무더운, 찌는 듯이 더운, 후텁지근한, 몹시 뜨거운
② 온화한, 온난한, 온대성의
④ 축축하고 습기있는

「여름철에 130℃가 넘는 대기온도는 이 황량한 섬에서 일반적인 일이다.」

37 ①

review : 비평, 논평, 재고 conception : 임신, 수태, 착안, 개념
카페인과 임신에 관해서 서로 상반된 내용이 나열되고 있다.

① 상충하다
② 동시에 일어나다
③ 이치에 닿다, 합리적이다
④ 명백하게 하다
「카페인과 임신의 평론은 상충된다. 2,817명의 여성들을 대상으로 한 연구결과 임신 가능성에 카페인이 어떤 영향도 미치지 않았으나, 1,909명의 여성들을 대상으로 한 다른 연구결과는 하루 300mg 이상의 카페인은 임신지연과 연결되었다.」

38 ③

destruction : 파괴, 살인, 절멸, 멸망 haughty : 오만한, 거만한, 건방진

① 신성한, 성스러운, 경건한
② 조용한, 고요한, 정지한
③ 거만한, 거드름 부리는, 오만한
④ 엄한, 엄중한
「교만은 파괴 전에 오고 거만한 마음은 몰락 전에 온다.」

39 ①

to see A as B : A를 B로 간주하다 agile : 기민한, 재빠른, 예민한

① 민첩한, 재빠른, 재치있는
② 낭비하는, 사치스러운, 기발한
③ 부식성의, 소작성의, 통렬한
④ 의심하는, 의심많은, 혐의를 일으키는

「Infosys는 IBM보다 그 자신이 더 민첩하다고 생각하고 있다.」

40 ④

liability : 책임이 있음, 책임, 의무, 부담, 불리한 일

① 이익, 이득
② (공을 칠 때의) 발의 위치, 선 자세
③ 선구자, 선임자, 전조
④ 불리한 처지, 손해, 불리
「가족 중에 미국 시민권자가 있는 것 또한 공인들에게는 정치적으로 불리한 문제가 된다.」

41 ①

totalitarianism : 전체주의 subservient : (~에) 보조적인, 도움이 되는 coincide : 동시에 일어나다, 일치하다

① 희생, 산 제물을 바침, 희생물을 바치다
② 보상하다, 보수
③ 옹호하다, 주장하다, 창도자
④ 상세히 설명하다, 해설하다, 해설자
「전체주의는 모든 사람이 국가에 복종해야 한다는 생각을 옹호한다. 모든 개인적인 목표와 욕망은 사회의 공동 선과 일치하지 않는다면 버려야 한다. 개인의 자유는 희생되어 모두의 자유의 수준이 향상되도록 해야 한다.」

42 ②

unhealthy : 건강하지 못한, 건강에 해로운 penchant : 강한 기호, 경향 solely : 혼자서, 단독으로, 오로지 share : 몫, 일부분, 주석, 분배하다 blame : 비난하다, 나무라다, 책임지우다 intriguing : 호기심을 자극하는 ailment : 병, 불안 ornament : 꾸밈, 장식, 장식품, 꾸미다, 장식하다

「만일 당신이 건강에 해로운 소금을 좋아하는 경향을 가지고 있다면 그것은 당신만의 잘못이 아니다. 어머니도 일부를 책임져야 할지 모른다. 작지만 호기심을 자극하는 일부 연구 정도가 이를 암시하고 있다.」

43 ③

pregnant : 임신한, 충만한, 의미심장한 uncomfortable : 기분이 언짢은, 살기 불편한 stigma : 오명, 치욕, 성흔, 낙인 unwed : 미혼의, 독신의 motherhood : 모성, 모성애 abortion : 낙태, 유산, 발육정지, 실패 jeopardize : 위태롭게 하다 endangered : 위기에 처한, 멸종될 위기에 이른

「일단 임신하게 되면 여성은 불편한 상태에 직면하게 된다. 미혼모라는 오명이 낙태라는 오명보다 더 크다. 학생들은 종종 학교를 그만두는 압력을 받게 된다. 직장을 다니는 여성은 그들의 직장생활이 위태로워질 수도 있다.」

44 ①

attitude : 태도, 사고방식 prevalent : 일반적으로 행하여지는, 효과있는 overwhelming : 압도적인, 극도의 evidence : 증거, 흔적 contrary : 반대의, 적합지 않은, 정반대

「사랑하는 것보다 더 쉬운 것은 없다라는 태도는 반대되는 압도적인 증거가 많음에도 불구하고 사랑에 대한 일반적인 생각으로 자리잡고 있다.」

45 ①

eliminate : 제거하다, 무시하다, 삭제하다 altogether : 완전히, 다합하여, 전체 practically : 실제로, 사실상 warn : 경고하다, 통지하다 approach : 접근하다, 교섭하다 primitive : 원시의, 야만의, 초기의, 구식의 moreover : 게다가, 더욱이 desirable : 바람직한, 호감이 가는 lamentable : 슬픈, 유감스러운, 초라한

「나는 인간 삶으로부터의 두려움을 완전히 제거하도록 애써야 한다고 제안하지 않으려 한다. 이것이 인력으로 가능하다면 그것은 사실상 바람직하지 않다. 두려움은 다가오는 위험을 경고하는 인간 유기체의 기본적인 경보체계이며 이것이 없다면 원시세계나 현대세계에서 살아남지 못했을 것이다. 게다가 두려움은 강력하게 창의적인 힘이다.」

46 ④

compare : 비교하다, 비유하다 iceberg : 빙산 aspect : 양상, 관점, 용모 in contrast : 대조적으로 similarly : 유사하게, 같은 모양으로, 같게

① 결국
② 대조적으로
③ 그럼에도 불구하고
④ 유사하게

「1966년에 에드워드 홀은 문화의 본질을 빙산에 비유하였다. 당신은 빙산의 일부는 볼 수 있으나 빙산의 대부분은 물 아래 잠겨 있어 볼 수 없다. 유사하게 대부분의 문화 양상은 볼 수 없다. 이 보이지 않는 면들은 우리에게 친숙하나 평소 생각해보거나 의문시 해보지 않은 것들이다.」

47 ①

jaunty : 명랑한, 의기양양한 look upon : 관찰하다 self-confident : 자신있는, 의기양양한 manner : 태도, 예법

① 자신있는 태도를 가지고
② 무엇인가를 관찰하고
③ 삼가며 진지한 태도
④ 빠른 움직임으로 인해 떨리는

「Edgar Stevens씨는 80세임에도 불구하고 아직까지 40대가 지니는 자신있는 태도로 걸어다닌다.」

48 ①

affect : ~에 (악)영향을 미치다, (병·고통이 사람·인체를) 침범하다, 감동시키다, ~인 체하다 effect : 효과, 영향, 결과, 취지, (변화 등을) 초래하다, 실행하다 have an effect on : ~의 영향을 미치다, 효과를 나타내다 profound : 심한, 깊은, 뜻깊은 put into effect : 실행되다, 수행하다, 효력을 발휘하다

① '영향'이라는 명사로 'effect'가 적절하다.

「① 알코올은 운전자들에게 악영향을 끼친다.
② 그들의 의견은 나의 결정에 영향을 주지 않을 것이다.
③ 그 사건은 그녀에게 있어 심한 변화를 초래하게 했다.
④ 새로운 법은 다음 달에 실효가 될 것이다.」

49 ④

normally : 보통은, 정상적으로 taciturn : 말 없는, 과묵한, 말 적은 reticent : 과묵한, 말을 삼가는 loquacious : 수다스러운, 말이 많은, 떠들썩한

「원래 말이 많던 Robert씨가 거의 말을 하지 않고 있다.」

50 ①

purpose : 목적, 용도, 취지, 효과 environmental : 환경의, 주위의 retention : 보유, 유지, 보류, 감금, 압류 permeation : 침투, 보급, 충만 soil : 토양, 국토, 나라, 온상, 오물 reduce : 감소하다, 줄이다 harmful : 유해한, 해가 되는 chemical : 화학제품, 화학작용의, 화학적인 infiltration : 침입, 침투, 잠입 evaporation : 증발(작용), 기화, 발산, 소산 permanent : 영구불변의 것, 영구적인, 내구성의, 상설의 pregnancy : 임신, 함축

「수질환경보전구역의 목적은 지하수와 그 수로에까지 다다르는 유해한 화학물질을 감소시키기 위해 토양으로의 물의 침투를 늦추는 것이다.」

51 ③

athletic : 체육의, 경기의, 강건한   festival : 제전, 잔치, 향연   association : 관련, 관념, 교제, 연상, 군집   in honour of : ～에 경의를 표하여, ～을 축하하여   eventually : 결국, 드디어, 마침내   local : 현지의, 지방의   character : 특성, 특색, 성격, 인격   competitor : 경쟁자, 경쟁상대   waive : 규칙을 적용하지 않다, 포기하다, 철회하다, 미루다, 보류하다

「고대 그리스의 운동경기제전은 매우 중요했으며 종교와 강한 연관이 있었다. 올림픽 운동경기제전은 제우스신을 기념하며 4년마다 열렸고, 결국 지방의 특색을 잃고 외국의 경쟁자들에게 불리한 규칙들이 철회된 이후 최초의 국제적 경기가 되었다.」

52 ④

elative : 비교상의, 상대적인, 친척   persuade : 설득하다, ～을 납득시키다   trial : 공판, 재판   rebuff : 저지하다, 좌절시키다   sibling : 자매(의), 형제(의)   lament : 슬퍼하다, 비탄하다, 애도하다   despise : 경멸하다, 멸시하다

「최근에 그의 친척들은 그의 소송을 포기시키기 위해 반복적으로 그를 설득하고자 노력했다. 그러나 그는 화를 내면서 그 부탁을 거절했다. 그의 형제, 자매들이 그의 좁은 마음에 한탄한 것처럼, 그는 분명히 그들의 생각을 무시했다.」

53 ①

material : 물질의, 중요한, 자료   unconscious : 무의식의, 자각하지 않는, 깨닫지 못하는   dormant : 자는, 수면상태의, 잠복의, 움직이지 않는   repress : 억누르다, 저지하다   anxiety : 걱정, 근심, 갈망, 열망   pervasive : 널리 퍼지는, 어디에나 있는, 유인, 동기   constitute : 구성하다, 조직하다   widespread : 널리 보급되어 있는, 보급된, 대폭적인   persuasive : 설득 잘하는, 설득력 있는   perverse : 외고집의, 심술궂은, 괴팍한, 별난   negligible : 무시해도 좋은, 하찮은

「무의식 속에서의 자료는 잊혀지거나 잠자는 것이 아니다. 걱정을 만들어 내는 본성 때문에 억압되어 있을 뿐이다. 그러나 그것이 행동에 미치는 영향은 방대하다. 무의식은 성격을 형성한다. 우리 행동의 많은 부분이 무의식의 환상을 떠받쳐 행동한다.」

54 ④

assurance of : 확신시키다, 확보하다   rainy : 비 오는   sunny : 햇빛 비치는   overcast : 흐린   auspicious : 상서로운, 길조의(= propitious)

②도 역시 좋은 의미이지만 햇빛만이 곡식의 수확을 좋게 하는 것이 아니라 비도 필요하므로 rainy나 sunny 하나만으로는 부족하다.

「좋은 날씨는 그 농부들에게 좋은 수확에 대한 확신을 주었다.」

55 ①

categorically : 절대적으로, 단언적으로, 명확히   whatsoever : 무엇이든   absolutely : 절대적으로   obviously : 명백하게   gladly : 기꺼이   surprisingly : 놀랍게도

② 숨겨지지 않고 눈에 잘 띤다의 의미를 가진다.

「나는 어느 때이든, 어느 장소에서든, 누구와 함께든 무엇이든 다 거절한다.」

56 ④

quietly(= secretly) : 은밀하게, 조용하게   control : 관리하다, 통제하다   silently : 잠자코, 고요하게   calmly : 온화하게, 침착히   rapidly : 빠르게, 신속하게   secretly : 은밀하게, 비밀로, 몰래

「당신은 고용주가 종업원들을 통제하기 위해 은밀하게 전자메일을 읽을 때, 그것을 감지할 수 있을 것이다.」

57 ①

boost(= promote) : ～에 앉히다, 모시다, 밀어 올리다, 후원하다   appearance : 출현, 등장   promote : 진전시키다, 조장하다, 승진하다   denounce : 탄핵하다, 고발하다   assault : 강습하다, 습격하다

「영화 스튜디오는 텔레비전 토크쇼에 초대손님으로 종종 새로운 스타를 모신다.」

58 ④

ablaze(= radiant) : 불타는, 밝게 빛나는, 활활 타오르는   shades of : 명암(색의 농도), 그늘, 그림자   abloom : 개화하여, 꽃이 피어(= in bloom)   inaccessible : 가까이 하기 어려운   feasible : 실행할 수 있는, 적당한(= suitable)   radiant : 빛나는, 찬란한, 방사되는

「가을에는 산이 붉고 노랗고 오렌지의 빛깔들로 불타오른다.」

59 ③

avalanche : 눈사태, (질문, 편지 등의) 쇄도   endanger : 위태롭게 하다, 위험에 빠뜨리다   avenue : 가로수 길, 큰 거리, 수단, 방법, 길   deplore : (죽음·과실 등을) 비탄하다, 한탄하다, 애도하다   disguise : 변장, 가장, 변장하다, 위장시키다   disrupt : 찢어발기다, 붕괴시키다, 분열시키다, 혼란케 하다, 파열하다, 중단시키다   implore : 애원하다, 간청하다, 탄원하다

「눈사태는 생명을 위협할 뿐만 아니라 중요한 통신수단을 막고, 상업활동을 중단시킨다.」

60 ②

stranger : 낯선 사람, 이방인, 경험 없는 사람 doorstep : 문 앞의 계단 startle : ～을 깜짝 놀라게 하다 expression : 표정, 표현, 표시, 말씨 manner : 태도, 방법, 풍습, 예절 pick up : 집어 들다(올리다), (도중에 차 등에) 태우다 gently : 부드럽게, 상냥하게, 친절하게 sidewalk : 인도, 보도 arrogant : 건방진, 거만한, 교만한, 무례한 benign : 상냥한, 친절한, 온화한 lucrative : 유리한, 이익이 있는 mandatory : 명령적인, 강제적인, 의무적인

• 「우리의 문 앞 계단에서 낯선 사람을 발견한 것이 나를 깜짝 놀라게 했지만, 그의 얼굴에 나타난 상냥한 표정은 나에게 걱정하지 말라고 말했다.
• 평소의 친절한 태도로 나의 이웃은 조심스럽게 그의 부엌에서 개미를 집어서, 그것을 밖으로 가지고 간 다음, 그것을 인도에 내려놓았다.」

61 ③

term : 말, 용어, 기간, 학기, 조건, 약정, 만기, 사이(대인관계) interchangeably : (서로) 교환적으로, 교체적으로 as long as : ～하는 동안은, ～하는 한은, ～하기만 하면 be made up of : ～으로 구성되다 behave : 행동하다, 처신하다, 움직이다 be on good terms with : ～와 사이가 좋다 contract : 계약 negotiate : 협상하다, 교섭하다 be apt to do : ～하기 쉽다, ～하는 경향이 있다 in terms of : ～의 말로, ～의 견지에서, ～에 의하여
① 나는 그와 사이가 좋다.
② 우리의 계약은 그것의 만기에 가까워지고 있기 때문에 우리는 새로운 계약을 협상해야 한다.
③ 이 책에는 너무 많은 기술용어들이 있다.
④ 우리는 인생을 돈으로 보는 경향이 있다.

「문화와 사회라는 용어는 종종 교환적으로 사용되며, 보통 우리가 그 차이가 무엇인지 알기만 하면 그렇게 하는 데 크게 해(지장)는 없다. 가장 단순한 형태에서, 우리는 어떤 사회가 항상 사람들로 구성된다고 말할 수 있다 ; 그들의 문화는 그들이 행동하는 방식이다.」

62 ②

coalition : (정치상의) 연합, 일시적 결합, 제휴, 연립 be critical for : ～에 중요하다 military response : 군사적 대응 temporary : 일시의, 임시의 retaliation : 보복, 앙갚음 sufficient : 충분한, 흡족한

「Bush 대통령은 연합하는 것이 군사적 대응에 중요하다는 것을 알고 있다.」

63 ④

weave : (직물 등을) 짜다, 뜨다 art : 기술, 공예 pottery : 도자기(류) jewelry : 보석
① 도자기 만드는 것   ② 보석 만드는 것
③ 인형 만드는 것   ④ 천 만드는 것
「방직(紡織)은 애리조나와 뉴멕시코에 있는 나바호족(族)들의 기술이다.」

64 ④

cadre : 기간요원(편성·훈련을 맡은 장교·하사관), 뼈대, 기초(공사), 개요 nucleus : 핵, 중심, 기점, 토대 personnel : 직원, 인원, 요원 fetus : 태아 womb : 자궁, 태내 impeach : 고발하다, 탄핵하다 accuse : 고발하다, 비난하다 charge with : 책망하다, 고발하다 tribunal : 법정, 법관석 putrid : 썩은, 부패한 maturity : 성숙, 원숙
④의 풀이에 해당하는 단어는 'puberty(사춘기)'이다.

「① 기간(基幹) – 훈련된 요원의 핵심
② 태아 – 자궁 속에 있는 태어나지 않은 동물이나 인간
③ 고발하다 – 법정에서 죄를 고발하거나 책망하다
④ 썩은 – 성적 성숙에 다다른 시기」

65 ③

pictorial : 그림의, 생생한, 그림으로 나타낸 representation : 표현, 묘사 portrait : 초상화

「주로 어떤 사람의 얼굴을 회화, 데생, 혹은 그림으로 묘사한 것」

66 ②

① 동일한(같은)   ② 악명높은
③ 엄숙한   ④ 가련한

67 ③

attached : 덧붙여진 devastated : 황폐화된 flexible : 구부리기 쉬운 simplified : 간소화한

「고무와 가죽은 잘 휘어진다 ; 나무와 유리는 그렇지 않다.」

68 ②

intellectual : 지적인 bodily : 신체의, 육체의 spiritual : 정신의 spectacular : 볼 만한

「건강을 제대로 유지하려면 육체적인 운동을 해야 한다.」

69 ④

miss : 빗맞다, 놓치다, 모면하다, 피하다, 그리워하다

① 그는 총을 쏘았지만 빗나갔다.
② 빠뜨린 서류는 책상 밑에서 발견되었다.
③ 그는 발 밑을 보지 못해서 연못에 빠졌다.
④ 만일 남편이 죽는다면 그녀는 남편이 그리울 것이다.

「아이들이 가버리고 나면, 나는 아이들의 쾌활한 얼굴이 그리울 것이다.」

70 ④

frill : 사치물, 없어도 좋은 장식물(= ornament, decoration, embellishment)

「그 차는 카세트 플레이어나 개폐식 자동차 지붕과 같은 장식물이 없는 기본적인 모델이다.」

71 ②

pledge : 서약, 저당, 담보, 보증 abandon : (사람·나라·장소·지위 등을) 버리다, 단념하다, 그만두다 struggle : 노력(분투)하다, 버둥(허우적)거리다, 애쓰며 (나아)가다 defeat : 쳐부수다, 지우다, 좌절시키다 strengthen : 강하게(튼튼하게) 하다, 힘(기운)을 돋우다 extricate : 구출하다, 탈출시키다, 해방시키다 force : (종종 pl.) 군대, 부대

「프랑스와 영국은 워싱턴으로부터 두 나라가 그들의 군대를 탈출시키기 위해서 고군분투할 때에 동맹관계를 포기하지 않겠다는 서약을 받았다.」

72 ①

radioactive : 방사성의, 방사능의 poisoning : 중독, 독살 district : 지역, 지방 abort : 유산(낙태)하다, 발육하지 않다, 좌절되다 absorb : 흡수하다, 열중케 하다 abstain : 그만두다, 삼가다

「그 토양과 식물에 대한 방사능의 오염은 너무나 심각해서 몇몇 지역의 주민들은 그들의 수확물을 식용으로 이용하는 것을 삼가야만 한다.」

73 ②

pupil : 눈동자, 동공 dilate : 넓히다, 팽창시키다 numb : (추위 따위로) 감각을 잃은, 마비된

「사람 눈의 동공은 빛의 세기가 약해지면 확대된다.」

74 ③

instantly : 당장에, 즉시, 즉각, ~하자마자 collision : 충돌, 격돌, 대립, 불일치 crash : 충돌 conference : 회담, 협의, 의논, 회의, 동맹

「나이든 사람과 젊은이, 이 두 명의 운전사가 지난밤 일어났던 충돌로 즉사했다.」

75 ①

place an embargo on ~ : ~의 수출을 금지하다, ~의 출항을 금지하다 textile : 직물, 옷감 ban : 금지, 금지령, 추방 penalty : 형, 형벌, 벌금, 반칙

「정부관리들은 한때 외국 직물의 입항을 금지할 것을 심각하게 고려했다.」

76 ②

precarious : 불확실한, 불안정한(= insecure), 위태로운 tedious : 지루한, 싫증나는, 장황한 monotonous : 단조로운, 변화없는

「우리는 중세의 삶이 지금보다 훨씬 더 불안정했다는 것을 인정해야만 한다.」

77 ①

undetected : 발견되지 않은, 간파되지 않은 camouflage : 위장, 속임, ~을 위장하다, 속이다

「깨어진 유리창이 수리되지 않은 채 있는 도시 거리에서 범죄율은 즉시 증가한다. 그 이유는 무엇인가? 깨어진 유리창은 사람들에게 '와서 하고 싶은 대로하시오'라는 식의 공고를 하는 것과 같기 때문이다.」

78 ①

occurrence : 사건, 발생 coincidence : (우연의) 일치, 부합, 동시 발생

「고속도로에서 차량사고가 많이 발생하여 큰 우려를 야기하였다.」

79 ③

set up : 세우다, 주창하다, 새로이 만들다, 시작하다 printing press : 인쇄기 spring up : 싹이 트다, 일어나다.

「1476년경 William Caxton은 영국에서 커뮤니케이션에 일대 혁명을 일으킨 인쇄기를 만들었다. 인쇄술은 유럽의 르네상스에서 싹튼 풍요로운 신사상을 영국에 가져다 주었다.」

80 ①

bow : 활, 곡선, 절, 경례 primary : 첫째의, 주요한, 처음의, 근본적인 lethal : 치명적인, 죽음을 가져오는 intractable : 다루기 어려운 blatant : 뻔뻔스러운

「활은 아직도 아프리카와 아시아의 몇몇 지역에서 주요한 무기이다. 그들은 특히 화살에 독이 묻어 있을 때 활과 화살을 실제적이고도 매우 치명적인 장비로 사용한다.」

81 ③

inhabitant : 주민, 거주자 accustomed : 습관의, 익숙한 relic : 유물, 유적 salvation : 구조, 구제 remnant : 유물, 자취 oblivion : 망각, 잊혀짐, 무의식 상태

「구세계의 거주자들은 과거의 유물, 잊혀진 보물, 오랫동안 잃어버린 수 십 년 혹은 수 세기 전의 생활의 유물들을 찾는 데 익숙해져 있다.」

82 ①

benign : (병리)양성의, 자비로운, 온화한, 양성의 tumor : 종양 malignant : 악의있는, 악성의 inoperable : 수술 불가능한 curable : 치료할 수 있는, 낫는

「9년 전 의사들은 내게 십 년 이상 양성뇌종양으로 있던 것이 악성으로 갑자기 변했다고 알려 주었다. 그들은 악성종양은 수술이 불가능하고 아마 나는 3달쯤 살 수 있을 것이라고 말했다.」

● 2. 숙어

1 ①

scratched the surface of ~의 겉만 핥다, 문제의 핵심까지 파고들지 않다 tremendously 엄청나게, 무시무시하게 hit the nail on the head of 정확히 맞는 말을 하다 seize hold of ~을 붙잡다 follow up on ~을 끝까지 하다.

「지금까지 신문 기사들은 이 엄청나게 복잡한 문제를 수박 겉핥기만 하고 있었다.」

2 ③

psychologist 심리학자

① 계속 가다, 투덜대다
② 이해하다, 계산하다
③ 설명하다, (비율을) 차지하다
④ ~에 의존하다

「• 그 심리학자는 학생들의 전반적인 인격 개발을 설명하기 위해 새로운 테스트를 사용했다.
• 과자는 청소년 사이에서 하루 섭취량의 25~30%를 차지한다.」

3 ②

① 정신을 산란하게 하다.
② 상당히 화나게 하다.
③ 나에게 자주 아부하다.
④ 마음의 짐을 크게 덜어주다.

「교실에서 볼펜 누르는 소리를 내는 학생들은 나를 몹시 화나게 한다.」

4 ④

notoriously 악명 높은

① (특징을) 띠다, ~를 고용하다, (책임을) 지다 등
② ~에 타다, 하다(지내다)
③ ~을 속이다, ~을 혹사하다
④ ~을 생각해내다

「1970년대 중반 John Holland라는 미국 컴퓨터 과학자가 진화 이론을 사용해 어렵기로 악명 높은 과학 문제를 푸는 아이디어를 생각해냈다.」

5 ②

disease 질병 rule out 배제하다 diagnosis 진단

① 추적하다   ② 배제하다
③ 지시하다   ④ 조사하다

「진단하기 전에 당신의 주치의가 배제할 몇 가지 질병이 있습니다.」

6 ②

① ~에게 아첨하다
② ~을 복습하다
③ ~을 회피하다
④ (병에) 걸리다

「그녀가 작년 겨울 멕시코로 여행가기 전에, 그녀는 대학 이후로 연습하지 않았던 스페인어를 복습할 필요가 있었다.」

7 ①

pore over : ∼을 자세히 조사하다

① 조사(검토)하다
② 나누어 주다
③ 폐기하다
④ 바로잡다

「나는 Jim이 컴퓨터 출력물들을 자세히 <u>조사해 보도록</u> 해 주라는 말을 들었다.」

8 ③

not dry behind the ears : 풋내기의, 경험 없는, 미숙한 give somebody a break : ∼에게 기회를 주다, 너그럽게 봐주다 know one's way around : (장소·주제 등에 대해) 잘 알다, 익숙하다

「John은 이제 막 회사에서 일을 시작하여 아직 서툴렀다. 우리는 그를 너그럽게 봐줘야 했다.」

9 ③

① 인계받다.
② (해체하여)치우다, 적다, 끌어내리다.
③ 떠맡다, 고용하다, (특정한 특질·모습 등을) 띠다
④ 이륙하다

• 한국에서는, 장남이 많은 책임감을 맡는 경향이 있다.
• 다른 방식으로 말해질 때, 같은 단어들이 다른 의미를 띠게 된다.」

10 ④

④ up to the[one's] eyes in은 '∼에 몰두하여'라는 의미로 '∼에 집착하는, ∼에 전념한'의 의미를 가진 preoccupied with와 유사하다.
① ∼에 관심 있는
② ∼에 준비가 된
③ ∼에서 석방하다

「그녀는 남편에게 약속을 지킬 수 없다고 말하게 되어 유감이었다. 그녀는 그 순간에도 일에 몰두해 있었다.」

11 ④

business climate : 기업 풍토 come up with : ∼을 생산하다, ∼을 제안하다 go under : 도산하다 catch on : 유행하다 take off : 급격히 인기를 얻다

① 인기를 얻게 되다
② 본전치기를 하다
③ 감소하다
④ 파산하다
⑤ 바로 요점으로 들어가다

「오늘날의 기업 풍토는 다른 사람들이 미처 생각하지 못한 아이디어를 제안할 만큼 충분히 영리해야 한다. 유기농 사과 농부인 내 친구 Mr. Kim을 보자. 5년 전 그의 사업은 이익을 내지 못해 <u>파산</u> 지경이었다. 그때 유기농 과일이 인기를 얻었다. 갑자기 모든 사람들이 그의 유기농 사과를 사기를 원하는 것 같았다! 그때 그는 새로운 것을 시도하기로 결심했다. 그는 통신 판매 사업을 마련했고 그로 인해 고객들은 그의 사과를 집에서 주문하고 빠르게 받을 수 있게 되었다. 판매는 급격히 인기를 얻었고 Mr. Kim은 더 많은 돈을 벌었다. 현재 그는 조기퇴직에 대하여 생각하고 있다.」

12 ①

function : 기능, 역할, 의식 historian : 역사가, 역사 저작가 neither nor : ∼도 ∼도 아니다 past : 지나간, 과거의 emulate : 겨루다, 모방하다 emancipate : 해방하다, 석방하다 invoke : 기원하다, 호소하다

「역사가의 일은 과거에만 집착하거나 과거에서부터 벗어나는 것이 아니라, 현재를 이해하기 위한 열쇠로서 과거를 탐구하는 것이다.」

13 ①

stubborn : 완고한, 완강한, 다루기 힘든 a chip of[off] the old block : 아버지를 꼭 닮은 아들

① 나는 나의 아버지를 꼭 닮았다.
② 나는 완전히 기분이 별로다.
③ 나는 나의 직감에 의존한다.
④ 나는 나의 오래된 친구와 함께 즐거운 시간을 보내는 게 좋아.

「A : 왜 너는 그렇게 고집이 세니?
 B : 나도 몰라. 그것은 나의 방식일 뿐이야. 나는 내가 나의 아버지와 성격이 닮았다고 생각해.」

14 ③

①②④ 네 말에 찬성한다.
③ 내 눈에 흙이 들어가기 전에는 ∼ 할 수 없다.

15 ②

at stake : 위험에 처하여, 문제가 되어

「국립보건원의 관계자는 SARS가 확산되고 있어 5세 미만의 모든 아동들이 위험에 처해있다고 말했다.」

16 ④

take on : 떠맡다, 고용하다, 취하다   share : 할당하다, 분배하다   evaluate : 평가하다, 사정하다   undertake : 떠맡다, 착수하다

「The Acme Construction Company는 많은 문제를 겪고 있다. 지난 7개월 동안 새로운 사무실이 축조되고 있었으나 모든 것이 잘못되어 가고 있는 것 같았다. 앞서, 이 일을 떠맡고자 했던 작은 공사를 중단했었다. 현재 두 사업 모두 위기에 처해져 있다.」

17 ②

enforce : 실시하다, 집행하다, 강조하다   stave off : 저지하다, 막다, 피하다   recession : 불경기, 후퇴   reduction : 감소, 저하   improve : 개선하다, 활용하다   prevent : 막다, 방지하다, 방해하다   treat : 취급하다, 간주하다

「경기침체를 막고자 하는 최근의 움직임으로 인해 지난밤에 또 한 차례 이자율 인하를 불러왔다. - 이는 단 8일 만의 두 번째 인하가 된다. 중앙은행은 또 한번 추가 인하가 단행될 것이라고 지적하였다.」

18 ②

off the hook : 곤란[의무]에서 해방되어(= free), (수화기가) 제 자리에 안 놓여   be done with : ~을 끝내다, 마치다

② hook은 '갈고리'라는 뜻을 가지고 있고 off는 분리의 의미를 가지는 전치사로 off the hook은 갈고리(구속된 상태)에서 벗어난, 즉, '자유로운(free)'이라는 의미의 관용 표현이다.

「네가 이 과정을 끝마치면 나는 너를 자유롭게 해 줄 수 있다.」

19 ③

Let sleeping dogs lie : 잠자는 아이를 깨우지 않고 그대로 놓아두어라(문제를 일부러 찾는 짓은 하지 말고 그대로 놓아두는 것이 최선이라는 것을 뜻하는 속담).   make troubles : 말썽[소란]을 일으키다   take it or leave it : 싫으면 그만두다Let sleeping dogs lie는 직역을 하면 '자고 있는 개를 그대로 누워 있도록 내버려 두어라'라는 의미로, '긁어 부스럼 만들지 말라'는 의미의 속담이다.

「아파트에 페인트를 칠한다고 건물 주인에게 아무런 말도 하지 않는 게 나을 거야. 만약 내가 너라면, 난 긁어 부스럼 만들지는 않을 거야. 지난번에 네가 주인에게 수리를 좀 해 달라고 요구했을 때, 그는 임대료를 올렸잖아.」

20 ②

In retrospect : 뒤돌아보아(보면), 회상하면   take in : ~을 속이다(= deceive, cheat, play a trick on)   real estate agent : 부동산 중개인

① ~을 세심하게 조사하다, 점검(검사)하다
② ~을 속이다, 기만하다
③ ~을 존경하다(= respect, look up to, admire, esteem)
④ (남)을 즐겁게 하다, 기쁘게 하다

「되돌아보니, 나는 변덕스러운 어투로 말하던(어투를 가진) 그 부동산 중개업자에게 속았다.」

21 ①

substantial : (양·크기가) 상당한   the number of : ~의 수   working : 일하는, 노동에 종사하는   childcare : 어린이 양호(보육), 육아(育兒)   factor into : (계획·예산 따위에서) ~을 고려하다(= factor in)   administration : 행정 기관, 정부   policymaking : 정책 입안(수립)   lead to : (어떤 결과)에 이르다   poll : 여론 조사, 투표 선거

① ~을 참작하다, 고려하다
② ~을 줄이다, 축소하다
③ ~을 대신하다, 대용하다
④ ~을 제외하다, 배제하다

「근로 주부 수의 상당한 증가는 여론 조사에서 예상치 못한 결과를 가져온 주된 이유들 중 하나였는데, 그들의(근로 주부들의) 육아를 위한 비용이 정부의 정책입안에 고려되지 않았다.」

22 ④

vain : 자만심이 강한, 우쭐대는, 헛된   ambition : 대망, 야심   cut a fine figure : 두각을 나타내다, 이채를 띠다(= make a brilliant figure)   in the world : 온 세상에서, 세계에서   sculptor : 조각가   preeminent : 우수한, 탁월한

① 잘생긴 아이를 얻겠다
② 조각가가 되겠다
③ 큰돈을 벌겠다
④ 우수하겠다, 탁월하겠다

「나는 세상에서 두각을 나타내겠다는 야심을 가질 만큼 자만심이 강했다.」

23 ④

collaborated : 공동으로 일하다

① 합계하다, 모으다
② 같이하다, 동반하다, 동행하다
④ 같이 일하다, 공동으로 일하다

「그는 음식생산에 관한 글의 영문 번역을 그의 아들과 공동으로 작업했다.」

24 ①

call someone names : 욕하다 abuse : 욕설, 독설, 남용 deceive : 속이다, 기만하다 call the roll : 출석을 부르다 finish with : ~와 관계를 끊다

「나의 지난 학교에서 그들은 내가 너무 느려서 나를 욕했다.」

25 ④

with impunity : 벌을 받지 않고, 무난히 leisure : 자유시간, 틈, 여가 composure : 침착, 평정

① 기꺼이 ② 침착하게 ③ 명확히, 한정적으로

「그는 죄를 짓고도 벌을 받지 않을 나이에 도달했다.」

26 ④

④ be in person's black books : ~의 미움(주목)을 받고 있다

27 ③

quarrel : 말다툼, 싸움, 불화 hatchet : 전투용 도끼
① 순조롭게 잘 되어가다. 예상 외로 잘 되어가다.
② 이성을 잃다.
③ 화해하다.
④ 쉽게 얻어지다.

「나는 Paul과 Ted가 그들의 해묵은 싸움을 잊기를 바란다. 그들이 (화해하고) 다시 친구가 될 시점이다.」

28 ②

scrape : 문지르다, 돈을 긁어 모으다 make both ends meet : 수입에 알맞은 생활을 하다 achieve : 이루다, 성취하다

「나는 수입에 맞게 생활하기 위해 돈을 모으고 저축하며 살아야 하는 것이 싫다.」

29 ④

take in

㉠ 섭취하다, 흡수하다
㉡ 얻다, 싣다, 수용하다
㉢ 숙박시키다, 하숙생을 두다
㉣ (신문을) 구독하다, 받다
㉤ (거짓) 진실로 여기다, 속이다
㉥ 이해하다, 받아들이다

「• 그 장을 절반쯤 읽다가 나는 그만 두었다. 나는 한 단어도 이해할 수 없었다.
• 그 대학의 근처에 있는 많은 가구들은 그들의 수입을 더하기 위해 학생들을 숙박시켰다.
• 당신을 속이기가 매우 쉬워 유감이다. 동업자로부터의 경험에도 불구하고 당신은 더 많이 알아야 한다.」

30 ②

make up for : 보상하다, 만회하다 speed up : 속력을 높이다 compensate for : 만회하다 turn down : 거절하다, 각하하다 rule out : 제외하다, 제거하다

「모든 것이 지연된 후 우리는 잃어버린 시간을 만회하길 갈망하였다.」

31 ②

recommend는 제안·명령·주장동사에 해당되는 것으로 that절속의 should를 생략하고 동사원형을 사용할 수 있다.

「나는 그에게 보고서를 빨리 끝내야 한다고 권유했다.」

32 ④

petition : 청원, 탄원, 진정 overwhelming : 압도적인, 저항할 수 없는 jealousy : 질투, 시샘 result in : ~의 결과를 내다 carelessness : 부주의, 경솔

④ 운전자의 부주의로 교통사고가 나는 것이므로 result in(~ 결과를 내다)이 아닌 result from(~로부터 결과가 나오다)을 사용해야 한다.

「① 그 경기는 날씨가 나빠서 취소되었다.
② 5만명의 사인을 포함한 청원서가 시장의 집무실에 제출되었다.
③ 그녀는 갑자기 압도적인 질투심에 사로잡혔다.
④ 대부분의 교통사고는 운전자의 부주의에서 나온다.」

33 ①

① 지지 않다   ② 싫증이 나다
③ 아프고 피곤하다   ④ 지긋지긋하다

「A : 난 20년 동안 이 일을 해 오고 있어서 더 이상 이 일을 좋아하지 않는다.
B : 당신이 당신의 직업에 (싫증이 난 것 / 힘들고 피곤한 것 / 지긋지긋한 것)을 절실히 이해할 수 있다.」

34 ②

on terms with~ : ~사이가 좋은 reflect on : 숙고하다, 곰곰이 생각해보다

「• 나는 그녀와 사이가 좋다.
• 당신은 그 문제를 해결하는 방법을 숙고해야 한다.」

35 ①

immune : (공격 · 병독 등을) 면한, 면역성의, (과세 등을) 면제한, ~에 영향을 받지 않은 be protected against : ~에 대해 보호되어지는, 영향을 받지 않는다

「그는 이러한 감정들에 영향을 받지 않는 것 같았다.」

36 ①

bankruptcy : 파산, 도산 insure : 보험을 들다, 지키다
① Tom의 아내는 집에서는 남편을 깔아 뭉게는 것처럼 보인다.
　　wear the pants : 자기주장을 하다, (상대방을) 깔아 뭉게다
② 모든 사람은 그 회사의 재정문제에 관해서 전혀 모르고 있다.
　　be in the dark about : ~에 대해 전혀 알지 못하나
③ Susan은 부도를 막기 위해 백방으로 노력을 했다.
　　leave no stone unturned : 모든 노력을 다하다
④ 나는 화재에 대비해서 보험을 들었는데, 만전을 기하기 위해서였다.
　　be on the safe side : 신중을 기하다

37 ④

reasoning : 추론, 추리, 논의 impressive : 감동을 주는, 인상적인 not to the point : 적절하지 못한, 딱 들어맞지 않는(= wide of the mark)

「그의 추론은 감명적이었지만, 딱 들어맞지는 않았다.」

38 ③

let go of : 가도록 허락하다 clutch : 잡다, 단단히 쥐다, 붙들다, 부여잡다 release : 풀어놓다, (손을) 놓다, 방출하다, 해방(석방)하다 grasp : 붙잡다, 움켜쥐다, 납득하다, 이해하다

「어리석은 개는 호수에 비친 자기의 고기 그림자를 보고는, 자기의 것보다 더 큰 고기를 문 다른 개로 착각했다. 그래서 그는 그 개를 공격해서 그로부터 그의 고기를 빼앗고자 자기의 고기를 버렸다. 고기는 바닥에 가라앉았고, 이로써 그는 그의 고기를 잃었다. 그는 그 고기를 다시는 되찾을 수 없었다.」

39 ①

out of the blue : 갑자기 in no time : 곧 in no way : 결코 ~이 아니다

「갑자기 그녀가 그의 얼굴을 때렸을 때, 그 부부는 침착히 얘기하고 있는 것처럼 보였다.」

40 ④

process : 진행, 과정 evolution : 전개, 발전, 진전 break in(= tame) : 길들이는, 시운전의 cattle : 가축, 소, 축우 raise : 올리다, 끌어 올리다, 승진시키다 beat : 치다, 두드리다, 때리다 feed : 먹을 것을 주다, 먹이다 tame : 길든, 식물이 재배된

「발전과정에서 인간은 노동력을 위해 몇몇의 가축을 길들였다.」

41 ③

offer : 제안, 제의, 신청 impractical : 비실용적인, 비실제적인, 비현실적인 lawyer : 변호사, 법률가 turn down : (제안 등을) 거절하다, 각하하다 case : 경우, (소송)사건 acknowledge : 인정하다, 승인하다, 용인하다, 자인하다, 고백하다 generate : ~을 낳다, 산출하다, 발생시키다 reject : 거절하다, 거부하다, 사절하다, 각하하다, 물리치다, 버리다, 무시하다 resign : 사직하다, 그만두다, 포기하다, 단념하다, 넘겨주다, 양도하다

「그 신청이 너무 비현실적이어서 그 변호사는 소송사건을 거절하였다.」

42 ④

put up with : ~을 참다, 참고 견디다 lose track of : ~을 놓치다, ~와 소식이 끊어지다 make a point of : ~을 주장하다, 강조하다, 반드시 ~하다, ~하도록 노력하다 take a stand on : 태도를 정하다 take advantage of : ~을 이용하다

「그는 그의 좋은(우수한) 비서에게 모든 일을 맡기고 그 자신은 아무것도 하지 않으면서 그녀를 이용한다 ; 나는 그를 참을 수 없다.」

43 ②

be willing to do : 기꺼이 ~하다 put A through to B : A를 B에게 통화연결해 주다 man in charge : 책임자 take apart : 분해하다, 분석하다, 분리하다, 혼을 내다 put together : 조립하다(= construct), 모으다, 합계하다, 구성하다, 편집하다 put up with : ~을 참다 put up : (집을) 짓다, 숙박하다, 올리다, 치우다, 상연하다

「• 그녀는 기꺼이 책임자에게 나를 통화연결해 주려고 하였다.
• 그 소년은 라디오를 분해했으나, 다시 조립할 수 없었다.
• 나는 더 이상 그의 무례한 행동을 참을 수 없다.
• 그들은 그 구역에 여러 개의 건물을 신축하고자 하였다.」

44 ④

bend over backward(s) : 비상한 노력을 하다, 필사적으로 ~하려고 애쓰다(노력하다)

「우리나라에 있는 많은 부모들은 필사적으로 그들의 아이들을 교육시키기 위해서 애쓴다.」.

45 ④

of moment : 중요한 remove : 제거하다, 이동하다, 가져가다 suppression : 금지, 억압, 은폐 publication : 출판, 발표, 간행 obscene : 저질스런, 음란한, 추잡한

① 언제라도, 당장에라도
② 모든 순간
③ 당장에, 그 즉석에서
④ 중요한

「이러한 음란서 출판에 대한 억압을 없애는 것은 중요한 문제이다.」

46 ②

catch on : 유행하다, 인기를 얻다 charm : 매혹하다, 황홀하게 하다 familiar : 익숙한, 친밀한 satisfy : 만족시키다, 충족시키다

「그 헤어스타일은 여학생들에게 유행하였다.」

47 ④

see eye to eye (with) : (누구)와 견해가 일치하다 convert : 전환하다, 바꾸다, 개조하다, 가공하다 avert : (눈·얼굴 따위를) 돌리다, 피하다

「그 두 나라는 한국의 금융시장 개방속도에 대해 서로 견해가 일치하지 않는 것으로 여겨진다.」

48 ①

thumb : 엄지손가락 all thumbs : 손재주가 없는 (= clumsy) clumsy : 솜씨 없는, 서투른

「나는 씨를 뿌리기 위해 밭을 갈 때면 매우 서투르다.」

49 ③

be fed up with : ~에 물리다, ~에 싫증나다 week after week : 매주 be bored with : ~에 싫증나다

「나는 매주 TV에서 같은 프로그램을 보는 게 지겹다.」

50 ③

punctually : 시간을 엄수하여 at a time : 동시에 in time : 때를 맞춰, 늦지 않게 just get to : 지금 막 도착하다

「F803편은 오늘 정확한 시간에 김포공항에 도착했습니다.」

51 ②

be on the tip of one's tongue : 혀끝에 맴돌다

「그 남자의 이름이 혀끝에 맴돈다.」

52 ②

deprive A of B : A에게서 B를 박탈하다(= A be deprived of B)

「그 기간에 죄수는 외부인의 면회나 편지와 신문을 받을 수 있는 권리가 박탈당해야 한다는 것이 인정되었다.」

53 ④

deep-seated craving : 깊숙이 자리한 열망 crave + (for + N) : (~을) 갈망·열망하다, 간절히 원하다 prestige : 명예, 위신, 신망 be considered to do : ~라고 여겨지다

「깊숙이 자리한 사랑에의 열망에도 불구하고 그 밖의 거의 모든 것들이 사랑보다 더 중요한 것으로 여겨진다. 성공, 명예, 돈, 권력 거의 모든 우리의 힘은 이 목적들을 어떻게 성취하는가를 배우기 위해 쓰여지고 있으며, 거의 아무도 사랑을 배우려 하지 않는다(거의 아무런 힘도 쓰여지지 않는다).」

54 ①

lose one's heart : 실망하다, 낙담하다[= be discouraged(disheartened, disappointed)] fail to do : ~하지 못하다

「그는 시합에 지게 되자 낙담하였다.」

55 ④

keep down : (감정 등을) 억누르다, 진정시키다 explode : 폭발시키다 stimulate : 자극시키다(= prompt) amuse : 즐겁게 하다 suppress : 억압하다, 억누르다, 참다

「그는 자신의 화를 참으려 애썼다.」

56 ②

enter by force : 일시에 쏟아져 나오다(= break forth) break away : 무너뜨리다, 갑자기 중단하다, 도망하다 break in : 길들이다, 침입하다, 말참견하다 break off : 꺾어버리다, 끊다

「만약 그렇게 많은 사람들이 일시에 나오지 않았다면 나는 이 이야기를 좀더 잘 말할 수 있었을 것이다.」

57 ①

in token of ~ : ~의 표시(증거)로[= as a token(sign) of ~] in return for ~ : ~의 답례로 in terms of ~ : ~의 말로, ~에 의하여(= by means of ~), ~의 관점에서(= from the standpoint of ~) as a result of ~ : ~의 결과로서

「Mary는 그에게 우정의 표시로 라이터를 주었다.」

58 ④

come to terms with : ~와 타협하다, 절충이 되다, 협정이 성립되다, 화해하다 cope : 대처하다, 극복하다, 맞서다, 대항하다

「내가 알기로는, 그는 오직 그 자신과 주변 세계와만 타협하는 사람이다.」

59 ①

look over : 훑어보다 examine : 검사(조사, 심사)하다, 진찰하다, 시험하다 glance at : 힐끗 보다 cancel : 취소하다(= call off), 무효로 하다, 지우다, 중지하다, 말소하다 neglect : 무시하다, 등한시하다, 경시하다, 간과하다, 게을리하다, 소홀히하다, ~하지 않다

「사인을 하기 전에 계약서를 훑어보아야 한다.」

60 ④

lose one's temper : 화를 내다(= get angry, get into rage, get enraged, etc.) become worse : 악화되다(= get aggravated)

「Phillip은 분에 못 이겨 자신의 정원에 있는 개를 걷어찼다.」

61 ②

call off : 취소하다

「우리는 물건들이 제때 도착하지 않아 판매를 취소해야 했다.」

62 ③

interfere with : 방해하다, 참견하다, 간섭하다, ~와 충돌하다, ~에 저촉하다 promote : 진전시키다, 조장하다, 촉진하다, 진척시키다, 장려하다, 고무하다, 승진시키다 hinder : 방해하다, 훼방하다 circulate : 순환하다, 퍼지다, 빙빙 돌다, 유포되다

「어떤 것도 진리를 찾고자 하는 우리의 조사를 방해하도록 해서는 안된다.」

문법 및 영작

● 1. 문법

1 ③

① Jessica is a <u>very</u> careless person who makes little effort to improve her knowledge. ← 원급 형용사인 careless 수식
② <u>Whether</u> he will come or not certain. ← Whether ~ or not
④ <u>The more expensive</u> a hotel is, the better its service is. ←The 비교급 ~, the 비교급 ~

2 ②

① and, or, but 등은 전후가 같은 형식으로 연결된다. to walk →walking
③ 관계사 that 뒤에는 불완전한 문장이 오는 것이 어법상 옳다. 따라서 her를 삭제하거나 The dancer about whom I told you으로 써야 한다.
④ 혼합가정법 형태는 If S had+p.p. ~, S would +V이다. took →had taken

「① 당신이 수영하는 것을 좋아하든 걷는 것을 좋아하든 그 장소는 환상적이다.
② 그녀는 미팅 후에 저녁 먹으러 가길 제안했다.
③ 내가 당신에게 말한 그 댄서는 시내로 오고 있는 중이다.
④ 만약 그녀가 어제 약을 먹었다면, 그녀는 오늘 좀 더 나을 것이다.」

3 ①

① 복수명사(Koreans)＋복수동사(were)의 형태이므로 the number를 a number로 고쳐야 한다.
acknowledge 인정하다 harsh 가혹한, 냉혹한

「그는 1940년대 동안 몇몇 지역에서 많은 한국인들이 가혹한 상황하에서 강제노동에 동원되었음을 인정했다.」

4 ②

위치나 지위에 있던) 과거의   comprised 포함된
union republic 연방 공화국

borrow는 3형식 동사로 뒤에 목적어가 하나만 와야 한다. ②의 경우는 뒤에 목적어가 2개이므로 4형식 동사인 lend로 고쳐 써야 한다.

① 대단한 사람들에게 둘러싸인 내가 자랑스러웠다.
② 나는 형에게 5달러를 빌려달라고 부탁했다.
③ 검은 드레스를 입은 여성이 플랫폼에 있었다.
④ 과거 소비에트 연방(소련)은 15개의 연방 공화국으로 구성되었다.

5 ③

③ 주어인 the package에 대하여 address는 수동이므로 having been addressed의 형태로 써야 한다. 또한 wrong은 형용사나 분사의 앞에서 wrongly의 형태가 자연스럽다. →The package, having been wrongly addressed, reached him late and damaged.

① 내가 담배를 끊은 가장 큰 이유는 내 친구들이 모두 이미 담배를 끊었다는 것이다.
② 남편이 아내를 이해한다는 것이 그들이 필연적으로 사이좋게 지낸다는 것을 의미하지 않는다.
③ 그 소포는 주소가 잘못 적혀있었기 때문에 그에게 늦게 도착하고 손상되었다.
④ 그녀는 남편이 집으로 오는 길에 12개짜리 달걀 두 묶음을 사가지고 오기를 원한다.

6 ①

② 동사인 tie가 수동태로 사용되었으므로 뒤에 위치한 to는 to부정사가 아닌 전치사이다. 따라서 improve는 동사원형이 아닌 동명사 형태로 써야 한다. →to improving
③ '~을 치다'를 의미하는 run over가 수동의 의미로 쓰였으므로 수동형 동명사인 being run over로 고쳐야 한다.
④ problems를 수식하는 분사인 surrounded가 목적어를 취한 것으로 보아 능동관계이다. 따라서 현재분사 형태를 취해야 한다. →surrounding
① 중국의 러시아산 석유의 수입은 2014년에 36퍼센트 급등했다.
② 수면은 오랫동안 인간의 기억력 향상과 관련되어 왔다.

③ 지난 밤, 그녀는 거의 자동차에 치일 뻔했다.
④ 그 실패는 그 치명적인 우주왕복선 재난의 원인을 둘러싸고 있는 문제들을 연상시켰다.

7 ①

① water는 불가산 물질명사이기 때문에 부정관사 'a'를 받을 수 없다. 따라서 'a'를 빼줘야 한다. 그리고 'in hot water'는 '곤경에 처한'이라는 의미를 갖는다.

「만화 캐리턱인 스폰지밥 스퀘어팬츠는 이 프로그램을 단지 9분만 시청하면 4세 유아들에게 단기 집중력과 학습장애를 일으킬 수 있다고 제의하는 연구로 인해 곤경에 처했다.」

8 ③

이 문장에서 본동사는 is이기 때문에 빈칸은 본동사 자리가 아니기 때문에 ①과 ④는 제외시켜야 한다. 또한 display가 타동사이기 때문에 능동 형태로 쓰였다면 뒤에 목적어가 와야 하는데 이 문장에선 목적어가 없기 때문에 수동으로 쓰는 것이 옳다. 따라서 과거분사 형태인 displayed가 와야 한다.

「미술관에 전시된 대부분의 예술작품은 19세기 이탈리아에서 온 것이다.」

9 ①

efficient : 능률적인, 효율적인 alert : 기민한, (정신이) 초롱초롱한

① 'many a(n) 단수명사'는 단수 취급이므로 was가 맞다.
② each는 단수 취급이므로 their → his가 되어야 한다.
③ However you may try hard → However hard you may try
④ smart와 alert는 형용사이지만 loyalty는 명사이므로 and의 연결이 옳지 않다.

「① 부주의한 많은 보행자들이 거리에서 사망하였다.
② 각각의 장교는 자신의 임무를 효율적으로 수행해야 한다.
③ 아무리 열심히 애를 써도, 당신은 그것을 해낼 수 없다.
④ 독일셰퍼드는 영리하고, 기민하며, 충직하다.」

10 ①

antibiotic : 항생제 truckload : 트럭 한 대 분량의 discard : 버리다, 폐기하다

① 주어가 milk고 빈칸 뒤의 test가 원형으로 쓰였으므로 조동사가 주어 앞으로 도치된 문장이다.

「탱커트럭들이 우유처리 공장에 도착할 때, 우유가 항생물질에 대해 양성반응이 나오면 연방법에 따라 트럭 전체에 실린 양이 폐기되어야 한다.」

11 ②

② 빈칸에는 one을 수식하는 관계사가 와야 하는데 뒤에 문장이 완전하므로 관계 부사(전치사 + 관계 대명사)가 와야 한다.

「판매업은 지속적인 상호작용이 요구되는 하나의 사업영역이다. 그래서 능숙한 사교술이 필수적이다.」

12 ③

intimately : 친밀히, 중심으로 insist on : ~을 고집(요구)하다 break out : 발발(발생)하다 vary : 달라지다, 달리 하다 significantly : (두드러질 정도로) 상당히

① 동등비교로 as intimately as 가 되어야 한다.
② company는 회사, 동료의 명사이다. 동행이라는 뜻을 가진 accompany가 와야 적합하다.
④ the number of 는 셀 수 있는 복수명사와 써야 한다. sugar는 불가산명사이기 때문에 the amount of로 써야 옳다.

「① 벌과 꽃처럼 친밀이 연관된 생명체는 거의 없다.
② 아버지는 그들이 머물고 있는 곳에 우리와 함께 가지 않았다. 그러나 내가 가라고 주장했다.
③ 이라크의 상황이 너무 심각해 보였기에 마치 언제라도 제3차 세계대전이 발발할 것처럼 보였다.
④ 최근의 보도에 따르면, 미국인들이 소비하는 설탕의 양은 해마다 두드러지게 크게 달라지지 않는다고 한다.」

13 ④

transient : 일시적인, 순간적인 introduce into sth : (~속에)넣다 cumulative : 누적되는 exposure : 노출

④ Whereas는 접속사이다. 따라서 whereas it is로 완전한 문장이 와야 옳은 문장이 된다.

「소음공해는 몇 가지 방식에 있어 다른 형태들의 공해와 다르다. 소음은 일시적이다 : 일단 공해가 멈추면, 환경은 그것으로부터 벗어난다. 예를 들어 공기오염의 경우는 이렇지 않다. 우리는 공기 안으로 유입된 화학물질의 양을 측정할 수 있다. 반면에 소음에 누적된 노출을 모니터 하는 일은 극도로 어려운 일이다.」

14 ②

② homework는 불가산명사이므로 'many homeworks'가 아닌 'much homework'로 써야 한다.

「① George는 아직 과제를 마치지 못했고, Mark 또한 그렇다.
② 우리 언니는 어젯밤에 너무 많은 과제를 해야 해서 속상해 했다.
③ 만약 그가 은행에서 돈을 좀 더 찾았었다면, 신발을 살 수 있었을 텐데.
④ 방이 너무 조용해서 나는 바깥에서 나뭇잎이 떨어지는 소리를 들을 수 있었다.」

15 ③

shift : 옮기다, 바꾸다 adaptively : 적응하여, 순
응적으로 strategy : 계획, 전략 cope : 대처하다
appraise : 살피다, 평가하다

ⓓ '-centered'는 분사 복합어로 '감정 중심'이라는
　의미로 쓸 때는 'emotion-centered' 형태로 써
　야 한다.
ⓔ that → which

「대부분의 아이들은 감정을 처리하는 데 있어 두 가지 일
반적인 전략을 어렵지 않게 바꾼다. 문제 중심 대처법에
서 그들은 그 상황을 가변적인 것으로 평가하고 문제를
확인한 후 그에 대해 무엇을 할지 결정한다. 이 방법이
효과가 없으면 그들은 감정 중심의 대처법으로 관심을
돌리는데, 이는 내면적이고 개인적이다.」

16 ④

shoplift : 가게 물건을 훔치다 anonymous : 익명
의 guilt-ridden : 죄책감에 시달리는 enclose :
동봉하다 money order : 우편환 pay back : 되갚
다 interest : 이자

④ 접속사 없이 문장 안에 동사 enclosed 다음에
다시 동사가 나올 수 없으므로 수동분사로 보아야
하는데, money order가 two dollars를 pay back
하는 능동관계이므로 paying back이 되어야 한다.

「1952년 샌턴에 있는 울워스의 가게에서 물건을 훔친 한
사람이 최근 그 가게로 익명의 사과 편지를 보냈다. 편
지에서 그는 "저는 내내 죄책감에 시달렸습니다."라고 말
했다. 그가 훔친 물건은 2달러짜리 장난감 하나였다. 그
는 이자와 같이 2달러를 되갚는 우편환을 동봉했다.」

17 ④

mental : 정신적인 imagination : 상상력 visualize :
상상하다 embellish : 꾸미다 exaggerate : 과장하다
imagery : 형상화 fatty acid : 지방산 cellular : 세포
의 powerhouse : 동력실 fiery : 불타는 furnace :
용광로 incinerate : 소각하다 shrink : 줄어들다

④ 전치사 to 다음에 접속사 and를 기준으로 see
와 visualize가 연결된다.

「당신의 가장 큰 정신적인 힘 중 하나는 상상력이다. 당신
은 자신이 원하는 것은 무엇이든지 상상할 수 있으며, 자
신이 원하는 만큼 자신의 상상을 꾸미거나 과장할 수 있
다. 예를 들어, 당신은 유리지방산이 "세포 동력실"인 –
미토콘드리아 – 에서 에너지를 내기 위해 연소되는 것을
상상할 수 있다. 그리고 미토콘드리아는 불타는 용광로로
지방을 "소각시키고 있는" 것이라고 상상할 수 있다. 나
는 지방조직이 줄어드는 것을 보고 신체를 "지방연소용광
로"로 상상하는 것은 꽤 흥미로운 아이디어라고 생각
이다.」

18 ③

detailed : 자세한 procedure : 절차 carry out :
이행하다 exactly : 정확하게 rapidly : 빠르게

③ 이 문장의 주어는 컴퓨터로 컴퓨터는 그것이 말
하는 내용을 이행하는 것이 아니라, 사용자가 컴퓨
터에 말하는 내용을 이행하는 것이기 때문에 능동
형인 tells 대신에 수동형인 is told를 써야 한다.

「우리는 매일 문제를 푼다. 컴퓨터가 문제를 풀기 위해서
는 해결법이 아주 자세해야 하며 컴퓨터가 이해할 수 있
는 형태로 작성되어야 한다. 알고리즘은 문제를 푸는 절
차이다. 그것은 단계별 지시사항으로 정확하게 이행되는
경우 문제를 해결한다. 컴퓨터가 지시사항을 매우 빠르게
따르지만 그것은 지시 받는 내용만을 정확하게 이행한다.
알고리즘은 이 같이 매우 자세한 지시사항을 고안하기
위해 이용된다.」

19 ④

① objects to be asked → objects to being
　asked(to는 전치사)
　: 그녀는 직장에서 만난 사람들과 데이트 하는
　것에 반대한다.
② where is → where(간접의문의 어순은 '의문
　사+평서문')
　: 나는 이 주변에서 가장 가까운 은행이 어디
　에 있는지 모르겠다.
③ were born → was born(주어가 Tom이므로
　단수동사를 쓴다.)
　: 나의 가장 친한 친구들 중 하나인 Tom은
　1985년 4월 4일에 태어났다.
④ 그들이 나의 명령을 따랐더라면, 그들은 처
　벌받지 않았을 것이다.

20 ②

be called : ~라고 불리다

② calling phenylethylamine → called
phenylethylamine

「아즈텍인들은 초콜릿이 사람을 똑똑하게 만든다고 믿었
다. 오늘날 우리는 이것을 믿지 않는다. 하지만 초콜릿은
페닐에틸아민이라 불리는 특별한 화학물질을 지닌다. 이
것은 사람이 사랑에 빠졌을 때 신체가 만들어내는 화학
물질과 같은 것이다. 초콜릿을 먹는 것과 사랑에 빠지는
것 중에 당신은 무엇을 더 선호하겠는가?」

21 ②

ladder : 사다리 embarrassed : 당황스러운

② like는 타동사 뒤에 온 형용사로, 타동사의 형
질을 가지기 때문에 목적어가 필요하다. 따라서 부
사인 how가 아닌 대명사인 what으로 고쳐 써야
한다.

「어제 수영장에서 모든 것이 잘못되어가는 것처럼 보였다. 내가 도착한 직후 나는 나의 선글라스 위에 앉아서 그것을 부수었다. 그러나 나의 가장 최악의 순간은 내가 전망은 어떤지 보기 위해 높은 다이빙대에 올라가기로 결심했을 때 왔다. 나는 거기에 올라가자마자 나의 친구들이 내가 다이빙을 할 것이라고 생각했기 때문에 나를 보고 있는 것을 깨달았다. 나는 너무 무서워서 그 높이에서 다이빙을 할 수 없다고 결정했다. 그래서 나는 사다리에서 내려왔고, 매우 창피했다.」

22 ①

relatively : 비교적 liberal : 민주적인 on the one hand ~ on the other : ~하는 반면, 다른 한편으로는 moderate : 보통의 importer : 수입업자

① 관계부사 다음에는 완전한 문장이 와야 하는데 부사구인 throughout most of the twentieth century를 빼면 where 뒤에 주어 없이 동사 was가 바로 나오므로 불완전한 문장이다. 따라서 관계부사 where가 아닌 관계대명사 which로 고쳐 써야 한다.

「칠레는 한편으로는 20세기 내내 비교적 진보된 자유민주주의에 의해 특징 지워진 반면 다른 한편으로 보통의 경제성장 밖에 이루지 못해 식량 수입업자가 될 수 없었던 라틴아메리카의 국가이다.」

23 ①

② 부정어가 문두에 나왔으므로 도치되어야 한다. No sooner he had gone → No sooner had he gone
③ dispense without → dispense with ~ 없이 지내다
④ ago 는 현재 완료와 함께 사용할 수 없다. 앞에 있는 have를 삭제해야 한다.

24 ②

① 성질, 성격, 속성 등을 나타낼 때는 전치사 of를 쓴다. for him → of him
③ have 동사 다음에 온 명사를 to 부정사가 수식할 때는 능동형으로 써야 한다. to be used → to use
④ 지각동사인 notice가 사용되었으므로 to come을 come으로 바꾸어야 한다.

25 ①

afterward : 후에, 나중에 assistant : 조수, 보조원, 보좌관 bookstore : 서점

① 문장에 동사가 두 개이기 때문에 문장을 이어주는 접속사가 필요하다. afterward는 부사이므로 접속사인 after가 들어가야 한다.

「① 우리가 집을 떠난 후에 모든 것이 변하였다.
② 그 당시, 그녀는 서점에서 보조원으로서 일하고 있었다.
③ 나는 마라톤 때까지 열심히 훈련할 것이고 그 뒤 휴식을 취할 것이다.
④ 이 아름다운 사진첩은 새로 결혼한 커플에게 완벽한 선물이다.」

26 ③

③ 비가 내리기 시작한 시간보다 1마일도 채 못 걸은 시간이 앞서므로 과거 완료 시제가 나와야 한다.

「① 그는 다음 주 금요일에 중국으로 떠날 것이다.
② 날씨가 한 달에 절반은 불쾌하다.
③ 나는 비가 내리기 전에 1마일도 채 못 걸었다.
④ 내가 만약 다시 그것을 읽는다면 4시간 정도면 읽을 수 있다.」

27 ④

estimate : 추정하다, 평가하다 Since then : 그때 이래, 그때부터

④ the number는 단수로 취급되므로 have가 아닌 has를 사용해야 한다.

「1990년대 중반, 9백만 명의 미국인 등이 홀로 여름휴가를 계획했던 것으로 추정되었다. 그때부터 점점 혼자 여행하는 사람들의 수가 증가하고 있다.」

28 ③

failure : 실수, 태만, 부족 provide : 제공하다, 공급하다 shake : 흔들리게 하다, 동요시키다 devastate : 황폐시키다, 철저하게 파괴하다 carnage : 대학살 stun : 기절시키다, 인사불성에 빠지게 하다 whole world : 모든 세상 high time : 마침 좋은 때, 벌써 ~할 때

「미국인들에게 충분한 안전을 제공하지 못한 우리의 실수로 인한 이 끔찍한 대학살로 인해 황폐화된 나라가 흔들렸으며 모든 세상을 인사불성에 빠지게 만들었다. 중동에서 우리의 외교정책을 재검토할 때가 된 것이다.」

29 ④

participate in : ~에 참여하다, 참가하다 survey : 조사 sponsor : ~을 후원하다 weekly magazine : 주간지 turn out : 결국은 ~이 되다, 결국은 ~임이 밝혀지다 concerned : 관심(흥미)이 있는, 염려하고 있는 serious : 심각한 homeless : 집 없는

① 선행사가 사람(Younger students)이고 주격으로 쓰였으므로 주격관계대명사 who가 쓰였다.
② the survey를 수식하는 과거분사이다.
③ 'turn out+to부정사'는 '~임이 밝혀지다'라는 의미이며 to부정사가 to be일 때에는 생략할 수 있다.
④ less와 호응할 수 있는 than이 알맞다.

「한 주간지의 후원을 받은 그 조사에 참여한 좀 더 어린 학생들은 더 나이가 든 학생들보다 집 없는 사람들(노숙자들)에 대한 심각한 문제에 대해 덜 염려하고 있는 것으로 드러났다.」

30 ②

decision-making : 의사 결정   political : 정치적인, 정치의   financial : 재정적인, 재정의
half (of) the harvests에서 half는 전체에 대한 부분을 나타내는 표현이므로 half의 수는 harvests의 수에 맞게 복수가 되므로 동사도 복수가 되어야 한다.
「의사결정이 보다 높은 수준에 도달함에 따라, 전 세계 수확량의 절반은 먹기 위해 재배되었다는 사실을 무시한 정치적이며 재정적인 거래로 매매되었다.」

31 ④

explanation : 설명   as to : ~에 관하여, ~에 대하여   cause : ~의 원인이 되다, 일으키다   hiccup : 딸꾹질   tell : 알려 주다, 가르쳐 주다   how to do : ~하는 방법   be rid of : ~을 면하다, 벗어나다
'There are many explanations as to what causes hiccups.'와 'There are many explanations as to which tell how to be rid of them.'라는 두 문장을 비교 관계로 놓으면서 두 문장의 공통부분인 many explanations as to를 뒤 문장에서 생략하고 as ~ as로 연결한 문장이다. 'There are as many explanations as to what causes hiccups as there are (many explanations as to) which tell how to be rid of them.'에서 볼 수 있듯이 먼저 생략된 부분에 대해 파악할 수 있어야 한다. as to(~에 관하여, ~에 대하여) 다음에 전치사의 목적어로 간접의문문이 온 경우로, 간접의문문의 어순은 의문사+주어+동사라는 것에 유의해야 한다. 주어진 문장은 what과 which가 모두 주어 역할을 하므로 뒤에 동사가 바로 위치하는 것이 맞으므로 which tell이 맞다. how to 다음에는 동사가 와야 하므로 be rid of가 와야 하며 be rid of(~을 면하다) 다음에는 전치사의 목적어가 와야 하므로 hiccups를 받는 대명사 them이 와야 한다.
「어떤 것이 딸꾹질을 면하는 방법인지를 알려 주는 것만큼이나 무엇이 딸꾹질을 일으키는지에 대해서도 많은 설명들이 있다.」

32 ③

on one's way home : 집으로 오는 도중에
forget+to부정사는 미래지향적인 의미로 '~하는 것을 잊어버리다'의 의미이며, forget+동명사는 과거 지향적인 의미로 '~한 것을 잊어버리다'의 의미이다. 주어진 문장의 내용상 '사는 것(to buy)'을 잊어버린 것이지, '(과거에) 산 것(buying)'을 잊어버린 것이 아니므로 빈칸에는 to buy가 알맞다.

「나는 냉장고 안에서 야채를 전혀 찾을 수 없었는데, 그것은 아내가 집으로 오는 도중에 사오는 것을 잊어버렸음에 틀림없다는 것을 의미한다.」

33 ④

third-person : 제3인칭   approach : (학문 등에의) 접근법, 학습[연구]법   academic : 학구적인, 대학의   by far : (최상급을 강조하여) 훨씬, 단연, 월등히   common : 공통의, 보통의   point of view : 견지, 관점, 견해
by far는 최상급을 강조하므로 최상급인 the most common 앞에 위치해야 하며, point of view는 '관점'이라는 의미의 명사이므로 common 뒤에 위치해야 한다.
「3인칭 접근법은 학구적인 글에서는 단연 가장 공통적인 관점이다.」

34 ①

take notes of : ~을 기록하다, 메모하다(= make notes of)
① 명사 notes를 수식하는 것은 형용사이어야 하므로 부사 carefully를 형용사 careful로 바꿔야 한다.
「John은 나중에 참조할 수 있도록 그 회의의 전반에 걸쳐 모든 발표 내용을 주의 깊게 기록했다.」

35 ④

all, no, the same, the only, the very, 형용사의 최상급, 서수 등이 올 경우에는 관계대명사 that을 쓴다.
「필요한 모든 것은 음식과 물의 계속적인 공급이다.」

36 ②

restrict : 제한하다, 한정하다
② (B)에서 avoid는 목적어로 동명사구를 취한다.
to present opinions → presenting opinions
「많은 학생들이 교과서의 저자들이 사실만으로 제한하고 자신의 의견을 피한다고 생각한다. 비록 어떤 과학교재들의 경우 사실일 수 있지만, 일반적으로, 특히 심리학, 역사, 정치 분야에서는 사실이 아니다.」

37 ④

obesity : 비만, 비대   galvanize : 직류 전기로 자극하다, 활기를 띠게 하다, 격려하여 (어떤 행동을) 하게 하다   improve : 개선하다, 증진하다, 이용하다

④ improve는 원형부정사로 조동사 뒤에 지각동
사, 사역동시가 있을 경우 목적보어 자리에 사용되
며 'to 부정사'가 되어야 한다.
ways improve → ways to improve

「어린이 비만율의 심각한 증가는 전국의 부모와 학교에서
어린이들의 식사와 건강을 개선시키기 위한 방법을 찾도
록 자극하였고, 우리는 우리의 보고가 그러한 노력에 도
움을 주기를 희망한다.」

38 ③

surgery : 외과, 외과수술 consent : 동의하다, 승
낙하다 anesthesiologist : 마취의사 threaten :
위협하다

③ (C) 문장 앞의 demand는 당위성, 필요성을 나
타내는 동사로 that절에서 'should+동사원형'을
사용하거나 should가 생략된 동사원형을 사용해야
한다.
she signed → she sign(or should sign)

「수술하는 날 나의 아내가 수술실에 들어가기 몇 분 전에
외과의사의 보조자가 그녀가 원하지 않던 수술 동의서에
서명해야 한다고 요구했다. 그녀가 거절하자 그 마취의
사는 그 수술을 취소하겠다고 위협했다.」

39 ①

inspection : 정밀검사, 시찰, 감찰 deteriorate : 나쁘
게 하다, 악화시키다, 나빠지다 entrepreneurship :
기업가정신

① deal → deal with

「게다가, 국회의원은 20일 동안의 감찰의 나머지 기간 중
에 다루어야 할 많은 다른 안건이 있다. 우선 그들 중에
는, 느린 성장과 악화된 취업시장에서부터 부동산의 거품
과 약해진 기업가 정신에 이르기까지 악화된 경제적 상
황이 있다. 국회의원들은 만약 그들이 문제점을 부각시키
고 정부의 정책의 실패에 대한 대안을 제시하여 대중의
주의를 끌 수 있다면 우리의 칭찬을 얻을 수 있다.」

40 ②

relate : 관계가 있다 injury : 상해, 손상 estimate :
평가하다, 추정하다 previous : 이전의, 앞의 serious :
진지한, 중대한

② 추정을 나타내는 것이므로 those를 that으로
써야 한다.

「지난 해 장난감과 관련된 상해는 약 200만건으로 추정된
다. 이것은 나쁜 소식이다. 그러나 좋은 소식도 있다. 좋
은 소식의 일부는 이러한 추정치가 그 전년도의 상해 건
수보다 약 10% 적다는 것이다. 또 다른 좋은 소식은 상
해사고 중 3% 이하가 응급실을 찾은 것이다. 그러나 이
것은 수 백만건이 심각한 상해임을 암시하는 것이다.」

41 ④

④ bringing on → brought on

「회사들은 매년 스트레스로 인해 일으킨 질병으로부터 고
통 받은 고용인들 때문에 수십억 달러를 잃는다.」

42 ①

주어진 문장에서 should는 놀라움, 뜻밖의 일, 유감
등을 나타내는 감정적 판단의 should로 쓰였다.

① 감정적 판단의 should이다.
② '~했어야 한다'는 의무를 나타낸다.
③ 공손함을 나타내는 표현이다.
④ 의문사와 함께 쓰여 강한 의문을 나타낸다.

「그가 어제 나에게 전화한 것은 이상한 일이다.」

43 ①

have 동사는 되풀이되는 경험에 사용하므로 여기
서는 do 동사를 사용하여 여행을 다녀온 행동에
대해 묻는 문장이 되어야 한다.

「① A : 당신은 언제 여행에서 돌아왔나요?
② B : 2일 전에요.
③ A : 여행은 어땠나요? 여행하는 동안 즐거웠나요?
④ B : 물론입니다.」

44 ④

consequence : 결과, 결말, 영향(력), 중대성, 중요함
enormous : 거대한, 막대한, 매우 큰, 극악한, 무도
한 astute : 기민한, 빈틈없는, 교활한 attune : (마
음·이야기 등을) 맞추다, 조화시키다, 조율하다

④ more는 competent를 수식하므로 어순이 'who
are emotionally more competent'로 되어야 한다.

「부모들이 어떻게 자녀들을 다루는가가 아이들의 정서생
활에 강하고 지속적인 결과를 가져온다는 것을 보여주는
수많은 연구들이 있다. 정서적으로 이해력이 뛰어난 부
모를 갖는 것 자체가 아이에게 엄청난 이득이 된다는 것
을 보여주는 믿을 수 있는 자료가 최근에 와서야 나왔다.
부부가 그들의 감정을 다루는 방식은 빈틈없이 모두 배
우는 아이들에게 많은 교훈을 주어 가족 간의 가장 미묘
한 감정의 교류에도 동조하게 된다. 결혼생활을 정서적
으로 보다 유능하게 하는 부부들은 또한 그들의 자녀들
이 감정적인 기복을 겪을 때 가장 효과적으로 도와준다.」

45 ④

④ that he met → that met

「① 그는 그녀가 생각하기에는 신사라고 칭할 수 있는 유
일한 사람이다.
② 비록 비싼 것이었지만, 그녀의 치마는 그녀에게 어울
리지 않았다.
③ 그녀는 부모님의 집에 간다고 해도 극히 드물게 갔다.
④ 어젯밤 식당에서 그녀를 만난 사람은 John이었다.」

46 ③

instead of : ∼대신에   in spite of : ∼임에도 불구하고(= despite)   exertion : 전력, 노력, 행사   in the case of : ∼에 관하여 말하면, ∼의 경우에는   advance : 가격인상, 등귀, 진보, 진전

③ In the case of rain → In case of, '∼의 경우에'를 의미하는 표현은 in the case of와 in case of 두 가지 모두 사용된다. In case of는 불확정적이며 실현가능성이 불명확한 상황에서 쓰이며, in the case of는 구체적이며 일반적인 경우를 표현할 때 쓰인다.

「① 그는 내게 현금 대신 수표를 주었다.
② 전력을 다했는데도 불구하고, 그는 그 시험에서 낙제했다.
③ 비가 올 경우에는 그 경기는 연기될 것이다.
④ 생활비의 등귀 때문에 임금인상이 요구된다.」

47 ②

never(cannot) ∼ without + -ing : ∼하면 반드시 ∼한다   on the verge of -ing : 막 ∼하기 직전이다   needless to say : 말할 나위가 없는

② to leave → of leaving, on the verge of + -ing : 막 ∼하기 직전이다(= on the brink of, be on the point of -ing).

「① 나는 그녀를 보면 그녀의 어머니가 떠오른다.
② 그들은 막 피서지로 떠나기 직전이었다.
③ 근면이 끝내 이긴다는 것은 말할 나위가 없다.
④ 나는 단지 그날 종일 한 가지 일만 할 생각을 하니 싫다.」

48 ④

lest ∼ should : ∼하지 않도록, ∼하지 않기 위해(= in case ∼ should, for fear ∼ should)   remark : 소견, 비평   encourage : 격려하다, 용기를 돋우다, 장려하다

「• 감기에 걸리지 않도록 조심해야 한다.
• 반대하지 않으면, 나는 내일 올 것이다.
• 나의 선생님의 말은 이상한 것 같았지만, 나에겐 격려가 되었다.」

49 ④

content : 만족하여(with)   jackal : 자칼   vulture : 독수리   scavenger : (독수리, 하이에나 등의) 청소동물   bush : 덤불, 관목   go out of the one's way : ∼일부러(고의로) 하다   unattractive : 아름답지 않은

ⓐ 'As Nature is not content with ∼'를 현재분사를 이용하여 분사구문으로 만든 것으로, 원래는 'Being not content with ∼'이나 being은 생략되었다.
ⓑ being은 동명사로 전치사 of의 목적어 역할을 하고 있다.

ⓒ 'seem + 부정사' 구문, 완료부정사를 쓰게 되면 주절의 시제보다 한 시제 앞서는 것을 나타낸다. 즉, 현재완료나 과거를 나타낸다.
ⓓ looked → look, make는 사역동사로서 목적보어로 동사원형을 취한다. 주어진 문장에서 them이 make의 목적어이다.

「자연은 자칼과 독수리에게 미국 덤불의 청소동물의 역할을 주는 것에 만족하지 않고, 또한 그것들을 가능한 아름답게 보이지 않도록 만든 듯하다.」

50 ④

fingerprint : 지문   scene : 현장, 장면, 광경, 무대장면   detected : 탐지하다, 발견하다, 검출하다   various : 다양한, 가지각색의   visible : (육안으로) 볼 수 있는   photograph : 사진을 찍다, 사진   sight : 찾아내다, 목격하다, 관측하다   barely : 거의 ∼하지 않다   surface : 표면   dusting : 체로 거름, 가루 살포   powder : 분말   textile : 직물, 피륙   chemical : 화학적   solution : 용액, 용해, 해법, 분해, 해체, 해결

ⓐ 주어가 Fingerprints로 복수이고, 사물주어이므로 '발견되어지다'라는 수동태가 된다.
ⓑ 지문이 '남겨지는' 것이므로 과거분사가 되어야 한다.

「범죄현장에 남겨진 지문들은 다양한 방법으로 탐지된다. 그것들 중 대부분은 육안으로 보이며, 발견되면 사진으로 남겨둔다. 그러나 어떤 지문들은 거의 육안으로 확인이 불가능하다. 어두운 표면에 남겨졌을 때는, 흰색의 분말이 밝게 하기 위해 사용된다. 종종 지문들은 침구나 셔츠 같은 직물 위에서 발견되어지기도 한다. 그러한 지문을 육안으로 확인하기 위해, 그런 옷감은 지문을 갈색으로 변하게 하는 화학적 용액에 넣어지기도 한다.」

51 ④

① 의문사 When은 완료시제와 함께 쓰지 못하고 단순시제와 함께 사용된다.
When have you read the news? → When did you read the news?
② 목적격 관계대명사는 생략할 수 있으나 주격 관계대명사는 생략할 수 없다.
He employed a man he thought was diligent. → He employed a man who he thought was diligent.
③ The garden is all wet ; it must rain last night. → The garden is all wet ; it must have rained last night(과거 사실에 대한 현재의 객관적 추측).

「① 너는 그 뉴스를 언제 읽었니?
② 그는 근면하다고 생각되는 그 남자를 고용하였다.
③ 그 정원은 젖어 있다. 지난 밤에 비가 온 것이 틀림없다.
④ 기다리는 동안 나는 이상하게 걱정되기 시작하였다.」

52 ④

board : 올라타다, 판자를 두드리다 immediately : 곧, 즉시, 바로 가까이에

① (   ) 안의 동사와 Flight 1029는 능동적 관계이므로 답이 될 수 없다.
② Flight 1029를 주어로 하는 준동사가 필요하다.
③ will begin boarding은 탑승을 시작할 것이라는 의미이므로 제외된다.

「서울로 떠날 1029 비행기는 개찰구에서 즉시 탑승을 시작하겠습니다.」

53 ①

estimate : 추정하다 population : 인구, (어떤 지역 내) 개체군(수) buffalo : 물소, 아메리카 들소

① 주절의 주어와의 관계가 능동의 관계(주어가 글을 쓴 것)이므로 Writting이 옳다.

「1910년대에 글을 썼던 자연주의 작가 Ernest N. Seton은 18세기 말 무렵의 북아메리카 들소의 개체수가 7천 5백만 마리였을 것이라고 추정했다.」

54 ④

persuade : 설득하다, ~을 납득시키다 ~을 믿게 하다 convince : ~에게 납득시키다

④ easy, difficult는 진주어에 that절을 사용하지 못한다.
It is easy that we convince him. → It is easy for us to convince him.

「① 그가 우리를 설득시키는 것은 불가능하다.
② 우리가 1~2년 안에 영어를 정복하는 것은 쉽지 않다.
③ Mary는 즉시 그 곳을 떠나는 것이 좋다.
④ 우리가 그를 납득시키는 것은 쉽다.」

55 ④

facility : 시설, 편의, 능숙

① many guests와 them all이 중복되므로 them all이 빠져야 한다.
② more는 수사의 뒤에 위치하므로 more ten minutes는 ten minutes more로 바꿔야 한다.
③ it take + (sb) + 시간 + to부정사 : ~하는 데 시간이 걸리다. 따라서 finishing을 to finish로 바꿔야 한다.

「① 내가 얘기를 해줄 손님들이 너무 많다.
② 십 분이 더 지나면 도서관 시설을 사용할 수 있을 것이다.
③ 그 일을 끝마치는 데 얼마나 오래 걸릴 것 같니?
④ 그것을 말하지 않은 채로 둔다면 더 현명할텐데.」

56 ②

significant : 의미심장한, 중요한, 상당한, 뚜렷한 combine : 결합하다, 연합하다

② more significant → more significantly, 이 문장에서 동사 has increased를 수식하고 있으므로 significant의 부사형인 significantly의 비교급이 와야 한다.

「전세계의 인구는 결합된 다른 모든 시대에서보다 현대에 더 뚜렷하게 증가했다.」

57 ③

do one's best : 최선을 다하다 chemical : 화학약품 attentive : 주의깊은 concern : ~에 관계하다, 이해관계가 있다 have nothing to do with : ~와 전혀 관계가 없다

③ every sixth days → every sixth day, '매(每) ~마다'의 의미는 'every + 기수 + 복수명사 = every + 서수 + 단수명사'의 형태로 나타낸다.

「① 당신은 단지 최선을 다하기만 하면 된다.
 = 당신이 해야 하는 모든 것은 최선을 다하는 것이다.
② 화학약품으로 실험하는 동안, 그는 매우 주의깊다.
③ 그녀는 6일에 한 번씩 나를 보기 위해서 온다.
④ 그 문제는 나와 관계가 없다.
 = 나는 그 문제와 전혀 관계가 없다.」

58 ①

attend : 출석하다, 참석하다 anniversary : 기념일, 기념제

② very → much, very는 형용사·부사의 원급을 수식하며, much가 형용사·부사의 비교급을 수식한다.
③ to attend → attend, let은 사역동사로 원형부정사(동사원형)를 목적보어로 취한다.
④ to read → reading, This book is worth reading carefully = This book is worthy of careful reading = This book is worthy to be read carefully = This book is worthwhile to read(reading) carefully.

「① 나무가 높으면 높을수록, 바람은 점점 더 강하다.
② 서울의 인구는 런던의 인구보다 훨씬 더 많다.
③ 그들은 그 기념제에 나를 참석하지 못하게 하였다.
④ 이 책은 주의깊게 읽을 가치가 있다.」

59 ③

advance : 전진하다, 향상하다, 진보하다 salary : 월급, 급료 sufficient : 충분한, 흡족한 in one's days : 한창 때에 a beauty : 미인

③ 형용사 sufficient와 enough가 모두 '충분한'이란 의미로 중복표현이 되며, salary는 '높다, 낮다'를 'high, low'로 나타내므로 부자연스러운 표현이 된다.

「① 그 군인은 천천히 전진했다.
② Mr. Kim은 Jane에게 반복하라고 부탁했다.
③ 그 봉급은 그의 수요를 충족하기에는 충분했다.
④ 그녀는 한창 때에 미인이었던 것 같아 보인다.」

60 ①

work : 작품, 저작, 업무, 노력 matchmaker : 결혼중매인, 경기의 대전계획을 짜는 사람 motion picture : 영화 adapt : 개작하다, 적응시키다

① 'Thornton Wilder의 작품들 중의 하나'라는 의미이므로 one of + 복수명사(works)가 쓰여야 한다.

「Thornton Wilder의 작품들 중 하나 '중매인(The matchmaker)'은 1958년에 영화로 만들어졌고, 1964년에 뮤지컬 'Hello Dolly'로 개작되었다.」

61 ③

listen to : ~을 듣다 saying : 말, 진술, 격언 still : 아직 exactly : 정확히

③ 대통령이 말한 시점은 과거이지만 현재 내가 그 의도를 이해하지 못하겠다는 의미이므로 조동사의 현재형 can't가 쓰여야 한다.

「나는 아주 주의깊게 대통령의 연설을 들었으나, 여전히 그가 의도한 것을 정확하게 이해할 수 없다.」

62 ②

organization : 단체, 조직화, 구성, 기구, 체제 endangered : (동식물이) 절멸위기에 처한

② which는 organizations를 선행사로 하여 purpose를 소유하고 있으므로 which가 아니라 소유격 관계대명사 whose 또는 of which the가 와야 한다. whose는 관사 없는 명사 앞에 와서 접속사와 소유격의 역할을 한다.

「위기에 처한 동물들을 도와주는 것을 목적으로 하는 많은 조직체들이 있다.」

63 ②

ⓑ I wish 가정법으로 종속절에는 가정법 과거 또는 가정법 과거완료형의 동사가 온다. 그리고 과거 시점을 나타내는 부사절(while I was young)이 있으므로, I have studied를 가정법 과거완료형 동사인 I had studied로 고쳐야 한다.

「나는 내가 젊었을 적에 더 열심히 공부하였으면 한다. 즉, 나는 젊었을 적에 더 열심히 공부하지 않은 것을 후회하고 있다.」

64 ④

refugee : 피난민, 망명자, 도망자 shelter : 피난처, 은신처, 대피호 brave : 용감한, 훌륭한, 멋진 hesitate : 주저하다, 망설이다 punish : 벌하다, 응징하다 be good at : ~에 능숙하다

④ either A or B는 '양자택일'에 관한 개념이며 neither A nor B는 '양자부정'에 대한 개념이다. 문맥상 '영국이나 미국' 둘 중 한 곳이 아니라 두 곳 모두를 간 적이 없다고 해야 의미가 자연스러우므로 'Though she has been neither to England nor America, she is good at English.'로 고쳐야 한다.

「① 피난민들은 식량도 피난처도 없었다.
② 비록 그가 용감한 사람일지라도, 그것을 하기를 망설였다.
③ 들은 대로 해라, 그렇지 않으면 벌을 받을거야.
④ 비록 그녀는 영국이나 미국에 간 적은 없지만, 영어에 능숙하다.」

65 ②

preschool : 미취학의, 학령미달의 look after : 돌보다, 보살펴주다

② is looking after by → are looked after by, 주어가 The other half of about 10,000,000 children under five years old(= about 5,000,000 children under the five years old)로 복수이며, 보살핌을 받으므로 수동형태가 되어야 한다.

「어머니들이 일하는 동안에 보살핌을 필요로 하는 5살 미만의 약 1천만명의 어린이들이 있다. 친척들이 이런 미취학 어린이들의 절반을 돌본다. 나머지 절반은 가족 외의 사람들에 의해 보살핌을 받는다. 어떤 일하는 어머니들은 그들의 집으로 오는 보모를 고용한다. 하지만 이 선택은 많은 사람들에게 너무 비싸다.」

66 ②

ⓑ which → where : 관계대명사는 뒤에 오는 절의 형태가 불완전하지만, ⓑ의 경우는 civilization can be destroyed의 문장이 1형식의 문장을 갖추어 완전한 구조를 가지고 있다. 따라서 관계부사로 바꾸어야 한다.

「확실히, 인간들은 거의 모든 기술적인 진보를 파괴적인 본능을 위해 바꾸어 놓았다. 그러나 인류는 이미 전쟁을 ─ 언젠가는 문명이 파괴되어질 지점까지 힘을 만드는 전쟁을 이미 가져왔던 적이 있다. 우리가 로봇을 금지한다고 해서 이런 면에서의 우리를 구할 수는 없다. 온 세상에서, 인간들이 전쟁을 두려워하고, 그리고 이러한 일반적인, 해마다 증가하고 있는 공포가 전쟁을 끝내게 할 수 있을지도 모른다. ─ 그렇게 된다면 전사로봇은 전혀 필요가 없게 될 것이다.」

67 ①

consider, discuss, mention은 타동사로 쓰이며 뒤에 about이 붙지 않는다. have been considering은 현재완료진행형으로, 과거에서 현재까지 일정한 기간 동안 계속되는 동작을 나타낸다.

「그들은 몇 달 동안 그 문제를 검토해 오고 있다.」

68 ①

if절의 if가 생략되면 주어와 동사가 도치된다. 또 주절이 가정법 과거완료이므로, if절도 가정법 과거완료로 표현된 것을 찾는다.

Had it not been for the money = If it had not been for the money

「그 돈이 없었다면, 그 책을 살 수 없었을 것이다.」

69 ①

수사와 명사가 결합하여 형용사적으로 쓰일 때는 단수형태를 취한다.

「그는 10마일을 달리는 경주에서 우승했다.」

70 ①

운동 앞에는 관사가 붙지 않는다.

「그는 비록 대부분의 스포츠를 싫어하지만 수영과 골프는 즐긴다.」

71 ③

③ 바로 앞의 선행사 those ladies의 주어가 되는 who가 와야 한다.

「Bill은 푸른색의 옷을 입은 그 숙녀들에게 매우 많은 관심이 있었다.」

72 ④

murder : 살해하다, 학살하다, 못쓰게 하다 attempt : 시도, 기도, 습격, 공격, 시도하다, 꾀하다, 노리다, 습격하다, 도전하다

④ his wife가 clerk의 아내인지 boss의 아내인지 불분명하다. his wife를 the boss' wife로 고쳐야 의미가 분명해진다.

「그 점원은 그의 상관을 살해했고, 그 후 그 상관의 부인을 살해하려고 시도하였다.」

73 ①

① entering의 의미상 주어가 주절의 주어 my attention과 일치하지 않으므로 생략하면 안된다. Entering을 When I entered로 고친다.

「미술관에 들어갔을 때 모퉁이의 큰 그림이 나의 주의를 끌었다.」

74 ①

occur : (사건 따위가) 일어나다, 생기다, 나타나다, 존재하다, 떠오르다, 생각이 나다 match : 조화시키다, 맞추다, ~에 필적하다, ~에 어울리다, 걸맞다, 대등하다, 어울리다

① 조동사 do 다음에는 동사의 원형이 와야 하고 의미상 과거이므로 does를 did로 고쳐야 한다. 즉, If it did occur to the Greeks가 되어야 한다.

「만약 사람의 내면과 외면 사이의 구별이 그리스인에게서 생겨났다면, 그들은 내면의 아름다움은 다른 종류의 아름다움과 조화를 이룰 것이라고 여전히 기대했다.」

75 ④

④ 주어가 one일 경우 그 소유격은 one's나 his를 써야 한다. 따라서 your를 one's나 his로 고쳐야 한다.

「이 주(州)에서 결혼하기 위해서는 건강진단서를 신분증과 함께 제출해야 한다.」

76 ④

④ help는 타동사로서 목적어가 필요하므로 I를 목적격 me로 고쳐야 한다.

「이 책은 너무 기본적이어서 당신과 나 모두에게 도움이 되지 않는다.」

77 ①

④ 둘을 비교할 때는 최상급을 쓰지 않고 the + 비교급을 쓴다. best를 the better로 바꾼다.

「나는 이 두 소설을 읽었다. 그것들은 모두 훌륭하지만 그 중 하나는 최고이다.」

78 ④

④ 곧, 즉시 연결될 것이라는 의미가 되어야 하므로 short는 shortly가 되어야 한다.

「Mrs. Lee는 잠시 통화중이지만 곧 당신과 연결될 것이다.」

2. 영작

1 ④

④ '~도, ~도 아니고, ~이다'로 열거를 이어주고 있는 문장이므로 not A but B or C보다 not A nor B but C로 표현하는 것이 적합하다.

2 ①

① rather ~ than은 평행구조를 이뤄야 하므로 going을 go로 고친다.

3 ②

② '너만큼 아는 것'이므로 than 이하에는 you don't이 아닌 you do를 쓴다.
※ no more ~ than 구문에서 than 이하에 부정문을 쓰지 않는다.

4 ①

asleep 잠이 든, 자고 있는 immediately 즉시, 즉각
no sooner ~ than은 '~하자마자 ~했다'라는 뜻으로 no sooner이 있는 주절은 had pp(과거완료)를 사용해야 하며 than 종속절은 과거 형태로 사용해야 한다. 따라서 잘 옮긴 문장은 ①이다.
② 그의 아버지가 집에 들어오자마자 소년은 잠이 들었다.
③ 그의 아버지가 집에 들어왔을 때, 소년은 잠이 들지 않았다.
④ 소년이 잠이 들기 전에 그의 아버지가 집에 들어왔다.

5 ④

④ Under no circumstances you should not leave here→Under no circumstances should you not leave here, 부정부사가 문두에 나왔으므로, 주어와 동사가 도치되어야 한다.

6 ②

goods : 제품, 상품 marginal : 미미한, 중요하지 않은 inherently : 선천적으로, 기본적으로 publicly : 공공연하게 incur : 초래하다, 발생시키다 initial : 처음의, 초기의 investment : 투자 restrict : 제한하다 facility : 시설 accession : 취임, 즉위, 가입
① 목적어(such facilities)와 동사(must be able to use)의 위치가 잘못되었다.

③ '할 수 있어야 한다'와 must의 의미가 서로 맞지 않고, '무료'의 의미가 되려면 without charge가 되어야 한다.
④ 문장에 '무료'를 의미하는 단어가 없다. freedom은 '자유'라는 의미로 쓰인다.
「한계비용이 0원에 가까운 재화는 기본적으로 공공재이며 대중적으로 이용될 수 있도록 만들어져야 한다. 다리와 도로가 좋은 예이다. 일단 사회에서 다리나 도로를 건설하는 데 드는 기본적 비용이 발생되면, 초기 투자에서의 최대 이익은 재화의 사용이 요금에 의해 제한되지 않는 경우에만 얻어지게 된다.」

7 ④

④ 주어진 문장에서 '많은 의사들이'라고 했으므로 The number of를 A number of로 고쳐야 한다.

8 ②

full fledged : 자격을 제대로 갖춘 home ownership : 자태소유 clarify : 규명하다 be underestimated : 과소평가 되다 in short supply : 공급이 딸리는
② 동사 must clarify의 목적어로 'who owns what'이 간접목적절의 형태로 쓰였다. who가 주어, what이 목적어가 된다. 또한 병렬구조로 연결되는 'what a property is worth' 역시 간접의문문으로 what이 worth의 목적어로 쓰였다.

9 ④

alternative : 대안 invade : 침략하다
① had been offered→(having been) offered
② take→have taken
③ waited→waited for

10 ②

consist는 자동사이므로 수동태의 형태 'be consisted of'로 쓸 수 없다. 또한 consist of 그 자체로 '~으로 구성되다'라는 뜻이 있다. 따라서 잘못 옮긴 것은 ②이다.
「그 그룹은 10명으로 구성되었다. → The group consisted of ten people.」

11 ③

not A until B : B하고 나서야 비로소 A하다

「① 나는 그녀가 나에게 전화할 때조차 그녀가 사무실 안에 있다는 것을 알지 못했다.
② 그녀는 전화로 그녀가 사무실에 있지 않다고 말했다.
③ 나는 그녀가 전화할 때까지는 그녀가 사무실에 없다는 것을 알지 못했다.
④ 그녀는 그녀가 사무실에 없다는 것을 내가 알도록 하려고 나에게 전화했다.」

12 ②

② "도착하다, 끝내다, 완료하다" 등은 '완료'의 의미로 'by'가 호응되며, "기다리다, 공부하다, 일하다" 등은 '지속'의 의미이므로 'until'과 호응한다.

13 ③

purchase : 구입, 구입하다

③ 가정법문제로 '구입했었더라면'은 과거의 다른 상황을 상상하는 것이고, '얼마나 좋을까'는 현재의 상황을 상상하는 것이므로 wish는 현재 시제로, purchase는 과거 완료 시제인 'had purchase'로 쓰는 것이 옳다.

14 ③

by no means : 전혀 아닌   diligent : 부지런한
credit : 신용   failure : 실패

③ '신용만큼 중요한 것은 없다.'라는 최상급 표현을 만들기 위해서는 'everything'을 'nothing'으로 고쳐야 한다.

15 ②

fake : 가짜의, 모조품   can't be : ~일 리가 없다
hold : 열다, 개최하다   surface : 표면   impossible : 불가능한

② 문맥상 수동형이 와야 하므로 'be + p.p'형태가 되어야 하고, 주기적인 일을 나타내고 있으므로 현재시제를 사용해야 한다. 따라서 'is held'가 되어야 한다.

16 ③

① should have p.p. : ~했어야 했다
② must have p.p. : ~했음에 틀림없다
③ could have p.p.는 '~ 할 수 있었을 것이다.'
   '~ 했을 리가 없다'라는 의미를 가진 cannot have p.p.로 고쳐야 한다.
④ ought to do : ~해야 한다.

17 ④

'cannot ~ without' 구문을 물어보는 것으로 ④에서는 cannot을 no ~ can의 형식으로 쓴 표현이 되어 알맞다.

① 모든 사람들은 무언가를 배우지 않고서 이삼십 년 동안 매일 아침 면도를 할 수 있다.
② 모든 사람들은 무언가를 배우기 위해서 이삼십 년 동안 매일 아침 면도를 할 수 있다.
③ 어느 누구도 무언가를 배우기 위해서 이삼십 년 동안 매일 아침 면도를 할 수 없다.
④ 어느 누구도 무언가를 배우지 않고서는 이삼십 년 동안 매일 아침 면도를 할 수 없다. (= 이삼십 년 동안 매일 아침 면도를 하다 보면, 누구나 무언가를 배우기 마련이다.)

18 ④

① on no account가 있어서 부정어의 문두 사용으로 인한 도치 구조로 알맞은 표현이며, let in은 구동사로서 수동태 표현이 가능하다. 사역동사 let의 수동태 불가와 혼동해서는 안 된다.
② If the wound should be inflamed에서 If를 생략하고 Should가 문두에 나온 것이므로 알맞은 표현이다. 부사구를 문두에 두어 도치된 구조가 알맞으며 '낯선 사람들을 안으로 들여보내다 (let strangers in)'의 표현이 수동태로 적절히 나타나 있다.
③ 사역동사 have 다음에 목적보어자리에는 원형부정사를 쓰는 경우가 많긴 하지만 경우에 따라서 현재분사형도 쓴다.
④ Either of the singers has → Both of the singers have
   Either의 경우 둘 중 한 명의 가수를 말하므로 알맞지 않다. '두 명의 가수 모두를 나타내려면 Both로 나타내야 하며 복수동사가 나와야 한다.

19 ②

arrived ten minutes behind schedule : 예정보다 10분 늦게 도착했다   be scheduled to : ~하게 예정되다   delay : 지연하다, 연기하다

20 ③

An experiment done with American astronauts : 미국 우주비행사들을 대상으로 한 실험

② An experiment done on에서 on이 아닌 with가 와야 한다.
③ make 뒤에 가목적어 it이 와야 한다.

21 ④

'이 책은 필수불가결한 안내서이다'에서 guide 앞에 관사가 필요하므로 'This book is an essential guide'가 되고, '우리 시대의 한 선도적 지식인에 대한'에서 지식인들 중에 한 명을 의미하기 위해 'one of the leading intellectual figures of our time'이 되어야 한다.

① This book을 This book is로 수정해야 한다.
② intellectuals를 intellectual로 수정해야 한다.
③ essential guide를 an essential guide로 수정해야 한다.

22 ①

'~하자마자'의 표현
㉠ the moment(the instant, the minute) + 주어 + 동사
㉡ as soon as + 주어 + 동사
㉢ no sooner had + 주어 + p.p. + than + 주어 + 동사의 과거형
① never A without B의 표현은 '~하면 반드시 ~하다'의 뜻으로 사용된다.

23 ①

② above는 ~위에, ~위쪽에 등을 나타내는 전치사이므로 옳은 표현이 아니다.
③ 전치사 with 다음에는 주어 + 동사가 올 수 없다.
④ of the age of 5는 올바른 표현이 아니며, under the age of 5로 나타내야 한다.
※ 나이에 '미만'이라는 표현을 쓸 경우 전치사 under를 사용해야 한다.

24 ①

② to watch it → to watch
③ went to prison → went to the prison
④ damaging → damaged

25 ①

conflict : 충돌, 대립, 다툼, 전쟁, 갈등 focus : 집중하다, 초점이 맞다 shape : 모양짓다, 형체를 이루다, 실현하다, 구상하다, 고안하다 commitment : 약속, 공약, 범행, 위임, 책임

① In resolving conflict, what you say it is as important as how you say. → In resolving conflict, what you say is as important as how you say it. what과 how는 각각 관계대명사와 관계부사이다. what은 선행사를 포함하는 관계대명사로서 명사적 용법으로 쓰인다. 여기서는 주어절을 이끌고 있으므로 what절 뒤의 it은 중복으로 삭제해야 한다. 또한, how가 이끄는 절에는 say의 목적어, it이 빠져 있다.

26 ④

break : 잠깐의 휴식 · 여유
④ Give me a break. : 좀 봐 주세요.

27 ①

① 자동사는 전치사와 함께 쓰여 타동사 역할을 하며, 수동태가 가능하다. 따라서 laughed는 laughed at으로 바꾸어야 한다.

28 ①

① would do well → would rather do, '~하는 것이 좋다'의 의미를 나타낼 때에는 'would rather + 동사원형'의 형태로 나타낸다.

29 ④

① owe A to B : A는 B 덕택이다.
② be responsible for : ~에 책임이 있다.
③ despite : ~에도 불구하고
④ How를 What으로 고쳐야 한다.

30 ①

burst into tears : 울음을 터뜨리다 sob : 흐느껴 울다

31 ①

have been to + 장소 : ~에 갔다 왔다(경험) see off : 전송하다, 배웅하다

32 ④

to부정사 (and to부정사) : 단수취급, 동명사 and 동명사 : 복수취급
to keep good(early) hours(= early to bed and early to rise) : 일찍 자고 일찍 일어나기

33 ①

가정법 미래의 문형이다.

34 ①

overtake : 추월하다

35 ④

the + 비교급 + of the(these / 소유격) two (of A and B), 최상급은 셋 이상에서의 비교를 말한다.
① one은 그 대상이 부정확하다.

1 ①

tablecloth 테이블보

① 저에게 아무도 그런 얘기를 해 주지 않았습니다.
② 가격표는 어디 있습니까?
③ 그것에 무엇이 문제입니까?
④ 저는 그것을 저렴하게 구입했습니다.

「A : 제가 어제 여기에서 구매한 테이블보를 환불하고 싶습니다.
B : 그 테이블보에 무슨 문제가 있습니까?
A : 저희 집 테이블에 맞지 않아서 환불하려고요. 여기 영수증 있습니다.
B : 죄송하지만, 이 테이블보는 최종 세일 품목으로 환불이 어렵습니다.
A : 저에게 아무도 그런 얘기를 해 주지 않았습니다.
B : 영수증 하단에 적혀 있습니다.」

2 ④

「John : 실례합니다. 남대문 시장이 어디에 있는지 알려줄 수 있나요?
Mira : 네. 앞쪽으로 쭉 가다 저기에 있는 택시 정류소에서 오른쪽으로 도세요.
John : 아, 알겠습니다. 저기가 시장이 있는 곳인가요?
Mira : 정확하진 않아요. 당신은 2블록 더 내려가야 돼요.」

3 ④

plow into ~을 세게 때리다, ~와 부딪치다
traumatic 정신적 외상을 초래할 정도의, 대단히 충격적인, 정신적 외상의 experience (지식과 기능을 쌓게 되는) 경험, (어떤 일을 실제로 겪거나 당한) 경험 repair 수리하다, 수리, 보수, 수선 unfortunate 운이 없는, 불운한, 불행한 incident (범죄·사고 등의) 사건 squeaky 삐걱거리는

① 삐걱거리는 바퀴에 기름칠한다.
② 유감스러운 것보다 안전한 것이 더 낫다.
③ 다른 쪽 잔디가 항상 푸르다.
④ 번개는 결코 같은 곳을 두 번 치지 않는다.

「A : 안녕, 거스. 몸이 건강해진 걸 보니 반가워.
B : 고마워. 지난달에 트럭이 내 차와 부딪친 후 난 죽었다고 생각했는데 정말 운이 좋아서 살았어.
A : 그렇구나, 그 경험으로 심한 정신적인 충격을 받았겠다. 네 차는 수리했어?

B : 응, 하지만 더 이상 운전은 안 할 거야. 다시 차에 부딪히는 경험은 안 할 거야.
A : 그러지 마. 한 번 불행한 사고가 났다고 다시 운전을 안 할 수는 없어. 번개는 결코 같은 곳을 두 번 치지 않아.
B : 사람들은 그렇게 말하지만 난 당분간 대중교통을 이용할 거야.」

4 ②

① 좋아, 계속 일하자.
② 좋아.
③ 나는 이미 빈털터리야.
④ 한 시간 걸릴 거야.

「A : 우리 지금 쉬는 게 어때?
B : 좋아.
A : 좋아! 5분 후에 로비에서 만나자.」

5 ②

① 당신의 회사에는 얼마나 많은 사람들이 있나요?
② 이미 예약이 다 찼습니다.
③ 방이 많이 있습니다.
④ 어떤 방을 원하시나요?

「A : 빈 방이 있나요?
B : 죄송합니다. 이미 예약이 다 찼습니다.
A : 예약을 했어야 했는데.
B : 그랬으면 도움이 됐을 텐데요.」

6 ②

approximately 거의

① 걷기에는 너무 멀어요
② 5분마다 있어요
③ 당신은 줄을 서서 기다려야 해요
④ 약 30분 정도 걸려요

「M : 실례합니다. 서울역에 어떻게 가야합니까?
W : 지하철을 타세요.
M : 얼마나 걸립니까?
W : 약 1시간 정도 걸려요.
M : 지하철이 얼마나 자주 다닙니까?
W : 5분마다 있어요.」

7 ①

compatible : 호환이 되는, 화합할 수 있는

① 나도 그래.
② 너는 나를 비난해서는 안 돼.
③ 그것은 너의 부모님께 달려 있어.
④ 너는 그녀와 함께 시간을 보내는 것이 좋겠어.

「A : 어제 신문에서 너의 부모님 결혼 25주년 기념일 발표를 보았어. 정말 근사해. 너는 부모님께서 어떻게 만나셨는지 알고 있어?
B : 응. 정말 믿을 수 없지만, 사실 아주 낭만적이야. 그들은 대학에서 만났는데 서로 잘 맞는다는 것을 알게 되자 데이트를 하기 시작했어. 그들의 연애는 학창시절 내내 계속되었지.
A : 정말이야? 그거 정말 아름다워. 나는 사랑에 빠질 것 같은 사람을 반에서 누구도 찾지 못했는데.
B : 나도 그래. 아마 다음 학기에는 가능하겠지.」

8 ①

intersection : 교차로 specific : 구체적인, 명확한
punctual : 시간을 지키는(엄수하는)

① 좀 더 구체적으로 말씀해주실 수 있나요?
② 제가 시간을 엄수했나요?
③ 바로 그곳으로 갈 건가요?
④ 차로 여기서 얼마나 걸릴까요?

「A : 실례합니다. 제가 남부터미널을 찾고 있는데요.
B : 아, 바로 저기예요.
A : 어디라고요? 좀 더 구체적으로 말씀해주실 수 있나요?
B : 네. 그냥 길 아래로 걸어가다가, 첫 번째 교차로에서 오른쪽으로 꺾으세요. 터미널은 왼쪽에 있어요. 분명히 찾을 수 있을 거예요.」

9 ④

exceed : 넘다, (허용한도를) 넘어서다 fine : 벌금
on the spot : 즉석에서(현장에서)

① 왜냐하면 그 장소는 벌금을 부과하기엔 너무 바빴거든.
② 왜냐하면 나는 날 찍을 아무런 카메라도 찾지 못했거든.
③ 왜냐하면 나는 벌금이 부과되었을 때, 이미 지불하였거든.

「A : 이 편지 좀 봐.
B : 아 그래, 공적인 것으로 보였어. 속도제한을 초과한 것에 대해 벌금이 부과되었다고 쓰여 있네. 왜 그 장소에서 벌금을 물지 않았니?
A : 왜냐하면 나는 하나의 속도카메라에 사진을 찍혔거든.
B : 그들은 점점 더 많은 카메라를 이 근처에 설치하고 있어. 너는 앞으로 더 조심해야 할 거야.
A : 농담이 아니야, 벌금이 60달러야.」

10 ①

frankly : 솔직히 mare : 암말, 암당나귀

② 행운을 빌어
③ 앞으로도 열심히 해.
④ 돈이 있으면 다 된다.

「Tom : 솔직히, 나는 내 새로운 보스가 자신이 뭐하는지 알고 있는 것 같지 않아.
Jack : 톰, 그는 젊어. 너는 그에게 기회를 주어야만 해.
Tom : 몇 번이나 내가 그에게 기회를 줘야 하지? 그는 실제로 끔직하게 일해.
Jack : 호랑이도 제 말하면 온다더니.
Tom : 뭐? 어디?
Jack : 저기. 너의 새로운 보스가 막 코너를 돌았어.」

11 ④

consider : 고려하다, 생각하다 mileage : 주행거리 rust : 녹, 부식

① 그것이 중고인지 어떻게 알 수 있나요?
② 당신은 엔진이 얼마나 지속될 것인지 알고 있나요?
③ 제게 마일리지가 얼마나 필요하죠?
④ 그밖에 주의해야 할 것이 있나요?

「A : 당신이 중고차를 살 때 첫 번째로 고려해야 하는 것은 주행거리예요.
B : 저도 그렇게 들었어요. 그밖에 주의해야 할 것이 있나요?
A : 네, 얼마나 부식되었는지도 확인해야 돼요.
B : 좋은 정보로군요.」

12 ①

make a point of : 꼭 ~하기로 되어 있다. idiot : 멍청이, 바보 going on : (일이)일어나고 있는, ~에 가깝게 last : 계속하다 the rest of the day : 하루의 나머지 시간 as for me : 나로서는

① keep up with (상황의 빠른 속도를 맞춰가며) 유지하다―put up with 참다, 참고 견디다
② catch up with ~을 따라잡다
③ get along with ~와 잘 지내다
④ come down with (병이)들다, 걸리다

「A : 나는 TV 시청하는 것을 피하기로 했어. 그건 아이들과 멍청이들을 위한거야.
B : 나는 동의하지 않아. TV 뉴스는 매우 어른스러워. 그것은 내게 사실들을 제공해. 그것은 내게 무슨 일이 일어나고 있는지를 말해줘. 그것은 내가 세상을 따라잡도록 도와줘.
A : 뉴스는 30분간 진행돼. 네가 하루의 나머지 시간 동안 보고 있는 것을 뭐라고 생각하니?
B : 글쎄, 거기엔 또한 교육적인 프로그램도 있어. 너도 알다시피 예술과 과학에 대한 프로그램말이야.
A : 만약 네가 10분짜리의 프로그램을 위해서 5분의 광고를 참을 수 있다면, 그것들은 괜찮지. 나로서는, 나는 광고가 나올 때마다 소리를 꺼버려.」

13 ④

take it on the chin : 묵묵히 참고 견디다 move on : 앞으로 나아가다 talk around : 빙빙 돌려서 말하다 make sense : 이치에 맞다 on the tip of one's tongue : 입가에서 맴돌다(생각이 나지 않다)

① 말을 빙빙 돌리지마.
② 말도 안돼.
③ 오, 생각이 나질 않아.
④ 네 말이 맞아.

「A : 초보자로서, 우리는 묵묵히 참고 견뎌야만 해.
 B : 네 말이 맞아.」

14 ②

afraid : 두려워하는 fail : 실패하다 work out : 풀다, 해결하다 in a flap : 안절부절 못하다

① 나도 그렇길 바래.
② 좋게 해결될 거야.
③ 넌 결과에 대해 후회하게 될 거야.
④ 넌 결과에 대해 안절부절 못하게 될 거야.

「A : 난 내일 시험에 떨어질까봐 두려워.
 B : 힘내. 좋게 해결될 거야.」

15 ②

① 그렇지도 않아.
② 네 맘대로 해.
③ 네가 스스로 보러 와라.
④ 아마 한 스푼 또는 그 정도

「A : 커피 마시는 것 어때요?
 B : 그거 괜찮은 데요.
 A : 아메리카노하고 카페라떼 중 어떤 거 드실래요?
 B : 나는 상관없어요. 당신 맘대로 하세요.
 A : 아메리카노를 가져올 생각이에요.
 B : 좋습니다.」

16 ②

① 무슨 요일이죠?
② 이 책은 언제 반납해야 하나요?
③ 저는 이 책을 돌려 드릴 것입니다.
④ 이 책은 정식으로 대출할 수 있는 것이 맞죠?

「A : 이 책은 언제 반납해야 하나요?
 B : 오늘은 월요일이므로, 다음 주 월요일까지 대 여가 됩니다.
 A : 날짜를 조금 더 연장할 수 있을까요?
 B : 아니요. 대여한 책은 일주일 이내에 다시 가져오셔야 되요.
 A : 10일 가량 이 책을 빌릴 다른 방법은 없나요?
 B : 음, 그럴 수는 없을 것 같네요. 또 다른 주에 그 책을 다시 빌리는 것이 나을 것 같아요.」

17 ④

① 다리 흔들기
② 봉창 두드리기
③ 말꼬리 잡기
④ 둘러서 말하기

「A : 에이미, 파티에 갈 준비 다 되었니?
 B : 갈 수 있을지 잘 모르겠어, 약간 아픈거 같기도 하고, 드레스도 맘에 들지 않고 그냥 난 빼놓고 가야할거 같아.
 A : 제발 에이미, 돌려서 말하는 건 그만해. 난 너를 너무 잘 알아. 아픈게 아니잖아. 가기 싫은 진짜 이유가 뭐니?」

18 ①

paycheck : 급여

① 용감히 난국에 맞서다, 정면대응하다.
② 긁어 부스럼 만들지 마라.
③ 쌀쌀맞게 대하다.
④ 항복하다, 포기하다.

「A : 오늘 월급받았는데, 내가 기대했던 것만큼 인상되지 않았어.
 B : 아마도 이유가 있겠지.
 C : 정면대응을 하러 당장 사장님에게 가서 그것에 대하여 말을 하렴.
 A : 몰라. 사장님이 지난주 회계보고서에 대하여 아직까지 화가 나 있는 것인 지도 몰라.」

19 ③

serve : (손님)을 응대하다, (손님)의 주문을 받다 close call : 위기일발, 구사일생 let go of : ~을 놓아 주다, 해방하다(= release)
'Have you been served?'는 '주문하셨습니까?'라는 의미로 'Are you being waited on?'으로 바꿔 쓸 수 있다. '주문하셨습니까?'라는 질문에 대한 대답으로 '이미 주문했습니다.'라는 의미의 'I'm being waited on.'이 알맞으며, 'I'm being served.', 'I'm being helped.' 등도 같은 의미이다.

「① 네, 가는 중입니다.
 ② 그것은 위기일발이었어요.
 ③ 네, 이미 주문했습니다(이미 안내를 받고 있어요).
 ④ 제 손 좀 놓아 주세요.」

20 ④

living : 생계, 생활 방편 fly : (항공기 따위)를 조종하다 commercial : (항공편 따위가) 영업용인, 군용이 아닌 strong : (차·술·약 따위가) 진한 I'm afraid (that) ~ : ~인 것 같다, (유감이지만) ~라 생각하다 busy : (전화가) 통화 중인 prefer : ~을 좋아하다, 오히려 ~을 택하다 give ~ a hand : ~를 도와주다, 거들다 keep one's hands off : ~을 손대지 않다, ~에 간섭하지 않다

④ '저 좀 도와주시겠어요?'라는 말에 대해 '제가 손대지(간섭하지) 않아서 기쁩니다.'라고 대답하는 것은 알맞지 않다.

「① A : 당신의 직업은 무엇입니까?
　　B : 저는 대형 항공사의 민간 여객기를 조종합니다.
② A : 커피를 어떻게 해 드릴까요?
　　B : 진하게 해 주세요.
③ A : 그녀의 전화가 통화중인 것 같아요. 기다리시겠습니까?
　　B : 전 그녀에게 메시지를 남기고 싶어요.
④ A : 이 책들은 너무 무거워요. 저 좀 도와주시겠어요?
　　B : 물론이죠. 제가 손대지 않아서 기쁩니다.」

21 ①

gloomy : 우울한, 침울한, 울적한

① 'What does it matter to you?'는 '그게 너랑 무슨 상관이야?'라는 의미이므로 빈칸에 알맞지 않다. 'What's the matter with you?'와 혼동하지 않도록 유의해야 한다.

① 그게 너랑 무슨 상관이야?
② 무슨 일로 그러니?
③ 뭐가 신경 쓰이는데?
④ 네 마음을 누르는 게 뭐니?

「A : 난 일찍 집에 가고 싶어.
　B : 그렇게 빨리? 너 요즘 우울해 보여. _____」

22 ④

Help yourself : (음식을) 마음껏 드십시오　　dress up : 정장하다, 옷을 차려입다

④ A의 대화는 자리를 지켜 달라고 하는 내용인데, B의 답이 '협조해 주어 고맙습니다.'이므로 어울리지 않는 내용이다.

「① A : 안녕, Ted! 만나서 반가워. 여기 자리 있니?
　　B : 아냐, 마음대로 해(앉아도 좋아).
② A : 이번 주 금요일 파티에 널 초대하고 싶어.
　　B : 초대해 줘서 고마워. 정말 가고 싶어.
③ A : 오! 내가 옷을 차려입어야 돼?
　　B : 있는 그대로 와.
④ A : 제 자리 좀 봐 주실 수 있어요?
　　B : 협조해 줘서 고맙습니다.」

23 ③

remind : 생각나게 하다, 상기시키다, 일러 주다　agenda : (회의 등의) 협의 사항, 의제　deal with : ~을 다루다, 취급하다(= handle, treat, cope with)　out of time : 너무 늦어서　drag on : 지루하게 계속하다, 질질 오래 끌다

B의 내용이 지난주 회의가 끝나지 않을 것 같았다는 내용이므로 A에 ③의 '회의가 지난번처럼 질질 끌어지지 않았으면 한다'는 내용이 와야 알맞다.

① 지난번 회의의 모든 자료를 다 보셨나요?

② 우리가 너무 늦은 것 같은데요. 그렇게 생각하지 않으세요?
④ 저는 지난 회의의 대부분의 결정은 너무 성급했다고 생각합니다.

「A : Tim, 4시경에 직원회의가 있죠?
　B : 맞아요. 저에게 상기시켜 주셔서 기쁘네요. 전 하마터면 깜빡할 뻔했어요.
　A : 오늘의 의제에 관해 묘안이라도 있나요?
　B : 저는 판매수치(매출액)를 높이기 위한 새로운 전략을 우리가 오늘 다루는 것은 어떨까 생각합니다.
　A : 전 (오늘) 회의가 지난번처럼 오래 질질 끌려가지 않기를 바랍니다.
　B : 저도 마찬가지입니다. 저도 지난 주 회의는 끝이 나지 않으리라 생각했어요.」

24 ②

let's call it a day : 오늘은 이만 끝내자

「A : 우리는 모든 주문품의 포장을 끝냈나요?
　B : 아니오. 우리는 아직 10분 정도 더 해야만 해요.
　A : 난 이 물건을 포장하는 것이 지루해요.
　B : 아마도 나중에 우리는 그 일을 끝낼 수 있을 거예요.
　A : 물론이죠, 우리는 내일 아침에 할 수 있어요.
　B : 좋아요. 오늘은 이만 끝내요.」

25 ①

loading : 선적, 하역, 짐싣기

「A : 나는 계속해서 주차장소를 찾아다녔지만 어디에도 주차장소를 찾을 수가 없었어요.
　B : 그래서 어떻게 했어요?
　A : 선적구역에 주차할 수밖에 없었어요.
　B : 안돼요. 그것으로 인해 벌금을 물 거예요.」

26 ①

agenda : 의사일정, 협의사항, 의제, 비망록　fill B in on : A에게 B에 대해 자세히 알려주다

① 그것에 대해 자세히 알려줄 수 있겠니?
② 함께 만들자.
③ 내 대신 참석할래?
④ 나는 아직 결정하지 못했어.

「A : David, 당신은 아침 이사회 회의에 참석하지 않았다.
　B : 나는 그렇게 할 수가 없었다. 나는 사실 아프다고 전화했다.
　A : 중요한 의제들이 결정되었다.
　B : 자세히 알려줄 수 있겠니?」

27 ①

competent : 유능한, 능력이 있는, 충분한　modest : 겸손한, 신중한, 정숙한, 적당한

② 나는 그에게 재고해달라고 부탁할 것이다.
③ 당신이 그를 좋아하지 않다니 유감입니다.
④ 나는 평평하게 할 수가 없습니다.

「A : 당신은 새로운 관리자와 잘 지내고 있습니까?
 B : 그렇습니다. 그는 능력이 있고 겸손합니다. 당신은 어떻습니까?
 A : 불평할 것이 없습니다. 나는 그를 매우 좋아합니다.
 B : 우리가 그와 함께 일하게 된 것은 행운입니다.」

28 ①

receipt : 영수증 identification : 신분확인, 신분증
opinion : 의견, 감정

① 어느 쪽이든 상관없다.
② 모든 것이 중요하다.
③ 나는 도울 수 없다.
④ 당신의 의견은 확실하지 않다.

「A : 실례합니다. 이 라디오를 여기서 구매했는데 작동하지 않네요.
 B : 영수증 가져오셨어요?
 A : 영수증을 잃어버렸는데요. 다른 라디오와 교환할 수 있을까요?
 B : 영수증이 없으면 어려운데요.
 A : 믿어주세요. 오늘 아침에 구매했어요.
 B : 그러면 다른 신분증을 가지고 있나요?
 A : 예, 운전면허증과 신용카드가 있습니다.
 B : 좋아요. 어느 쪽이든 상관없어요. 당신은 이제 지배인 사무실로 가시면 됩니다. 바로 저쪽에 있습니다.」

29 ②

① 그녀는 지금 어떨까요?
② 그녀는 어떤 사람인가요?
③ 그녀는 어떻게 생겼나요?
④ 그녀는 무엇을 하고 싶어 하나요?

「메리 : 월요일에 서울 출신인 우리 학생이 도착했어요.
 빌 : 그녀의 이름은 뭐예요?
 메리 : 순희입니다.
 빌 : 이름 예쁘네요! 그녀는 어떤 사람인가요?
 메리 : 그녀는 정말 좋아요. 난 우리들 사이에서 잘 지낼 것 이라고 확신해요. 우리는 공통점이 많은 것 같아요.
 빌 : 벌써 어떻게 알아요? 그녀는 무엇을 하기를 좋아한데요?
 메리 : 음, 그녀는 춤추는 것을 좋아해요. 나도 그렇고요. 그리고 우리는 둘 다 같은 종류의 음악을 듣는 것을 좋아해요. 그녀를 빨리 보고 싶어요.」

30 ②

① 내가 돌아온 후에 나에게 어디에 있는지 말해줄래?
② 이 줄에서 내 자리 좀 맡아줄래?
③ 내가 너에게 편지를 써도 되니?
④ 전화를 끊지 말고 기다려주실래요?

「A : 오, 이런!
 B : 무슨 일이야?
 A : 차에 내 지갑을 놓고 온 것 같아.
 B : 그럼, 입장권을 사기 전에 갔다오는 것이 좋겠다.
 A : 이 줄에서 내 자리 좀 맡아줄래?
 B : 물론이지, 서둘러!」

31 ④

certainly : 확실히, 틀림없이   perform : 실행하다, 공연하다   from time to time : 가끔   suppose : 추측하다

「Tom : 확실히 여기는 아름답다.
 Emma : 정말. 오, 저길 봐. Perter Kadar가 오늘 밤 노래공연해.
 Tom : 난 그의 노래를 들어본 적이 없어.
 Emma : 그는 유명한 헝가리 가수인데 매년 미국에서 공연하고 있어. 나는 항상 헝가리 음악가들에게 관심이 있어. 우리 부모님이 모두 헝가리 출신인 음악가셨거든.
 Tom : 오, Kovacs는 헝가리 이름이야?
 Emma : 아니, Kovacs는 나의 결혼한 이름이야. 하지만 나의 남편도 헝가리 사람이야.
 Tom : 그거 흥미롭다. 너 헝가리어 할 수 있니
 Emma : 응, 내가 어린아이일 때 집에서 헝가리어를 썼어. 또 남편하고 가끔 헝가리어로 대화하기도 해.
 Tom : 나의 부모님은 스웨덴에서 오셔서 스웨덴어를 조금 할 수 있어. 하지만 스웨덴 여자와 결혼하지 않았어. 사실 나는 결혼하지 않았어.
 Emma : 그렇구나, 비행사들은 여행을 많이 해서 가정을 꾸리는 것이 힘들 것 같아.」

32 ①

① 내 이야기 알아들었니?
②④ 다시 말해 줄 수 있나요?
③ 우리 함께 갈까요?

「A : 만약 네가 이런 상황이라면 너는 어떻게 코끼리에서 내려올 수 있겠니?
 B : 사다리를 사용해서.
 A : 아니야. 너는 코끼리에서 내려올 수 없어. 너는 오리에서 내려 온다. 내 말 알아듣겠니?
 B : 흠. 웃기네.」

33 ②

talk the same language : 말이 통하다, 생각이 일치하다   be through with : ~와 끝내다, 끊다
never fail to do : 반드시 ~하다

① 너는 반드시 나를 기쁘게 해야 한다.
③ 그녀는 많은 일로 꼼짝 못하는 것이었음에 틀림이 없다.
④ 네 말이 맞다. 그녀는 영어를 좋아하지 않는다.

「A : 비록 2년 동안 교제하고 있지만, 그녀와 나는 여전히 생각하는 게 달라.
 B : (그래서, 그녀와 끝내려고 하니?)」

34 ④

stuffed : 배부른, 속을 채운

① A : 당신의 컴퓨터 좀 사용해도 될까요?
   B : 지금은 안 됩니다.

② A : 여기가 박사님의 사무실이죠, 그렇죠?
　B : 죄송하지만, 박사님의 사무실은 옆방입니다.
③ A : 오, 이런! 너 Barbara구나?
　B : 그래, 맞아! 다시 만나서 반갑구나, Danny.
④ A : 디저트 드시겠습니까? 아이스크림이 있는데요.
　B : 그럼요, 주세요. 배부르네요.

35　④

교습경력이 있어야 한다고 걱정하는 친구에게 할 수 있는 적절한 답변을 보기에서 고른다.

① 그러면 내가 그것에 관한 것을 잊겠습니다.
② 글쎄요, 컴퓨터 프로그래머가 되고 싶습니다.
③ 죄송하지만, 아이들을 가르치는 것을 좋아하지 않습니다.

「A : 어이, 여기서 뭐해?
B : 시간제 일을 찾으려고 신문을 읽고 있어.
A : 오늘 신문에 흥미있는 직장 있어?
B : 글쎄, 여기 컴퓨터 프로그래머를 구하는 게 하나 있어. 난 컴퓨터를 좋아하지만, 그렇게 솜씨가 좋지 않아.
A : 그럼, 다른 일은 어때?
B : 오, 여기 또, 개인교사를 구하는 게 있네.
A : 좀 보자. 교습경력이 있어야 하잖아.
B : (문제없어. 전에 몇몇 학생을 가르쳤거든.)」

36　④

과거의 비난, 유감, 후회(should + have + p.p. : ~했어야 했는데)
You should have worked harder.
= You ought to have worked harder.
= I am sorry (that) you didn't work harder.
= I wish you had worked harder.
= I would that you had worked harder.
= I would to God you had worked harder.
= I if only you had worked harder.
= You had to work harder, but you didn't.

「소녀 : 이 파이는 정말 맛있어요.
소년 : 나의 것도 그래요. 나는 미국 디저트를 좋아해요.
소녀 : 당신이 가장 좋아하는 것은 뭐예요?
소년 : 저도 잘 모르겠어요. 아마도 아이스크림이요.
소녀 : 그러면 당신은 파이와 아이스크림을 먹지 그러셨어요?
소년 : 애! 그렇군요. 다음에는 그렇게 해보지요.」

37　①

「A : 가게 가려는 참인데, 내가 뭐 사다줄 거 없나요?
B : 네, 제과점에 들러서 초콜릿 케이크 하나 사다 줘요.
A : 초콜릿 케이크요?
B : 네, Marion의 생일이에요. 우리는 파티를 열거예요.
A : 오, 그녀가 틀림없이 놀라겠네요. 모든 사람을 초대했어요?
B : 네. (모든 것이 다 준비됐어요.)」

38　②

blouse : 블라우스, 작업복　discount : 할인, 참작, 감가　mark down : 가격을 내리다, 기록하다

① Tom은 여자친구를 위해 블라우스를 살 것이다.
② Julie는 40달러 이하의 값으로는 블라우스를 팔려 하지 않는다.
③ Tom은 35달러밖에 없다.
④ 블라우스의 정가는 45달러이다.

「Tom : 이 블라우스는 얼마인가요?
Julie : 40달러입니다.
Tom : 좀 비싼 듯한데. 깎아 줄 수 있나요?
Julie : 미안해요. 이미 내린 값이예요. 손해를 보고 팔수는 없어요.
Tom : 5달러만 깎아 주면 어때요?
Julie : 살 거예요? 말거예요?」

39　②

meet halfway : 타협하다, 양보하다　come up : 일어나다, 유행하다

① 너무 어렵게 생각마세요.
② 요즘은 너무 느려요(힘들어요).
③ 아직 아무 일도 일어나지 않았어요.
④ 타협할까요?

「A : 사업은 어떻게 잘 되십니까? (가벼운 인사말)
B : (요즘 불경기입니다.)」

40　①

mechanic : 기계공, 수리공, 정비사　by the way : 그런데, 아무튼, 어쨌든　cost : 비용이 들다　rough : 거친, 대강의, 대략적인　part : 부품　labor : 노동, (자동차 수리비 중) 기술료　fix : 고정시키다, 수리하다　at least : 적어도, 최소한, 아무튼, 어쨌든　come up with : ~을 따라잡다, 생각해내다　how come ~? : 어째서? 왜?　brief : 짧은, 간결한, 간략한

「수리공 : 좋은 아침입니다. 오늘 어떠십니까?
Dianne : 좋아요. 고맙습니다. 그런데 내 차를 수리하는 데 비용이 얼마나 들 것이라고 생각하나요?
수리공 : 미안합니다만 나는 이것이 비용이 얼마나 들 것인지 정확하게 확신하지 못합니다.
Dianne : 저런, 대략적인 비용(에 대한 생각)을 알려줄 수 있나?
수리공 : 글쎄요. 부품들은 약 75달러입니다.
Dianne : 그리고 기술료는?
수리공 : 아마도 약 100달러 정도일 것입니다. 이것은 쉬운 작업(일)이 아닙니다.
Dianne : 그래서 내 차를 수리하는 데 175달러의 비용이 들 것이라는 말이군요. 그렇죠?
수리공 : 적어도, 아마도 (비용이) 약간 더 들 것입니다.
Dianne : 시간이 얼마나 오래 걸릴 것이라고 생각하나요?
수리공 : 두 세 시간 정도 걸립니다.」

41 ②

call it a day : (하루일과를) 끝내다, 마치다, 마감하
다 in one's shoes : ∼의 입장이 되어, ∼을 대신하
여 look (like) oneself : 평소와 다름없어 보이다,
건강해 보이다 headache : 두통, 두통(골칫 · 걱정)거
리, 고민

① A : 나는 정말로 너무 피곤해서 더 이상 일을
　　　할 수가 없어.
　　 B : 좋아. 끝내자.
② A : 만약 네가 내 입장이라면 어떻게 하겠니?
　　 B : 내가 너라면 좋을 텐데.
③ A : 오늘은 평소의 너처럼 보이지 않아(건강해
　　　보이지 않아. 아픈 것 같아).
　　 B : 두통이 있어.
④ A : 나는 너에게 충분히 감사할 수 없어(정말
　　　고마워).
　　 B : 천만에.

42 ②

be supposed to do : ∼할 것으로 기대되다(= be
imagined to do), ∼하기로 되어 있다(= be expected
to do) be close to : ∼에 가깝다 not that I know
of : 그것은 잘 모른다, (앞의 말을 받아서) 내가 아는
바로는 아니다

「A : 나는 콜롬비아 호텔을 찾고 있습니다. 어디 있는지 아
　　세요?
　B : 콜롬비아 호텔이라……, 이 근처에는 없어요. 어쨌든
　　그것은 잘 모릅니다.
　A : Lake Park 근처에 있는 것 같은데.
　B : 어느 길인데요? 아세요?
　A : 아니오, 내가 아는 것은 그 호텔이 Lake Park 가까
　　이 있다는 겁니다.
　B : 죄송해요. 못도와 드려서.」

43 ④

give … a hand with ∼ : ∼으로 …를 도와주다(=
help … with ∼)

「A : 이 책상을 옮기려고 하는데 나를 좀 도와주시겠습니까?
　B : 물론, 도와 드리지요. 그것을 어디에 두려고 합니까?」

44 ③

hang in there : 곤란을 견디다, 버티다

① A : 시카고에서 얼마나 오래 살았니?
　　 B : 내가 12살이었을 때부터 여기서 쭉 살고 있어.
② A : 안녕, Peter. 어떻게 지내니?
　　 B : 별로 안좋아. 근근히 버텨가고 있어.
③ A : 우리를 언제 방문할건지 말해 줄 수 있습니까?
　　 B : 글쎄, 아무것도 아닙니다. 잊어버리는 편이
　　　 낫겠어요.
④ A : 오늘밤 뭐 할거니?
　　 B : 영화 보러 갈거야. 나랑 같이 갈래?

45 ③

make it : 성공하다, 받아들여지다(구어체에서 쓰임)

① 나를 도와줄 수 있어요?
② 별일 없나요?
④ 오늘 밤에 뭐 먹을 거예요?

「A : 오늘 저녁 당신과 저녁식사를 같이 하고 싶은데요. 6
　　시쯤 어떻습니까? (가능합니까?)
　B : 좋습니다.」

46 ①

when it comes to ⓝ – / ing : ∼하는 것에 관해
말할 것 같으면

「A : 나는 같이 일하는 사람들과 좋은 관계가 못된다.
　B : 건실한 관계를 갖는 것에 관해서 말하면, 정직이 가장
　　최선의 정책이야.」

독해

● 1. 글의 주제

1 ①

likelihood (어떤 일이 있을) 공산[가능성]
ingratiate oneself 잘 보이도록 하다

① 직업을 얻으려면 쾌활한 사람이 돼라.
② 자격증이 많을수록 더 좋은 기회가 주어진다.
③ 중요한 것은 능력이지 개성이 아니다.
④ 자신의 본모습을 면접관에게 보여 주어라.

「취업 면접 결과에 대한 많은 양의 데이터를 분석한 후에 한 조사팀은 놀라운 사실을 발견했다. 취업이 될 가능성은 자격증에 달려있을까? 아니면 직무 경험에 달려있을까? 사실 둘 다 아니었다. 그것은 단 하나의 중요한 요소였다. '후보자가 쾌활한 사람으로 보였는지'이다. 면접관들의 마음에 든 지원자들은 일자리를 얻었을 가능성이 매우 높다. 그들은 매력을 발휘해서 성공했다. 몇몇 지원자들은 미소를 짓고 시선을 계속 마주치려는 특별한 노력을 했다. 다른 지원자들은 조직을 칭찬했다. 이러한 긍정성은 이토록 쾌활하고 사회적인 능력을 가진 지원자는 회사에 잘 적응할 수 있으므로 고용해야 한다고 면접관을 확신시켰다.」

2 ③

underachieve 자기 능력 이하의 성적을 내다
impede 방해하다

① 학교에서 아이들의 교사와의 공감능력
② 초등학교 아이들의 낮은 지능
③ 초등학교 아이들에게 끼치는 낮은 기억력의 영향
④ 아이들의 기억력 문제를 해결하려는 교사들의 노력

「학교에서 성취도가 낮은 학생들은 지능이 낮기보다는 기억능력이 나쁜 것일 수도 있다. 대학의 연구자들은 다양한 연령의 3,000명 이상의 초등학생들을 연구했고 그들 중 10%가 기억력이 좋지 않아 고생을 한다는 것을 밝혀냈는데, 이는 그들의 학습능력을 심각하게 방해했다. 전국적으로 이 숫자는 초등학교에 다니는 거의 오십만의 아이들이 영향을 받고 있다는 것이 된다. 연구자들은 또한 교사들이 아이들이 이렇게 기억력이 좋지 않은 것을 거의 알고 있지 못하며 이러한 문제가 있는 아이들을 부주의하거나 지능이 낮다고 치부해 버리는 것을 밝혀냈다.」

3 ③

Fahrenheit 화씨의 far-flung 먼, 멀리 떨어진
glacier 빙하 precipitation 강수량 Ice cap 만년설

① 기후 변화에 대비하여 예방하는 방법
② 북극의 만년설의 녹아내림
③ 지구온난화 사인의 증가
④ 온도 상승의 긍정적 영향

「행성은 따뜻해지고 있다. 북극부터 남극까지, 그리고 그 사이에 있는 어디나. 전 세계적으로, 수성은 이미 화씨 1도 이상 올라가 있고 그리고 심지어 민감한 극지에서는 더 올라가 있다. 그리고 온도 상승의 영향은 먼 미래를 기다려 주지 않는다. 그 영향들은 지금 일어나고 있다. 징조들이 전체적으로 나타나고 있고 그것들 중 몇몇은 엄청나다. 열기는 빙하와 해빙을 녹이고 있을 뿐만 아니라; 그것은 또한 강수 패턴을 바꾸고 동물들의 이동을 일으킨다.」

4 ①

positive 긍정적인 contribute 기부하다, 이바지하다, ~의 한 원인이 되다 potential (~이 될) 가능성이 있는, 잠재적인 wearable 착용감이 좋은, 착용하기에 적합한 increase (양·수·가치 등이) 증가하다, 인상되다 theoretically 이론(상)으로, 공론으로

① 웨어러블 컴퓨터 장치는 웰빙에 기여할 수 있다.
② 긍정적인 컴퓨터 사용은 국력에 기여할 수 있다.
③ 웨어러블 컴퓨터 장치는 생활경비를 증가시킨다.
④ 긍정적인 컴퓨터 사용은 과학을 발전시킨다.

「긍정적인 컴퓨터 사용의 지지자들은 기술이 인간의 웰빙과 잠재력에 이바지해야 한다고 주장한다. 우리의 삶을 다르게 만들어 주는 긍정적인 컴퓨터 사용의 실제 잠재력은 몸에 착용하기 적합한 차세대 컴퓨터 장치에 있다. 웨어러블 컴퓨터 장치가 어떻게 인간의 웰빙과 정신을 증진시키는지 현재 사용되는 건강 추적기와 건강 장비에서 알 수 있다. 심장 박동수와 수면의 정도와 같은 물리적 요인을 측정하기 위해 설계된 이러한 것들은 이론상으로 기분을 조절해주는 긍정적인 피드백 장치가 될 수 있다. 이러한 장치들은 생명공학적으로 잘 설계되었고 시각적으로도 눈을 즐겁게 해줄 뿐 아니라 웰빙의 장애를 없애주는 경험을 하도록 할 것이다.」

5 ③

improbable 희한한, 별난 actually 실제로, 정말로 flourishing 무성한, 번영하는, 융성한 lucrative 수익성이 좋은 consumer goods 소비재 appliances 가전제품 disdain 업신여김, 무시 products 상품, 생산품 solely 오로지, 단지 profits 이익, 수익 opportunity 기회 purchasing (특히 기업의) 구매

마지막 부분에 주제가 나와 있다. 대기업들이 저가 시장을 업신여기기도 하지만 저가시장에서 많은 돈을 벌 수 있다는 내용으로 주제는 ③이 적절하다.

① 가난한 사람들은 그들의 상품에 대해 높은 기준을 가지고 있지 않다.
② 큰 기업의 목표는 오로지 이익에만 기초해서는 안 된다.
③ 저가 시장의 사람들은 대기업에게 좋은 기회가 될 수 있다.
④ 개발도상국에서는 여전히 개개인의 구매력이 매우 낮다.

「당신이 낳은 것을 가지지 못한 사람들에게 판매함으로써 돈을 벌 수 있다는 것이 이상할지도 모르지만 실제로 애를 쓰고 노력한 회사들은 번영하였다. 힌두스탄 레버는 아프리카와 인도에 수익성이 좋은 회사를 세워 로션에서 소금에 이르기까지 유명한 소비재를 판다. 백화점 체인점인 카사스 바히아는 현재 매년 브라질 노동자 계급들에게 50억 달러상당 이상의 전자기술과 가전제품들을 판다. 큰 회사들은 종종 그들을 저가 시장으로 생각하며 업신여긴다. 왜냐하면 그들이 고가제품을 판매하는 것보다 판매단위당 버는 돈이 더 적기 때문이다. 그러나 순전한 시장의 규모 때문에 그들은 여전히 많은 돈을 벌 수 있다.」

6 ④

plummet 곤두박질치다, 급락하다 skyrocket 급등하다 retail price 소매가격 ration 제한하다, 배급을 주다 eliminate 없애다, 제거하다 spike 급등 drug cartel 마약 범죄 조직 citrus 감귤류 과일

① 라임 도매가격의 되돌릴 수 없는 변화
② 미국으로 번진 멕시코 라임 카르텔
③ 전례 없이 라임을 많이 먹는 미국인들
④ 값비싼 라임의 부족

「미국은 라임의 97%를 멕시코로부터 얻는데, 나쁜 기후와 질병의 결합은 공급은 급락하고 가격은 폭등하게 만들고 있다. 지역 식당 경영자가 작년에 약 20$에 사던 라임 40-lb. (18kg) 한 상자가 가격이 지금은 120$까지 올랐다. 4월에 라임의 평균 소매가격은 작년의 두 배를 넘는 56센트에 달했다. 미국 전역에 술집과 식당들은 라임을 제한적으로 공급하거나 알래스카 항공사처럼 완전히 없애고 있다. 멕시코에서 그 가격 급등은 범죄를 유발하고, 재배자들이 마약 범죄 조직으로부터 그들의 'green gold(녹색의 금=라임)'의 제한된 공급을 보호하게 만든다. 감귤류 과일에 의존하는 사업가들은 봄철 생산량 증가가 곧 가격을 정상치로 되돌려놓기를 희망하고 있다.」

7 ①

figure 수치 retirement 퇴직 mortgage 저당 contend 주장하다 priority 우선순위 circumstance 상황 obviously 분명히 uphold 유지시키다 propel 추진시키다 maintain 유지하다 motivation 자극

글쓴이는 시간당 값어치가 가장 우선순위가 되어야 한다고 주장하고 있으므로, 글의 주제는 ①이 된다.

① 당신의 시간은 돈이다
② 높은 동기를 유지하라
③ 아르바이트가 낫다
④ 당신의 수입 안에서 살아라

「당신의 가치들에 따라, 다른 종류의 숫자들이 당신에게 중요할 지도 모른다. 어떤 사람에게 그것은 콜레스테롤 수치와 혈압수치가; 다른 사람들에게 그것은 그들이 결혼한 햇수이다. 많은 사람들은 퇴직금의 총액수가 가장 중요한 숫자이고, 어떤 사람들은 그들의 대출이 남아있는 잔액에 초점을 맞춘다. 그러나 나는 당신의 가치 또는 우선순위가 무엇이든지 간에 비록 당신이 시급으로 생활비를 벌지 않더라도 당신의 시간당 값어치가 가장 우선순위가 되어야 한나고 생각한다. 당신의 시간당 값어치를 아는 것은 당신이 그것을 어디에 어떻게 사용할 것인지에 대해 명확한 결정들을 하게 해주고 당신의 상황, 목표 그리고 흥미에 따라서 이러한 제한된 자원들을 최대한 활용할 수 있게 만들어준다. 분명히, 당신의 우선순위를 유지하는 동안 당신의 시간당 가치를 높일수록, 당신은 목표달성을 향해 더욱 열심히 노력할 것이다. 왜냐하면 당신은 당신이 원하는 대로 쓸 수 있는 자원을 더 많이 가지고 있기 때문이다. – 당신이 가장 필요로 하는 것이 무엇이든, 당신은 더 많은 돈과 더 많은 시간을 가지고 있기 때문이다.」

8 ④

budding 싹트기 시작한 experiment 실험 flop 완전히 실패하다 lament 애통해하다 incandescent 백열성의 bulb 전구 element 요소 deny 부인하다 noodle around 시험 삼아 해보다 constant 끊임없는 accomplishment 업적 intensify 강화하다 Invention 발명품

아이들이 실패를 두려워하지 않는 법을 배우는 것이 중요하다고 했으므로, 글의 주제는 ④가 된다.

① 처음에 올바르게 이해시켜라
② 에디슨 발명품의 비밀
③ 창조의 길 ; 위험을 피하라
④ 실패 : 두려워할 것이 아니다

「실수를 하는 것은 싹트기 시작한 모든 종류의 과학자들과 예술가들의 교육에 있어 중요하다. 그들은 실험을 하고, 이러한 생각들을 도전하고, 완전히 실패하며, 다른 생각들을 도전하고, 위험을 무릅쓰며, 기꺼이 잘못된 대답을 얻을 수도 있는 자유를 가져야만 한다. 하나의 전형적인 예는 첫 번째 백열등을 만들기 위한 그의 노력에서 만 번의 실험적 실패를 애석해했던 기자에 대한 토마스 에디슨에 대한 대답이다. "나는 실패하지 않았습니다." 그는 기자에게 대답했다. "나는 작동하지 않는 만 개의 요소들을 성공적으로 발견했습니다." 그러나 대부분의 아

이들은 시험 삼아 해보고, 시험하면서, 만 번은 고사하고 열 번의 방법에서도 틀릴 수 있는 자유를 거부당한다. 아이들의 성취를 측정하고 표준화하는 끊임없는 시험에 대한 강조는 그들의 실패에 대한 두려움을 강화시켰다. 아이들이 성공하는 법을 배우는 것은 확실히 중요하다 ; 그러나 그들이 실패를 두려워하지 않는 법을 배우는 것 또한 중요하다.」

9 ②

evaluative : 평가하는   inappropriate : 부적절한 incompetent : 무능한 or the like : 또는 그밖에 유사한 것 counterproductive : 역효과를 낳는 provoke : 유발하다 deviation : 일탈, 탈선 be apt to do : ~하는 경향이 있다 censure : 질책하다

「피드백은, 특히 부정적인 종류는 판단하거나 평가하기보다는 서술적이어야 한다. 당신이 얼마나 화가 나든, 피드백은 업무와 연관되도록 유지하고 부적절한 행동을 했다고 해서 절대 누군가를 개인적으로 비난하지 마라. 사람들에게 그들이 어리석다거나, 무능하다거나, 또는 그밖에 유사한 것으로 말하는 것은 거의 항상 역효과를 낳는다. 그것은 성과의 일탈 그 자체는 간과할 만큼의 감정적인 반응을 유발한다. 당신이 비판할 때, 당신은 그 사람이 아닌 업무와 관련된 행동을 질책해야 함을 기억해야 한다.」

10 ③

conquer : 정복하다 push aside : 밀어 차우다 intricate : 복잡한 peculiar : 이상한, 독특한 meet the challenge : 시련에 잘 대처하다 unfettered : 제한받지 않는 proliferation : 확산

① 과학은 현대 사회에서 매우 유용하다.
② 과학과 기술은 빠르게 발전하고 있다.
③ 과학에 대한 전적인 믿음이 약해지고 있다.
④ 과학 연구가 민간 부문들로부터 더 많은 자금을 얻고 있다.

「발견과 발명을 통해, 과학은 생명을 연장했고 질병을 정복했으며 새로운 물질적 자유를 제공했다. 그것은 신과 악마를 한쪽으로 밀어냈고 순수한 상상력에 의해 생산된 그 무엇보다도 더 복잡하고 놀라운 우주를 드러냈다. 하지만 그 독특한 천국에는 과학이 창조한 새로운 문제들이 있다. 과학은 공해, 안보, 에너지, 교육, 그리고 식량이라는 미래의 시련에 잘 대처하기 위한 대중적 지지를 잃는 것처럼 보인다. 대중은 유전공학, 지구온난화, 원자력, 그리고 핵무기의 확산과 같은 영역들에서 제한받지 않는 과학과 기술의 잠재적 결과들을 두려워하게 되었다.」

11 ③

calamity : 재앙, 재난 thoughtfulness : 생각에 잠김, 사려 깊음 whisk : 휘젓다 incredibly : 믿을 수 없을 정도로, 엄청나게 adequate : 충분한, 적절한

「지난 한 달은 우리를 놀라움에 빠트린 재앙들로 인해 제가 살면서 가장 길게 느낀 것 같습니다. 터널의 끝에 단 하나의 불빛이 있었고 그 불빛이 바로 당신이었습니다. 당신의 사려 깊음이 제게 얼마나 큰 의미가 있었는지 이루 말할 수가 없습니다. 제가 분명히 확신하기에는 너무 지쳐있었지만, 당신이 제가 쉴 수 있도록 한 시간 동안이나 제 아이들을 데려간 것이나, 또한 아이스티를 곁들인 저녁을 가져올 때마다 나는 그저 믿을 수 없이 굉장한 일이 일어났다는 것을 알 뿐이었습니다. 이제 정상으로 돌아온 지금 그 믿을 수 없을 정도로 대단한 것이 바로 당신이었다는 것을 알았습니다. 어떠한 말로 고마움을 표현해야 할 지 말로는 충분하지 않지만 감사하는 마음이 항상 제 가슴에 있을 것입니다.」

12 ①

flextime : 근무시간 자유 선택제

① 근무시간 자유 선택제를 정의하기 위해서
② 유연한 근로자들을 묘사하기 위해서
③ 대안적인 작업 스타일에 대해 논의하기 위해서
④ 다른 직업들을 비교하기 위해
⑤ 근무시간 자유 선택제 스케줄을 정하기 위해서

「작업스타일의 대안이 점점 증가하는 가운데, 근무시간 자유 선택제가 있다. 근무시간 자유 선택제는 직원들이 개인적인 필요에 따라 근무 시간을 조정할 수 있게 허용한다. 일주일에 하는 총 근무시간은 동일하지만, 매일의 스케줄은 표준 근무시간과 다르다. 근무시간 자유 선택제는 또한 근무일 안에서의 변화도 의미하는데, 예를 들면 4일은 10시간 일 하고, 나머지 6시간을 일한다. 근무시간 자유 선택제를 하는 직원들로는 고용 기관, 피해 사정인들, 편지 관리인들, 그리고 데이터 입력자들이 있다.」

13 ③

rely on : 의존하다, 의지하다 diet : 음식 maintain : 유지하다 expert : 전문가 inventory : 물품 목록 swing : 회전하다, 돌다

「우리의 일이 아무리 만족스럽다 할지라도 일을 우리가 만족을 느끼는 유일한 원천으로서 의지하는 것은 옳지 못하다. 인간이 건강을 유지하기 위해 다양한 필수 비타민들과 미네랄들을 공급하는 여러 가지 음식들을 필요로 하는 것과 마찬가지로, 우리는 일종의 즐거움과 만족을 제공하는 다양한 많은 양의 활동들을 필요로 한다. 일부 전문가들은 사람은 목록 - 당신이 하기 좋아하는 것들, 당신의 재능과 관심사, 그리고 만약 당신이 시도한다면 당신이 생각하기에 즐길 수 있을지 모르는 심지어 새로운 것들 - 을 만드는 것에 의해서 시작할 수 있다고 제안한다. 그것은 원예, 요리, 스포츠, 새로운 언어를 배우기, 또는 자원봉사 등이 될 수 있다. 만약 당신이 당신의 관심과 주의를 잠시 동안 다른 활동들로 옮긴다면, 결과적으로 그 주기는 다시 회전할 것이고, 당신은 다시 새로워진 관심과 열정을 갖고서 당신의 일에 되돌아 올 수 있다.」

14 ④

get to : ~을 시작하다 transform : 개조하다 merely : 단지 unit : 개체 pre-history : 선사시대 mold : 주조하다 inheritance : 유산 mindless : 생각이 없는 acquisition : 습득 lasting : 영속적인 abstract : 추상적인

「우리가 태어나자마자, 세상은 우리에게 작동을 해서 우리를 단지 생물학적인 개체에서 사회적인 개체로 바꾸기 시작한다. 역사 혹은 선사시대의 모든 인간은 각각의 사회 속에서 태어나며, 어린 시절부터 그러한 사회를 통해서 주조된다. 인간이 사용하는 언어는 개인적인 유산이 아니라 그가 자란 집단으로부터 나온 사회적인 습득물인 것이다. 언어와 환경 둘 다 인간 사고의 특징을 결정하도록 돕는다. 인간의 어린 시절 때의 생각은 다른 사람들로부터 온다. 충분히 설명한 것처럼, 사회와 분리된 개인은 말 할 수 없고, 생각할 수도 없다. 로빈슨 크루소 신화에 끊임없이 매료되는 것은 사회로부터 독립된 개인을 상상하려고 하는 시도 때문이다. 그 시도는 잘못 되었다. 로빈슨은 추상적인 인간이 아니라 요크에서 온 영국 사람이기 때문이다.」

15 ④

jogger : 조깅하는 사람 exotic : 이국적인 molt : 털갈이 frigid : 얼은, 추운 heavy layers of clothes : 두꺼운 옷 woolen caps : 양모모자 snugly : 아늑하게 bulky : 덩치가 큰 peeled away : 사라지다 terry cloth : 테리직물 velour : 벨루어 dot : 점을 찍다, 여기저기 보이다 winter-pale : 겨울동안 하얗게 된

「날씨가 변하면서 조깅하는 사람들은 몇몇의 이국적인 새들처럼 털갈이를 하기 시작한다. 캐나다로부터 바람과 눈이 휘몰아치는 몹시 추운 겨울날 조깅하는 사람들은 두꺼운 옷을 입는다. 스키마스크가 그들의 얼굴을 덮고, 양모모자는 그들의 머리카락을 가려주며, 두꺼운 목도리는 그들의 목을 포근히 감싸고 있다. 그러나 점차 날씨가 따뜻해짐에 따라 부피가 큰 옷은 점차 벗겨진다. 먼저 테리직물이나 벨루어, 심지어 플라스틱 재질의 초경량 조깅복들이 공원이나 길거리 여기저기에서 목격된다. 봄이 여름으로 바뀌면서 겨울동안 하얗게 된 팔과 다리가 다시 보이기 시작하고 단지 일부분만 반바지와 티셔츠로 덮인다.」

16 ①

wonder at : ~에 놀라다 the celebrated : 유명 인사들 prestige : 명성 small account : 중요하지 않은 deal with : 다루다 come across : 떠오르다 correspond with : 부합하다

① 여러분은 유명 인사들의 대외적인 행위를 그들의 진정한 본성과 혼동해서는 안 된다.
② 여러분은 유명 인사들을 만나기 위해 열정을 가져야 한다.
③ 여러분은 유명 인사들이 하는 말은 무엇이든 믿으면 안 된다.
④ 여러분은 유명 인사들은 그들의 진정한 본성을 주의한다는 것을 깨달아야 한다.

「나는 유명 인사들을 만나기 위해 많은 사람들이 가지고 있는 열정에 항상 놀랐다. 당신은 당신 친구에게 유명 인사를 안다고 말할 수 있음으로 당신이 얻을 수 있는 명성은 다만 당신 스스로는 별로 중요하지 않다는 것을 증명할 뿐이다. 유명 인사들은 그들이 우연히 만나는 사람들을 다루는 기술을 개발한다. 그들은 세상 사람들에게 가면을, 종종 인상적인 가면을 보여준다. 그러나 그들의 진정한 본성을 감추기 위해 주의한다. 그들은 그들에게 예상되는 역할을 하며 연습을 하여 그런 역할을 잘 하도록 배우지만 그들의 역할의 이러한 대외적인 행위가 내면에 있는 그 사람과 부합한다고 생각한다면 여러분은 어리석은 것이다.」

17 ③

gimmick : 장치 theorist : 이론가 only if : ~해야만 extensive : 광범위한, 폭넓은 guarantee : 보장하다 maintain : 주장하다

① 읽기는 우리의 지식 기반을 향상시킨다.
② 더 많은 읽기는 읽기를 더 흥미롭게 만든다.
③ 우리는 광범위하게 읽음으로써 더 나은 독자가 된다.
④ 우리는 특정한 요령을 배움으로써 우리의 읽기를 향상시킨다.

「많은 사람들은 다음과 같이 생각한다. 읽기의 향상이 '요령'을 배우거나 마술적으로 읽는 속도와 이해를 향상시킬 어떤 기술적 장치들을 완전히 익히는 데서 온다. 하지만 대부분의 읽기 전문가들은 우리가 단순히 폭넓게 읽는 것의 결과로서 더 잘 읽는 것을 배운다고 동의한다. 읽기의 많은 부분이 우리의 '선행 지식'에 의존한다. ― 우리가 페이지를 펼쳐 읽기 시작할 때 우리가 우리의 머리 안으로 넣은 정보. 많은 학습 이론가들은 우리가 그것을 우리가 이미 가지고 있는 기억에 연결시킬 때만 새로운 정보를 기억한다고 주장한다. 인쇄된 페이지에 있는 단어들과의 광범위한 경험보다 사람의 읽기 효율에 대한 더 큰 보장은 없다. 당신은 당신의 지식 기반을 늘리기 위해 독자로서 단순히 더 광범위하게 읽음으로써 느리지만 꾸준히 전진할 수 있다.」.

18 ③

quack : 돌팔이 의사, 엉터리 치료를 하다 alternative : 양자택일, 대안 victim : 희생자, 피해자

① 의대생들에게 더 많은 훈련을 시켜야 한다.
② 의학적 치료의 대안이 몹시 필요할 수 있다.
③ 의료사기의 피해자가 되는 것을 스스로 방지하자.
④ 어쨌든, 그것은 며칠동안 의사에게 가는 것을 피하게 하는 것이 확실하다.

「점점 더 많은 사람들이 의사를 외면하는 대신, 의학에 관한 훈련을 하지 않고 검증되지 않은 치료를 행하는 사람들에게 가고 있다. 그들은 감기부터 암까지 모든 것을 치료받기 위해 돌팔이 의사에게로 간다. 그리고 그들은 위험한 상황에 처하게 된다. 많은 사람들은 검증되지 않은 치료가 얼마나 위험한지를 실감하지 못한다. 무엇보다도 그 치료는 언제나 효과가 없다. 그 치료법이 해롭지 않을지 몰라도 누군가가 검증된 치료 대신 이런 방

법을 사용한다면 그 사람은 해를 입게 될지도 모른다. 왜? 왜냐하면 그 사람이 그런 방법을 사용하는 동안 그 사람의 병이 더욱 악화될지도 모르기 때문이다. 이것은 심지어 그 사람을 죽게 만드는 원인이 될 수도 있다.」

19 ②

deaf : 귀머거리, 청각장애인 immobilize : 지체부자유자 indispensable : 없어서는 안 될, 피할 수 없는 companion : 친구, 동료 disability : 장애, 핸디캡 obviously : 명백하게, 분명히 variety : 변화, 종류

① 견공들과의 우정
② 견공들의 치유력
③ 건강지킴이로써의 견공들
④ 무능한 일본의 견공들

「견공들은 의료계에서 오랫동안 특별한 위치를 가지고 있다. 시각장애인을 위해 보고, 청각장애인을 위해 듣고, 지체부자유자를 위해 움직이도록 훈련받았기 때문에 견공들은 장애를 가지고 있는 사람들에게는 없어서는 안 될 친구가 되었다. 그러나, 견공은 네발 달린 건강지킴이 그 이상인 것처럼 보여 진다. 일본의 한 연구에서 애완동물을 소유한 사람은 30% 적게 병원을 찾는다는 것이 보고되었다. 6,000명을 대상으로 한 멜버른의 한 연구에서는 견공과 다른 애완동물을 가진 사람들이 그렇지 않은 사람들에 비하여 콜레스테롤수치, 혈압 그리고 심장마비 위험이 더 낮은 것으로 보고되었다. 명백하게, 애완동물을 소유한 사람들의 건강상태가 더 좋은 것을 다양한 원인들을 통해 설명할 수 있으나 많은 전문가들은 친구로서의 동물들이 부분적으로는 적어도 스트레스를 낮춰줌으로써 건강을 회복시킨다고 믿고 있다.」

20 ②

prolonged : 오래 끄는, 장기의 achieve : 이루다, 달성하다 caretaker : 관리인, 대행인 hectic : 몹시 바쁜 subtle : 미세한, 치밀한 stressor : 스트레스 요인 attempt : 시도하다, 기도하다 settle : 해결하다, 진정시키다 over-the-counter : 약사의 처방 없이 팔 수 있는 prescription : 처방 promote : 촉진하다 aid : 거들다, 원조 insomnia : 불면증 induce : 권유하다, 야기하다, 설득하여 시키다 drowsiness : 졸음 dependency : 의존 altogether : 전적으로, 완전히 inclined : 싫어하는

① 남성들과 반대로 여성들은 불면증으로 고생한다.
② 불면증 치료를 위한 많은 종류의 약이 있어도 안전에 대하여는 보장 못한다.
③ 많은 여성들이 불면증으로 고생하지만 증상을 호전시키는데 도움이 되는 수면보조제를 구입하기에는 처방이 필요하다.
④ 많은 여성들이 불면증으로 고생하지만 의사들은 결코 수면보조제를 처방하지 않는다.

「많은 여성들이 숙면을 이루는데 장기적인 어려움을 겪고 있다. 엄마, 학생, 관리자 그리고 전문 등 많은 여성들이 수면을 취하려고 시도하지만 정신을 괴롭히는 명백하고 치밀한 스트레스 요인들로 가득 찬 채 바쁜 삶을 살고 있는

것이다. 의사의 처방 없이 팔 수 있는 것과 처방이 필요한 수면보조제의 수로 오늘날 불면증이 얼마나 광범위하게 퍼져 있는지 당신은 생각할 수 있다. 그러나 이러한 수면보조제들은 졸음을 유발하지만, 깊고, 지속적이며, 상쾌한 진정한 숙면을 진행시키지는 못한다. 그리고 수면보조제를 몇 달간 복용하게 된다면 수면보조제에 대한 의존을 높이거나 혹은 완전히 효과가 없을 것이다. 만약 당신의 의사가 수면보조제에 대한 처방을 싫어하지 않는다고 하여도 놀라지 마라.」

21 ①

examine : 검사하다, 검토하다 shipment : 발송, 출하, 선하 receipt : 받는 데로 inconsistency : 불일치 upon invoice : 송장으로 만들다

「발송된 물건을 받는 데로 검사해 주시기 바랍니다. 주문한 물건이나 송장에 기재된 물건이 손상되었거나 일치하지 않으면 10일 내에 알려주시기 바랍니다. 계산서 작성 실수는 가능한 한 빨리 무료전화 1 - 800 - 848 - 9500으로 알려주시기 바랍니다.」

22 ④

diplomacy : 외교, 외교적 수완 employ : 사용하다, 쓰다 synonym : 동의어, 유사어 lacking : 부족하여, 결핍되어, 모자라는(in) vigour : 힘, 활력 signify : 의미하다, 나타내다 negotiation : 교섭, 협상 specifically : 명확하게, 보다 엄밀히 말하면 denote : 표시하다, 의미하다 process : 과정, 방법 machinery : 기구, 수법 carry out : 실행하다, 수행하다 branch : 분과, 부문 Foreign Service : 해외근무, 외무직원 nephew : 조카 interpretation : 해석, 설명

① 외교의 중요성
② 정책의 분야들
③ 외교방법
④ '외교'라는 단어의 다른 해석들

「어떤 때에는 '외교'라는 단어가 '근동지역의 영국외교에 활력이 부족하다'고 말할 때와 같이 '외교정책의 유사어로 사용된다. 또 다른 때에는 외교라는 단어가 '그 문제는 외교로 해결할 수 있는 것이다'고 말할 때와 같이 '협상'을 의미한다. 더 엄밀히 말하면, 외교라는 단어는 그런 협상이 실행되는 과정과 기구를 의미한다. 네 번째 의미는 '내 조카는 외교 일을 한다'고 말할 때처럼 해외근무의 한 분야를 의미한다.」

23 ④

본문의 흐름을 보면 'home schooling의 정의 → Reasons for Home Schooling(주제문) → 주제문에 대한 부연 설명(구체적인 이유)'로 이야기가 진행되고 있다는 것을 알 수 있다. 'There are many reasons why parents choose home schooling for their children.'이라는 주제문이 나온 다음 Some parents ~, Others ~로 주제문에 대한 구

체적인 이유를 부연 설명하고 있다. 그러므로 제목으로 'Reasons for Home Schooling'이 알맞다.
① 학교에서의 압력의 유형들
② 자택 학습의 찬반양론
③ 자택 학습의 부작용
④ 자택 학습을 하는 이유들

「영국에서 부르는 이름처럼 home schooling 또는 home tuition이라는 용어는 가정에서 아이들을 교육시키거나 공립학교나 사립학교와 같은 주된 환경이 아닌 다른 장소에서 아이들을 교육시키는 것을 의미한다. 학부모들이 그들의 자녀들을 위해 자택학습을 선택하는 데는 많은 이유들이 있다. 일부 부모들은 공립학교에서의 교육의 질에 불만이 있다. 다른 일부 부모들은 그들의 자녀들이 '또래의 압박', 즉 친구들로부터 받는 사회적 압력에 대해 염려해야 하는 현실을 원하지 않는다. 그들은 이것이 아이의 학업에 방해가 될 수 있다고 말한다. 이런 부모들은 이런 유형의 압력이 흡연, 알코올 음주 및 마약 복용과 같은 부정적인 행동의 결과를 가져올까봐 두려워한다.」

24 ④
① 얻기 쉬운 것은 잃기도 쉽다.
② 변절하지(도망치지) 말고, 용기를 내라.
③ 모든 사람은 자기 나름의 재능을 가지고 있다.
④ 성급한 판단을 내리지 말라.

「원인은 항상 결과를 가지고 있으며 결과는 원인이 있다. 하지만 종종 한 행동의 원인과 결과를 탐색하면서, 우리는 서둘러 결론을 내리게 된다. 덩치도 크고 튼튼한 John Wilkins는 풋볼 팀에 들어가려고 애쓰지 않는다면 어떤 학생(애)들은 Wilkins는 "용기가 없어."라고 말한다. 아마도 진짜 이유는 그의 부모님이 반대하시거나 그가 학업이 뒤처져 시간을 낼 여유가 없거나 아니면 자신은 풋볼은 할 만한 게 못 된다고 믿는 것일지도 모른다.」

25 ①
invariably : 변함없이, 일정불변하게, 늘 take care : 주의하다, 조심하다 triumphantly : 의기양양하게
첫 문장에서 필자의 생각이 나와 있고, 그 후 필자의 경험을 통해 어려움을 보여 주고 있다.

「내가 덴마크에 있는 동안 덴마크어를 배웠을지라도, 악센트를 습득하기 어려웠다. 내가 한 식당에서 차와 토스트를 주문했을 때 변함없이 나는 차와 치즈 샌드위치를 받았다. 나는 부지런히 연습했고 어느 날 토스트를 원한다는 것을 설명하려 특별히 주의를 기울였다―나는 치즈 샌드위치를 원한 것이 아니라 그저 토스트를 원했던 것이다. 나는 웨이터가 이해했는지 물었다. "네, 그럼요." 그는 나를 안심시켰다. 그는 곧 되돌아와 토스트로 만든 치즈 샌드위치를 나의 앞에 의기양양하게 놓았다.」

26 ①
flying : 나는, 비행하는, 공중에 뜬 glob : 덩어리, (액체의) 작은 방울, 한 방울 oatmeal : 오트밀, 빻은 귀리, 오트밀 죽 land : (어떤 지점에) 놓다, 두다(＝place) grow into : (성장하여) ～이 되다, 몸에 맞을 만큼 자라

다, (차츰) ～이 되다 nightmare : 악몽, 무서운 꿈(＝frightening dream, terrible dream, horror) frantic : 미칠 듯한, 광란의(＝mad, crazy) punctuate : (이야기 등을) 가끔 중단시키다(＝interrupt) shriek : 비명, 새된 목소리 hyena-style : 하이에나 스타일의 disaster : 재앙, 재해, 불행 miniature : 소형의, 소규모의 hallway : 현관, 복도 caged : 새장[우리]에 갇힌 imprisoned : 수감된, 구속된, 가둬진 uneaten : 먹지 않은 tidbit : 맛있는 가벼운 음식 blissfully : 더없이 행복하여, 즐겁게 knock over : ～을 때려눕히다, 부딪쳐 넘어뜨리다 threaten : ～할 우려가 있다, ～의 징후를 보이다

① 아이들과 함께 하는 부모들의 광란의 일상생활
② 매번 식사로 뭘 먹을까 선택하는 어려움
③ 아이들이 훌륭한 식사예절을 배워야 할 중요성
④ 지나치게 활동적인 아이들의 조기 치료의 필요성

「덩어리가 뜬 채인 오트밀 죽, 엎질러진 주스 그리고 늘 젤리 쪽이 아래로 놓여 있는 토스트로 아침 식사를 시작하면서, 아이들과의 하루는 날카로운 비명소리, 울음소리와 악마 같은 웃음소리에 가끔씩 중단되는 악몽 같은 광란의 활동[일과]으로 접어들게 된다. 애들이 바로 그렇게 노는 것으로도 십안은 재해지역으로 달바꿈한다. 테이블과 의자 위로 내던져 동굴 모양이 만들어진 담요와 시트, 복도 위아래로 끊임없이 질주하는 소형차와 트럭들, 세탁물 바구니 아래 가두어 진 채 우리에 갇히게 된 고양이. 저녁식사 후에는 더 많은 우유가 엎질러져 있고, 테이블 아래의 고양이에게는 먹지 않은 야채와 음식물이 있는 가운데, 마침내 잠자리에 들 시간이다. 하지만 더없이 행복하게 잠이 들기 전에, 아이들은 아직도 안자고 다시 한 번 침실에 둔 물 잔을 넘어뜨리고, 침대 위에서 점프를 하다 보니 침대스프링이 깨어질 지경이 되고, 마지막으로 어머니 등을 한 번 더 타고 화장실에 가자고 졸라댄다.」

27 ④
blooper : 큰 실수 amend : 고치다, 바로잡다
① 모든 사람은 실수를 한다.
② 잘못을 저지르지 않으려면 노력해라.
③ 어떻게 바로잡는지는 크게 중요하지 않다.
④ 사람들은 자신의 잘못을 통해 배울 수 있다.

「"최고의 사람들은 잘못으로부터 만들어진다고 사람들은 말한다." "그리고 대부분의 경우 조금 나쁜 것에 비해 훨씬 나아지게 된다."라고 셰익스피어는 Measure for Measure에 썼다. 그래서 매번 각각의 실수를 저지른 것은 자기개선을 위한 주된 기회로 보일 수 있다. 실제로 더 큰 실수는 당신에게 더 나은 인물이 되도록 돕는 기회가 될 것이다. ―만약 당신이 어떻게 바로잡는지를 알고 있다면 말이다.」

28 ②
astronaut : 기공이 없는 particle : 극소량, 미립자, 작은 조각 boost : 증가시키다, 밀어올리다

① 많은 유형의 우주 임무들
② 비행사에게 미치는 방사능의 위험성

③ 비행사들의 다양한 의료문제
④ 핵 입자가 우주선에 미치는 영향

「달이나 화성에 보내지는 비행사들이 직면하는 많은 신체적 위험 중에 가장 큰 위험은 눈에 보이지 않는 방사선일 것이다. 이것은 태양계 너머로부터 거의 빛의 속도로 도달하는 핵 입자이다. 입자들은 DNA의 가닥을 통과하여 암과 다른 질병의 위험을 증가시킨다. 2001년 NASA의 한 연구 결과 적어도 39명의 비행사들이 우주비행 후에 백내장으로 고통받고 있으며 그 중에 36명은 아폴로 착륙과 같은 높은 방사능 노출 임무에 참여했다.」

29 ②

struggle : 발버둥치다, 싸우다, 분투하다 apparent : 또렷이 보이는, 명백한 segment : 구획, 단편, 선분, 조각 enliven : 생기를 주다, 유쾌하게 하다 stockholder : 주주 vote : 투표, 표, 투표권 proxy : 대리, 위임장 labor : 노동, 노동자, 수고, 업무 opinion : 의견, 평가, 감정 increasingly : 점점, 더욱 더 judge : 판단하다, 재판하다, 재판권, 심사권 partisan : 일당, 당파심이 강한 implausible : 믿기 어려운, 이상한 compromise : 타협, 절충안, 양보하다 dispute : 논쟁하다, 반론하다 influence : 영향, 세력, 감응 conflict : 투쟁, 충돌, 갈등

① 투표권과 대리권의 중요성
② 산업 내부의 투쟁에 대한 일반인의 영향
③ 노동과 자본 사이 논쟁에서의 타협
④ 노사분쟁에서의 중용의 필요성

「미국에서의 경제적 투쟁은 계속되고 있으나 그것은 우리 사회의 거대한 부분 사이의 투쟁이 아니라 그들 내부에 있는 것처럼 보인다. 권력과 통제력을 위한 싸움은 일부 대기업 내에서 행해지고 있으며 큰 상이 주주들의 투표권 또는 대리권인 전쟁으로 인하여 활기를 띠게 된다. 유사하게 권력을 얻기 위한 투쟁은 대규모 노조에서도 일어나고 있다. 각각의 경우 사람들에게 당파적 입장을 알리려는 노력이 진행되는 판단으로 볼 때 여론은 점점 중요한 역할을 하는 것 같다. 그리고 싸움장(논쟁점)이 일반인의 지지와 관련이 있는 한 중용은 믿기 어렵거나 부자연스러운 것도 아닌 것처럼 보인다.」

30 ①

amid : ~의 한복판에, ~이 한창일 때에 lurk : 숨다, 남에 눈에 띄지 않다, 남의 눈을 피해다니다 collectivization : 집단화 holocaust : 번제, 대학살, 몰살, 유대인 대학살 rampage : 격노상태, 광포한 행동, 야단법석 personalize : 인격화하다, 개인화하다 blame : 비난하다, 책임지우다, 저주하다 embrace : 포용하다, 포착하다, 받아들이다, 잡다 tolerate : 관대하게 다루다, 허용하다 totalitarian : 전체주의의, 전체주의자 theologian : 신학자 rationalist : 순리론, 순리론자, 합리주의 progress : 전진, 진행, 진보, 과정, 증가 capitalism : 자본주의 genocidal : 대량 학살의 seek : 찾다, 구하다, 노력하다

① 대량 학살의 세기
② 세계적인 세기
③ 자본주의의 세기
④ 혁명의 세기

「다음엔 어두운 측면에 있었다. 세기의 영광의 한복판에 일부 역사상 최악의 공포가 숨겨져 있었다. 스탈린의 집단주의, 히틀러의 유대인 대학살, 마오쩌둥의 문화혁명, 폴 포트의 킬링 필드, 이디 아민의 광란. 우리는 이러한 일이 극소수 광인들의 잘못인 것처럼 개인화하려고 노력하지만 사실 광기를 포용하고 허용한 것은 독일과 같은 진보된 사회를 포함한 전체 사회였다. 그들이 가진 공통점은 자유를 위한 것보다는 전체주의적인 해결을 강구했다는 것이다. 신학자들은 왜 신이 악을 허락했는지에 대한 물음에 답을 해야 한다. 합리론자들은 왜 진보가 문명보다 문명화되지 못했을까라는 그만큼 어려운 질문을 가지고 있다.」

31 ④

dreadful : 두려운, 무시무시한 burden : 무거운 짐, 부담 usurp : 빼앗다, 강탈하다 ascribe : ~의 탓으로 하다, ~에게 돌리다 lordship : 통치권, 권력 perceptibility : 지각할 수 있음 at hand : 가까이에 deity : 신위, 신, 신성 paraphrased : 바꾸어 말하기, 의역 hazard : 위험, 모험

「자연계의 문이 드디어 열리고 우리는 선택이라는 두려운 짐을 갖게 되었다. 우리는 우리가 한때 신에게 돌렸던 많은 권력을 강탈해왔다. 두렵고 준비가 되어 있지 않지만 우리는 이 세계에 살아 있는 모든 것의 삶과 죽음을 통치하게 되었다. 위험과 영광 그리고 선택은 결국 인간에게 달려있다. 인간의 지각능력을 테스트할 시점이 가까이에 왔다. 신과 같은 권력을 갖게 된 인간들은 이제 인간 안에서 책임을 찾고, 또한 우리가 과거에 신이 가지길 기원했던 지혜를 우리가 가져야 한다. 인간은 그 스스로 가장 큰 위험이자 인간의 유일한 희망이 되었다. 그러므로 오늘날 사도 St. John의 말을 바꾸어 표현할 수 있다. 마지막 단어가 있으니(가장 중요한 단어) 그것은 곧 인간이며, 또한 인간과 함께 한다.」

32 ①

necessary : 필요한, 필수적인 torn : (tear의 과거분사) 찢다, 잡아채다 stitch : 한 땀, 바늘땀

① 한 번의 바느질이 아홉 번을 구한다.
② 천천히 그리고 꾸준히 하는 사람이 경주에서 승리한다.
③ 시작이 반이다.
④ 시간과 조류는 사람을 기다리지 않는다.

「당신은 당신의 양말이나 스타킹에서 작은 구멍을 찾은 적이 있습니까? 만약 당신이 당장 수선을 하지 않는다면 그 찢어진 부분은 보다 더 심해지거나 그 구멍은 더 커질 것입니다. 그렇게 되면 수선하는데 더 많은 시간이 걸리게 됩니다. 오늘 작은 구멍을 수선하는 데 5분을 보내는 것이 다음에 더 커진 구멍을 수선하는 데 15분을 보내는 것보다 낫습니다.」

33 ③

excuses : 용서하다, 변명하다   train : 훈련하다, 양성하다   operating : 수술의, 경영의   immediately : 곧, 즉시   conflict : 투쟁, 충돌   principle : 원칙, 신념   attitude : 태도, 사고방식   practical : 실제의, 실용적인   involve : 포함하다, 말려들게 하다   presence : 존재, 현존, 출석

「당신은 즉시 변명할 생각을 합니까? 그렇다면 충돌을 일으킬 것을 생각하지 말고 'yes'라고 말하도록 자신을 훈련시키십시오. 나의 처남은 운영의 원칙이 초대에 결코 'no'라고 대답하지 않는 것입니다. 이것이 항상 실용적인 것은 아니지만 태도가 중요합니다. 당신 자신을 관계시킬 준비를 하십시오. 문제를 해결하고 'no'라고 대답하는 방법보다 초대에 응할 수 있는 방법을 찾으십시오. 당신의 참석이 당신이 보내는 어떠한 물질적인 것보다 큰 선물이 될 수 있다는 것을 기억하십시오.」

34 ①

steamship : 상선, 기선   transcontinental : 대륙횡단의, 대륙 저쪽의   adventurer : 모험가, 투기꾼   sailor : 선원, 뱃사람, 수병   trader : 상인, 무역선   abroad : 국외로, 해외의   indeed : 실제로, 정말로   wildly : 무턱대고, 거칠게, 야생적으로   geographic : 지리적인, 지리학의   reality : 사실, 현실, 진실, 실체   nowhere : 아무데도 ~없다   mythical : 상상의, 신화의   evident : 명백한, 분명한   imaginative : 상상의, 가공의, 상상력이 풍부한   remarkably : 놀랄만한, 주목할 만한, 현저한   accurate : 정확한, 빈틈없는, 신중한   include : 넣다, 포함시키다

① 19세기 이전에 상상의 지도들이 종종 그려지곤 했는데, 이것은 아주 적은 수의 사람들만이 해외로 여행을 했기 때문이다.
② 그들의 별난 묘사에도 불구하고 19세기 이전에 제작된 지도들은 놀라울 정도로 정확했다.
③ 옛날 지도들은 상상 속의 동물들의 그림을 넣어야 했다.
④ 19세기 이전에 지도제작자들은 상상의 동물들을 두려워했기 때문에 이상한 인간들을 지도에 묘사했다.

「19세기까지 상선과 대륙횡단열차가 많은 사람들에게 장거리 여행을 가능하게 했을 때, 몇몇 모험가들, 주로 선원들과 상인들만이 자신들의 나라 밖으로 여행을 떠났다. 해외라는 것은 대부분의 사람들이 사실 거의 알지 못하는 그야말로 생소한 곳이었다. 그래서 초기의 지도제작자들은 종종 매우 지질학적인 사실에 비해 매우 부정확하였을지라도 실수로 비난받는 것에 대해 전혀 두려움이 없었다. 이것은 옛 지도에 상상의 생물들과 이상한 인간들이 묘사된 것으로 명백히 알 수 있다.」

35 ②

Antarctica : 남극대륙   tourism : (집합적) 관광객, 관광여행   consequence : 결과, 중대성   melt : 녹다, 용해하다, 서서히 사라지다   flood : 범람시키다, 관개하다, 홍수   coastal : 연안(해안)의, 근해의   air conditioning : 공기조절   clearly : 분명히, 똑똑히, 물론, 아무렴   fragile : 연약한, 부서지기 쉬운, 덧없는   excessive : 과도한, 과다한, 지나친, 심한

남극대륙을 여행하는 관광객들로 인해 남극대륙이 파괴되며, 그로 인해 지구도 심각한 위험에 빠질 수 있다고 본문은 말하고 있다.

① 남극의 얼음은 햇빛을 끌어들이고 지구를 따뜻하게 한다.
② 남극대륙으로의 과도한 방문은 남극대륙과 지구를 훼손시킬 것이다.
③ 작가는 남극에 대한 과학적 연구가 금지되기를 원한다.
④ 만일 우리가 남극에서의 관광을 중지한다면, 이것은 관광회사들을 위한 결론이다.

「우리가 관광객들로부터 남극대륙을 보호하지 않는다면, 우리 모두에게 심각한 결과가 있을 것이다. 남극대륙의 빙하는 전 세계 담수의 70%를 갖고 있다. 이런 빙하가 녹게 되면, 해수면은 200피트 상승하며 지구 해변도시들을 범람시킬 수 있다. 또한, 남극대륙의 광대한 빙하지대는 지구의 자연적인 공기조절을 제공한다. 그것들은 태양빛을 대기권 밖으로 반사하여 지구가 너무 데워지는 것을 막는다. 분명히, 남극대륙은 조심스럽게 관리되어져야 하는 과학적 연구를 위한 장소로 남겨져야 한다. 우리는 관광객들이 지구에 가능한 위험을 가져오는 것을 허락해서는 안 된다. 이렇게 연약하고 중요한 지구의 부분을 보호하기 위한 유일한 방법은 남극대륙을 여행하려는 관광객을 막는 것이다.」

36 ④

recession : 불경기, 경기후퇴   organize : 체계화하다, 정리하다, 계획하다   tip : 정보, 조언, 힌트   productive : 생산적인, 다산의, (토지가) 비옥한   consider : 숙고하다, 고찰하다   immediately : 즉시, 곧, 직접   available : 유효한, 소용이 되는, 이용할 수 있는, 입수할 수 있는   part-time : 비상근   appear : 나타나다, ~임이 분명하다   willing : 자발적인, 기꺼이 ~하는   eager : 열심인, 열망하는, 간절히 하고 싶어하는   discouraged : 낙담한   give up : 포기하다   eventually : 결국

문두에서 얻고자 한다면 구직활동을 체계화하라고 말하고 있으며, 가장 중요한 것은 낙담하지 말고 자발적이며 열성적이어야 한다고 말하고 있다.

「불경기 때, 직장을 찾기 힘들 때, 당신의 직업을 구하는 것을 신중히 체계화하는 것이 중요하다. 여기 당신의 구직을 더 생산적이게 하는 몇 가지 조언이 있다. 무엇보다도, 당신의 일은 직업을 구하는 것임을 숙고해야 한다. 매일 정해진 시간 동안 직업을 찾으려고 힘을 다해라. 다음에는, 당신이 알고 있는 사람들에게 당신을 위해 다른 사람들에게 직장에 관해 이야기하도록 요청하라. 전임근무가 즉시 유효하지 않다면 비상근직을 제안하라. 자발적

이며 열성적인 것처럼 보여라. 가장 중요한 것은 낙담하지 말고 포기하지 말아라. 당신의 구직활동은 당신이 직업을 얻고자 노력한다면 결국에는 성공할 것이다.」

37 ①

sea horse : 해마 hold on to : ～을 꽉 붙잡다, 고수하다, 집착하다 lizard : 도마뱀 get hold of : ～을 잡다 fall off : (분리되어) 떨어지다 run away : 도망치다 fur : 털, 모피

「해마는 꼬리를 손처럼 사용한다. 일부 원숭이도 마찬가지이다. 해마는 꼬리로 바다식물을 꽉 잡는다. 그러면 해마는 물에 떠내려가지 않는다. 어떤 원숭이들은 꼬리로 나무에 매달려 있다. 그들은 다른 일을 하는 데 손을 사용한다. 도마뱀과 여우는 안전을 유지하기 위해 꼬리를 사용한다. 때때로 또 다른 동물이 도마뱀의 꼬리를 잡는다. 꼬리는 잘려나가고 도마뱀은 도망친다. 나중에 새 꼬리가 자란다. 여우는 싸움을 시작할 때 꼬리 뒤에 숨는다. 그 꼬리는 숱이 많은 털로 덮여 있다. 그곳은 물려도 다치지 않을 것이다.」

38 ②

willpower : 의지력, 자제력 for the sake of : ～을 위하여(= for one's sake) well-being : 복지, 안녕, 행복 addiction : 중독 have no desire to do : ～할 생각이 없다 safeguard : 지키다, 보호하다 present : 있는, 참석한, 지금의 involuntarily : 본의 아니게, 비자발적으로 toxin : 독소 linger : 오래 머무르다 ventilation : 환기, 통풍

「불행하게도 누구나 자제력을 가지고 있는 것은 아니다. 몇 명은 그들의 사랑을 받는 사람들 또는 그들의 행복을 위하여 그만두기를 원할지도 모르지만, 니코틴 중독의 힘은 너무 크다. 다른 사람들은 담배를 즐기며 그것을 그만둘 생각이 없다고 주장한다. 만약 당신이 그만둘 수 없거나 그만두지 않겠다면, 여전히 당신 주위에 있는 사람들을 보호하기 위해서 할 수 있는 많은 것이 있다. 어느 누구도 당신의 집이나 차 안에서, 심지어 아이들이 있지 않을 때라도 결코 흡연하도록 허락하지 말아라. 사람들이 비자발적으로 흡연하지 않도록 당신의 권리를 존중해야 한다고 설명하라. 독소들은 심지어 당신이 그것들을 보거나 냄새를 맡을 수 없을지라도 공기 속에 남아 있다. 만약 당신이 흡연자라면, 그것을 밖으로 가지고 가거나 환기장치가 당신 집의 환기장치와 분리되어 있는 곳에서 흡연하여라.」

39 ③

liquor manufacturer : 주류제조업자 excessive : 지나친, 과도의 cirrhosis : (간장 등의) 경변(硬便) liver cancer : 간암 probability : 가능성, 일어남직함 in compliance with : ～에 순응하여(= according to), ～을 준수하여, ～에 따라서 enact : 법률을 제정하다, 규정하다, 법이 발효하다 mandatory : 의무적인, 강제적인(= compulsory)

「주류제조업자들에 따르면, 정부에서 3월 23일부터 처음으로 시행하는 모든 술병에는 '건강경고문'이 부착될 것이다. 그 경고는 다음과 같다 : "지나친 음주는 간의 경변(硬便)이나 간암을 유발하고, 운전이나 일하는 동안에 사고의 가능성을 증대하기도 한다." 이러한 움직임은 작년 9월에 제정된 공중보건촉진법에 따른 것인데, 이 법은 모든 주류판매자가 술병에 경고문을 부착해야 하는 것을 의무화하도록 하고 있다. 그 경고문의 실제 문구는 보건복지가족부장관이 제안한 세 가지 사례들 가운데 선택되었다.」

40 ②

would sooner A than B : B하느니 차라리 A하는 것이 훨씬 더 낫다 monotonous : 단조로운, 지루한 variety : 다양(성), 변화, 차이 contrast : 대조, 대비 blue : 우울한, 기운없는 green : 활기있는, 원기왕성한, 미숙한 courageous : 용기있는, 용감한 tolerance : 인내(심), 포용력, 관용 preference for : ～을 선호함(좋아함) preservation : 보존, 유지, 보호

① 단조로운 생활을 좋아함
② 세계 평화의 유지
③ 세계의 다양함과 상반됨
④ 대담한 관용의 필요성

「나는 확실히 세계적인 전쟁(세계대전)이 벌어지는 세상에 사느니 차라리 단조로운 공동체사회 속에 살고자 한다. 그러나, 그들 중 어느 한 쪽에 사느니 차라리 죽는 게 훨씬 더 낫다. 내 마음은 다양성과 상반된 것으로 가득 찬, 우울하면서도 활기찬 측면을 지닌 오늘날의 세상에 머물고 있다. 그리고 내가 바라는 것은 대담한 관용을 통해서 현재의 세계가 유지되는 것이다.」

● **2. 전후관계**

1 ④

④ 주어진 문장에서 처음 두 번은 실패하고 마지막에서 만회하였다고 언급하고 있으므로 ④에 들어가는 것이 논리적 흐름상 적절하다.
dismally 음울하게, 쓸쓸하게 redeem 회복하다, 되찾다 demonstrate 증명하다 profuse 풍부한 beneath 바로 아래에 affirmation 긍정, 확인

「디즈니의 작품은 동화, 신화 그리고 민속 문화에서 많은 것을 차용하는데 여기에는 전형적인 요소들이 풍부하다. 피노키오는 이러한 요소들이 어떻게 표면적 현실주의 아래에 파묻히지 않고 강조될 수 있는지를 보여주는 좋은 예이다. 영화 초반부에서 소년이자 인형인 피노키오는 진짜 소년이 되기 위해서 용기 있고 진실하며 이기적이지 않다는 것을 보여야 한다는 이야기를 듣는다. 이 영화의 세 가지 주요한 일화는 의례적인 시련들을 상징하는 것에 피노키오의 도덕적 불굴의 용기를 검증하는 것이다. 그는 처음의 두 번에서는 비참하게 실패하지만 마지막 고래 일화에서는 만회를 하게 되는데 이 일화에서 그는 용기, 정직, 그리고 이기적이지 않음을 확실히 보여

준다. 이와 같이 피노키오의 가치관은 대부분의 디즈니 작품처럼 전통적이고 보수적인데 이는 가족의 신성성에 대한 확인이며 우리의 운명을 인도하는 데에 신이 중요한 역할을 한다는 것을 보여주고, 사회의 규칙에 따라야 할 필요성을 밝힌다.」

2 ④

convict 유죄를 선고하다 segregation (인종 · 종교 · 성별에 따른) 분리, 차별 encroach 침해하다

「ⓔ 1955년 12월 1일, Rosa Park는 그녀의 직장인 Alabama주 Montgomery 시내의 가게에서 집으로 가는 버스를 탔다.
ⓛ 그 시절 인종차별법에 따르면, 아프리카계 미국인인 Rosa Park는 버스 뒷자리에 앉도록 되어 있었다. 그녀는 백인 구역을 침범한 것으로 비난을 받았고 버스 기사는 법을 준수하라고 그녀를 설득했다.
ⓒ Rosa Park는 그의 말을 따르는 대신에 그녀의 태도를 유지한 채 자리를 지키고 있었다. 마침내, 기사가 경찰을 부르겠다고 그녀에게 경고했다. "그렇게 하세요. 그들을 부르세요."라고 Park가 답했다.
ⓖ Rosa Park는 체포되어 수감되고, 유죄 선고를 받아 벌금을 부과 받았다. 그녀는 벌금을 벌금 내길 거부했다. 그녀의 경험은 382일간의 Montgomery 시내버스 불매운동을 유발했다.」

3 ③

ceramicist 도예가 exhibition 전시회 affect 영향을 미치다 composition 구성 palette (화가의) 색채 composer 작곡가
아시아의 예술과 음악이 서구에 영향을 미친다는 내용으로 ③은 내용 흐름상 적절치 못하다.

「수 세기에 걸쳐 아시아의 예술과 음악은 서구에 엄청난 영향을 미쳤다. 예로 들면 페르시아의 도예가들 뿐만 아니라 영국의 본차이나 디자이너들 또한 중국의 자기를 모방했다. 19세기 후반 파리의 극동 전시회에서 선보인 일본의 수채화들은 마티스와 드가의 구성과 색체에 영향을 미쳤다. (③서구사람들이 비 서구사람들의 예술품들을 모으거나 박물관에서 볼 때 그들은 작품의 본래 맥락을 아마 놓칠 것이다.) 동양의 뮤지컬은 또한 모차르트와 드뷔시와 같은 작곡가들에게 영향력을 미쳤다.」

4 ②

updraft 상승기류 buoyant (물에) 떠 있는 altitude 고도 vapor 증기 condense 응결되다, 응축되다 bare 벌거벗은 pave 길을 포장하다 churning 마구 휘젓다 hail 우박
제시문은 폭풍우의 형성 과정을 설명한 것으로 (B) − (A) − (C)의 흐름으로 이어지는 것이 논리적으로 적절하다.

「폭풍우는 전 세계 각 지역, 예를 들어 북미 전역에서 매우 흔한 일이다. 따뜻한 공기의 상승기류가 이런 폭풍을 시작하게 한다.
(B) 태양에 의해 주변보다 집중적으로 데워진 지역의 땅 위에서 상승기류가 시작할 수 있다. 예를 들어 헐벗고, 바위가 많거나 도로 포장이 된 지역 위에서 보통 상승기류가 나타난다. 지열과 접한 공기는 데워지고 따라서 그 주변의 공기보다 더 가벼워지며, 더 잘 뜰 수 있게 된다.
(A) 곧이어 이 더 잘 뜰 수 있게 된 공기가 상승하며 더 높은 고도까지 수증기를 가지고 간다. 공기는 상승하면서 차가워지고, 수증기는 응축되어 비로 떨어지기 시작한다. 비가 내리면서 비는 주변의 공기를 끌어당기며 일부 아래로 향하는 기류를 회전시킨다.
(C) 이 기류는 다시 상승할 수 있으며 구름 속에서 비를 마구 흩뿌린다. 이들 중 일부가 얼어서 우박이 된다. 곧 빗방울이 상승기류에 저항할 만큼 무거워지고 그들과 함께 하강기류의 형태로 공기를 끌어들이며 땅으로 떨어진다.」

5 ①

manuscript 원고, 필사본 unreproducible 복사할 수 없는 pagination 페이지 매기기 alphabetic ordering 알파벳 순 배열 bibliography 참고문헌 textual 원문의 cumulative 누적되는 revised 수정된, 개정된

「인쇄술은 지식 그 자체를 이해하고 전송하는 방법을 변형시켰다. 손으로 작성된 원고는 독특하고 복사할 수 없는 물건이다. (A) 하지만, 표준 형식과 유형을 가진 인쇄술은 정확한 대량 복제를 도입했다. 이것은 거리상 떨어져 있는 두 명의 독자가 동일한 책에 대해, 특정한 페이지의 특정 단어까지 논의하고 비교할 수 있다는 것을 의미한다. (B) (손으로 작성된 원고에서는 모두 생각해볼 수 없었던 것들인) 일관된 페이지 매기기, 색인, 알파벳 순 배열, 그리고 참고문헌들을 가지고 지식은 서서히 재포장되었다. (C) 말하자면 이제는 학자들이 아리스토텔레스의 「Politics」와 같은 손으로 작성된 원고를 수집하고 이용가능한 모든 사본들과의 비교하여 표준화된 원본을 인쇄할 수 있기 때문에 원문 연구학은 누적적 과학이 되었다. (D) 이것은 또한 신판과 개정판이라는 현상을 이끌었다.」

6 ②

bilingualism 두 개 언어를 말하는 능력 profound 엄청난, 깊은 cognitive 인식의, 인지의 dementia 치매

ⓖ에서 두 개의 언어로 말하는 것이 실질적인 이득이 있다고 말하고, ⓖ에서는 그보다 과학자들이 밝혀내는 다른 장점을 말하고 있다. ⓒ은 ⓛ의 부가설명으로 ⓒ에서 'it'은 ⓛ의 'Being bilingual'을 의미하므로 ⓒ이 ⓛ보다 먼저 와야 한다.

「㉠ 한 개의 언어로 말하는 것보다 두 개의 언어로 말하는 것이 세계화되는 세상에서 명백한 실질적인 이득을 가진다.
㉣ 그러나 최근에, 과학자들은 두 개의 언어를 말하는 능력의 이점이 보다 더 넓은 범위의 사람들과 대화할 수 있다는 것보다 더 근본적이라는 걸 보여주기 시작했다.
㉡ 두 개 언어를 사용하는 것은 당신을 더 똑똑하게 만든다는 것으로 드러났다.
㉢ 그것은 언어와 관련이 없는 인지적인 기술들을 향상시키고, 심지어 노년에 치매를 막아주기도 하며 당신의 뇌에 엄청난 영향을 미칠 수 있다.」

7 ④

accomplish : 완수하다, 성취하다   dairy : 낙농장
sustainable : 지속 가능한   initially : 처음에
untapped : 아직 손대지(사용하지) 않은 furnace :
용광로   leftover : 남은, 잉여의   shares : 주식
neutral : 중립적인 given that : ~을 고려하면
④ (A) 문두의 'So'와 (B)의 첫 문장인 'It worked.'를 통해 유추해 볼 수 있다.

「약간의 공짜 맥주가 해낼 수 있는 것은 놀랍다. 낙농장과 돼지 농장으로 잘 알려진 Samso는 결국에는 탄소가 없는 지속 가능한 전력을 위한 덴마크의 시연회가 될 것이다. 그러나 어떻게 그러한 일이 발생할지는 명확하지 않았는데 이는 처음에 정부가 어떠한 자금과 세금 우대, 기술적인 전문성도 제공하지 않았기 때문이다.
(C) 거의 모든 전력이 석유와 석탄에서 나온다는 것을 고려하면 – 그리고 그 섬의 4,300명 주민들이 곡물 저장기로부터 나오는 풍력 발전용 터빈에 대해 몰랐다는 점을 고려하면 – Samso는 이상한 선택을 한 것처럼 보였다. 그러나 Soren Hermansen은 기회를 보았다. 그 호소는 즉각적이었고, 재생 가능한 에너지 프로젝트가 마침내 상당한 자금을 얻어 냈을 때 그는 최초의, 그리고 유일한 직원이 될 것을 자원했다.
(A) 그래서 Hermansen은 친환경적이 되는 것에 대해 홍보하기 위하여 매 공동체나 클럽모임에 참석했다. 그는 바람이 거센 섬이 풍력을 위한 잠재력을 가졌다는 점과 Samso가 에너지 독립을 하도록 만드는 것의 경제적 이익에 대해 지적했다. 그리고 그는 가끔 공짜 맥주를 가져왔다.
(B) 그것은 효과가 있었다. 섬사람들은 열과 온수를 생산하기 위해서 석유를 태우는 그들의 용광로를 쓰다 남은 짚과 나뭇조각을 태우는 중앙 집중식 발전소로 바꾸었다. 그들은 새로운 풍력 터빈 주식을 샀는데, 그것은 섬 전체의 전기 수요를 충족시킬 수 있는 11개의 커다란 지상 터빈을 지을 만큼의 자금을 만들어 냈다. 오늘날 Samso는 단지 탄소 중립적인 것만은 아니다. – 그것은 그것이 사용하는 것보다 10% 더 깨끗한 전기를 생산하는데 남는 전기를 다시 보냄으로써 수익을 낸다.」

8 ④

portray : 묘사하다   challenge : 도전, 시험대
stereotype : 고정관념 overcrowded : 과도하게 붐비는, 초만원인

「오늘날 세상에서 우리가 직면하는 도전 중에 하나는 타인과 장소에 대해 우리가 얻는 많은 정보들이 우리가 보는 미디어의 광고나 오락 프로그램으로부터 나온다는 것이다. 당신은 이러한 유형의 정보를 항상 신뢰할 수는 없다. 텔레비전 프로그램과 광고를 만드는 사람들에게, 진실과 정직한 의견은 당신에게 어떤 것을 팔기 위해 충분히 오랫동안 당신의 관심을 유지시키는 것만큼 중요하지는 않다. 과거에 우리가 텔레비전 프로그램, 광고, 그리고 영화로부터 받았던 메시지들은 고정관념으로 가득 찼다. 예를 들어, 어떤 문화 그룹들은 종종 폭력배들로 묘사되었고, 반면에 다른 그룹들은 보통 그들을 체포하는 '좋은 사람들'로 보여 준다. 심지어 장소조차 고정관념으로 표현되었다; 파리와 베니스와 같은 유럽의 도시들은 보통 아름답고 낭만적으로 보여 주지만, 카이로나 캘커타 같은 아프리카와 아시아의 도시들은 빈곤하고 지나치게 붐비는 것으로 자주 보여 주었다.」

9 ④

rapidly : 급속히, 신속히 firsthand : 직접 breed : 종류, 유형 disposal : (무언가를 없애기 위한) 처리, 처분 equip : 장비를 갖추다 knowledgeable : 아는 것이 많은 appealing : 매력적인, 흥미로운 finalize : 마무리 짓다   compensate : 보상하다 payroll : 급여 대상자 명단 prefer : 좋아하다, 선호하다

「과거의 경험 많은 여행사들은 여행지에 대한 직접적인 지식이 적은 새로운 여행사에 의해 빠르게 바뀌고 있다. 이런 새로운 종류의 여행사들이 대하는 것은 지리에 대해 잘 모르지만 돈과 시간이 많은 고객들이다. 해결책은 이러한 많은 것들을 알고 있지 못하는 직원들에게 알맞은 여행지를 고객과 잘 맞춰줄 수 있도록 도와주는 컴퓨터와 비디오를 갖춰주는 것이다.
(C) 핵심은 바로 고객에게 염두에 두고 있는 선호하는 여행 지식을 묻는 것이다. 특별히 요구는 있는데 이런 요구 가운데 가장 전형적인 것은 "나는 짐을 싸고 풀고 하는 것을 반복하고 싶지 않다."이거나 "나는 빨리 돌아다니고 많은 것을 보고 싶지는 않다."와 같은 것들이다.
(B) 수집된 이런 반응들이 컴퓨터에 입력되고 고객이 선호하는 것과 어울리는 여행지와 여행 일정을 추천한다.
(A) 그리고 나서 고객은 가장 마음에 드는 것으로 보이는 그런 목적지를 담고 있는 비디오를 보고 자신의 예행 계획을 마무리 짓는다. 이런 식으로 여행사들은 자기 직원들의 무경험을 보완하기 위하여 현대적인 기술을 이용한다.」

10 ②

hiring : 고용, 임대차 conclude : 결론(판단)을 내리다 exhaustive : 철저한, 완전한 segment : 부분, 조각, 나누다, 분할하다 chancellor : 수상, 총장 trustee : 신탁 관리자, 이사 faculty : (타고난) 능력(기능), 교직원 alumni : 졸업생들 nominate : 임명(지명)하다 candidate : 입후보자 advisory : 자문(고문)의 subcommittee : 분과 위원회, 소위원회 narrow : 좁은, 좁아지다, (눈이) 찌푸려지다 finalist : 결승전 출전자 emerge : 드러나다, 알려지다

「2008년 이후로 Licafornia 대학 총장직을 맡아온 Carlos Jimenez를 Heoha 대학의 10대 총장으로 선출했다는 소식이 3월 15일에 학교 평의원 회의에서 발표되었다. 그는 7월 1일 취임할 것이다. 그를 임명한 것은 대학 각 분야에서의 데이터를 수집하는 철저한 과정을 거쳐 결정한 것이었다. 교직원, 학생, 그리고 졸업생들에게 후보를 추천해달라고 요청하였다. 자문 소위원회는 전국에 걸쳐진 40여 차례에 걸친 공청회를 통해 얻은 자료를 수집했다. 이 지명은 처음에는 100명으로 좁혀졌고 다음으로 면접을 받은 20명으로, 그리고 나서 최종 5명으로 압축되었다. 이번 조사 위원회를 이끈 Jeffrey Pinorius 위원은 Jimenez가 확실한 선택으로 드러났다고 말했다. "이번 대학 총장 조사위원회는 대단히 복잡한 조직을 이끄는 데 필요한 확실한 가능성과 이미 입증된 지도력을 갖춘 지도자를 찾는 일을 맡아왔다."고 그가 말했다.」

11 ④

verse : 운문 chronicler : 연대기 작자, 기록자 vanity : 자만심, 허영심 hypocrisy : 위선 typesetter : 식자공 sturdy : 튼튼한, 견고한 distinctive : 독특한, 특징적인

④ Mark Twain의 삶의 흐름에 따라 배열하면 된다.

「ⓒ 자신의 필명인 Mark Twain으로 더 잘 알려진 Samuel Langhorne Clemens는 작가가 되기 전에 식자공과 미시시피 강의 보트 파일럿으로 일했다.
ⓐ Mark Twain은 가볍고, 유머러스한 운문을 쓰면서 경력을 시작했지만, 인간의 허영과 위선의 기록자로 진화했다.
ⓓ 허클베리 핀의 모험을 썼던 중반기에는, 그는 풍부한 유머와 견고한 이야기와 사회적인 비판을 혼합하여 미국의 테마와 언어를 바탕으로 한 독특한 미국 문학을 대중화시켰다.
ⓑ Twain은 그의 글과 강연으로 많은 돈을 벌었지만, 노후에 벤처 사업에 투자를 해서 많은 돈을 잃었다.」

12 ②

come up with : 찾아내다, 제시하다 quantify : 양을 나타내다, 수량화하다 seemingly : 외견상으로, 겉보기에는 unquantifiable : 수량화할 수 없는, 계량 불가능한 component : 요소, 부품 overall : 전반적인 substantial : 상당한 figure out : 계산해내다, 생각해내다

② 제일 윗 지문이 연구 방법을 찾아냈다는 내용이었기에 뒤이어 (B)의 구체적인 방법에 대한 설명 (A) 방법에 대한 예시(믿음) (C) 예시(믿음)에 대한 추가 설명이 이어지는 것이 자연스럽다.

「해마다, 유럽 노동 시장 연구를 위한 Scotland's Centre의 후원을 받은 조사는 (다음과) 같은 것을 발견했다 : 만약 당신이 인생에서 행복해지기를 바란다면, 당신의 직업에서 행복을 느껴야 한다. 좋다, 그러나 무엇이 나의 직업 안에서 날 행복하게 만들 것인가? 캐나다의 the University of British Columbia의 몇몇의 연구원들은 겉보기에는 수량화 할 수 없어 보이는 것을 수량화하는 흥미로운 방법을 제시했다. (B) 직업만족에 있어 네 가지 요인을 고려한 생활만족도 조사를 분석함으로써 그들은 임금 인상과 비교해보았을 때 얼마나 가치 있는 것인지 계산해내었다. (A) 예를 들어, 경영진에 대한 믿음-단연코 직업만족에 있어 가장 큰 요소인-은 상당한 임금 인상만큼 당신의 전반적인 행복의 가치가 있다. (C) 연구원들의 계산에 의하면, 더 정확히 말해 믿음에 있어 조금의 증가가 36퍼센트의 임금인상과 같다는 것이다. 다시 말하면, 그것은 36퍼센트의 임금 인상과 거의 같은 양만큼 삶에 있어 전반적인 만족의 단계를 상승시킨다는 것이다.」

13 ③

deformed : 기형의 mobility : 이동성 defeat : 패배시키다 compete : 경쟁하다 kayak : 카약 perseverance : 인내

③ 달리기를 배움→올림픽 주자는 될 수 없음을 깨달음, 다른 스포츠를 찾음→카약을 알게 되는 것이 자연스럽다. 따라서 (C)의 위치가 적합하다.

「하지만 그가 절대 올림픽 주자가 될 수 없다는 것을 그는 알고 있었다. 그래서 그는 그가 할 수 있는 다른 스포츠를 찾았다」

「많은 사람들이 자신의 인생에 있어 큰 장애를 만나게 된다, 하지만 극복하는 방법과 장애로부터 실질적인 이점을 찾아낸다. 예를 들어, 1984년, 198년, 1992년 미국의 카약 올림픽 메달리스트인 Greg Barton은 심각한 장애를 가지고 태어났다. (A) 그는 발가락이 안쪽으로 향하고 있는 기형의 발을 가지고 있었다. 그 결과 그는 쉽게 걷질 못하였다. 몇 번의 수술 후에도 여전히 이동성에 제한이 있었다. (B) 그럼에도 불구하고 Greg은 절대 포기하지 않았다. 우선 그는 걷는 것을 배우고, 심지어 뛰는 것도 배웠다. 그리고 그는 고등학교 육상부로서 경쟁도 하였다. (C) 행복하게도, 그는 카약을 발견했다. 그것은 작은 다리와 발 근육을 요하기 때문에 그에게 완벽한 스포츠였다. 그의 상체 힘을 이용하여 그는 그 스포츠를 터득할 수 있었다. (D) 결국, 훈련과 인내의 많은 세월이 지나서 Greg는 1984년 올림픽 팀을 만들 수 있었다.」

14 ③

「(C) 인터넷은 그 어느 때보다 우리를 보다 서로 가깝게 만들어주고 있다.

(D) 이것은 Web에 접근할 수 있는 사람에게는 좋은 소식이다.

(B) 그러나, 전 세계의 수백 만 명의 사람들이 컴퓨터를 살 수 없다는 것은 나쁜 소식이다.

(A) 그들은 소위 정보화 시대가 도달하지 않은 세 상에 여전히 방치되어 있다.」

15 ③

hot spring : 온천   continent : 대륙, 육지   ocean floor : 해저   fissure : 길게 갈라진 틈   groundwater : 지하수   crust : 표층, 지각   come into contact with : ~와 접촉하다   definition : 정의   molten : (금속, 유리가)녹은   hydrothermal vent : 열수 분출공   issue : ~에서 나오다   phenomenon : 현상

첫 문장에서 온천이 모든 육지와 지구의 해저에서 발견되는 것을 주시하고, ①과②는 육지에서 생기는 온천과 관련된 설명과 예이고, ④는 해저에서 생기는 온천에 대한 설명이다.

「온천은 모든 육지와 지구의 해저에서 발견된다. ①그것들은 지구 지각의 갈라진 틈으로부터 뜨거운 지하수의 강력한 부상에 의해 생산된다. ②예를 들면, 화산지역인 옐로우스톤 국립공원의 온천들에서 나온 물들은 녹은 암석들과 접촉할 때 뜨거워지기 마련이다. ③온천의 몇몇 정의들이 존재하지만 그것들 중 어느 하나도 보편적으로 수용되지 않는다. ④반면에, 그 현상은 그 해저에서 지구 내부의 열에 의해 나오는 물이 뜨거워지는 열수(熱水) 분출공이라고 불린다.」

16 ③

currently : 현재   net worth : 순자산   potential : 잠재력, 가능성   liquidate : 매각하다, 청산하다   appropriate : 적절하다. 책정하다

더 많은 돈을 필요로 할 때가 있을 수 있다는 첫 문장을 주시하고, 이후의 상황에 대처하기 위한 두 가지 선택사항인 (C)가 나오고, 선택사항에 대한 설명인 (B), (D) 그리고 위험성에 대한 경고인 (A)가 나와야 한다.

「아무리 주의 깊게 당신의 돈을 관리한다 하더라도, 당신이 현재 사용할 수 있는 것 보다 더 많은 돈을 필요로 할 때가 있을 수 있다. (A)그러나 저축을 사용하고 대출을 늘리는 것 모두 장기적인 재정적 안정성을 획득할 당신의 순자산과 잠재력을 감소시킨다는 사실을 기억하라. (B)당신이 자금을 필요로 할 때 보통예금, 양도성 예금증서, 뮤추얼 펀드 또는 다른 투자에 접근될 수 있다. (C)그 상황에 대처하기 위해서, 당신은 두 가지 기본적인 선택들을 가진다. : 예금을 정리하거나 빌리거나. (D)또는 신용카드 현금서비스나 개인대출이 적절할 수 있다.」

17 ③

by day : 낮에는   at night : 야간에, 밤에   mummy : 미이라   wax : 밀랍(蜜蠟)

첫 번째 문장의 The ancient Egyptians를 (D)에서 They로 받고, life after death는 after life로 받고 있다. (C)에서의 a bird를 (A)에서 It으로 받는 것으로 보아 (C) 다음에 (A)가 온다는 것을 알 수 있다. (B) The body, therefore, was preserved가 마지막 문장의 mummy를 가리키므로 (B)가 마지막에 위치한다는 것을 유추할 수 있다.

「고대 이집트인들은 사후의 삶에 대한 존재를 믿었다. (D) 그들은 매우 주의 깊게 이승의 삶의 이후를 대비했다. (C) 그들은 영혼을 인간의 얼굴을 가진 새로 여겼다. (A) 이 새는 낮에는 날아다닐 수 있으나 밤에는 무덤으로 되돌아 와야 한다. (B) 따라서 몸은 영혼이 알아볼 수 있도록 보존되었다. mummy라는 단어는 밀랍을 의미하는 페르시아어인 mum에서 나온 것이다.」

18 ②

given : ~이라고 가정하면, ~이 주어지면   adolescent : 청년, 10대 청소년   smoke detector : 흡연 탐지기   resist : ~에 저항하다, 반항하다, 방해하다   go along with : ~와 동행하다, ~에 부수하다, 따르다   indulge in : ~에 빠지다, 탐닉하다(= indulge oneself in)

② 건물 안에 화재탐지기(smoke detectors)를 설치하는 것이 법으로 규정되어야 한다는 것은 전체적 내용인 '흡연'과 관련된 것이 아니기 때문에 흐름상 알맞지 않다.

「흡연이 건강상으로 전반적으로 위험하다는 것을 알고 있는 상황에서, 대부분의 흡연자들이 살아가는 동안 언젠가는 금연을 하려고 노력해 보는 것은 당연한 일이다. 그러나 대부분의 경우 그들의 시도는 성공적이지 못했다. 사람들은 부모님이 흡연하시는 것을 보고서 아니면 동료들의 압력 등을 포함한 다양한 이유로 흔히 그들이 청소년일 때 담배를 피우기 시작한다. 빌딩에 흡연 탐지기 설치가 법적으로 요구된다[의무화되어 있다]. 만일 한 그룹의 친구들 중 다른 사람들이 담배를 피기 시작하면, 그 무리를 따라가는 것을 거스르기가 힘들다. 일단 사람들이 담배를 피우기 시작하면, 그들은 이제 그 일에 탐닉하기 십상이다.」

19 ③

veterinary : 수의(학)의   canine pet : 애완견   canine : 개의, 개과(科)의   aggression : 공격, 침략(= assault, attack, invasion)   estimate : 추정하다, 추산하다

순서 배열 문제의 경우 접속어나 지시어 등을 이용하여 그 순서를 알 수 있으며, 일반적 내용이 구체적 내용 앞에 온다. (A)에 this caring cost가 있는 것으로 보아 앞에 caring cost(기르는 데 드는 비용)에 대한 내용이 (A) 앞에 와야 한다. 그러므로 일단 (A)가 (B) 앞에 있는 것은 정답이 될 수 없다. 선택지에서 정답이 ③이라는 것은 여기서도 알 수 있다. 또한 (A)에서 social cost(사회적 비용)가 처음 나왔고 (C)에서 사회적 비용을 구체적으로 설명하였으므로 (A) 뒤에 (C)가 와야 한다.

「개는 사람의 최고의 친구라고 많은 사람들이 생각한다. 그들은 충직하고, 사랑스럽고, 용감한 가족의 구성원으로 여겨진다. 그러나 그 비용은? (B) 매년 미국인들은 개의 음식에 5백만 달러 이상의 돈을 사용하며, 그들의 애완견의 병원 치료에 7백만 달러 이상의 돈을 사용한다. (A) 이런 개를 키우는 데 개의 공격에 사회적 비용이 더해진다. 한해에 미국의 보험회사들은 난폭한 개로 인해 2억 5천만 달러의 보험금을 지불한다. (C) 다른 비용들이 추가되어질 때, 전문가들이 추정하기를 그 사회적 비용은 10억 달러이다.」

20 ③

annual : 1년의, 해마다 urgent : 긴급한, 다급한
some serious problems가 these problems로 이어지고 이는 미국의 사례를 보여주는 것으로 연결된다.
결과적으로 (B)와 같은 내용으로 이어진다.

「비록 산업국가들이 의료에서 대단한 발전을 했을지라도, 오늘날 그들의 의료시스템은 약간의 심각한 문제들을 겪고 있다. (C) 이러한 문제점들 중 가장 시급한 것은 재정이다. 의료비용은 경제의 다른 분야보다 더 빨리 오르고 있다. (A) 예를 들어 미국은 매일 거의 20억 달러가 의료에 쓰이며 이 액수는 연간 12%의 속도로 증가하고 있다. (B) 이렇게 증가하는 비용의 결과로 질 좋은 의료를 이용하는 것은 확대되기보다 줄어들고 있다.」

21 ③

scientific : 과학의, 과학적인, 정확한, 숙련된 feat : 위업, 공훈, 묘기, 재주 threaten : 위협하다, ~할 우려가 있다 phenomenal : 자연 현상의, 인지할 수 있는, 놀랄 만한, 경이적인 transcendental : 선험적인, 초월적인, 탁월한, 우월한 miserable : 불쌍한, 비참한, 고약한 poverty : 빈곤, 가난, 결핍

「인간게놈의 해독은 놀랄 만한 사건이다. 그것은 오염, 전쟁, 그리고 빈곤에 의해 야기된 비참한 보건상태의 증진을 위한 인간의 노력에 있어서 탁월한 발견이다. (그러나 다른 인간의 과학적인 위업과 같이 사회적, 산업적 관계를 위협할 수 있다) 그것은 사람들을 실직시키고 가족을 개편할 잠재성을 가지고 있다. 이러한 과학적인 위업이 인종차별의 도구로 전환되는 것을 막기 위해 효과적인 법이 통과되어야 한다.」

22 ①

biometeorology : 생물기상학 statistical : 통계적인 correlation : 상호관련, 상관관계 density : 밀도, 농도, 조밀도 hungarian : 헝가리의, 헝가리 사람 dental : 이의, 치과의 periostitis : 골막염 inflammation : 염증, 격노, 점화, 연소 warm : 따뜻한 migrain : 편두통 barometric : 기압의 flourish : 번창하다, 건강하다 assume : 가정하면, 맡다, 취하다 ordinary : 평상의, 보통의, 평범한 myriad : 무수, 1만 meanwhile : 그럭저럭, 그사이, 그동안, 한편 asthma : 천식

ⓑ 생물기상학이 번창하기 시작한 유럽에서는 평범한 날씨가 무수한 방법으로 보통 사람에게 영향을 미치는 것으로 가정하였다.
ⓐ 한 연구에서, 생물기상학자가 뼈 밀도와 온도 사이의 통계적인 상관관계를 보여주었다. 일부 헝가리 과학자들은 온난 전선이 통과할 때 이의 염증이 증가한다는 것을 알아냈다. 일부 스웨덴 의사들에 따르면 편두통은 기압과 온도가 변화한 지 3일 후에 증가한다고 하였다.
ⓒ 한편, 일본의 조사자들은 바람 방향이 변할 때 천식이 증가함을 알아 내었다.」

23 ③

mature : 성숙시키다, 익은 reach : ~에 도달하다, ~에 닿다 pathway : 좁은 길, 경로 determine : 결심시키다, 결정하다 infant : 유아, 소아 regulate : 규제하다, 조절하다 interpret : 해석하다, 이해하다 dictate : 구술하다, 명령하다 hookup : 접속도, 중계 cortex : 피층, 피질 react : 반작용하다, 반동하다 strengthen : 강하게 하다, 튼튼하게 하다 cue : 신호, 신호를 주다

「유아는 뉴런이라고 불리는 수 십 억개의 뇌세포를 가지고 태어난다. 어떤 뇌세포는 심장박동과 호흡과 같은 생명의 기본적인 것들을 조절하기 위해 출생 전에 다른 세포들과 연결되어 있다. 또 다른 뇌세포들은 바깥의 세계에 반응하고 해석하는 것을 돕기 위해 연결되는 것을 기다리고 있다. 경험이 그 접속을 명령한다. 유아가 자라면서 세포들은 다른 세포에 도달하고 행동을 결정할 필요가 있는 경로를 만든다. 예를 들면 눈의 뉴런들은 인지한 가지를 시각령에 보내는데 이 기관은 눈이 보이는 곳이고 다른 가지를 거쳐 사람에게 보이는 것에 반응하도록 신호를 준다. 경험이 되풀이 될 때마다 그 통로는 튼튼해진다.」

24 ②

miscarriages : 자연유산, 실책, 실패 pregnancy : 임신, 임산기간 bulk (the ~) : 대부분의, 거대한 scramble : 긁어모으다, 뒤섞다 embryo : 태아, 애벌레 chromosome : 염색체 gravely : 중대하게 stem : 종족, 계통, 줄기 abnormality : 이상, 변칙, 기형 occur : 일어나다, 발생하다 diagnose : 진단하다, 원인을 밝혀내다

「대부분의 유산은 무작위로 일어나는 염색체의 혼선이 원인이 되는데 이는 태아에게 심각한 영향을 주어 성장을 멈추게 한다. 이러한 자연적인 사고는 우연히 발생하게

되며 재발하지 않을 수도 있다. 처음 유산한 여성의 90% 이상이 대부분 다음 기회에 임신에 성공하게 된다. 세 번의 유산에도 불구하고 그 여성은 치료 없이 임신에 성공할 수 있는 가능성이 높다. 그러나 초기 유산자들의 적은 비율은 부모의 염색체 변이가 원인이 되어 발생한다. 이 경우는 염색체 검사에서 발견된다. 이 시점에서는 이와 같은 염색체 이상은 치료할 수 없다. 그러나 의사들은 현재 더 잘 진단하고, 잠재적인 위험이 있는 부부들에게 좀더 나은 상담을 해주고 있다.」

25 ①

reap : 거둬들이다, 올리다 perform : 실행하다, 이행하다 vigorous : 활기있는, 원기 왕성한 heart-disease : 심장병 moderate : 적당한 reduce : 줄이다, 삭감하다 heart attack : 심근 경색 public Health : 공중 위생(학)

「몇 년 전 의사들은 운동의 이득으로 거둬 들일 수 있는 것을 말했다. 당신은 일주일에 몇 시간 정도 조깅과 같은 활기찬 활동을 실시해야 한다. 현재 그것은 당신의 심장을 구해줄 수 있는 운동으로 나타내어진다. 최근 보고서는 45세 여성 및 그 이상의 고령자들이 일주일에 최소 1시간씩 걸음으로써 심장병 위험률을 반으로 줄였다는 것을 보고하였다. 남자들도 마찬가지로 적은 양의 운동으로 이득을 보았다. 골프나 정원산책 같은 적당한 움직임조차도 심근 경색 발병을 줄이는 데 도움이 되었다. "제일 중요한 것은 지금 바로 운동을 실시하는 것이다." 라고 하버드 대학 공중 위생학 박사인 Howard Sesso가 말했다.」

26 ③

elsewhere : 다른 경우에, 어떤 다른 곳에서 inexhaustible : 무진장한, 무한정 calf : 송아지 approximately : 대략, 대체로 nurse : 젖먹이다, 품다 suckle : 젖을 먹이다, 젖을 먹다 suitable : 적당한, 상당한 consumption : 소비, 소모
제시된 문장에서 that은 새로 태어난 송아지가 젖을 먹는 기간을 말하므로 ③에 들어가야 알맞다.

「젖소가 무한정 우유를 제공하지는 않는다. 젖소가 송아지를 낳기까지 우유를 생산할 수 없다. 그리고나서 대략 열 달 동안 우유를 생산하는데 이것은 송아지가 젖을 먹는 시간에 해당한다. 낙농업자들은 젖소의 우유가 인간소비에 적당하지 않을 때 새로 태어난 송아지에게 단지 며칠 동안 젖을 먹인다. 그 다음에 그 송아지는 다른 곳에서 젖을 먹이고 낙농업자는 젖소에서 하루 두 번 우유를 짜낸다. 대부분의 젖소는 일년에 한번 새끼를 낳고, 평균적인 낙농 젖소는 5~6년 동안 우유를 공급한다.」

27 ③

take over : 대신하다, 떠 맡다 eliminate : 제거하다, 삭제하다 for instance : 예로 advanced degrees : 고급 학위(석사 이상) peer : 동등한 사람, 동료 overcrowd : 혼잡하게 하다
전산화(컴퓨터) 교육과 더불어, 아이들은 각자의 페이스에 맞게 모든 것을 배울 수 있다.

「(ⓐ) 교육의 새 시대가 시작되고 교실 수업 대신 컴퓨터를 사용할 시간이 도래되었다.
(ⓑ) 교실, 선생님, 그리고 교육의 현재 형식적인 체계는 제거될 수 있다. 왜냐하면 컴퓨터는 각 개인적 교육을 공급할 수 있는 능력을 가지고 있기 때문이다.
(ⓒ) 예로, 영리한 10살짜리 아이는 또래보다 타고난 재능이 적은 사람들이 자신들의 페이스에 맞춰 배우는 동안 고급 학위를 획득할 수 있다.
(ⓓ) 멀티미디어 프로그램은 개념을 이해하기 쉽고 재미있게 배울 수 있다. 이제는 더 이상 설교나 혼잡한 교실은 없다. 컴퓨터는 미래의 학교이다.」

28 ①

shipbuilding : 조선술 tradition : 전통, 전설 evidence : 증거, 흔적 crew : 승무원 전원 afterlife : 사후세계 mast : 돛 shipbuilder : 조선가 legend : 전설 ferry master : 선장 Styx : (그리스 신화의) 삼도천 Hades : 저승, 황천

「조선술은 약간의 기묘한 전설을 가지고 있으며, 그리스와 로마의 역사에 근원을 둔 가장 흥미로운 것 중 하나이다.
(C) 고대 그리스와 로마 시대 동안에는 새로운 배를 축조할 때 돛대 아래에 얼마 안되는 동전을 놓아 두었다. 조선사는 아주 특별한 이유로 이것을 행하였다.
(B) 바다에서 재앙을 당한 경우, 사망한 승무원 전원은 사후세계에 가기 위해서 동전을 지불할 필요가 있었다. 선원들은 이 강을 돈없이 건너면 사후세계에 그들의 자리를 얻을 수 없다고 믿고 있었다.
(D) 전설에 따르면 모든 승무원은 죽음의 땅인 저승으로 가는 삼도천을 건널 수 있도록 선장 카론에게 동전을 주었었다.
(A) 현재 과학자들은 부식되어 남아 있는 고대 그리스선에서부터 아직까지 활동중인 U.S.S가 건립한 프리킷 범선까지 여러 장소에서 오랜 전설의 흔적을 발견한다.」

29 ①

purchase : 구매하다, 사다 offer : 제시하다 further : 게다가 regulation : 단속, 규정 two-thirds : 2/3

「이런 이점에도 불구하고, 소비자들은 현재 결과에 실망할지도 모를 이 세트를 구매한다. 텔레비전 프로그램은 디지털 방식으로 생산된 것이 꽤 많다. 그리고 가까운 미래에는 그 수요가 믿기 어려울 정도로 증가할 것이다. 방송망은 내년부터 일주일에 딱 5시간씩 디지털 프로그램을 제공할 계획을 세운다. 게다가 케이블 회사는 디지털 프로그래밍 전송에 대한 어떠한 규정하에 있지 않다. 미국인의 2/3 정도는 지연이 더 길어질지도 모르지만 케이블을 통해 텔레비전 방송을 받아본다.」

30 ④

insect : 곤충, 벌레 exception : 예외, 제외, 이익
possession : 소유, 입수, 소유물 beetle : 투구벌
레, 딱정벌레 exceed : 능가하다, ~보다 뛰어나
다, 넘다, 초과하다
글의 의미가 통하도록 글의 순서를 생각하되, 대
명사가 무엇을 대신하는지 유의해서 보면 쉽게 순
서를 찾을 수 있다.

「대부분의 숫놈 곤충들은 암놈들보다 더 작다. 그러나 이
런 규칙에도 예외들은 있다.
(C) 때때로 곤충의 크기와 힘이 암놈을 소유하기 위해
  싸우는 숫놈들에게 이점이 될 수도 있다.
(A) 이런 경우에, 숫놈들은 암놈들보다 더 크다.
(B) 그러나, 크기에서 암놈들을 능가하는 숫놈들 중에는
  서로 싸우지 않는 투구벌레들도 있다.」

31 ①

cordless : 전화선 없는 portable : 들고 다닐 수
있는 masonry : 석공술, 석조건축 revolve : 회진
하다, 순환하다 drain : 다 써버리다, 고갈시키다,
~에서 배수하다

「비록 코드가 없는 드릴이 휴대하기 좋은 이상적인 장비
이지만, 그것들은 석공일에는 적합하지 않다.
(B) 만약 당신이 나무 목재가 아닌 일(특히, 석공일)을 위
  해 드릴을 사용하고자 한다면, 당신은 코드가 있는
  드릴을 구입해야 할 것이다.
(A) 이는 코드 없는 드릴은 힘이 강하지 못하고(이런 드릴
  도구는 빠르게 회전하지 못한다). 만약, 벽돌에 구멍을
  뚫기 위해 사용할 때는 배터리가 빨리 닳기 때문이다.
(C) 그러나 가끔 석공구멍을 뚫을 때는, 여전히 코드 없
  는 드릴이 적합하다.」

32 ②

mistress : 여주인, 주부, 여학자, 여왕 attic : 다락
방, 애덕양식(건축) flee : 달아나다, 사라지다
harass : 괴롭히다, 공격하다
시간의 흐름을 기준으로 유추하면 [A(그녀의 출생)]
→[D(주인의 사망과 새 주인과의 만남)]→[C(새
주인으로부터의 도주와 루머)]→[B(루머에 속은 주
인과 그녀의 실제 생활)]의 순서가 적절하다.

「(A) North Carolina에서 노예로 태어난 Harriet Jacobs
  는 그녀의 여주인으로부터 읽고 쓰는 것을 배웠다.
(D) Jacobs의 여주인이 죽었을 때, 그녀는 그녀를 괴롭
  혔던 백인 남자주인에게 팔려갔다.
(C) 그녀는 마침내 주인으로부터 도망쳤고 북쪽으로 도
  망쳤다고 소문내기 시작했다.
(B) 비록 그녀의 주인이 그렇게 믿었지만, 사실은 조그만
  어두운 다락에서 거의 7년을 보냈다.」

33 ③

resignation : 체념, 포기, 사직 conquest : 정복, 획득,
전리품 unavoidable : 피할 수 없는, 어쩔 수 없는
첫 문장의 however와 also에 역접관계의 표현이
기술되어 있다는 점과 'it is a part no less
essential than that played by effort'에 착안하
면 답을 찾을 수 있다.

① 불행을 극복하는 방법
② 행복을 얻는 데 있어 체념의 중요성
③ 행복을 찾는 데 있어 노력의 중요성
④ 현명한 사람의 행복의 획득

「그러나 체념도 역시 행복을 정복하는 데 역할을 한다. 그
리고 그것이 노력에 의한 행복만큼이나 똑같이 역할을
한다. 현명한 사람은 비록 막을 수 있는 불행에 주저앉
지 않지만, 피할 수 없는 불행에는 시간과 감정을 낭비
하지 않는다.」

34 ③

textural : 그대로의, 원래의 leave behind : 뒤에 남기
다, 둔 채 가다 component : 성분, 성분의 process :
제법(製法), 공정(工程), 순서, 방법 fiber : 섬유질
content : 함유량, 내용 wheat : 밀 refined : 정제된
flour : 밀가루 mill : 제분하다, 맷돌에 갈다

「음식을 준비하는 방식에 주의해라. 조리과정이 섬유함유
량을 줄일 수 있다. 예를 들면, 사과주스 한 컵에는 한
개의 사과가 가진 전체의 섬유질의 12분의 1 정도 밖에
없다. (주스를 만들 때, 껍질과 사과의 다른 성분은 뒤에
남기 때문이다) wheat-grain이나 multi-grain이라 불리
는 많은 갈색 빵은 대부분의 섬유가 완전히 제분된 것을
뜻하는 아주 정제된 밀가루로 만들어진다.」

35 ④

electronic device : 전자장치 protect : 지키다, 보
호하다, 방어하다 merchandise : 상품 tag : 꼬리
표 key A to B : A를 B에 맞추다 alarm : 경보(장
치) entrance : (출)입구, 입장, 가입, 취임, 입학,
입사, 입회 item : 물품, 품목, 항목, 조항, 세목
attach : 붙이다, 부착하다, 첨부하다, 접착하다, 소
속시키다, ~의 특성으로 생각하다, 부여하다
system : 조직, 계통, 체계, 제도, 방식, 방법 be
based on : ~에 기초하다, 근거하다, 입각하다
storeowner : 가게주인

「많은 가게들이 그들의 상품, 특히 의류를 보호하기 위해
전자장치를 이용한다.
(C) 이 시스템은 가게주인들이 어떤 품목들에 붙인 특수
  한 꼬리표에 기초한다.
(A) 그 꼬리표는 가게 입구에 설치된 경보장치에 맞추어
  져 있다.
(B) 만약 어떤 품목이 여전히 꼬리표가 붙은 채 입구를
  거쳐 가지고 간다면, 그 경보장치가 울린다.」

36 ④

pertain : 속하다, 부속하다, 관계하다(to)

「강인한 사람들이 성공하게 되는 비결은 무엇인가? 왜 다른 사람들이 고난에 압도되어 있을 때 그들은 끝까지 살아남는가? 그들이 문제들을 어떻게 인식하느냐 하는 것이다. 그들은 문제들을 현실적이고 실용적으로 바라본다. 그들은 모든 문제들과 결부되어 있는 6가지 원칙들을 이해하고 있다. 이 원칙들이란 무엇인가?」

37 ④

inaugural meeting : 창립총회   reign : 군림하다, 지배하다, 크게 유행하다

「당신이 세계은행(World Bank)과 국제통화기금(International Monetary Fund)을 구별하는 데 어려움을 겪고 있다면 당신 혼자 그런 것이 아니다. 대부분의 사람들은 단지 이 기관들이 무엇을 하는지 매우 희미하게 알고 있을 뿐이며 요점만 간단히 줄여 왜, 어떻게 그들이 다른가 물어보면 극히 소수의 사람들만이 대답할 수 있다. 심지어 이 두 기관의 설립자이자 많은 사람들이 20세기의 가장 뛰어난 경제학자로 여기는 John Maynard Keynes조차도 국제통화기금의 창립총회에서 자신의 그 명칭들이 혼동된다고 인정하였다. 그는 기금은 은행으로 불리워야 하며, 은행은 기금으로 불리워야 한다고 생각하였다. (그 이후로 혼동은 계속되어 왔다.)」

● 3. 빈칸넣기

1 ①

sympathy 동정심, 연민 irrelevant 관련이 없는

① 절대로 도덕적인 행동이 될 수 없다.
② 당신의 행동은 이성에 근거한다.
③ 당신은 도덕적인 행동을 보여주고 있다.
④ 당신은 그에게 정직한 사람이 되도록 격려하고 있다.

「당신의 문에 노크소리가 들렸다. 당신 앞에는 도움이 필요한 젊은이가 서 있다. 그는 다쳤고 피를 흘리고 있다. 당신은 그를 데리고 들어와 도와주고 그가 편하고 안전하게 느끼게 해주며 전화로 구급차를 불러준다. 이것은 분명 올바른 일을 한 것이다. 그러나 임마누엘 칸트에 의하면 만약 당신이 그가 불쌍하다는 마음에서 그를 도와줄 경우, 그것은 절대로 도덕적인 행동이 될 수 없다. 당신의 동정심은 당신의 행동의 도덕성과는 관련이 없다. 그것은 당신 성격의 일부일 뿐. 옳고 그른 것과는 관련이 없다. 칸트에게 있어 도덕성이란 단지 당신이 무엇을 하는지에 대한 것이 아니라 네가 왜 그러한 행동을 하는지에 대한 것이다. 올바른 일을 하는 사람은 단지 그들이 느끼는 감정 때문에 그 일을 하는 것이 아니다. 그 결정은 이성에 의하며, 그 이성은 당신에게 당신이 어떠한 감정을 느끼는 것과는 상관없이 당신의 의무가 무엇인지를 알려준다.」

2 ③

genera(genus의 복수) 속(屬) quill 깃털 elongate 길게 늘이다   branch into ~이 갈라져 나오다 crude 뭉툭한 reptilian 파충류의 hitherto 지금까지 solicitude 배려 bask 햇볕을 쬐다

① 부화를 성공하지 못하게 하는
② 그들을 혼자 햇볕을 쬐도록 버려두는
③ 그들 몸의 온도로 그들을 덥히는
④ 그들을 비늘에 쌓인 파충류에게로 운반하는

「한 무리의 도약 파충류 속, 다시 말해 공룡 타입의 작은 생명체들은 경쟁과 천적의 위협에 의해 쫓겨나와 멸종에 대한 대안, 또는 적응의 방식으로 바다 옆이나 높은 언덕지대의 추운 지역으로 밀려난 것처럼 보였다. 이러한 곤경에 처한 종족 사이에서 새로운 형태의 비늘이 생겨나게 되었다. – 깃털의 형태로 길어져 나와 곧 깃털의 뭉툭한 끝의 형태로 갈라져 나오는 식의 비늘이다. 이러한 깃털과 같은 비늘이 서로 겹쳐 있어 지금까지 존재했던 파충류들을 덮고 있던 비늘보다 훨씬 더 효율적인 열 보존 비늘을 형성하였다. 그래서 그들은 그렇지 않았더라면 거주하지 못했을 추운 지역으로의 침입이 가능했다. 아마도 이러한 변화와 함께 이들 생물체 안에서 그들의 알에 대한 엄청난 배려 역시 발생하게 되었다. 대부분의 파충류들은 그들의 알에 대해 명백하게 매우 관심이 없었으며, 알들은 부화를 위한 태양과 시간에 버려지곤 했다. 그러나 생명의 새로운 나뭇가지에 놓인 몇몇 다양한 종들은 그들의 알을 지키고 그들의 몸의 온도로 알을 덥히는 관습을 획득하게 되었다. 이렇게 추위에 적응함으로써 다른 내적 변화, 즉 이러한 생명체들을 따뜻한 피를 가지고 알을 햇볕에 쬐이는 것으로부터 벗어난 원시 조류로 만들어 내는 변화가 진행되었다.」

3 ②

frightening 무서운 shoot a film 영화를 촬영하다 get up the nerve 용기를 내다 ask ~ out ~에게 데이트 신청하다 vividly 생생하게

「나는 그것이 여성들 혹은 다른 남자들에게 어떨지 모르겠지만, 어렸을 때 나는 결혼에 대한 두려움을 가지고 있었다. 나는 그것이 죽음을 향한 큰 걸음이라고 생각했다. 그 생각이 나를 겁먹게 만들기 때문에 나는 그것에 저항하기 위해 내가 할 수 있는 모든 것을 했다. 그러고 나서, 어느 날 나는 나의 첫 번째 영화를 촬영하는 중에 Jane을 만났다. 이것은 모든 것을 바꾸었다. Kentucky에서 온 Jane은 그때 종업원 일을 하고 있었고 나는 곧바로 그녀를 알아차렸다. 그녀는 정말로 아름다웠다. 그리고 그녀에게 데이트 신청 하도록 용기를 내는 것은 하루 종일 걸렸다. 바로 그때, 영화 메이크업 담당자가 우리 둘의 사진을 찍었다. 약 2년 전에 그는 그것을 나에게 보내며 "여기 당신이 지역 여성에게 데이트 요청을 하고 있다" 고 말했다. 그는 그 지역 여성이 내 부인이 된 걸 모른다. 나는 여전히 그 날을 생생히 기억한다.」

4 ②

factual 사실에 기반을 둔　entail 수반하다
explicit 분명한, 명쾌한　manipulate 조종하다
context 맥락

① 요약하자면　② 예를 들어
③ 무엇보다도　④ 게다가

「우리 뇌는 다른 종류의 정보는 다른 방법으로 처리하고 저장한다. 사실에 기반을 둔 정보에 대해 생각해 보자. 사실적인 정보는 이름, 얼굴, 단어들과 데이터 같은 명백한 정보의 학습을 수반한다. 그 정보는 우리는 의식적인 생각과 상징과 언어를 다룰 수 있는 능력과 연관되어 있다. 사실 정보가 오랜 정보로 전환될 때 그들은 일반적으로 그들이 이미 알고 있었던 맥락과 합쳐진다. <u>예를 들어</u> 너의 새로운 친구 Joe에 대해 생각할 때, 너는 아마도 그를 만났던 농구 게임을 생각해 낼 것이다.」

5 ②

bulge 가득 차다, 불룩하다　spherical 구 모양의, 구체의　diameter 지름　astronomical object 천체
undergo 겪다

① 그래서 달과 지구를 제외한 회전하는 천체는 그들의 모양에서 어떤 변화를 겪는다.
② 달은 지구보다 더 천천히 회전하기 때문에, 거의 구형이다.
③ 더욱이, 달의 지름은 지난 수백 년간 변화되어 왔다.
④ 사실은, 달의 밀도와 중력을 고려하면, 달이 구형의 모양은 오히려 예상 밖이다.

「달은 많은 측면에서 지구와 다르다. 첫째로, 달에서 생명체가 없다고 알려져 있다. 그리고 크기 면에서 지구보다 훨씬 작다. 당신은 아마도 이 두 천체가 동일한 구형의 모양이라고 생각할지도 모른다. 하지만 엄격히 말하면, 동일하지 않다. 달은 거의 완벽한 구형이다; 그 지름이 어느 방향으로든 결코 1% 이상 다르지 않다. 천체가 더 빨리 회전할수록, 그 천체는 적도 부근이 더 튀어나오게 되고, 극지방은 평평해진다. <u>달은 지구보다 더 느리게 회전하기 때문에, 거의 더 구형이다.</u>」

6 ①

affect 영향을 미치다　aspect 측면, 양상　daily 매일 일어나는, 나날의　existence 존재, 실재, 현존　negative 부정적인, 비관적인, 나쁜　function (사람·사물의) 기능

㉠ 빈칸 앞에는 좋은 스트레스에 관한 내용이며, 빈칸 뒤에는 나쁜 스트레스에 관한 내용이므로 역접의 의미인 'however'가 들어가야 한다.
㉡ 부정적이고 위험한 결과는 피할 수 있다는 내용 뒤에 잠재적인 스트레스의 근원을 조사해야 한다는 내용이 왔으므로 'therefore'가 적절하다.

① 그러나 – 그러므로
② 뿐만 아니라 – 게다가
③ 따라서 – 그럼에도 불구하고
④ 예를 들어 – 따라서

「스트레스는 삶 속의 실상이며 우리의 일상적인 실재의 모든 측면에 영향을 미칠 수 있다. 스트레스는 인간의 생리, 기능뿐만 아니라 정신에까지 부정적인 영향을 줄 수 있다. 여기서 중요한 이슈는 직원들의 스트레스 해소 방법이다. 어떤 개인에게 스트레스는 보통 때보다 훨씬 뛰어나게 잘 하도록 동기를 부여하는 도전이다. 이것은 긍정적 결과를 가져오는 스트레스이다. (그러나) 다른 개인에게는, 지나친 스트레스가 인체 기능의 능력을 약화시키고 의학적으로 심각한 결과를 가지게 할 수 있다. 이것은 부정적 결과를 가져오는 스트레스이다. 비록 스트레스는 불가피한 것일지라도 그것으로 인한 부정적이고 위험한 결과는 피할 수 있다. 그러므로, 개인만 아니라 조직의 건강을 해치고 불필요한 질서를 예방하기 위해 특히 조직 내 직장인들의 잠재적인 스트레스 근원을 조사할 필요가 있다.」

7 ④

be saturated with ~에 흠뻑 젖어들다, ~으로 가득 차 있다　implicit 암시된, 내포된　metaphor 은유, 비유　turn out to be 판가름이 나다　circumstance 정황　wispy 몇 가닥으로 된, 성긴　hunk 덩이, 조각　move around 돌아다니다

① 모든 정황에서 항상 참이라고 증명되다
② 반박될 수 없는 철회 불가능하고 확실한 진실
③ 그들의 진실성과 명확성에 대한 과학적인 실험을 받을
④ 단지 어떤 상황을 다양한 방법으로 표현하는 대안적인 은유

「언어는 "사건은 물체이고 시간은 공간이다."와 같은 내포적 은유로 가득 차 있다. 사실 공간은 단지 시간만을 위한 것이 아니라 많은 종류의 상태와 정황에 대한 개념적인 매개체로 판가름 난다. 회의를 3시에서 4시로 이동시킬 수 있는 것과 같이, 교통 신호가 녹색에서 붉은 색으로 갈 수 있고, 사람은 햄버거 패티를 뒤집는 사람에서 회사를 경영하는 사람으로 될 수 있고, 그리고 경제는 나쁜 것에서 더 나쁜 것이 될 수 있다. 은유는 언어에 너무 널리 퍼져 있어서 추상적 관념에 대해 은유적이지 않은 표현을 찾기 어렵다. 이것은 우리의 성긴 생각들이 정신적 무대에서 우리가 여기저기로 이동시키는 물체의 덩어리로 표현된다는 것을 의미하는가? 세상에 대한 경쟁적 주장은 결코 진실 또는 거짓일 수 없고, <u>단지 어떤 상황을 다양한 방법으로 표현하는 대안적인 은유</u>가 될 수 있다고 말하는 것인가? 변수와 그 변수들 안에서 변화의 인과관계라는 관점을 가지고 인생에서 정의되지 못하는 것은 거의 없다.」

8 ①

baptize 세례를 주다 revolve 돌다, 회전하다
property 재산, 부동산 prosperous 번영한, 번창
한 portrait 초상화, 인물사진 woo 지지를 호소
하다, 구애하다 contemporary 동시대의, 현대의
셰익스피어가 400년도 더 이전에 살았던 사람이
기 때문에 그에 대해 모든 것을 알지 못한다는 내
용이 나오고 있으므로 ①이 적절하다.

① 그의 삶에 대해 모든 것을 알지 못하더라도
② 우리는 그에 대해 모든 것을 알고 있기 때문에
③ 그를 이해하는 것이 불가능하기 때문에
④ 그는 우리의 동시대의 시인이었음에도 불구하고

「윌리엄 셰익스피어는 400년보다 더 이전에 살았고, 그
시대의 많은 기록들이 없어졌거나 처음부터 존재하지 않
았기 때문에 우리는 그의 삶에 대해 모든 것을 알지는
못한다. 예를 들어 우리는 그가 1564년 4월 26일에 런던
으로부터 북서쪽으로 100마일 떨어진 스트래퍼드 어폰
에이번에서 세례를 받은 것을 알고 있다. 그러나 우리는
며칠 더 빨랐던 그의 정확한 생년월일을 모른다. 그러나
우리는 셰익스피어의 삶이 두 지역, 스트래퍼드와 런던
을 중심으로 돌아갔다는 것을 알고 있다. 그가 성장해서
가족을 가졌고, 스트래퍼드에서 부동산을 구매했지만 그
는 영국 극장의 중심인 런던에서 일했다. 선도적인 극단
에서 배우, 극작가, 그리고 파트너로서 그는 번창하고 유
명해졌다. (그의 삶에 대해 모든 것을 알지 못하더라도)
우리가 이 페이지의 상단에서 셰익스피어가 아내에게 구
애하고 있는 19세기의 초상화를 보는 것처럼 셰익스피어
의 팬들은 상상하고 또 상상해왔다.」

9 ②

medical attention 치료 deficiency 결핍
indoor 실내 immunity 면역력 sunlight 햇빛
ultraviolet rays 자외선 beneficial 유익한
substance 물질 regular basis 정기적으로

① 많은 종류의 자외선차단제는 유익한 물질을 포
함하고 있을지도 모른다.
② 자외선 차단제가 비타민 D를 생산하는 자외선
을 막을 수 있다.
③ 그들이 자외선차단제는 전문적으로 처방되었다
④ 그들은 정기적으로 운동한다.

「점점 더 많은 사람들이 실내에서 많은 시간을 보내는 사
람들 사이에서 일반적인 증상인 비타민 D 결핍을 위한
치료를 찾고 있다. 비타민 D 결핍은 근육과 뼈, 그리고
면역력에 영향을 줄 수 있고, 심지어 암과도 관련된 것으
로 알려져 있다. 비타민 D는 햇빛에 노출된 피부에 반응
하여 몸에서 생성된다. 그러나 많은 여성들이 나가기 전에
자외선차단제를 바르고 이것은 종종 비타민 D가 그들의
몸에 생성되기 어렵게 만든다. 그것은 자외선 차단제가 비
타민 D를 생산하는 자외선을 막을 수 있기 때문이다.」

10 ②

① 통일 ② 예상 ③ 경쟁 ④ 수량화

「자동운동 효과에 대한 Muzafer Sherif의 연구는 기대에
대한 좋은 예이다. 그의 실험에서 사람들은 벽에 투영된
빛이 움직일 것이라는 것을 듣고, 움직임의 양을 추정하
라는 지시를 받았다. 비록 그 불빛이 실제로는 결코 움
직이지 않았음에도 불구하고, 사람들은 불가피하게 움직
임을 보고했다. 그 불빛이 글자와 단어를 그린다고 들었
을 때에도, 참가자들은 단어와 문장을 보고했다. 명백히
그들이 생각하기에 일어날 수 있는 것이, 그들의 지각에
상당한 양의 정보를 추가하는 결과를 초래했다.」

11 ③

dialect : 방언, 사투리 be level : 고저가 없다

③ 밑줄 친 부분 앞뒤의 문장이 서로 반대되므로
그렇지 않다는 내용이 들어가야 한다.

「최근까지 많은 전문가들은 보편적인 글과 대중매체의 영
향으로 지역 방언들이 비슷해졌다고 주장했다. 그렇지 않
다. 지역 정체성과 여타 사회적 영향력은 방언이 어떻게
진화하는지에 텔레비전보다 더 강한 영향력을 행사한다.
북부 내륙, 중부, 캐나다 그리고 남부는 그 어느 때보다
더 서로 다르다.」

12 ③

flourish : 잘 자라다

① 늘리다 ② 소집하다 ③ 완파하다 ④ 강화하다

「몸의 형태는 어떻게 사람이 삶을 잘 살아가는지를 예측
변수로서는 소용이 없었다. 또한 출생 순서나 정치적인
관계도 마찬가지였다. 심지어 사회적 계층도 제한적인
영향을 가졌다. 그러나 따뜻한 아동기를 가졌다는 것은
영향력이 있었다. 그것은 잘 자란 사람들이 완벽한 어린
시절을 가졌다는 뜻은 아니다. 오히려 Vaillant가 말했듯
"잘된 것이 잘못된 것보다 중요하다." 사랑하는 친척, 조
언자 또는 친구가 주는 긍정적인 영향은 나쁜 일로 발생
하는 부정적인 영향을 물리칠 수 있다.」

13 ①

representative : 대표(자) representation : 묘사,
표현, 대표자(대리인)를 내세움, 대의권 senate :
상원 serve : 제공하다, 차려주다 insulate : 절연
(단열, 방음) 처리를 하다, ~을 보호(격리)하다
in regard to : ~과 관련하여, ~에 대하여 public
servant : 공무원 legislature : 입법 기관, 입법부
amendment : (법 등의) 개정 ratify : 비준(재가)
하다, 승인하다

① appoint 임명(지명)하다
② applaud 박수를 치다, 갈채를 보내다
③ appease 달래다, (요구를) 들어주다
④ appeal 항소(상고)하다

「하원에서와는 달리 상원의 대의권 모든 주에서 동등하다. 각 주에는 2명의 상원의원이 있다. 상원의원의 임기는 6년이다. 임기 보장의 목적은 상원의원들을 여론으로부터 보호하고 이들이 독립적으로 활동하게 해주는 것이다. 선출과 관련하여 한때 상원 내 공무원들이 자신이 대표하는 주의 입법부에 의해서 임명되었다. 미국 국민들에게 자신의 상원의원을 직접 선출할 수 있는 힘을 부여한 것은 바로 1913년에 비준된 제7차 개정헌법이었다.」

14 ③

restrict : 제한하다 circumvent : 피하다 expedite : 더 신속히 처리하다 ignited : 연소된 ban : 금지하다 depicted : 그리다

「고대의 항해는 태양에 의존했다. 그래서 화창한 날씨에 의지했다; 구름이 뒤덮인 하늘은 대규모의 지연이나 더 안 좋은 것을 의미했다. 날씨의 비상사태와 짝을 이룬 보다 정교한 항해 도구의 부족은 그리스인들과 다른 고대의 지중해 문명인들이 그들의 탐험을 (A)제한하도록 강요했음을 의미했다; 무역 관계는 주위의 섬과 해안으로 대부분 제한되었다. 끝내 선원들은 방향을 위해 배의 움직임에 따른 별의 상대적인 위치를 이용하는 천체의 항해술을 사용하여 더 멀리까지 모험 할 수 있었다. 그러나 심지어 그 때에도 배를 항로에서 벗어난 더 위험한 바다로 데려갈 수 있는 적합하지 않은 해류에 대한 두려움으로 해안선이 보이지 않는 곳까지 멀리까지 항해한 선장들은 거의 없었다. 마침내, 나침반의 도입은 유럽으로의 탐험의 시대에 (B)불을 붙였고 미래의 서유럽 제국의 길을 닦았다.」

15 ④

overworked : 혹사당하는 anxious : 불안해하는 nervous breakdown : 신경쇠약 suffocate : 질식사하다, 질식사하게 하다 macho : 으스대는, 남자다움을 과시하는 blackout : 정전, 일시적인 의식상실 commonplace : 아주 흔한

① ~덕분에
② ~와는 대조적으로, ~이 아니라
③ ~에 찬성하여
④ 금방 ~하려고 하여, ~의 직전에

「혹사당하고, 스트레스 많이 받고, 불안해하는 대한민국이 증가하는 이혼율, 학업압박에 자살충동을 느끼는 학생들, 세계에서 제일 높은 자살률 그리고 여전히 업무 후에 정신을 잃도록 음주를 권하는 회식자리의 으스대는 기업문화로 국가적인 신경쇠약에 걸리기 직전으로 느껴질 때가 때때로 있다. 매일 30명이 넘는 한국인이 자살을 하며, 연예인, 정치인, 운동선수 혹은 비즈니스 리더의 자살은 거의 아주 흔한 일이 되었다.」

16 ②

automotive : 자동차의 innovator : 혁신가 assembly line : 조립 라인 juggle : (두 가지 이상의 일을 동시에) 곡예하듯 하다 solid : 단단한, 고체의 valid : 유효한 split : 분열되다 allot : 할당하다 prioritize : 우선순위를 매기다

① 필기하는 습관을 들인다.
③ 지연되는 일 없이 하루의 일과를 처리한다.
④ 일을 시작하기 전에 두 번 생각한다.

「전략적인 사고는 삶의 어떠한 부분에도 긍정적인 영향을 준다. 전략적 사고의 첫 번째 단계는 보다 효과적으로 집중하기 위해서 사안을 작게 분해하는 것이다. 그것은 자동차의 혁신가 Henry Ford가 조립라인을 개발했을 때였으며, 그가 '만일 당신이 그것을 작은 일로 세분화 할 수 있다면 아무것도 특별하게 어려울 것이 없다'고 말한 이유였다. 그는 또한 '백만 명중 오직 한사람만이 동시에 모든 일을 동시에 해낼 수 있고 생각을 전략적으로 하여 견고하고 유효한 계획을 세울 수 있다.'고 말하였다. 그는 또한 일을 분리하는 습관으로도 잘 알려져 있다. 매 주중이 시작되기 바로 직전에 그는 하루의 사안에 대해서 생각하였다. 그리고 주중의 사안에 대하여 우선순위를 정하였다. 그는 하루에 할당된 사안만을 다루는 규칙을 만들었다.」

17 ④

perception : 자각 discipline : 규율 console : 위로하다 pathetically : 애설하게 defiant : 반항하는 insecure : 자신이 없는 timid : 소심한 compose : 가다듬다 attract : 끌어들이다 crisp : 딱딱한

① 결과적으로
② 예를 들어
③ 다시 말해
④ 다른 한편으로, 반면에

「부모로서 당신은 그들(아이들)을 도울 수 있도록 반드시 그들의 울음을 읽도록 노력해야 한다. 이것은 또한 당신이 당신의 아이가 당신의 규율을 자각하고 있는지 가늠할 수 있도록 도울 것이다. 많은 경우에, 아이가 자신이 잘못 처벌받고 있다고 느낄 때, 아이를 위로하는 것은 더 힘들어 진다. 아이는 애절하게 울었다. 다른 아이는 처벌을 반항적인 분위기에서 받을 것이다. 반면에, 아이가 죄책감을 느꼈지만 그는 처벌 받지 않거나 용서가 보장되지 않음을 느낀다면, 그는 사람과의 관계에서 자신감을 잃고 소심해지기 쉽다. 벌을 받고 그들이 울었을 때 아이들은 빠르게 자신을 가다듬고 부모님의 사랑을 끌어오려고 노력할 것이다. 아이들은 보통 불확실함을 가지고 사는 것보다 유대감을 동반한 산뜻하고 깔끔한 처벌을 원한다.」

18 ②

read out : ~을 소리 내서 읽다 chance : 가능성 certain : 확실한 irregular : 불규칙한 in contrast : 그에 반해서

「다음 숫자를 보라: 4, 8, 5, 3, 9, 7, 6. 그리고 크게 소리 내서 읽어 보고, 그 순서를 기억해 보라. 만약 영어로 말한다면, 완벽히 외울 수 있는 50%의 가능성이 있는 것이다. 반면 중국어로 한다면, 당신은 그것을 항상 맞도록 거의 확실하게 할 수 있을 것이다. 이것은 중국어로 그것들을 발음하는 것이 시간이 짧기 때문이다. 덧붙여, 서양언어와 아시안 언어에는 숫자에 이름을 붙이는 체계가 있다. 예를 들어, 영어에서는 그들은 "fourteen"과 "sixteen"을 말한다, 어떤 이는 그들이 또한 "oneteen", "twoteen"이라고 말하길 기대할 것이다. 하지만 그렇지

않다. 영어에서의 숫자체계는 불규칙하다. 그에 반해서 아시아인은 논리적인 계산 체계를 가지고 있다. 이러한 차이점은 아시안 아이들이 계산을 배울 때 훨씬 빠른 것과 기본적인 함수를 계산할 때 서양 아이들보다 낫다는 것을 뜻한다.」

「수학을 잘하는 것은 다른 언어 체계에서 근거한 것일지도 모른다.」

19 ④

dexterity : 민첩성, 기교 appropriate : 적절한 enhance : 강화시키다 favorable : 우호적인 complement : 보충하다 implement : 실행하다

「많은 스포츠는 사람의 반응과 민첩성을 강화시키는 것을 도와준다. 스포츠는 또한 인간의 사고과정을 향상시켜줄 수 있다. 스포츠에 참여할 때는 운동 활동의 강도가 적절한지 아닌지를 판단하는 것을 확인해라. 스포츠가 가져다주는 건강상의 이로운 점이 건강한 생활을 보장해 줄 것인지에 대해서 현명하게 생각하라. 일상적인 운동은 성격을 긍정적이 되도록 도와줄 것이다. 만약 당신이 제시된 것을 실행한다면, 당신은 좋은 결과를 얻을 것이다.」

20 ②

character : 인격, 인성 natural trait : 천성 pin A on B : B에 A를 두다 hesitant : 주저하는 allergic : 알레르기 반응의, 질색의 heartening : 감동을 주는 tyranny : 폭정 irritable : 화를 내는 unashamedly : 거리낌 없이 tremendous : 엄청난 wholeheartedly : 전심으로 humility : 겸손 bitter medicine : 쓴 약

「인격이란 인간에 대한 존경이며 경험을 다르게 해석할 수 있는 권리이다. 인격은 선천적인 특성으로 이기심을 인정하지만, 다른 사람을 이해하고 지지하기 위해서 주저하지만 고무적인 본능 등에 믿음을 둔다. 인격은 폭정에 과민한 반응을 보이고, 무지를 참을 수 없어하고 항상 진보에 열려있다. 인격은 진심으로 웃고 거리낌 없이 울 수 있는 능력을 나타낸다. 무엇보다도 인격은 진실 앞에서의 엄청난 겸손이다. - 이는 진실이 쓴 약일 때조차도 진실과 무의식적으로 융화한다.」

21 ③

pilot : 조종하다 rooftop : 지붕, 옥상 identify : 확인하다, 증명하다 armed robbery : 무장강도 sentence : 처벌, 판결 hover : 공중을 맴돌다, 배회하다 aboard : 타고 janitor : 수위, 관리인

「월요일 한 여성이 조종하는 헬리콥터가 파리에 있는 La Sante Prison의 지붕 위에서 죄수 한 명을 태우고 달아났다. 그 탈옥한 자는 지난해 무장강도 사건으로 유죄를 판결 받은 34살의 Michel Vaujour로 밝혀졌다. 그는 18년형을 받아 복역하고 있었고 이번이 감옥에서 4번째 탈옥이었다. 경찰에 따르면, 그 헬리콥터는 약 오전 10시 45분경 감옥으로 날아왔고 감옥 위 공중을 맴돌고 있었다고 한다. 헬리콥터에는 두 사람이 타고 있었다. 그들은 Vaujour에게 줄을 내리고 나서 날아가 버렸다.」

22 ②

write down : 기록하다, 써 두다 scramble : 급히 서둘러 하다, 긁어모으다 realistic : 현실적인, 실제적인 disciplined : 훈련받은, 잘 통솔된 float into : (생각이) 흔들리다, 동요하다 acknowledge : 인정하다 hold onto : 놓지 않다, 꼭 잡고 있다 neat : 산뜻한, 솜씨 좋은 handy : 바로 곁에 있는 fancy : 화려한, 고급의 remote : 멀리 떨어진, 원격의

「Emily는 작가이며 항상 무엇이든지 적어 둔다. 심지어 종이를 찾을 수 없는 때에도, 그녀는 자신의 생각을 적어 놓기 위해 봉투, 냅킨, 어떤 것이든지 급히 서둘러 찾는다. 그녀는 현실적이며 훈련이 되어 있어 사람들은 너무 많은 생각들이 교차되어 그것들을 모두 기억할 수 없다는 사실을 충분히 알고 있기에 이렇게 하는 것이다. 좋은 생각이 떠오르면 우리의 머릿속에 들어오고 쉽게 나가게 된다. 작가들은 좋은 생각을 종이 위해 노트를 가지고 다니는 것을 인정한다. 당신에게 떠오른 좋은 생각을 가지려고 작가가 될 필요는 없다. 노트와 펜을 곁에 두게 되면 떠오른 생각들을 반드시 잡게 될 것이다.」

23 ③

nuisance : 난처한 것, 귀찮은 행위 acquire : ~을 습득하다, 배우다 swallow : 들이키다, 삼키다 profitable : 유익한 palatable : 입에 맞는, 맛이 좋은 fiction : 소설, 꾸며낸 이야기 impart : 분배하다, 나누다 distorted : 왜곡된 pressing : 긴급한, 위급한 specifically : 특별히 prophet : 예언자

fiction(소설, 허구)이 '실제가 아닌 이야기를 만든 것'이라는 것을 감안하면 빈칸에 들어갈 말을 쉽게 찾을 수 있다.

① 합리적인 - 믿을 수 있는
② 순진한 - 건전한
③ 편향된 - 신뢰할 수 없는
④ 공평한 - 현실적인

「지식이 어려움 없이 습득될 수 없다는 것은 대단히 성가신 일이다. 지식은 근면해야만 습득할 수 있다. 만일 소설(허구)이라는 잼으로 입에 맞게 만들어진 유익한 정보(지식)라는 가루를 삼킬 수 있다면 멋질 것이다. 하지만 진실(실제)은 너무나 맛 좋은 것으로 만들어지게 되면 우리는 분말이 유익할 것이라는 확신을 할 수 없다는 점이다. 나는 여러분에게 소설가가 전해 주는 지식이란 편견을 가진(편향된) 것이며 그럼으로써 신뢰할 수 없는 것이어서 왜곡된 방식으로 아는 것보다는 아예 모르는 것이 더 낫다고 말하고자 한다. 만일 독자들이 일상의 긴요한 문제를 알기를 원한다면, 그들은 소설이 아니라 이런 문제들을 특별히 다루는 책을 읽는 것이 나을 것이다. 나는 여러분에게 소설가는 훌륭한 소설가로 충분하다고 제안한다. 소설가가 예언자, 정치가 또는 사상의 지도자일 필요는 없다. 소설은 하나의 기술이며 이것의 목적은 (독자를) 즐겁게 하고자 하는 것이다.」

24 ①

order : ~을 주문하다 hit it back : 되받아치다, 반격하다 elaboration : 공들여 만듦 be unaccustomed to ~ing : ~하는 데 익숙하지 않다 eat out : 외식하다, 밖에서 식사하다 shrimp : (식용) 작은 새우 toothpick : 이쑤시개 except for : ~을 제외하고는 bamboo : 대나무

빈칸 다음 문장을 보면 '첫 번째 사람이 밥을 먹자, 두 번째 사람도 그렇게 했다.'는 것으로 보아 첫 번째 사람과 동일한 행동을 했다는 것을 알 수 있다. 빈칸에는 '따라하다, 흉내내다'라는 의미를 가진 copy가 알맞다.

① (남의 태도)를 흉내내다, 모방하다
② 저주하다, 악담하다
③ 무시하다
④ 반대하다

「두 사람이 함께 한 식당에서 식사를 하고 있었다. 첫 번째 사람이 음식을 주문했다. 외식을 하는 데 익숙하지 않았던 두 번째 사람은 아무런 말도 하지 않았다. 음식이 나오자, 두 번째 사람은 그의 친구가 한 모든 행동을 모방했다(그대로 따라 했다). 첫 번째 사람이 밥을 먹자, 두 번째 사람도 그렇게 했다. 첫 번째 사람이 새우를 먹자, 똑같이 또 따라했다. 마지막으로, 첫 번째 사람이 이쑤시개를 집어 들자 그의 친구도 똑같이 했다. 나중에 이 첫 번째 사람은 그의 친구에게 식사를 얼마나 잘 했냐고 물었다. 두 번째 사람은 "마지막 조금 먹은 것만 빼고 완벽했어. 그것은 대나무 같은 맛이 났어."라고 답했다.」

25 ②

conversational : 회화의, 대화의 hit ~ back : ~을 되받아치다, 반격하다 elaboration : 공들여 만듦, 면밀한 마무리, 애쓴 작품

① 상대방은 잘못된 경기를 하고 있을 것이다.
② 상대방의 대답은 나에게 공을 되돌려 보낼 것이다.
③ 상대방은 자신의 경험으로부터 새로운 교훈을 얻을 것이다.
④ 상대방의 대화 방식은 서구식과 다를 것이다.

「두 사람 간의 서구 스타일의 대화는 테니스 경기와 같다. 만일 대화상의 공이라 할 수 있는 하나의 논제를 꺼내면, 내 쪽은 상대방이 (테니스의 공처럼) 도로 쳐 주기를 기대한다. 상대방이 나의 의견에 동의하더라도, 나는 상대방이 (나의 말에) 동의만하고 더 이상 아무것도 안하기를 기대하지 않는다. 나는 상대방이 뭔가를 덧붙여 주기를 기대하는데, 또 다른 사례에 대해 동의할 만한 이유라든지 아니면 그런 생각을 더욱 진척시켜 나갈 정성들인 대화(추가적인 의견)를 내놓는 것 말이다. 하지만 나는 상대방이 항상 동의해 주기를 기대하지 않는다. 나는 상대방이 나에게 질문을 하거나 도전적으로 대응하거나 아니면 전적으로 나의 의견에 동의하지 않을지라도 그런대로 만족한다. 상대방이 동의하든 하지 않든 간에, 상대방의 대답은 나에게 (테니스 칠 때와 같이) 공을 되받아 넘겨주는 것이 될 것이다.」

26 ④

be concerned with : ~에 관심이 있다 represent : 대표하다, 대리하다, 나타내다, 표현하다 hostility : 적개심, 적의 relentless : 집요한, 끊임없는, 냉혹한, 잔인한 barrage : (타격·질문 등의) 연속, 집중 포화, 빗발침

문장의 연결어구는 빈칸 앞의 내용과 빈칸 다음의 내용의 관계를 잘 살펴본 후 판단해야 한다. 빈칸 앞에 나온 union leaders were more concerned with maintaining their own power와 they reached with defensiveness and even hostility의 관계로 보아 빈칸에는 as one might expect (누구나 예측할 수 있듯이)가 알맞다.

「Chomsky의 주요 메시지는 노조지도자들은 근로자들을 대변하는 데보다는 그들 자신의 세력을 유지하는 데 더 많은 관심이 있다는 것이었다. 그의 추종자들은? 노조지도자들이다. 누구나 예측할 수 있듯이, 질의응답 기간 동안 그들은 방어 자세와 심지어 적개심을 가지고 결론에 도달했다. 하지만 Chomsky는 사실의 너무나도 끊임없는 연속으로 그들의 주장에 대처했다.」

27 ①

wildlife : 야생 생물의, 야생 생물 redistribute : 재분배하다 transplant : 이식하다, 이주시키다 habitat : (동식물의) 서식지, 거주지 redistribution : 재분배 scarce : 부족한, 적은, 모자라는 overabundant : 과잉의, 과다한

it is overabundant에서 it은 the species를 가리킨다. 따라서 it이 food를 가리키는 것으로 잘못 해석하면 ②가 답인 것으로 착각할 수도 있으므로 주의해야 한다. 그러나 빈칸에 food is scarce를 대입해 보면 문맥이 성립하지 않는다는 것을 알 수 있다. 이미 because their original habitat has scarce supplies of natural food를 통해서 다른 곳으로 옮기는 이유 중의 하나를 설명하고 있다. 한 곳에 동물이 너무 많이 있다면 먹이가 부족하여 생길 수 있는 문제를 해결하기 위해서는 먹이가 풍부한 쪽으로 분산 배치하는 것이 맞을 것이다.

① 그것이 필요로 되는
② 음식이 부족한
③ 인기가 없는
④ 농작물에 피해를 주지 않는

「다양한 이유로, 야생 생물 관리들은 종종 야생 생물을 한 나라의 일부 지역에서 또 다른 지역으로 재분배한다. 실용적인 목적 때문에, 일부 (동물)종들은 농작물에 피해를 주거나 원래의 서식지가 자연적인 먹이의 부족한 공급량을 갖게 되기 때문에 (다른 곳으로) 이주될 수 있는 것이다. 매우 빈번히, 재분배의 목적은 한 장소에 있는 과다한 특정한 (동물)종을 필요로 하는 곳으로 옮기는 것이다.」

28 ①

according to : ~에 따르면, ~에 따라 following : 다음의, 다음에 계속되는 a couple of : 두 개의, 두서넛의, 소수의 prominent : 유명한, 탁월한, 현저한 for decades : 수십 년간 malpractice : (의사의) 부정 치료, 의료 과오 insurer : 보험업자[회사] counsel : 충고하다, 조언하다(= advise) defend : 방어하다, 변호하다 admission : 용인, 승인 invite : (비난·위험 등을) 가져오다, 초래하다 litigation : 소송 imperil : 위험하게 하다 provider : 공급자 choke : 숨이 막히다, 질식하다 consumer : 소비자 action : 소송(= suit), 조치 disarming : 화를 누그러뜨리는, 흥분을 가라앉히는, 애교 있는 promptly : 즉시, 민첩하게, (시간을 잘 지켜) 정확히 earnest : 진지한, 성실한, 본심으로부터의 apology : 사과, 사죄, 해명 compensation : 보상, 배상 integrity : 성실, 정직 dealings : 교섭, 교제, 관계, 거래 dilute : 약화시키다, 묽게 하다, 희석하다 fuel : 감정을 부추기다, 악화시키다 transform : 변형시키다, 바꾸다 indignant : 분개한, 성난 plaintiff : (민사상의) 원고 concealment : 은폐, 은닉 projection : 예상, 예측 prompt : 촉구하다, 부추기다, 자극하다 caseload : (판사·사회 복지 사업가 등의) 담당 건수 premium : 할증금, 보험료 decline : 감소하다, 기울이다 market forces : 시장의 힘, 자유 시장 방식 be responsible (for) : (~에 대한) 책임이 있다, (~의) 원인이 되다 none of one's business : ~가 관여할 것이 아닌 일

any admission of fault, or even expression of regret로 보아 사과하는 말인 'I'm sorry'를 짐작할 수 있고, invite litigation, consumers demanding action, disclosure would prompt a flood of lawsuits 등으로 보아 'they see you in court'의 상황을 유추할 수 있다.

「다음 기사에 따르면, 소수의 유명 병원의 의사들이 법정에서 여러분을 만나기 전에 "죄송합니다."라고 말하려고 노력하고 있다고 한다. 수십 년간, 의료과오 (전담) 변호사들과 보험업자들은 의사들과 병원들이 '부인하고 방어하도록' 조언을 해 왔다. 많은 사람들은 아직도 의뢰인들에게 잘못된 일에 대한 어떤 인정이나 심지어 유감 표명조차도 소송을 초래하고 경력을 위태롭게 할 수 있을 것이라고 경고한다. 하지만 (의료) 공급재[병원]들이 의료과오 비용으로 숨통이 막힐 지경이고 소비자들이 의료과오에 대한 소송을 요구하는 상황에서, 존스홉킨스와 스탠포드와 같은 소수의 유명 대학병원들은 화를 누그러뜨리는 접근법을 시도하고 있다. 신속하게 의료과오를 공개하고 진솔한 사과와 공정한 배상을 함으로써, 그들은 환자들과의 관계에 있어 정직성을 회복하고 실수로 통해 배우고 흔히 소송을 부채질하는 분노를 악화시키는 것을 더욱 손쉽게 하기를 원한다. 의료과오 변호사들은 종종 사리를 아는 환자를 분개하는 원고로 탈바꿈시키는 것이 과오의 은폐와 또 다시 발생하게 될 피해자의 우려보다 더 적은 과오라고 말한다. 공개가 홍수처럼 밀려드는 소송을 부추기게 될 것이라는 일부의 예상에도 불구하고, 병원들은 소송건수와 법률 관련 비용 저축금의 감소 상황을 보고하고 있다. 시장의 힘이 부분적으로 원인일 수 있다고 할지라도 의료과오 (관련) 보험료도 일부 사례에서는 감소했다.」

29 ①

conviction : 확신·신념(= firm belief, confidence) courtesy : 예의 (바람), 공손 not so much A as B(= not A so much as B, B rather than A, more B than A) : A라기보다는 (차라리) B이다 grim-faced : 불쾌한[엄한] 얼굴의 mutter : 중얼거리다, 불평을 말하다, 투덜거리다 appreciation : 감사, 사의(謝意) equal(= be equal to) : ~ 와 같다 hunger for : ~을 열망하다, 간절히 바라다 behave well with courtesy : 예의 바르게 얌전히 행동하다 be satisfied with : ~에 만족하다

빈칸 앞의 내용이 사람들이 예의가 부족하다는 말이며, 뒤의 내용 역시 예의가 부족하다는 말(공급이 수요를 따라가지 못한다)이 있으므로 빈칸에는 hunger for(~을 열망하다)가 맞다.

「다년간 온갖 종류의 골칫거리가 있는 사람들을 도와주려고 하다 보니 나에게 하나 아주 확신을 남기는 게 있었다. 그런 어려움은 당사자들이 흔한 예의를 갖추어 서로를 대했더라면 극복할 수 있었거나 아예 아무런 일도 일어나지 않았을 것이다. "제 남편이 무슨 말을 하느냐는 것이라기보다는 그가 말하는 방식입니다. 왜 그는 저에게 큰소리를 쳐야 하는 겁니까?"라고 한 눈물어린 아내가 나에게 말한다. 불쾌한 얼굴의 한 사무실 직원은 "전 사장님을 미워해요. 그는 어떤 일을 해 드려도 결코 감사 표시를 하지 않아요." 인간은 예의(정중함)를 갈망한다. 예의, 공손함, 예절 – 부르고자 하는 대로 부르자 – 공급(예의를 베푸는 쪽)이 결코 수요(예의를 받는 쪽)와는 맞먹지 못하는 것 같다.」

30 ④

represent : 나타내다, 상징하다(= stand for), 표현[묘사]하다(= describe), 대표[대리]하다 pay little attention to : ~에 주의[관심]를 별로 기울이지 않다 after all : 결국 as a result : 결과적으로 by any means : 반드시, 어떻게든지, 어떻게 해서라도 on the other hand : 다른 한편으로는, 반면에 앞에는 아프리카에서 나이든 사람의 죽음을 슬퍼한다는 내용, 뒤에는 유럽에서는 신생아의 죽음을 슬퍼한다는 내용이 나온다. 아프리카와 유럽의 비교·대조의 글이므로 빈칸에는 '반면에'라는 의미의 on the other hand가 맞다.

「아프리카에서 사람들은 신생아의 죽음보다 노인의 죽음을 더 슬퍼한다. 노인은 해당 부족에 이익을 안겨 주었을지 모를 풍부한 경험을 대변했지만 반면 신생아는 오래 산 것도 아니고 죽는다는 것을 인식하지조차 못한다. 반면에, 유럽 사람들은 신생아가 죽으면 슬퍼하는데 그것은 만일 살았다면 당연히 멋진 일을 할 수 있었을 것이라고 생각하기 때문이다. 하지만 그들은 이미 인생을 살만큼 살았던 노인의 죽음에 대해서는 그다지 주의를 기울이지 않는다.」

31 ③

theater : 연극, 극장   comprehend : 이해하다(= understand, grasp), 포함[포괄]하다(= include)   inconceivable : (~에게) 상상할 수도 없는, 터무니없는, 믿을 수 없는(= incredible)   dimension : 중요성, 요소

③ 빈칸 뒤에 접속어가 없는 것으로 보아 빈칸의 내용과 빈칸 다음의 내용이 같은 내용이 되어야 한다. 빈칸 앞에서 질문이 '오페라에서 음악의 역할은 무엇인가'라고 물었고 빈칸 뒤의 '음악은 대사가 끝나는 지점에서 대사(words)의 힘을 넘어서는 표현을 전달하기 위해 시작된다.'라는 내용으로 보아 음악의 역할과 관련된 내용이 빈칸에 올 수 있다. 그러므로 음악의 역할을 말하면서 빈칸 뒤의 내용과 동일한 ③이 알맞다.
① 음악이 비극에서 중요한 역할을 한다.
② 배우들은 종종 그들의 감정에 민감하다.
③ 오페라에서 음악은 새로운 중요성을 대사에 더해 준다.
④ 오페라가수들은 음악에 대한 다른 취향을 갖고 있는 경향이 있다.

「여러분이 오페라를 들을 때, 오페라는 특별한 종류의 극이라는 것을 명심해야 한다. 만약 여러분이 연극을 이해하려면 표현 되는 말[대사]을 이해하는 능력이 필요한 것처럼 오페라의 대사를 알면 오페라를 반드시 이해할 것이다. 예를 들어, 어떤 사람이 무대의 배경 그림이나 배우의 음색의 아름다움 때문에 셰익스피어의 연극을 본다는 것은 이해되지 않는 것이다. 만약 오페라가 극이며, 대사가 중요하다면, 그러면 음악은 오페라에서 어떤 역할을 하는 것일까? 오페라에서 음악은 새로운 중요성을 대사에 더해 준다. 음악은 대사가 끝나는 지점에서 대사(words)의 힘을 넘어서는 표현을 전달하기 위해 시작된다.」

32 ③

frighten : 두려워하게 하다, 흠칫 놀라게 하다   prop : 버팀목, 의지, 후원자   cue : 단서, 실마리   irrational : 불합리한, 분별이 없는

① 항복하다   ② 보상하다
③ 피하다, 도망치다   ④ 대처하다, 맞서다

「갑자기 이상한 나라에서 너 자신을 찾는다면 다소 겁을 먹을 수 있다. 무엇을 해야하는지에 관한 정보를 제공하는 친숙한 단서들과 같은 너를 지지하던 일반적인 버팀목들을 잃어버리게 된다. 친숙하지 못한 상황에서 너에게 방향을 잡아주는 버팀목과 단서들이 없다면, 새로운 터전에서의 삶에 대처하는 것은 어려워진다. 모든 것들이 다르게 보일 수도 있다. 너는 심지어 택시 기사의 팁을 얼마 주어야 하는지나 레스토랑 웨이터에게 팁을 얼마 주어야 하는지 모른다. 이런 상황하에서 너는 논리적 감각을 상실하여 지역사람들에 대해 비이성적인 두려움이 생겨날 수도 있다.」

33 ④

favor : 조력, 지지, 유리   grasp : 이해하다, 파악하다, 납득하다   dissatisfy : 불만을 느끼다, 불쾌하게 하다   modest : 알맞은, 온당한, 조심성 있는

① 목표를 높이 세우고 그것에 도달하려고 노력해라.
② 어떤 일이든 받아들여라.
③ 실패할 때 좌절하지 말아라.
④ 현실 안에서 머무르고 더 나아지도록 애써라.

「행복한 사람들은 그들이 원하는 모든 것을 얻지는 못하지만, 그들이 얻을 수 있는 대부분의 것을 얻는다. 다시 말해 그들은 그들의 범위 안에 있는 것들에 가치를 부여함으로써 그들에게 유리하게 일을 만들어간다. 삶에 만족하지 못하는 사람들은 그들 스스로 도달할 수 없는 목표를 세워서 스스로 실패하게 만든다. 하지만 스스로 높은 목표를 세우고 그것에 도달하려고 노력하는 사람들은 보다 적당한 목표를 세우고 도달하는 사람보다 더 행복하지 않다.」

34 ④

puzzle : 난처하게 하다, 당혹하게 하다   stroll : 거닐다, 산책하다   peripherally : 주변으로, 주위로, 중요하지 않은   impolite : 무례한, 버릇없는

「문화간 의사소통 분야에서 나는 대화할 때 사람들의 신체 위치가 문화별로 다양하다는 것을 배웠다. 한 아랍 친구가 걸으면서 동시에 이야기할 수 없는 것으로 보인 것이 나를 당황스럽게 했다. 미국에서 여러 해 지난 후에 그는 말하는 동안 앞을 향해 가면서 산책할 수 없었다. 나의 앞을 약간 앞서가서 우리가 서로 볼 수 있도록 하려고 측면으로 돌아서면서 그가 앞으로 나가는 동안 우리가 앞으로 나가는 것은 정지되곤 했다. 일단 이 위치면 그는 멈춰섰다. 그의 행동은 내가 아랍인들이 다른 사람을 옆에서 보는 것은 무례한 것으로 간주된다는 것을 알고 나서 설명이 되었다.」

35 ①

inheritance : 상속, 유산, 계승   accumulate : 모으다, 축적하다   atmosphere : 대기, 공기, 분위기   inconclusive : 언제 끝날지 모르는, 확정이 나지않은   debate : 토론, 논쟁, 논의

「몇몇의 전문가들에 따르면 우리는 우리의 자녀들과 후손들에게 무서운 유산을 남기고 있다. 대기 속에 소위 말하는 온실가스의 축적 증가와 이 증가로 인한 잠재적으로 재난이 될 수 있는 기후변화. 하지만 과학계는 한 목소리로 말하고 있지 않다. 다른 과학자들은 지구온난화의 증거가 확정적이지 않고 그것에 기초한 예측도 의문스럽다고 주장한다. 과학적 논란은 격렬했다. 이것은 또한 가능한 기후변화를 다루기 위해서는 조치라는 것이 있다 해도 조치하는 것에 대한 정치적인 논란을 불러일으킬 것이다.」

36 ③

motivate : ~에게 동기를 주다 dramatically : 극적으로

ⓐ에서 prevent는 금지동사로 from을 써야 한다. ⓑ는 접속사 if로 시작하는 분사구문으로 certain kinds of food and drink가 주어와 동사로 생략되었으며 부사로 분사 consumed를 수식해야 한다.

「우리 모두 약간의 스트레스는 사람들에게 행동을 취하게 하는 동기를 주는 좋은 것이라고 알고 있다. 그러나 많은 스트레스는 심각하게 사람의 정신과 육체적 건강을 해치게 하고 사람들이 효과적인 일을 하는 것을 방해한다. 많은 사람들은 일, 학교숙제 또는 생활이 부정적인 스트레스를 급격하게 증가시킨다는 것을 알지만 매우 적은 사람들만이 정기적으로 섭취하는 특정 음식과 음료가 스트레스를 증가시킨다는 것을 알고 있다.」

37 ④

venture : 모험, 모험적 사업 shortage : 부족, 결핍, 결점 surfeit : 폭식, 과도, 포만

① 자양물, 음식, 양식
② 덤불, 발육 불충분
③ 무일푼, 빈털터리
④ 비만, 비대

「몇 년 전, 워싱턴 대학의 Adam Drewnowski라는 비만 연구가는 미스터리를 풀기 위해서 모험적으로 슈퍼마켓으로 들어갔다. 그는 오늘날 미국에서 비만을 가장 신뢰성 있게 예측하는 척도가 왜 사람들의 부인지 이해하기를 원했다. 어쨌든 대부분의 역사에서 가난한 사람들은 대체로 칼로리의 과다가 아니라 칼로리의 결핍을 겪어왔다. 어째서 오늘날 음식에 소비할 돈이 가장 적은 사람들이 과체중이 될 가능성이 큰가?」

38 ②

capital : 자본의, 가장 중요한, 수도의 chiefly : 주로, 대개, 우두머리의 numerical : 수의, 절대값의 superiority : 우월, 탁월, 우세

① 2등분
② 대면, 대결
③ 결말, 결론
④ 화해, 조정, 조화

「1914년 8월에 29척의 주력함이 준비되어 있었고, 13척은 건조 중이었던 영국과 18척의 주력함이 준비되어 있고, 9척을 건조 중이던 독일은 강력한 경쟁관계에 있는 양대 해상 강국이었다. 두 나라 중 어느 쪽도 직접적인 대결을 원하지 않았다. 영국인들은 주로 그들의 무역로를 보호하는데 관심이 있었고, 독일은 그러한 대결이 동등한 상황하에서 발생할 수 있도록 점차적으로 영국의 수적인 우세를 수뢰와 잠수함의 공격으로 파괴하기를 희망했다.」

39 ①

usefulness : 유용성 create : 창조하다, 야기하다, 창작하다 inspire : 격려하다, 불어넣다, 고무하다 meditate : 계획하다, 명상하다 promote : 증진하다, 촉진하다 welfare : 복지, 복리 profit : 이익, 이득 fearlessly : 두려움 없이, 겁 없이

「유용성이 삶의 끝이라고 종종 말한다. 그리고 그렇기도 하다. 그러나 행복이 유용성을 야기시키고 고무시킨다. 만약 당신에게 많은 재능이 있고 이해할 수 있는 능력이 있으면 말이다. 비록 밤낮으로 어떻게 세계의 복지를 증진시킬 것인지 계획한다하더라도 즐거움이 없다면 정작 너에게 도움이 되지 않을 것이다. 너는 너의 학생 삶의 문 앞에 위치해 있고 두려움 없이 들어갈 것이니 즐거움을 가져라.」

40 ③

descent : 세습, 유전, 강하 modification : 변형, 일시적인 변이 ancestor : 조상, 선조 evolution : 발달, 진화 express : 표현하다, 나타내다, 상징하다 fix : 고정하다, 정정하다, 확립하다 gradual : 점차적인, 점진적인 imply : 의미하는, 함축적인, 내포하는 directly : 즉시, 곧이어 accepted : 일반적인, 용인된

「종의 기원은 지구상에 사는 모든 생물체가 모두 동일한 선조로부터 변이에 의한 유전의 결과라고 말한다. 이것이 진화론이다. 다른 방법으로 표현한다면 이는 우리에게 종은 고정되어 변하지 않는 것이 아니라 이와는 반대로 이미 존재하던 다른 종으로부터 점진적으로 변화하는 과정을 통해 진화한다는 것을 말해준다. 이 이론은 또한 모든 종이 다 친척이며, 즉 지구의 서로 다른 두 종이 역사상의 어떤 시기에는 공통의 조상을 소유했다는 것을 의미한다. 이러한 진화론은 바로 각각의 종이 지금의 형태로 지구에 위치해 왔다는 널리 알려진 생각과 모순된다.」

41 ③

art dealer : 미술상 a marble statue : 대리석상 sculpture : 조각 in existence : 존재하는, 현존하는 asked price : 최고 가격 dating : 날짜기입, 연대측정 dated : 날짜가 있는, 구식의

「1983년 9월, Gianfranco Becchina라는 이름의 미술상이 캘리포니아에 있는 J. Paul Getty 박물관에 접근하였다. 그는 기원전 16세기로 추정되는 대리석상을 가지고 있다고 말했다. 그것은 쿠로스상만큼 유명한 젊은 남성의 나체조각이었다. 그것은 딱 200년된 현존하는 쿠로이였고, 대부분은 묘지를 정하거나 고고학 발굴에 의해 대단히 손상되었거나 산산조각난 것을 복원시킨 것이었다. 그러나 이것은 거의 완벽하게 보호된 것이었다. 그것은 놀랄만한 발견이었다. Becchina가 소장한 것의 최고 가격은 천만달러를 바로 밑도는 정도였다.」

42 ④

attack : (식사를) 하기 시작하다 choke : 숨이 막히다 chew : 씹다 spit : 토하다 plop : 풍덩

① 몰수하다   ② 고갈시키다
③ 슬퍼하다   ④ 간신히 ~하다

「"2분 안에 거기에 갈 것 같아." 엄마가 큰 소리로 말씀하셨다. "너희는 조금더 있어야겠다." 우리는 한숨을 쉬고, 다시 감자를 먹기 시작했다. 리애는 감자를 입에 가득 채우고 물을 간신히 벌컥벌컥 마셔 음식을 내려보냈다. 난 숨이 막혔다. 세리는 씹고 또 씹었다. 거의 숨막힐 듯 목이 메어 모든 것을 토해내고 더러워진 것을 냅킨으로 닦았다. "저걸 봐 리즈." 그녀가 말했다. "발자국들이 반대로 있어." 그녀는 천장을 가리켰다. 리즈는 쳐다보았다. 풍덩, 풍덩. 리즈는 엄마가 입구에 도착할 때까지 천장을 쳐다보고 있었다.」

43 ④

childhood : 초기 단계, 유년시절 erase : 지우다 in a few decades : 수십 년간 안으로 roughly : 거칠게, 대충, 버릇없이 match with : ~와 만나다, 대변하다 simply : 간단히 behavior : 행동, 품행

① 확장하는   ② 망설이는
③ 우세한   ④ 사라지는

「서구 문명은 초기 단계의 발상을 발전시키기 위해 수세기를 거쳤다. 그러나 텔레비전은 수십 년간 안으로 그것을 지울 수 있다. 한 어린이가 지식을 적용할 수 있는 능력을 가지고 간단히 읽는 것을 통하여 한 번에 배울 수 있는 것이다. 그러나 텔레비전 세대에 우리는 모두 같은 메시지를 얻는다. 5살 어린이와 40살 어른은 버튼 조작을 통해 간단히 같은 화상을 보고 같은 단어를 들을 수 있다. 그것은 우리의 행동에 나타난다. 아이들과 어른은 같은 유행의 옷을 입고, 같은 이야기를 하고, 같은 게임을 한다. 초기 단계의 발상은 사라진다.」

44 ②

seldom : 드물게 persuade : 확신하다 inflation : 물가폭등, 인플레이션 wage : 임금, 급료 entirely : 완전히, 한결같이 separately : 개별적으로, 따로따로 combine : 결합하다, 연합하다 fallacy : 그릇된 생각, 오류, 착오 composition : 구성, 조립, 화해 utter : 철저한, 완전한 chaos : 혼돈, 무질서

① 계획적으로
② 다음에는, 차례로
③ 아직, 그럼에도 불구하고
④ ~이 아닌

「내가 만난 사업가들은 물가폭등이 높은 급여, 그 다음에는 강력한 노동조합에 의해 생긴다고 믿는다. 그리고 많은 사람들도 같은 생각을 가지고 있다. 이러한 믿음은 잘못된 것이지만 완벽하게 이해할 수 없는 것도 아니다. 각각의 사업가들에게 물가폭등은 임금이라는 높은 비용으로 다가온다. 하지만 전체적으로는 높은 물가가 높은 비용을 초래한다. 합성의 오류가 영향을 미친 것이다. 어

떠한 사람은 2분 안에 어려움 없이 붐비는 극장을 떠날 수 있을 것이다. 하지만 모든 사람들이 2분 내에 극장을 떠나려 한다면 완전한 혼란이 야기 될 수 있을 것이다. 개인에게 적절한 진리가 모두에게 적절할 필요는 없다.」

45 ①

step into : 발을 들여놓다, 후임이 되다 virtually : 사실상, 실질적으로 preparation : 준비, 가오 run for governor : 주지사에 입후보하다 a dashing figure : 늠름한 모습 entry into : 진입, 가입, 입성 foregone conclusion : 뻔한 결과 defeat : 패배 election : 선거

① 반면, ~와 대조하여
② 간단히 말해서
③ 게다가, 더욱이
④ 그러므로

「스워제너거씨 역시 사실상 준비되어 있지 않은 레이건씨와 함께 정치의 세계에 발을 들여놓았다. 1966년 레이건씨가 주지사에 입후보할 때 그는 유명한 일요일 TV쇼의 진행자이고 로스앤젤레스에서 늠름한 모습으로 잘 알려진 배우였을 뿐만 아니라 전국적으로 명백한 공화당의 정치활동가였다. 레이건씨의 선거정치입문은 1964년 공화당의 대통령 후보 배리. M. 골드워터의 패배 후 뻔한 결과가 되었다. 반면 스워제네거씨는 사실상 당원 외의 사람과 같은 모습으로 공화당에 나왔다. 선거전 2년은 당직생활을 하지 않았다. 레이건의 경우와 같이 그를 출세시킬 수 있도록 당원들은 모든 것을 해 줄 것이다.」

46 ②

average : 평균 brand : 상표 confuse : 헷갈리다 explain : 설명하다 for instance : 예로 manufacture : 제조하는 over the years : 수 년간 athletic shoes : 운동화

① 스스로 광고한다
② 항상 같다
③ 가끔 성공한다
④ 때때로 불량품을 만든다

「평균적으로 소비자는 상표와 상품 사이의 차이를 헷갈려할 수 있다. 한 가지를 설명하자면 제품이 빠르게 변동하는 동안 상표는 오랜시간에 걸쳐 존재한다는 것이 다르다. 스포츠 의류를 제조하는 나이키를 예로 들어보자. 나이키는 상표이름이다. 나이키는 수 년간 많은 여러 제품들을 생산하여 왔다. 이를테면 여러 종류의 운동화와 의류가 있다. 그러나 나이키라는 상표는 항상 같을 것이다.」

47 ③

gender : 성, 성별 reflect : 나타내다 command : 지휘하다, 명령하다 influence : 영향, 설득, 감화 direct : 지시하다 bossy : 으스대는 emphasize : 강조하다, 역설하다 improve : 개선하다, 이용하다

① 개인적인, 사교적이지 않은
② 교양적인, 인격적이지 않은

③ 자발적인, 강제적이지 않은
④ 일시적인, 영구적이지 않은

「학자들은 아이들이 행동하는 동안 사용하는 언어를 바탕으로 성별에 차이점이 나타나는 것을 발견하였다. 남자 아이들은 종종 서로 서로 이야기를 할 때 명령하는 듯한 말투를 사용한다. 예로 한 소년이 대장이 될 때 그는 "너희들 먼저 가라. 나를 위해 기다리지 마라."라고 말하였을 것이다. 다른 소년들의 지휘자와 같이 그는 하려는 것을 정확하게 그들에게 지시한다. 그러나 한 소녀가 친구들을 설득하길 원할 때 소녀는 명령어를 사용하는 대신 다른 표현 방식을 사용한다. 소녀는 "이 방법을 우리 함께 노력해보자. 이것을 하자."라고 말할 것이다. 이것은 소녀가 으스대지 않고 다른 소녀들에게 지시하기 위해 노력하는 방법이다. "우리 ~하자"의 형태를 사용함으로서 소녀 역시 같은 그룹에서 모든 소녀들에게 그 의미를 강조하는 것이다. 이런 차이점들은 주어진 문화와 성에 따른 규율을 따르면서 성장해 온 부분을 보여준다. 만약 남자와 여자가 차이점이 많은 것을 자발적으로 이해하려 한다면 그들의 관계는 개선될 수 있을지도 모른다.」

48 ③

element : 요소, 요인   divide : 나누다, 분할하다   category : 종류, 부문   material culture : 물질 문화   nonmaterial culture : 비물질 문화   consist of : ~로 구성되어 있다   value : 가치   custom : 관습

① 특히, 무엇보다도
② 결과로
③ 이와는 다르게, 대조해보면
④ 게다가, 더욱이

「문화의 요소는 두 종류로 분류할 수 있다. 첫 번째는 모든 물체로 만들 수 있는 물질 문화로 사람들이 만들고 제공하는 목적으로 된 책, 의류 그리고 건물이 한 예이다. 우리는 그들의 목적과 의도를 이해하는 데 한 몫해야 한다. 이와는 다르게 비물질 문화는 물질적이지 않은 인간 창조물로 구성되어 있다. 비물질 문화의 예로 가치와 관습이 있다. 우리의 신앙과 언어 우리가 말하는 것 또한 비물질 문화의 부분에 속한다.」

49 ①

involve : 필요로 하다   evolve : 진화시키다, 개발하다   distinguish : 구별되다   figure : 형태   feature : 용모, 특징   extraordinary : 놀랄만한   original : 최초의, 독창적인   origin : 기원, 유래   mystery : 수수께끼, 신비

「우리 인간들은 완전히 색다른 생명으로 진화되어 왔다. 미래에 일어날 믿기 어려운 것들은 과거에 이미 일어났었던 것보다 더 이상할 수 있다. 우리는 음식을 요리하고 옷을 입는 등 다른 동물과는 다르다. 그러나 어쩌면 가장 중요하게 구별되는 특징은 언어일 수 있다. 이 놀랄만한 체계는 존재하는 것, 결여된 것이거나 존재하지 않는 것조차 어떠한 것에 대해서라도 우리에게 전달할 수 있도록 한다. 비록 이 체계가 우리와 다른 동물과의 차이점을 형성하는 것이지만 놀랄만한 전달시스템의 기원은 아직까지도 수수께끼이다.」

50 ②

typhoon season : 태풍이 한창인 시기   handle : 조종하다   turn A into B : A를 B로 돌리다, A를 B로 바꾸다   serve : 도움이 되다, 봉사하다, 접대하다, 서브하다   human being : 인생

① 기회 – 역경   ② 어려움 – 기회
③ 재앙 – 용기   ④ 행운 – 도전

「태풍이 한창인 시기에 극동 지방에 있는 비행기 안에서, 난 조종사에게 강풍 속에서 어떻게 조종을 하는지 물었다. "음, 강풍은 때론 비행 상태를 개선시켜 줄 수 있다." 그는 대답하였다. "난 강풍을 순풍으로 바꾼다!" 어쩌면 인생에서의 고통과 고생은 겉보기에는 상당히 태풍만큼 크지만 인생을 위한 목적으로는 동일한 도움이 된다. 그 다음에 당신이 어려움을 기회로 바꾸고 그것을 이겨내면 성공으로 가는 당신의 길이 빨라질 수 있다.」

51 ③

depend ~에 달려 있다, 좌우되다, ~나름이다, 의존하다, 의지하다   server : 근무자, 봉사자, 쟁반, 밥상, (컴퓨터) 서버   be supposed to do : ~할 것으로 기대(생각·상상)되다, ~하기로 되어 있다   face : 직면하다, 직시하다, ~에 면하다, ~을 향하다   lead : 이끌다, 인도(안내)하다, 유인하다, 선도하다, ~의 마음을 꾀다   comer : 오는 사람, 새로 온 사람   party : 당사자, 한쪽 편, 모임, 파티, 당파, 일행   concerned : 관계하고 있는, 걱정하는, 염려하는   invention : 발명, 창작, 발명품, 꾸며낸 이야기

빈칸 뒤의 글을 보면, 고객들이 때로는 자신이 온 순서에 상관없이 자신이 서 있는 줄에 따라, 업무 서비스를 더 일찍 받기도 하고, 생각했던 것보다 더 늦게 받는다고 말하고 있다. 이것으로, 고객들은 '어느 줄에 설 때, 더 일찍 업무처리를 받을 수 있을까?'하고 생각을 하게 된다는 것을 유추할 수 있다.

① 이 문제에 대한 해결책은 쉬운 것 같다.
② 우리가 사회적인 발명을 생각하는 것은 가능하다.
③ 그것은 바로, 어느 줄에서 내 일을 가장 빨리 처리받을 수 있을까라는 것이다.
④ 공정한 대기시스템은 우리가 먼저 온 사람이 먼저 서비스를 받는다는 것에 기초한 서비스를 제공하고, 또 제공받도록 할 수 있다.

「은행, 관공서 등 사람들이 서비스를 받기 위해 방문하는 많은 장소가 있다. 몇 명의 근무자가 있느냐에 따라 사람들은 많은 줄에 서 있게 된다. 사람들은 줄을 서야 한다고 생각할 때, 한 가지 결정해야 하는 문제에 항상 직면하게 된다. (그것은 바로, 어느 줄에서 내 일을 가장 빨리 처리받을 수 있을까라는 것이다.) 왜냐하면, 더 짧은 줄은 항상 더 빠른 서비스로 이어지지 않기 때문이다. 더 늦게 온 일부 사람들은 단지 그들이 '운이 좋은' 줄에 우연히 서 있었다는 이유로 더 일찍 서비스를 받는다. 이것이 일찍 온 몇몇 사람들이 그들이 기대했던 것보다 더 오래 기다리는 이유이다. 이것은 근무자들이나 고객이나 관련된 모든 당사자들에게 공평하지 않다.」

52 ③

ailing : 문제있는, 건전하지 못한, 병든, 괴로워하는, 침체한, 업적 부진의 increasingly : 점점, 더욱 더 obvious : 명백한, 분명한 relatively : 비교적으로, 상대적으로 fix : 해결(법) beef up : 강화하다, 보강하다, ~에 큰 돈을 들이다 enforcement : 시행, 실시, 강제 existing : 기존의, 현존하는, 현재의 regulation : 규정, 법규, 조절, 단속, 제한 in line with : ~와 일치하여 stringent : 엄격한, 절박한, 설득력 있는 assessment : 할당금, 세액 commercial : 상업의, 영리적인, 광고용의 private : 사유의, 공개하지 않은, 사적인, 은둔한 traffic : 차량, 교통 regimen : 처방(투약)계획, 양생법, 지배 efficient : 능률적인, 효과적인, 유능한, 결과를 발생하는 extensive : 광범위한, 광범위하게 미치는, 조방의 mass transport system : 대중교통체계 alternative source : 대체에너지원 commit : 전념하다, 헌신하다 far-sighted : 현명한, 선견지명이 있는, 분별있는 urban : 도시의, 도회지에 있는 congested : 혼잡한, 밀집한, 정체한 preservation : 보존, 저장, 보호 emission : (빛·열·향기 따위의) 방사, 발산, (차 엔진 따위의) 배기 expectation : 예상, 기대, 가능성, 확률

본문은 매연 배출로 인한 아시아 정부들의 취할 수 있는 빠른 해결책을 제시하고 있다. 필자는 매연배출기준의 강화와 도시외곽의 일자리 창출과 주택공급을 돕는 계획을 제시하고 있다.

「아시아들의 병든 도시들의 매연 징조들은 점점 더 분명해지고 있지만, 많은 지도자들과 일반 시민들은 행동하기를 서두르지 않고 있다. 비교적 신속한 정책으로 정부들은 배출물 기준에 대한 기존 규정의 시행을 강화할 수 있고 이후에 더 엄격한 그것들을 국제적 기준에 상응하도록 끌어올릴 수 있다. 정부는 또한 상업용과 개인용 차량을 늘리는 환경비용과세체계를 필요로 한다. 장기적 계획은 좀 더 효율적이며 광범위한 대중교통체계와 청정 대체에너지원에 대한 투자와 혼잡한 도심 외곽의 일자리와 주택 창출을 돕는 장기간의 도시계획에 전념하는 것을 포함한다.」

53 ③

zebra : 얼룩말, 심판원 evolve : 진화하다, 전개하다, 방출하다, (이론 등을) 끌어내다 horselike : 말과 같은 stripe : 줄무늬, 줄무늬 있는 천, 채찍 자국 ancestor : 원종, 선조, 조상 accidental variation : 돌연변이 foal : 망아지 natural selection : 자연도태 distinct : 독특한, 별개의, 뚜렷한, 여러가지의

본문은 얼룩말의 줄무늬가 어떻게 생겨났는지에 관해 말하고 있다.

① 얼룩말의 기원은 무엇인가?
② 얼룩말의 줄무늬의 장점은 무엇인가?
③ 얼룩말의 줄무늬는 어디서 생겨났는가?
④ 얼룩말은 말에서 어떻게 진화되었는가?

「(얼룩말의 줄무늬는 어디서 생겨난 것일까?) 과학자들은 얼룩말이 줄무늬가 없는 말과 같은 동물에서 진화했다고 생각한다. 그들은 얼룩말의 줄무늬가 없는 원종이 어떠

했는가에 대해 다른 생각들을 가지고 있지만, 대부분은 그것이 어두운 색이나 검은색이었을 거라고 주장한다. (그래서, 해묵은 질문에 답한다면, 얼룩말은 아마도 다른 어떤 해석보다도 흰 줄무늬를 가진 검은 동물이었을 것이다.) 줄무늬가 진화한 방식은 이러하다 : 돌연변이로 인해, 검은 망아지들 중 일부는 밝은 색의 줄무늬를 가지고 태어났다. 줄무늬는 보호색이었기 때문에, 그것들은 이점이 있었다. 그리고 그러한 줄무늬 동물들은 종종 줄무늬가 있는 망아지를 낳으며 생존했다 – 또 하나의 자연도태의 예이기도 하다. 점점 더 많은 줄무늬 동물들이 세대가 지나면서 나타났다. 결국, 우리가 얼룩말이라 부르는 여러 독특한 동물종이 생겨났다.」

54 ③

relatively : 비교적으로, 상대적으로, ~에 비례하여 improvement : 진보, 증진, 향상, 개량 involved : 관련된, 복잡한 distraction : 주의 산만, 정신이 흩어짐 gently : 온화하게, 상냥하게, 조용히 the + 비교급 ~, the + 비교급… : ~할수록, 점점 더 …하다

「심원한 듣기를 경험하는 것은 비교적 쉽다. 당신은 그것의 향상을 이해하고 약간의 연습만 하면 된다. 그러나 그것은 때때로 우리가 연습이라 생각했던 방식의 '연습'이 아니다. 그것에 관련된 노력은 거의 하지 않아도 된다. 사실, 당신이 노력을 더 하면 할수록, 그것은 점점 더 어려워진다. 당신이 해야하는 것은 당신의 마음을 비우고 편안해 하는 것이다. – 하지만, 동시에 다른 사람과 함께 있어야 한다. 이렇게 함으로써 당신은 정신의 흩어짐을 제거할 수 있다. 당신은 들으면서, 당신의 마음이 계획, 답변들, 두려움, 무엇이든 다른 것들로 채우려고 하는 것을 주의해라. 이런 마음이 있을 때, 부드럽게 당신의 마음을 깨끗이 하고 그저 들어라.」

55 ④

philosophy : 철학, 형이상학, 원리, 철학적 정신 reverence : 경외하는 마음, 존경, 경례, 공손한 태도 commitment : 헌신, 위탁, 위임 humanity : 인류, 인간애, 인간 strength : 용기, 정신력, 세기, 힘 imprisonment : 투옥 unbearable : 참을 수 없는, 견딜 수 없는 deter : 단념시키다, 막다 overcome : 극복하다, 지우다 obstacle : 장애물

「알버트 슈바이처는 1875년 10월 29일에 Kaysersberg라는 독일, Alsace의 Strasbourg 근처의 한 마을에서 태어났다. 슈바이처는 그의 시대에 가장 위대한 크리스찬이라고 불리고 있다. 그는 자신의 개인적 철학을 '생명에 대한 경외감과 사고와 행동을 통한 인류봉사에 대한 헌신에 기반을 두고 있다. 그리고 그는 커다란 문제들에 용기있게 맞서는 대단히 용감한 사람이었다. 전쟁의 위협, 1차 세계대전 동안 독일 시민으로서 투옥되는 현실과 아프리카에서의 참을 수 없는 열기도 그를 전혀 막지 못했다. 그는 사람은 (외국에서 불쌍한 사람들을 돕기를 원한다면) 이런 장애물들도 극복할 수 있다고 믿었다.」

56 ③

carry on : 실행하다, 수행하다 traditional : 전통적인, 관습의, 인습의 vegetarian : 채식주의자 HIV-positive : 에이즈 바이러스 양성반응의 detective : 탐정 geneticist : 유전학자

「어떤 사람들은 컴퓨터로 활동적인 사회생활을 해 나간다. – 그들의 것 또는 카페, 사회센터, 도서관 등과 같은 공공장소의 터미널에 있는 이용 가능한 컴퓨터를 이용한다. 게시판에서 다른 사람들과 대화함으로써, 그들은 전통적인 방법으로는 결코 만날 수 없는 사람들을 알게 된다. 예를 들어 캘리포니아, 샌프란시스코의 한 대학원생은 컴퓨터로 롤러브레이드를 타고 돌아다니는 집 없는 채식주의자, 에이즈 바이러스 양성반응의 경찰관, 이란 출신 가정의 사람들, 80세가 된 탐정 그리고 DNA를 연구하는 유전학자를 포함한 50명 이상의 친구를 만들었다. 그녀는 컴퓨터로 만난 약 10명의 사람과 데이트도 했다. 사랑은 지속되지 않았다. 그러나 그녀는 관계가 깨진 것에 대해 컴퓨터를 비난하지 않는다.」

57 ④

gray : 백발의, 회색의 disheveled : 헝클어진, 흩어진, 단정치 못한 majestic : 장엄한, 위엄있는, 당당한 visage : 얼굴, 용모, 모양 authority : 권위, 근거 instinctively : 본능적으로, 직감적으로 dogma : 정설, 교리, 교의

'Yet the truth is that most of the scientific breakthroughs that have changed our lives are usually made by people who are still in their 30s'에 착안하면 (   ) 안의 내용이 무엇인지 유추할 수 있다.

① 경제적 관심
② 혁신적인 실험데이터
③ 종교적 신념
④ 그 시대의 지적 신조

「우리가 과학 천재들의 일반적으로 알려진 얼굴을 생각할 때, 종종 나이가 들었던지 반백이 다 된 외모를 떠올린다. 예를 들어, 우리는 Einstein의 헝클어진 머리칼, Darwin의 장엄한 수염, 그리고 Newton의 주름진 얼굴을 생각한다. 하지만 진실은 우리의 삶을 바꾼 과학의 대발견은 30대의 사람들에 의해 이루어졌고, 여기에는 Einstein, Newton, 그리고 Darwin도 포함된다는 것이다. 실제로, 젊은 과학자들이 그들보다 나이 든 사람보다 그 시대의 지적 신조에 영향을 덜 받았다는 것은 별로 놀랄만한 일은 아니다. 그들은 본능적으로 기존의 원리에 의문을 품는다. 그들은 새로운 생각은 미친 짓이라는 이야기를 들어도 믿지 않고, 불가능한 일에 자유롭게 도전했다.」

58 ③

above all : 무엇보다도, 첫째로, 우선 첫째로 philosopher : 철학자 worthwhile : ~할 보람이 있는, 시간을 들일 만한 convince : ~에게 확신시키다, ~에게 납득시키다

「어른들의 일과 어른들의 삶에 대비해서 학생들을 가르칠 때, 미국 학교들은 무엇보다도 실용적인 것을 가르치려고 노력한다. 미국 교육은 John Dewey라고 불리는 유명한 20세기의 철학자의 글에 의해 많은 영향을 받았다. Dewey는 유일한 가치 있는 지식은 실제 삶에 이용할 수 있는 지식이라고 믿었다. 그는 교육자들에게 학생들이 빨리 잊어버릴 쓸모 없는 지식을 암기시키는 것은 무의미하다고 확신시켰다. 오히려 학교는 사람이 살아가고 일을 하는 방법에 영향을 미칠 수 있는 사고과정과 기술을 가르쳐야 한다.」

59 ④

diverse : 다양한, 각각의, 여러가지의 shore : 해안, 바닷가, 기슭 currency : 화폐, 통화, 유통

(   ) 앞에는 지중해 세계의 다양성을 보여주고, 뒤에는 지중해 세계의 공통점을 보여주므로 역접관계의 접속사가 필요하다.

「지중해는 유럽, 아시아, 그리고 아프리카 세 대륙을 연결한다. 다양한 민족들과, 언어들과 종교들의 세계가 이 바다를 둘러싸고 있는 환경이다. 북쪽 해변가마저도, 주로 기독교로 연합된, 현저할 정도의 다양한 언어들, 관습들, 화폐들 그리고 정치경제들이 있음을 보여준다. 그러나, 이 지중해 해변가에 거주하는 다양한 민족들은 공통의 세계관을 갖고 있다. – 이름이 의미하듯이, 그들은 자신들이 세계의 중심에 살고 있다고 생각한다.」

60 ①

flag : 기(旗), 깃발(= banner), 국기 cross : 십자가 field : 들판, 분야, 경기장, (깃발 등의) 바탕 unusual : 보통(정상)이 아닌, 이상한 legend : 전설 come to do : ~하게 되다 crusade : 십자군 pagan : 이교도 attack : 공격하다 colony : 식민지 critical : 비평적인, 비판적인, 결정적인, 위기의 bear : ~을 나르다, (무게 등을) 지탱하다, (모습 등을) 지니다 adopt : 채택하다, 채용하다, 양자(양녀)로 삼다 garment : 옷, 의복

① 흰 십자가가 있는 붉은 깃발
② 왼손에 붉은 깃발을 가지고 있는 천사
③ 등에 나무 십자가를 지고 있는 예수 그리스도
④ 흰 옷을 입고 있는 예수 그리스도

「붉은 바탕에 커다란 흰 십자가가 있는 덴마크의 국기는 전세계에서 가장 오랫동안 변하지 않은 국기이다. 그것의 디자인은 700년 이상이나 되었다. 어떻게 그 국기가 있게 되었는지에 관해 알려주는 이상한 전설이 있다. 약 서기 1218년에 덴마크의 국왕 Valdemar 2세는 그의 식민지를 공격하고 있었던 이교도들에 대항하는 십자군을 이끌었다. 1219년에 덴마크 사람들은 그들의 땅을 구하여 그 전쟁에서 승리하였다. 전설에 따르면, 그 전쟁의 결정적인 지점에서 흰 십자가가 있는 붉은 깃발이 불가사의하게 하늘에 나타났다. 덴마크 사람들은 Valdemar 국왕이 이 디자인을 국기로 채택했다고 말한다.」

61 ②

comfortable : 편안한, 기분 좋은 on one's own :
자기 책임으로, 혼자서, 단독으로 make oneself
at home : ~의 마음을 편하게 하다

① 이 곳은 당신의 집입니다.
② 마음 편하게 있으세요.
③ 편안하게 있는 것이 어떠십니까?
④ 여기에 있는 모든 것이 당신이 편안하게 있기
　에 훌륭하지 않습니까?

「만약 당신이 당신의 손님들이 편하게 느끼고 당신의
집에서 그들이 혼자서 할 일들을 할 수 있도록 초대하고
있다면, 당신은 그녀 또는 그에게 "마음 편하게 있으세
요."라고 말할 것이다.」

62 ①

remove : 이동하다, 이전하다 rough : 거친, 난폭한, 버
릇없는 treatment : 취급, 처우 library : 장서, 도서관
to tell the truth : 사실대로 말하면 well-being : 복지,
안녕, 복리 at normal times : 평상시에 normal : 보통
의, 표준의 abnormal : 비정상적인, 예외적인 comely :
미모의, 적당한 unfair : 불공평한, 교활한 usage : 취
급, 대우, 습관

① 부당한 취급　　　　② 잘 보살핌
③ 열심히 공부함　　　④ 고가(高價)

「너무나 자주 나는 이사를 해왔고, 장소를 옮길 때마다 많
지도 않은 나의 장서를 그렇게 난폭하게 다루어 왔고,
그리고 사실대로 말하면, 평상시에도 장서 보존에 주의
를 해오지 않았기 때문에, 나의 책들 중에서 외관이 나
은 것조차도 부당한 취급을 받은 결과를 나타내고 있다.」

63 ③

lack : ~이 없다, 결핍되다 direct … for(toward)
~ : …을 ~쪽으로 향하게 하다 to a large
extent : 상당한 정도로 secure : 확보하다

「어떤 사회에 언어가 없다면 (그 사회는) 협동을 요구하는
사업들 중 가장 단순한 것을 제외한 어떠한 일에도 종사
할 수가 없을 것이다. 한 개인 또는 개인의 집단은 그러
한 여러 활동을 계획할 방법도 없고, 그 활동을 다른 이
들에게 설명할 수도 없으며, 또는 협동을 요구하는 사업
에 참여한 이들의 행동을 공동의 목표로 향하게 할 방법
도 갖지 못할 것이다. 각 개인은 상당한 정도로 자기 자
신의 힘과 능력에 의존할 것이다. 왜냐하면 그에게는 다
른 이의 도움을 확보할 수단이 없을 것이기 때문이다.」

64 ①

unusual : 정상이 아닌, 이상한, 유별난, 이례적인,
비범한 business cycle : 경기순환(= trade cycle)
constant : 끊임없는, 일정한, 불변의, 부단한
capitalism : 자본주의 entrepreneur : 기업가, 전문
경영자 destruction : 파괴, 파멸 capital system :
자본주의 체제 in the long run : 결국, 마침내

helpful : 도움이 되는, 유용한 harmful : 해로운, 유
해한 indifferent : 무관심한, 냉담한, 대수롭지 않
은, 중요치 않은, (솜씨가) 서툴, 평범한, 중립의
ineffective : 쓸모없는, 무익한, 효과가 없는, 무효
의, 헛된, 무력한, 무능한

「Joseph Schumpeter는 유별난 경제학자였다. 대부분의
경제학자들은 경기순환을 줄이려고 노력해 왔지만,
Schumpeter는 끊임없는 변화가 자본주의의 힘이라고 믿
었다. 끊임없이 새로운 상품과 새로운 아이디어를 개발
할 때, 기업가들은 오래된 상품과 아이디어의 파괴를 야
기한다. Schumpeter는 그가 창조적 파괴라고 불렀던 이
과정이 자본주의 체제의 일부인 경기순환을 일으킨다고
생각했다. 그는 경기순환이 결국 경제에 도움이 된다고
믿었다.」

65 ①

efface : ~을 지우다, consideration : 고려, 고려의 대상
interfere : 간섭하다, 방해하다, 중재하다, 조정하다
nevertheless : 그럼에도 불구하고 domestic : 가정의, 국내
의 restraint : 제지, 억제, 사세, 구속 noninterference :
불간섭 behaviorist : 행동주의자 tolerate : ~을 관대히 다
루다, 참다, 견디다 comparatively : 비교적, 상당히
self-restraint : 자제, 극기 go on the rocks : 좌초하다,
파멸하다 devotion : 헌신 adoration : 숭배, 애모, 동
경 replace : ~에 대신하다, 대체하다, 복직시키다
at stake : (돈, 목숨, 운명이) 걸려, 문제가 되어,
위태로워져서 go through : (고난, 경험 등을) 거치
다, 경험하다, (서류 등을) 잘 조사하다 laudatorily
: 찬미하여 reproachfully : 비난하여, 나무라는 투로
contemptuously : 경멸하여 sympathetically : 동정
하여

「서양에서 노인들은 그들의 자식에 대한 배려에서, 그리고
자식들의 가정생활을 간섭하지 않으려는 아주 이타적인
바람에서 스스로 눈에 띄지 않게 지하에 식당이 있는 어
떤 호텔에서 혼자 사는 쪽을 택한다. 그러나 노인들은
간섭할 권리가 있으며 설령 간섭이 불쾌하지만 그럼에도
불구하고 간섭은 당연한 것인데, 왜냐하면 모든 생활, 특
히 가정생활은 자제력을 가르치기 때문이다. 부모들은
자녀들이 어릴 때 어쨌든 간섭을 하고, 불간섭의 논리는
모든 아이들이 그들의 부모로부터 멀어져야 한다고 생각
하는 행동주의자들의 결과에서 이미 드러났다. 만약 우
리를 위해 그렇게 많은 것을 해주신 부모님이 연로해지
고 상당히 무기력해졌을 때 그들을 참을성 있게 대할 수
없다면, 가정에서 부모말고 누구에게 인내심을 발휘할
수 있겠는가? 사람은 어쨌든 자제를 배워야 하고, 그렇
지 않으면 심지어 결혼생활도 위태로워진다. 그리고 사
랑스런 자녀들의 개인적인 봉사와 헌신과 찬미(존경)가
어찌 호텔 수석 웨이터에 대체될 수 있는가?」

● 4. 글의 내용

1 ②

② 마지막 줄을 통해 일치하지 않음을 알 수 있다.
exponent 대표적 인물 falter 비틀거리다
inexhaustible 다할 줄 모르는 endow ~에게 주
다 exterior 외모 privilege 특권 upright 강직한

① Stanislavski는 매력적인 외모를 가지고 태어났다.
② Stanislavski는 그의 일생을 통해 그의 동료들에게 영향을 주지 못하며 남아있었다.
③ Stanislavski의 아버지는 그의 교육을 지원할만큼 충분히 부유했다.
④ Stanislavski는 자신의 바른 성격과 지칠 줄 모르는 능력으로 최고의 배우가 되었다.

「Stanislavski는 여러 가지 면에서 행운아였다. 그는 자신에게 다양한 교육의 이점과 국내외에서 무대 예술의 위대한 예술가들을 만날 수 있는 기회를 줄 수 있었던 부유한 남자의 아들이었다. 그는 위대한 명성을 얻었는데 그가 높은 목표를 세우고 그것들을 이끄는 힘든 길을 흔들림 없이 나아갔기 때문이다. 일에 대한 그의 개인적 진실성과 지칠 줄 모르는 능력은 그를 일류 전문 예술가로 만드는 데 기여했다. 또한 Stanislavski는 매력적인 외모와 우아한 목소리 그리고 천재적인 재능 같은 것을 풍부하게 타고 났다. 배우, 연출가, 교사로서 그는 그와 함께 또는 밑에서 일하는 사람 또는 무대 위에 있는 그를 볼 수 있는 특권을 가졌던 사람들에게 영향을 주고 감동시킬 운명이었다.」

2 ③

versatile 다용도의, 다목적의 cabbage 양배추
antioxidant 산화방지제 fiber 섬유질
potassium 칼륨 chunk 큰 덩어리

「콜라비는 주로 그 특이한 모양과 이상한 이름 때문에 많은 사람들이 피하는 채소들 중 하나이다. 그러나 콜라비는 맛있고, 다용도이고 당신에게 유익하다. 콜라비는 브로콜리와 양배추를 포함하는 배추속의 한 구성원이다. 배추속 식물들은 항산화능력이 크고 콜라비도 예외가 아니다. 또한 콜라비는 유용한 양의 vitamin C인 섬유질과 Vitamin B, 칼륨 그리고 칼슘도 함께 포함하고 있다. 콜라비는 날로 먹을 수 있다: 그것은 얇게 썰어서 샐러드에 섞어 먹을 때 맛있다. 당신은 또한 그것의 덩어리를 오븐에 구워 먹거나 수프의 재료로 사용 할 수 있다.」

3 ③

cope with ~에 대처하다

① 교육적인 프로그램을 위한 필요에 대해 논의하기 위해서
② 아파트를 위한 고용인을 모집하기 위해서
③ 아파트 주민들을 프로그램들로 끌어들이기 위해서
④ 삶의 기준을 향상시키는 방법을 추천하기 위해서

「Casa Heiwa는 사람들이 중요한 삶의 기술과 새로운 환경에서 어떻게 삶에 대처해야 하는지를 배울 수 있는 아파트이다. 빌딩 매니저는 아파트에 살고 있는 아이들과 어른들에게 많은 프로그램을 제공하는 서비스를 한다. 아이들을 위해 오전 7시부터 저녁 6시까지 운영되는 어린이집이 있다. 또한 성인들이 이용 가능한 컴퓨터 처리와 영어회화 과정을 포함하는 교육 프로그램들이 있다.」

4 ③

float (물 위나 공중에서) 떠가다 soft coal 역청탄 neighborhood (도시의) 지역, 구역 approach 다가가다, (다가가서) 말을 걸다 modest 보통의, (크기·가격·중요성 등이) 그다지 대단하지 않은 appropriate 적절한 confusing 혼란스러운 unappealing 매력 없는 around corner 임박해서, 언저리에서 impressed 인상 깊게 생각하는, 감명을 받은
조카의 생일이 얼마 남지 않았기 때문에 장난감을 살펴본 것으로 답은 ③이다.

① 그 장난감에서 작가의 조카딸과 같은 냄새가 났다.
② 그 장난감은 작가의 조카딸만큼 매력적이었다.
③ 작가의 조카딸의 생일이 임박했다.
④ 작가는 낮은 가격의 폭넓은 물건들에 감명을 받았다.

「동쪽 강을 가로질러 봄의 첫 기운이 공장으로부터 나오는 역청탄 연기와 가난한 지역의 길거리 냄새와 섞여 떠다녔다. 나는 출근길에 모퉁이를 돌아 쉐프텔즈로 왔을 때 먼지투성이의 창문에서 낡은 장난감 수집품들이 있는 것을 보고 클리블랜드에 있는 나의 작은 조카딸의 생일이 임박했다는 것을 기억했다. 나는 조카딸에게 그다지 대단하지 않은 선물들을 보내는 습관이 있었다. 그러므로 나는 멈춰서 적당한 것이 있는지 확인하면서 볼품없고 혼란스러운 물건더미들을 보았다.」

5 ②

foothill 작은 언덕 plain 평원, 평지 shield 순상지 anchor 단단히 묶어 두다 erode 침식시키다 traverse 가로지르다, 횡단하다

② 애팔래치아 산맥은 북아메리카에서 두 번째로 긴 산맥이다.
① 암반의 거대한 중심지인 캐나다 순상지가 Hudson 만과 James 만 중심에 놓여 있다.
② Appalachian 산맥은 북아메리카에서 가장 긴 산맥이다.
③ Appalachian 산맥은 Quebec에서부터 Alabama의 중심지까지 뻗어있다.
④ Piedmont는 평원을 향해 흘러가는 많은 강들이 횡단한다.

「미시시피의 동부는 땅이 완만하게 솟아 애팔래치아 산맥의 기슭에 연결된다. 캐나다 평원의 끝자락의 허드슨 만과 제임스 만의 가운데 위치한 암반의 거대한 중심지인 캐나다 순상지는 이 대륙을 단단히 고정하고 있다. 이 순상지의 돌투성이 땅은 캐나다 동부의 절반과 미국의 북동지역을 형성한다. 퀘벡 북쪽에서 캐나다 순상지는 허드슨 만을 향해 경사져 내리막이 된다. 심하게 침식된 애팔래치아 산맥은 북아메리카의 가장 오래된 산맥이고 이 대륙에서 두 번째로 긴 산맥이다. 산맥은 퀘벡에서 앨라배마의 중심지까지 약 1,500마일의 길이로 뻗어있다. 해안 저지대는 애팔래치아 산맥의 동쪽과 남쪽에 놓여 있다. 산과 해안 저지대 사이에는 구불구불한 언덕들이 놓여 있다. 많은 강들이 피드먼트 고원을 가로지르고 캘롤라이나의 대서양 연안 평원을 가로질러 흐른다.」

6 ①

① 사실일 수도 있는 지침에 따라서 행동하는 것은 믿을 수 없는 것일 수 있다.
② 용인될 수 있는 결과는 사실인 지침에 기초해 행동하는 사람에게 보장될 것이다.
③ 사실인 지침과 사실일 수도 있는 지침에 따라 행동하는 것은 똑같이 위험하다.
④ 행동과 지침은 다른 것이다. 둘은 상호 의존적이지 않다.

「잘 행동하기 위해서 사람은 행동지침서가 사실인지, 사실일 가능성이 있는지, 그리고 거짓인지, 거짓일 가능성이 있는지 결정할 필요가 있다. 왜냐하면 사실일 수도 있는 거짓된 지침이 아니라 사실인 지침에 따라서 행동하는 사람이 사회적으로 용인되는 목표에 도달할 더 많은 가능성을 가진다고 생각하는 것이 합리적이기 때문이다.」

7 ③

reputation 명성 primitive 원시적인 steam engine 증기기관차 locomotive 기관차 railway 철로

③ 시속 36마일의 기관차를 개발하여 기관차 대회에서 준우승이 아닌 우승을 했다.

「조지 스티븐산은 영국 북동지역과 스코틀랜드의 탄광에 사용된 초기 증기기관과 관련된 일을 하면서 명성을 얻었다. 1814년에 스티븐슨은 그의 첫 번째 기관차 '블러처'를 만들었다. 1821년에 스티븐슨은 스톡턴과 달링턴 철도의 건설을 위한 엔지니어로 임명되었다. 1829년 10월, 철도의 소유주들은 무거운 짐을 싣고 멀리 갈 수 있는 가장 좋은 기관차를 찾기 위한 대회를 개최하였다. 스티븐슨의 기관차 '로켓'은 시속 36마일의 기록을 달성하며 우승을 차지하였다. 스톡턴과 달링턴 철도의 개통과 '로켓'의 성공은 전국적으로 철도의 건설과 기관차의 제작을 자극하였다. 스티븐슨은 많은 프로젝트의 엔지니어가 되었으며, 또한 벨기에와 스페인의 철도 개발에도 참여하였다.」

8 ②

extensive : 대규모의 respectively : 각자, 제각기

① Bookfield 동물원은 저소득 가정들을 위한 무료입장을 지원하는 프로그램을 운영했다.
② Bookfield 동물원은 아프리카계 미국 어린이들의 가족사를 추적하는 것을 도왔다.
③ Newberry 도서관과 Bookfield 동물원은 각각 1만 달러의 상금을 탔다.
④ Newberry 도서관은 지도로 인해 아주 많은 수의 훈장을 받았다.

「시카고의 Newberry 도서관과 Bookfield 동물원은 월요일 백악관에서 영부인 Laura Bush에게 박물관과 도서관 서비스에 대한 국가훈장을 받은 열 개의 기관들 중 하나다. 그 연례적인 상은, 워싱턴에 있는 박물관과 도서관 서비스 협회에서 주어지는데, 기관들에게 그들의 수집품과 지역사회 관여에 대해 영예를 주고 각각 1만 달러의 상금을 포상한다. Bookfield 동물원은 Zoo Adventure Passport와 같은 프로그램들로 인해 수상의 영예를 안았는데, 그것은 저소득 가정들에게 무료 현장학습을 제공한다. Bush는 "Bookfield 동물원은 지역의 학생들을 위한 살아있는 교실입니다"라고 발했다. Newberry 도서관 역시 50만이 넘는 지도들의 대규모 수집과 아프리카계 미국인들이 그들의 가문의 유산을 찾도록 돕는 역할을 해 수상의 영예를 안았다.」

9 ④

summer session : 여름학기 revise : 변경하다
infirmary : 병원, 양호실 bulletin : 뉴스 단신, 공고

① 영화와 공연 스케줄은 한 달에 두 번 공지될 것이다.
② 주중에, 구내식당과 도서관은 정오에 열 것이다.
③ 캠퍼스 버스는 매 시간 운영되며 모든 정규 정차 지점에 정차 할 것이다.
④ 여름학기 동안 체육 및 오락 시설을 이용하기 위해서는 유효한 신분증이 요구된다.

「9주의 여름학기 동안, 대학 공동체를 위한 서비스들은 변경된 스케줄을 따릅니다. 캠퍼스 버스 서비스, 구내식당 그리고 양호실과 레크리에이션 및 체육 시설들의 하계 운영 시간에 대한 구체적인 변경사항은 구내식당 바깥에 있는 게시판에 게시될 것입니다. 주간 영화와 공연 스케줄이 완결되면 매주 수요일에 구내식당 바깥에 게시될 것입니다. 캠퍼스 버스는 매 30분마다 본관을 떠나 캠퍼스 내 모든 정규 노선에 정차 할 것입니다. 구내식당은 주중에는 오전 7시부터 오후 7시까지 그리고 주말에는 정오부터 오후 7시까지 아침, 점심, 저녁을 제공합니다. 도서관은 주중에는 정규 시간을 유지하지만, 토요일과 일요일에는 정오부터 오후 7시까지 단축 운영합니다. 도서관 대여 서비스와 레크리에이션 및 체육, 오락 시설 이용을 원하는 모든 학생들은 허가된 여름 신분증이 있어야 합니다. 이 공지는 학생 신문의 다음 호에서도 볼 수 있습니다.」

10 ③

wild goose : 기러기   clan : 씨족, 집단   settle :
해결하다, 합의를 보다

① 급히 서두르면 일을 망친다. → 급할수록 돌아가라.
② 겉모습만 보고 판단하지 마라.
③ 알이 부화하기 전에 병아리부터 세지 마라. →
떡 줄 사람은 생각도 없는데 김칫국부터 마시
지 마라.
④ 부귀빈천이 물레바퀴 돌 듯하다.

「두 명의 사냥꾼이 머리 위로 날아가는 기러기 한 마리를
보았다. 사냥꾼 한 명이 그의 활에 화살을 걸고 기러기
를 조준하며 말했다. "저 기러기는 맛있는 스튜가 될 거
야." "스튜!"라고 다른 사냥꾼이 말했다. "이건 구이가 더
나을걸." "스튜야!" 첫 번째 사냥꾼이 그의 화살을 내려놓
으며 말했다. "구이라니까!" 다른 사냥꾼이 대답했다. 논
쟁은 계속 되었다. "그럼 우리 대장님께 저 기러기를 요
리하는 최고의 방법을 결정해달라고 요청하자." 대장은
그들이 기러기를 잡아오면, 반은 스튜를 만들고 반은 구
이를 하자고 제안함으로써 그 논쟁에 합의를 보았다. 그
러면 모두의 요구가 만족되는 것이다. 두 사냥꾼은 기뻐
하며 기러기를 사냥하러 나갔지만, 그때는 이미 기러기
가 안전하게 멀리 날아가고 없었다.」

11 ②

mining : 채광, 채굴   organizer : 조직자, 창시자
exotic : 외국의, 이국적인   have a strong stomach
: 비위가 강하다   venison : 사슴고기   emu : 에뮤(오
스트레일리아산 큰 새)   earthworm : 지렁이

① 야생음식 페스티발은 호주가 아닌 South
Island 서쪽 해안의 오래된 채광 마을인
Hokitika에서 열린다.
③ 캥거루 스테이크는 올해가 아닌 지난해의 인기
요리였다.
④ 마지막 문장에서 양을 먹을 수 있을 거라는 기
대는 하지 말라고 언급하고 있다.

「야생음식 페스티발은 South Island 서쪽 해안의 오래된
채광 마을인 Hokitika에서 열린다. 이번 해에 개최자들은
지난해 참석자보다 10퍼센트 많은 2만 3천 명의 호기심
많은 전 세계 관광객들을 위해 페스티발을 준비한다. 매
년 요리사들은 점점 더 이국적인 요리를 발명하고 당신
은 그것에 도전하기 위해 강한 비위와 열린 마음이 필요
하다. 이번 해에는 곤충 알과 전갈, 그리고 사슴 혀와 같
은 새로운 요리가 선보인다. 지난해의 인기 요리였던 이
웃국가인 호주에서 오는 신선한 캥거루에 에뮤 스테이크
와, 지렁이, 달팽이도 여전히 맛 볼 수 있다. 양이 많은
나라이지만, 그것들을 이 축제에서 먹을 수 있을 거라는
기대는 하지 마십시오.」

12 ④

spokesman : 대변인   resident : 거주자   conduct :
지휘하다, 행동하다   fume : 연기를 내뿜다   leak :
(액체, 기체가) 새다, 누출하다   waste disposal
site : 쓰레기 처리장   much less : 하물며 ~은
아니다   evacuate : 대피시키다, 피난하다

「인근 마을의 거주민들에게 전하는 화학 회사의 대변인의
주장: 우리는 실험을 시행하였고 그 실험에서 우리 회사
의 쓰레기 처리장에서 새어나오는 연기가 인간에게 해롭
다는 어떠한 증거도 찾지 못했습니다. 거기에는 경각심
을 가질 이유가 없으며, 하물며 사람들을 그들의 집으로
부터 대피시킬 이유도 없습니다.」르게 변화하는 분야들
을 따라잡는 것을 가능하게 한다.」

13 ④

ever walked the earth : 지금껏 세상에 존재한 (사람
들 중)   keen : 간절히 원하는, 열정적인, 이해가 빠른,
예민한   spot : 발견하다, 얼룩, 장소   morphology :
(생물에 대한) 형태학, 형태론   diverge from : ~에서
나뉘다   distribution : 분배, 분포, 유통   lineage : 혈통
10번째 줄의 'a yellow iguana that also lives
on Volcan Wolf (역시 Volcan Wolf에서 서식하
는 노랑 이구아나)'를 참고하였을 때 ④ 'Both
pink iguanas and yellow iguanas are found
on Volcan Wolf (분홍 이구아나와 노랑 이구아나
는 Volcan Wolf에서 발견된다)'가 정답임을 알 수
있다.

「찰스다윈은 이 세상에 존재한 사람들 중 가장 예리한 자
연의 관찰자쯤으로 볼 수 있지만, 그런 그 조차도 갈라
파고스의 분홍색 이구아나를 놓쳤다. 사실상 그 진귀한
육지 이구아나는 이자벨라의 섬의 Volcan Wolf의 공원
경비원들에 의해 1986년에 처음 발견됐다. 그때부터
분홍색 이구아나들은 다윈이 탐험하지 않았기 때문에 놓
쳤다고밖에 설명할 수 없는 그 화산에서만 오직 발견되
었다. 연구가들의 분석에서 분홍 이구아나와 역시
Vocan Wolf에서 서식했던 노랑 이구아나 사이의 중요한
유전적 격리가 있었음이 드러났다. 게다가 명백히 다른
색깔과 같이 두 파충류 사이에서 형태학의 차이점들이
존재한다고 연구가들은 전했다. 그들을 유전 분석을 통
해 분홍색 이구아나는 약 5백70만년전 다른 육지이구아
나의 혈통으로부터 나뉜 것이라 설명한다. Volcan Wolf
은 더욱 최근에 형성된 것이기에, 현재의 분홍 이구아나
의 분포는 오직 그 화산에서 나타나는 수수께끼와 같은
것이라고 연구가들은 보고했다.」

14 ③

preventable : 예방할 수 있는 life expectancy : 기대 수명 affluent : 부유한 injustice : 부당함 means : 수단 tremendous : 엄청난 ensure : 반드시 ~하게 하다 stride : 진전 accomplish : 성취하다 adequate : 적절한 multilateral : 다국적

「매일 매 시간마다 1,000명의 아이들과 남녀가 예방할 수 있는 질병으로 인해 사망합니다. 세계에서 가장 부유한 국가에서는 기대 수명이 증가하는 반면, 최빈국의 대부분은 감소하고 있습니다. 이러한 현상은 옳지 않습니다. 세계에는 이와 같은 부당함을 다루기 위한 여러 가지 방법이 있습니다. 30년 이상, 우리는 이와 같은 방법이 실천되는 것을 보기 위해서 일을 했습니다. 엄청난 진전이 이뤄졌지만 아직까지 성취해야 할 것이 많이 남아있습니다. 여러분은 우리가 적합한 자원 및 합리적인 정책을 세계 보건문제에 적용할 수 있도록 정부 및 다국적 기관과 함께 일할 수 있게 도울 수 있습니다. 또한 여러분의 지원으로 우리는 효과적이고 저렴한 의료 방법이 인정되고 추진될 수 있도록 할 수 있습니다. 여러분의 경제적 기원을 통해 우리는 생명을 구할 수 있습니다. 수십 혹은 수백 명의 생명이 아닌, 수백만 명의 생명을 구할 수 있습니다.」다음 글의 내용을 한 문장으로 요약하고자 한다.

15 ②

roast : 볶다 undoubtedly : 의심할 여지가 없는 yerba mate : 마테차 나무 transformation : 전환 obscure : 잘 알려져 있지 않은 skeptic : 회의론자 counter : 반박하다 horn : 뿔 sustain : 지속하다 confection : 당과 제품 aromatics : 향료 triumph : 업적

볶은 커피의 향료가 세계에서 가장 인기 있는 음료로 성공한 것과 큰 관련이 있는 것이 확실하다.

「커피 열매의 씨앗이 볶아질 때 맛이 더 좋아진다는 사실을 발견한 것은 커피 역사에 있어 의심할 여지가 없는 중요한 순간이다. 그 순간이 아프리카 대륙의 북동부와 아라비아 반도의 남부에만 알려져 있던 흔하지 않은 약초를 세계에서 가장 인기 있는 음료로 전환된 시점이다. 회의론자들은 커피를 세계에서 가장 중요한 상품 중의 하나로 만든 것은 향이 아니라 카페인이라고 반박할지 모른다. 하지만, 이런 반박은 유지되기 어렵다. 차, 마테차 나무, 코코아 및 기타 인기가 저조한 다른 작물들도 또한 우리를 깨우고 기분 좋게 만드는 물질을 포함한다. 하지만 이 중에서 그 어떤 것도 커피만큼이나 큰 성공을 거두지 못했다. 커피는 수많은 사탕, 과자, 케이크 그리고 당과 제품에 향을 부여하는데 중요한 역할을 한다.」

16 ①

bomb : 폭격하다 eligible : ~을 할 수 있는 nightly : 밤마다 raid : 습격 evacuation : 대피 crisis : 위기 drift : 이동하다 initiate : 시작하다

① 이미 형성된 자신의 행동 패턴을 지속한다
② 자신이 속한 단체 내에서 확고한 역할을 이행한다
③ 위기 상황에서 공황상태로 도망간다
④ 새로운 행동과정을 시작한다

「영국의 부틀은 인구 55,000명의 도시로 사람들은 제2차 세계대전 중에 일주일 동안 밤마다 폭격을 받았으며 오직 전체 가구의 10%만이 심각한 피해를 피할 수 있었다. 하지만 이 습격이 진행되는 동안에 인구의 4분의 1은 그들의 집에 잠들어 있었다. 대피를 할 수 있었던 런던에 거주하고 있던 여성들과 아이들 중에서 37%만이 전쟁 위기 중에 도시를 떠났다. 게다가, 런던에 대규모로 폭격이 진행되는 중에도 대피했던 사람들이 대피할 때만큼 빠르게 다시 돌아왔다. 유사한 모습이 제2차 세계대전 중 독일과 일본에서도 나타났다. 이것은 놀라운 것이 아니다. 인간은 이미 형성된 자신의 행동 패턴을 지속시키려는 강한 경향을 가지고 있다.」

17 ④

saying : 속담 circumstances : 상황 contribute : 기여하다 input : 조언 suffice : 충분하다 depend on : ~에 의존하다 outcome : 결과 frighten : 겁을 주다 speak well of : ~에 대해서 좋게 말하다

① 뛰기 전에 걷는 법부터 배워야 한다.
② 쥐를 겁줘서 쫓아내려고 집을 태워서는 안 된다.
③ 대부분의 사람들처럼 하면, 대부분의 사람들은 당신에 대해 좋게 말할 것이다.
④ 말을 물가로 끌고 갈 수는 있어도, 물을 강제로 먹일 수는 없다.

「다음과 같은 속담이 있다. 말을 물가로 끌고 갈 수는 있어도, 물을 강제로 먹일 수는 없다. 언어를 가르칠 때 교사들이 모든 필요한 상황 및 조언을 제공할 수 있지만, 학습은 학습자들이 기여할 의지를 가지는 경우에만 발생할 수 있다. 학습자들의 수동적인 참여로는 충분하지 않다. 학습자들이 학습과정에 적극적으로 개입하기 위해서, 그들은 우선 학습의 성공이 교사와 학습자 모두에게 달려있다는 사실을 깨닫고 수용해야 한다. 즉, 그들은 결과에 대한 책임을 나눈다. 다시 말해 학습의 성공은 학습자의 책임감 있는 태도에 크게 의존한다.」

18 ①

overwhelm : 압도하다 calmly : 차분하게 practically : 현실적으로 untie : 풀다 knot : 매듭 inventive : 독창적인 Gordian knot : 고르디오스의 매듭, 아주 어려운 일 mythology : 신화 undo : 풀다 cope with : 대응하다 crack : 깨다 shell : 껍데기

① 쉽게 풀릴 수 있다.
② 우리에게 질문을 던졌다.
③ 우리에게 과제를 제시했다.
④ 과학에 의해 풀릴 수 있다.

「문제, 문제! 어떤 잠재적 문제 해결사들은 해당 문제에 압도되어 보통 문제 해결에 실패한다. 그런가하면 다른 사람은 그 문제에 대해 차분하고 현실적으로 접근하여 보통 그것을 해결한다. 또한 진정으로 독창적인 다른 문제 해결사들은 핵심을 증명하기 위해서 문제에 대한 독특한 해결책을 찾는다. 예를 들어, 고대 그리스의 통치자인 알렉산더 대왕은 고르디오스의 매듭을 푸는 과제에 직면했던 것으로 알려져 있다. 신화에 따르면, 이 매듭은 마차에 묶여 있었고 푸는 것이 불가능하다고 생각되었다.

하지만 이 위대한 통치자는 그 과제를 쉽게 완수할 수 있었다. 그는 단순히 자신의 칼로 매듭을 잘랐다! 전설에 의하면, 크리스토퍼 콜럼버스 역시 한 때 과제에 직면한 적이 있었다. 1493년에 그는 자신을 주빈으로 하는 만찬에 참여했고 거기에서 그는 신세계로의 항해 중에 겪었던 어려움에 어떻게 대응했는지에 대해 질문을 받았다. 콜럼버스는 질문자들에게 달걀의 균형을 잡도록 요구했다. 그들이 그 과제를 해결하지 못했을 때 그는 했다. 어떻게? 그는 아랫부분을 평평하게 만들기 위해 껍데기를 깼다.

→ 윗글에 따르면, 우리는 몇몇 어려운 문제가 쉽게 풀릴 수 있다는 것을 알 수 있다.」

19 ④

consider : 고려하다   share : 공유하다   look forward to : ~을 고대하다   girlish : 여자 아이 같은   feminine : 여성스러운   rather : 꽤

① 만족하고 행복한
② 안도하고 원기를 회복한
③ 공포에 질리고 당황한
④ 불편하고 어색한

「마조리와 버니스가 밤 12시 30분에 집에 도착했을 때, 그들은 계단 위에서 서로에게 잘 자라고 말했다. 비록 그들은 사촌지간이었지만 그들은 친한 친구가 아니었다. 실제로 마조리는 자친구가 없었다. 그녀는 여자들이 멍청하다고 생각했다. 반면에 버니스는 그녀와 마조리가 자신들의 비밀을 공유하기를 원했다. 그녀는 여자 아이 같은 웃음과 여성스러운 대화로 가득 찬 대화를 오랫동안 하고 싶어 했다. 하지만 그녀는 마조리가 꽤 차갑다는 것을 알았다. 버니스에게 있어 마조리에게 말하는 것은 남자들에게 말하는 것만큼 어려웠다.」

20 ②

particular : 특정한   performance : 수행 능력   hand in hand : 친밀한   fall down : 실패하다   laziness : 게으름   mediocre : 평범한

「특정한 일을 할 수 있는 능력과 그 일에 대한 수행 능력은 항상 일치 하지 않는다는 것은 상식이다. 엄청난 잠재력을 가진 사람이 게으름이나 일에 대한 흥미의 부족으로 어떤 일에서 실패할 수도 있지만, 반면 평범한 재능을 가진 사람이 업계와 고용주의 관심에 대한 충성심을 통해서 종종 뛰어난 결과를 달성할 수 있다. 그러므로 고용인의 마지막 과제는 그 사람의 업무 수행능력임이 분명하다.」

21 ④

confess : 자백하다   fart : (소리가 나게) 방귀를 꾸다   odor : 악취, 평판, 기미, 낌새   prescription : 처방전, 처방된 약, 처방   march 행군하다, 행군하듯 걷다   soothingly (마음을) 달래다, 진정시키다   sinuses : 부비강(두개골 속의, 코 안쪽으로 이어지는 구멍)   auditory : 청각의

「한 늙은 여성이 의사의 사무실로 들어와 한 당혹스러운 문제를 고백했다. "나는 항상 방귀를 꾸어요, Johnson 박사님, 하지만 그것들은 소리가 나지 않고 냄새도 없어요. 사실, 내가 여기 온 후부터 계속 방귀를 꾸고 있습니다. 나는 자그마치 20번 정도나 방귀를 꾸었어요. 어떻게 해야 하지요?" "여기 처방전이 있습니다, Harris 부인. 이 알약들을 일주일 동안 하루에 세 번씩 드시고 일주일 후에 다시 와서 나를 만납시다." 다음 주에 화가 난 Harris 부인은 Johnson 박사의 사무실로 급히 달려왔다. "의사님, 전 이 알약 안에 도대체 무엇이 들어 있는지 모르겠습니다만, 문제가 더욱 나빠졌어요! 나는 더 많이 방귀를 꾸는데, 방귀 냄새가 끔찍해요! 변명할 말이라도 있어요?" "진정하세요, Harris 부인." 의사는 달래면서 말했다. "우리가 당신의 코를 고쳤으니, 당신의 다른 감각에 착수할 것입니다."」

22 ④

mathematics : 수학   formulas : 공식   appreciate : 인식하다   logical : 타당한, 사리에 맞는, 논리적인   structure : 구조, 건물, 조직, 구조물   precision : 정확성, 정밀성, 신중함   subtleties of language : 언어의 중요한 세부요소들   mere : 겨우, 한낱 ~에 불과한   manipulating : 조정하다   superior : 우수한, 우월한, 우세한   prerequisite : 전제 조건

「몇몇 학생들은 수학은 공식들과 법칙들을 사용하여 오로지 문제를 푸는 것으로 구성되어 있다고 생각하는 실수를 범한다. 하지만 성공적으로 문제를 푸는 사람이 되기 위해서는 이론을 정확하게 인식해야만 하며, 논리적 구조와 수학적 방식들 뒤에 가려져 있는 추론을 인식해야 한다. 그러나 이러한 정확성은 언어의 미묘함에 대한 진정한 인식 없이는 얻어질 수 없다. 사실, 누구나 문제를 푸는 것을 넘어 수학적 공식이나 규칙을 능숙하게 다루지 않고서도 많은 진보를 할 수 있다. 즉, 언어 사용에서의 탁월한 능력은 문제를 성공적으로 푸는 사람이 되기 위한 전제조건이다.」

23 ②

northern : 북쪽의, 최북단의, 북향의   hemisphere : 반구, 반구체   warmth : 온기, 따뜻함   unprecedented : 전례 없는   greenhouse emissions : 온실가스 배출

① UEA의 조사자들은 온도 변화를 체크하기 위해서 다양한 자료들을 관찰했다.
② 중세 온난기는 소빙기보다 짧다.
③ 20세기는 온도 변화가 관측된 첫 번째 역사가 아니다.
④ 온실가스 배출은 최근의 온난화를 야기하는 원인으로 고려되고 있다.

「사이언스 논문에 따르면 20세기에, 북반구는 1,200년 동안 가장 광범위한 온난화를 경험했다. 그 발견들은 온실가스 배출과 연관된 전례 없는 최근의 기후 온난화를 지적하는 증거를 지지한다. 이스트 앵글리아 대학(UEA)의 연구자들은 화석 껍데기, 나이테, 얼음결정체 그리고 다른 과거의 온도 기록을 측정하였다. 그들은 또한 지난 750년 간의 사람들의 일기장들을 관찰하였다. UEA의 티모시 오스본과 키스 브리파는 최근의 지리적 온난화의

범위를 명확히 정하기 위해서 1856년부터 계속 기계로 측정한 온도를 분석하였다. 그 후, 그들은 서기 800년만큼이나 멀리 거슬러 올라가는 증거들과 함께 이 자료를 비교했다. 그 분석은 서기 890년부터 1170년(이른바 중세 온난기)까지 상당히 따뜻했던 시기와, 서기 1580년부터 1850년(소빙기)까지 훨씬 더 추웠던 시기를 확인했다.」

24 ④

ridiculously : 우스꽝스럽게, 터무니없이 vines : 포도나무 frost : 서리, 성에 harvest : 수확하다 rotten : 썩은, 부패한 affordable : 줄 수 있는, 입수 가능한

① 아이스 와인을 만들기 위해서는 특정한 기온 조건들이 요구된다.
② 이전에는 북아메리카에서 아이스 와인을 구하기 어려웠다.
③ 선적 비용은 아이스 와인의 높은 가격의 한 원인이다.
④ 북아메리카는 고품질의 아이스 와인으로 꽤 유명했다.

「아이스 와인은 북아메리카 전역에서 점점 더 인기가 좋아지고 있다. 아이스 와인은 서유럽에서 항상 유행이었지만, 북아메리카에서는 찾기가 어려웠고 종종 터무니없이 비쌌다. 아이스 와인은 그것을 만드는 데 필요한 온도 요구 때문에 다른 타입의 와인보다 비싸다. 포도는 반드시 첫 서리가 내릴 때까지 포도나무에 남아 있어야 하고, 그 후에 수확된다. 만약 첫 서리가 너무 늦으면, 포도는 썩게 되고, 수확은 못하게 될 것이다. 와인을 선적하는 비용을 더하면 그것들은 더 비싸진다. 하지만 캘리포니아 브리티시 콜롬비아에서 생산된 고품질의 북아메리카 아이스 와인이 최근 시장에 출시됨으로써 아이스 와인의 가격이 좀 더 저렴해졌다.」

25 ④

invent : 발명하다 protection : 보호 slave : 노예 waterproof : 방수

① 우산은 인간이 글을 쓰는 법을 배운 후에 발명되었다.
② 우산은 주로 비를 피하기 위해서 사용되었다.
③ 처음에, 우산은 남자들이 들었다.
④ 사람들은 약 300년 전에 방수용으로 우산을 사용하기 시작했다.

「우산은 매우 오래 돼서 아무도 그것이 어디에서 왔는지 알지 못한다 – 그것은 인간이 글을 쓰는 법을 배우기 전에 발명되었다. 하지만 수 천년동안, 비보다는 오직 태양으로부터 보호를 위해서 사용되었다. 사실, '우산'이라는 단어는 '빛 가리개를 의미하는 라틴어인 '움브라'에서 왔고, 고대 노예들이 그들의 주인에게 그들을 만들어 주기 위해서 우산을 들었다. 처음에 우산은 오직 여성만이 들고 다녔는데, 이는 우산이 남자답지 못한 것으로 여겨졌기 때문이다. 대략 300년 전쯤이 되고 나서야 비로서 빗속에서 방수용으로 우산을 사용하기 시작했다.」

26 ④

spend : 쓰다, 낭비하다 approximately : 대략, 대체로, 거의 detergent : 세제 novice :초보자 priority : 우선 순위, 우선, 우선권 economical : 경제적인, 절약적인, 비용효율적인 environmentally safe : 환경친화적인 compare : 비교하다, 비유하다 ingredient : 성분 identical : 동일한 customer : 고객 identify : 확인하다, 동일시하다 entirely : 전적으로

① 제품이 얼마나 환경 친화적인지
② 제품이 얼마나 유명한지
③ 제품이 얼마나 경제적인지
④ 어떤 성분이 세제 속에 들어있는지

「매년, 사람들은 청소를 하고, 세탁물을 깨끗하게 하기 위해 대략 4억 달러의 세제를 사용한다. 대부분의 소비자들은 초보자가 아니며, 이는 그들이 다양한 브랜드의 세제를 사용해왔고 최고의 제품을 신중하게 선택해왔음을 의미한다. 각각의 소비자들에게, 최고의 제품은 아마 다른 우선순위를 가질 것이다. 예를 들어, 어떤 사람은 가장 잘 알려진 제품을 선택할 것이고, 반면에 다른 사람들은 제품이 얼마나 경제적인가에 따라 구매를 할 것이다. 여전히 다른 이들을 위해 친환경적인 제품을 사는 것이 그들의 우선순위가 되고 있다. 하지만, 많은 소비자들은 실제로 다양한 세제의 박스 안에 무엇이 들어 있는지를 비교하지 않는다. 놀라운 연구 결과는 각각 브랜드가 그들 자신만의 마케팅 전략을 가지지만 90% 이상의 기본 성분이 모든 제품에서 일치한다는 것을 보여준다. 다른 흥미로운 결과는 베테랑 세제 사용자들에게 박스를 보여주지 않고 세제의 내용물에만 기초하여 자신이 선호하는 제품을 고르라고 요구받을 때 오직 3%만이 그들이 선호하는 브랜드를 확인할 수 있었지만 그들의 대부분도 완전히 확신하지 못하는 것을 발견했다. 이는 세제가 달라 보이지만 마케팅이 동일한 제품들에게 다른 옷을 입혀 제공할 뿐이라는 것을 보여준다.」

27 ③

conserve : 보존하다 typically : 전형적으로 penalize A for B : B 때문에 A에게 처벌하다 frugality : 절약, 검소 speak out : 큰 소리로 말하다 double-digit : 두 자리 수의 water rate : 수도세 hike : 인상, 상승 public hearing : 공청회 revenue : 수입, 세수 soak : 흠뻑 적시다, 바가지를 씌우다 watchful : 주의 깊은, 경계하는 in favor of : ~에 찬성하여

① 수도 관리국
② 시의원들
③ 시의회의원 Peter Koo
④ 시 환경보호국

「물을 보전하는 것은 전형적으로 좋은 것이다 – 당신이 아껴 써서 처벌을 당할 때를 제외하고. 선출된 공무원들은 2월 16일 세인트 알반즈에서 열린 공청회에서 수도관리국의 잠재적인 두 자리 수의 물 값 인상에 대해 반대 의견을 말하라고 촉구하고 있다. 물 값 인상의 필요성에 대해 시공무원들은, 사람들이 물을 덜 사용하기 때문에 수입이 감소하고 있다고 말했다. "납세자들에게 바가지를 씌우는 것을 막는 유일한 방법은 우리의 목소리를 듣게 하는 것입니다"라고 시의회의원 Peter Koo는 말했다.

「"우리는 반드시 계속 감시를 해야하고, 알려야 하며 싸울 준비를 하고 있어야 합니다."그는 월요일, 물 값 인상에 찬성한 시 환경보호국의 대표자가 참석했던 왕립 자치 위원회에 참석했다.」

28 ③

hurdle : 장애물, 난관   credit : 신용, 신용거래
extension : 확대, 확장   dedication : 전념, 헌신,
봉사 vanish : 사라지다 diligence : 근면 regard
A as B : A를 B로 간주하다 relieve A of B : A에게 B를 제거하다, 덜어주다 make both ends
meet : 수지를 맞추다, 수입 내에서 살아가다 live
from paycheck to paycheck : 적은 봉급으로 근근이 살아가다, 그날 벌어 그날 먹고 살다

① 신용을 당신 수입의 일부로 여기는 것은 현명하지 못하다.
② 빚 없는 삶을 살려면 한 장의 신용카드로 생활하는 것이 유용하다.
③ 만약 당신이 헌신적이고 근면적인 자세로 일한다면 빚 없는 삶을 살아갈 수 있을 것이다.
④ 계획을 세워 돈을 소비하는 것은 수지타산을 맞추지 못하는 압박에서 당신을 해방시켜 줄 것이다.

「넘어야 할 가장 큰 난관은 신용거래가 수입의 확대가 아니라는 것을 깨닫는 것이다. 수입 내에서 분수에 맞게 사는 것은 중요한 생활방식의 변화를 요구할 수 있다. 현명하게 사용될 때 신용거래는 유용한 금전관리도구가 될 수 있지만 그것이 언제 어떻게 사용하는지를 알기 위해서는 헌신과 근면함을 요구로 한다. 하지만 성공적으로 빚에서 해방된 삶으로 변화를 이루어 낸 소비자들의 대부분은 한 개의 신용카드로 생활하고 계획을 세워 지출하는 것이 그들이 이전에는 결코 알지 못했던 해방감을 만들어낸다고 말한다. 그날 벌어 그날 먹고 사는 모든 스트레스 및 부정적인 것들은 사라진다.」

29 ②

diversified : 다각화된, 다각적인 resilient : 탄력적인, 회복력 있는 ruthless : 무자비한, 가차 없는 go along with : ~와 함께 가다, ~에 따르다, 동의하다 significant : 중요한 enable : ~할 수 있게 하다, 가능하게 하다 competitive : 경쟁의, 경쟁할 수 있는 maintain : 지속하다, 유지하다 emerging : 출현하는, 신생의, 나타나는 abject : 비참한 turn into : ~으로 변하다 adapt to : ~에 적용하다, ~에 적응시키다 conducive to : ~에 도움이 되는, ~에 이바지하는

① 독일과 일본 제조업자들의 생산구조는 충격에 적응하는 것이 더 쉽도록 만들어 준다.
② 독일과 일본 생산자들이 경쟁력을 유지하는데 있어서 비용-절감은 아웃소싱보다 더 효과적인 전략이다.
③ 수출주도 성장에 초점을 맞추는 것은 독일과

일본의 제조업자들에게 도움이 된다.
④ 독일과 일본 회사들은 늘어나는 고객들의 수로 인해 더 많은 제품을 판매할 수 있다.

「다각화된 제품생산구조 덕분에 독일과 일본의 생산업체들은 현재의 충격에 대해 더욱 탄력적이다. 생산제품의 중요 부품을 외주로 제작함으로써 가차없는 비용절감으로 그들은 보다 경쟁력을 유지할 수 있고 수출 주도적 성장에 자신의 전통적인 초점을 유지할 수 있다. 이러한 초점은 현대 소비사회에서 항상 장점이 되는 것은 아니다. 하지만 지금 당장은 도움이 된다. 보다 많은 신흥시장에서 보다 많은 사람들이 극빈의 상태에서 벗어나 소비자로 전환되면서, 선진국의 수출지향적 회사들은 자신의 생산제품을 판매할 수 있는 급성장하는 시장을 찾는다.」

30 ①

various : 여러 가지, 서로 다른 moisture : 습기, 수분 water vapor : 수증기 dew point : 이슬점

① 안개가 어떻게 형성되는지를 설명하기 위하여
② 여러 가지 안개의 형상을 묘사하기 위하여
③ 따뜻한 공기가 안개에 영향을 미치는 경우를 보여주기 위하여
④ 공기 내에서 수분이 움직이는 이유를 지적하기 위하여

「여러 가지 안개는 본래 온도가 달라지거나 공기 중에 습기에 의해 형성된 지구표면의 구름들이다. 따뜻하고, 수분을 많이 가진 공기가 차가워질 경우 공기를 함유할 수 있는 습기의 양이 감소하게 된다. 따뜻한 공기는 차가운 공기보다 더 많은 수증기를 가질 수 있다. 그래서 공기가 충분히 차가워진다면 수증기가 모이기 시작하고 물방울을 형성하는 이슬점에 도달하여 안개가 형성되게 된다.」

31 ④

fatigue : 피로, 피곤 alleviation : 경감, 완화
equip : 갖추어 주다, 장비하다

① 체중감소를 예방하기 위하여
② 스트레스의 원인을 설명하기 위하여
③ 인스턴트 식품이 몸에 해로운 이유를 알리기 위하여
④ 스트레스가 미치는 나쁜 영향을 경감시키는 방법을 설명하기 위하여

「직업 관련 스트레스는 체중감소, 피로 및 질병과 같은 나쁜 신체의 건강상태로 이어질 수 있다. 식이요법과 운동을 둘 다 한다면 이러한 부정적인 영향 완화에 도움이 될 수 있다. 첫 번째 단계는 식단에서 인스턴트 식품을 제거하는 것이다. 탄산음료 또는 막대사탕 대신에 신선한 과일을 섭취하여야 한다. 그 다음으로는 매일매일 운동하는 습관을 들여야 한다. 그리고 하루 20~30분 정도를 목표로 하여야 한다. 여기서 핵심은 당신이 즐길 수 있는 형태의 운동을 찾는 것이다. 그런 식으로, 당신은 좀 더 매일 운동을 할 것이고 최대한의 이익을 얻을 것이다. 식이요법과 운동은 둘 다 당신이 건강한 체중을 유지하고, 활력을 느끼게 하며, 질병으로부터 당신을 지켜줄 것이다. 그러면 당신은 당신의 직업에서 받는 스트레스의 원인들을 다룰 수 있는 더 나은 준비가 될 것이다.」

32 ②

allow : 허락하다, 인정하다 duplicate : 중복되다, 복제 acknowledgement : 답례

① 주문번호 813/BS를 동봉하였다.
② Paul Hogan은 주문서를 돌려보냈다.
③ Paul Hogan은 뉴욕의 한 회사에서 근무하고 있다.
④ 특별할인은 제품의 주문을 가능하게 만들었다.

「미국 뉴욕 NY 10053번지 100 East Houston거리의 국제 수입업체

그리스 아테네 Aghia Paraskevi 19081번지 Farmers Fruit업체

친애하는 선생님께

지난 5월 3일 선생님의 서신에 대한 답변으로 우리는 우리에게 특별할인을 허락해 준것에 대하여 감사를 드립니다. 이로 인하여 우리는 주문을 할 수 있었고 아주 좋은 매출을 기대할 수 있게 되었습니다.

우리는 813/BS주문을 만족스럽게 여기고 주문의 의미로 전시으로 서명한 주문서 복사본을 보내주시기를 부탁드립니다.

재배

Paul Hogan

동봉 주문번호 813/BS」

33 ②

fortunately : 다행히, 운이 좋게 therapeutic : 치료상의, 건강 유지에 도움이 되는 adjunct : 부속물, 보좌 therapy : 치료, 요법 divorce : 이혼, 분열 educator-counselor : 교육상담자 confront : 직면하다, 맞서다 candor : 정직, 순수 credibility : 진실성, 신용 grief : 큰 슬픔, 비탄, 재난 awareness : 알아채고 있음, 인식 consciously : 의식적으로 discuss : 논의하다, 토의하다 plight : 곤경, 궁지

「다행히, 심리학자들은 책이 어린이들이 부모의 이혼을 타협하는데 도움이 되는 치료적 도구로서 – 또는 적어도 전문적인 치료에 대하여 효과적인 부속물로서 – 역할을 할 수 있다고 믿는다. 교육상담자 Joanne Bernstein에 따르면, 정직과 진실이 필요한 삶의 문제를 직면하는 이야기는 통찰력을 주고, 자기분석을 향상시키고, 태도와 행동의 변화로 이어질지도 모른다. 다른 이들의 슬픔과 걱정에 대한 책을 읽은 것은 의식적으로 또는 완전하게 인식되지 못했던 문제점들을 드러나게 하기 때문에 갑작스런 자각을 자극할 수 있다고 설명한다. 그들의 어려움을 함께 하는 등장인물을 경험하게 하기 때문에 어린이들은 소원함을 덜 느끼고 더 자유롭게 자신만의 곤경을 논의하고 해결할 수 있다고 느끼게 될 지도 모른다.」

34 ④

illegible : 읽기 어려운, 판독하기 어려운 glance : 흘긋 봄, 일견

① 사람의 필적은 그 사람의 많은 것을 보여준다.
② 성격의 결함은 악필로 분명히 나타난다.
③ Washington, Roosevelt와 Kennedy는 모두 성격의 결함을 가지고 있다.
④ Washington, Roosevelt와 Kennedy는 모두 악필이다.

「George Washington, Franklin D. Roosevelt 또는 John F. Kennedy의 필적을 보더라도 읽기 어려운 필적은 성격의 결함을 나타내는 것은 아니다.」

35 ①

widespread : 광범위한, 일반적인 man-made disasters : 인재 blanket : 전면을 뒤덮다, 포괄하다 broad : 광대한, 넓은 swath : 넓은 길, 긴 행렬 Strait of Malacca : 말라카 해협 shipping lane : 대양 항로 intentionally : 의도적으로, 고의적으로 disrupt : 붕괴시키다, 혼란시키다 visibility : 가시성, 시야 agricultural : 농업의, 농사의

「그 지역에서 여태까지 알려진 가장 광범위한 인재 중의 하나에 속하는 화재로 인하여 연기가 이번 달에 동남아시아 지역을 넓게 뒤덮었다. 그 지역의 항공편은 취소되었고, 말라카 해협의 분주한 대양 항로는 낮은 시계성으로 중단되었으며, 수 백만명의 사람들이 기침과 호흡곤란을 겪고 있다. 얼마나 많은 사람들이 연기로 인하여 고통을 받는지 말하기가 불가능하다. 화재는 일반적으로 고의적으로 나타난다. 대개 거대한 농업에 관련된 높은 곳에 위치한 정부기관과 수 백 곳의 인도네시아와 말레이시아 기업들이 개간을 위해 값싼 불법수단으로 불을 사용하고 있다.」

36 ④

Whenever : ~할 때마다 port : 항구, 포문 else : 그 밖에, 달리

「Mary는 여섯 살이다. Mary는 할머니를 매우 많이 사랑한다. 할머니가 올 때마다 Mary는 항구로 마중을 나간다. 어느 날 할머니를 배웅하러 항구에 나가게 되었다. 할머니가 배에 오르자, Mary는 울기 시작했다. Mary는 "왜 할머니는 다른 사람들과 달리 육지에 살지 않고 바다에 사는거야?"라고 엄마에게 물어보았다.」

37 ③

① 그것은 흑인(아프리카계 미국인)들에게는 잘 알려진 결혼 관습이다.
② 그것의 기원은 미국의 노예 시대까지 거슬러 올라간다.
③ 그것은 합법적으로 결혼한 노예들에 의해 시행되었다.
④ 그것은 신부와 신랑의 결합과 새로운 삶으로의 진입을 나타낸다.

「Broom jumping이란 미국 흑인의 결혼 관습으로서 미국에서 가장 유명하다. 비(빗자루)는 많은 흑인들에게는 영적인 의미를 지니고 있으며 부부를 위한 가사의 시작을 나타낸다. 미국에서 이런 의식 자체는 노예 제도가 있던 시절에 만들어졌다. 노예들은 합법적으로 결혼할 수가 없었기 때문에, 그들은 자신들의 결합을 존중할 수 있는

그들 나름대로의 방식을 만들었다. Broom jumping은 신부와 신랑이 이전의 독신 생활을 상징적으로 (빗자루로) 휩쓸어 버리고 아내와 남편으로서 새로운 모험을 시작하기 위해 빗자루 위로 도약함(건너 뜀)으로써 예식이라든지 피로연에서 새로운 삶으로 진입하고 새로운 가족을 창조하는 것을 나타내는 의식이다.」

38 ④

upstate New York : 뉴욕 주(州))의 북부 지방 florist : 화초 재배자(연구가), 꽃가게 주인 tens of thousands of : 수만(萬)의, 다수의 folks : 사람들 assignment : (일·임무 따위의) 할당, 할당된 일(임무) take a deep breath : 심호흡하다 all one's life : 평생, 태어나서 줄곧 the Oval Office : (백악관의) 대통령 집무실 excitement : 흥분 day-to-day : 나날의(= daily) rewarding : 가치가 있는, 보람이 있는, 유익한 run : ~을 운영하다, 경영하다 pass on to : ~에게 전하다, 주다

"I want to have something here that will last forever, that I can pass on to my children." 라는 Patricia의 말로 보아 "Patricia는 자신의 자식에게 자신의 사업을 넘기기를 바란다."는 것을 알 수 있다.

① Patricia는 백악관에서 꽃가게를 운영한다.
② Patricia는 파티를 위해 백악관에 초대되었다.
③ Patricia는 백악관에서 일해서 자신의 하루 일과를 잊어버렸다.
④ Patricia는 자신의 자식에게 자신의 사업을 넘기기를 바란다.

「뉴욕 주 북부 지방의 꽃가게 주인인 Patricia Woysher는 40년 동안 사업을 해 왔다. 그녀는 그 지역에서 수많은 사람들에게 꽃을 팔았으며 꽃장수라면 기대할 만한 최상의 과제 중 하나라고 할 수 있는 크리스마스 시즌 동안 백악관을 (꽃으로) 장식하는 일을 받기까지 했다. "저는 심호흡을 해야 했습니다. 제가 말씀드리고자 하는 것은 누군가 평생에 (언젠가) 그곳의 사진(그림)을 보게 되며 언젠가 미대통령의 집무실에 있을 날도 있지 않을까라는 것입니다." 그런 흥분에도 불구하고, Patricia의 초점은 그녀의 일상적인 관심사에 맞춰져 있었다. "백악관의 일을 하는 것은 신이 나고 보람 있는 일이었지만 제 일은 저의 사업을 운영하는 것입니다. 저는 여기에 뭔가 영원이 지속될 일, 즉 제가 아이들에게 전해 줄 수 있는 일을 갖고 싶다는 것입니다."」

39 ②

traditional : 전통적인 nuclear family : 핵가족 biological : 핏줄이 같은, 실제의, 생물학적인 arrangement : 배합, 결합, 배치 out of wedlock : 서출(庶出)의, 사생아의(= illegitimate) widow : ~을 과부가 되게 하다

out of는 '범위 밖의, 이탈하여'라는 부정적인 의미를 가지고 있다. 따라서 부정의 접두사를 가진

②를 정답으로 유추할 수 있다. 또한 밑줄 다음의 문장이 이유를 나타내므로, 이유는 앞 문장을 보충·부연 설명하게 되어 이 문장을 읽어도 정답을 유추할 수 있다. '그녀의 부모가 결코 결혼을 하지 않았다.'라는 내용이 뒤에 이어진 것으로 정답을 찾을 수 있다.

① 돈 많은, 부유한
② 서출(庶出)의, 사생의(= out of wedlock)
③ 이혼한, 분리된
④ 신체(정신)적 장애가 있는

「Jesse와 Rachel이 결혼을 했을 때, 그들은 자신들이 전통적인 핵가족, 즉 어머니, 아버지, 친자녀로 살기를 원한다는 것을 알았다. 그들 각자 다른 가정의 배합(구성)의 출신이었으며 그들은 보다 전통적인 배합 관계가 자신들이 원하는 것이라고 결심했다. Rachel은 사생아였다. 그녀의 부모님은 (합법적으로) 결혼한 적이 없었기 때문에, 그녀는 자신의 생부를 만나본 적이 없었다. Jesse의 어머니는 과부로 살아 왔다. 그의 아버지가 일찍 돌아가신 것이 Jesse에게는 대가족을 가지고 싶어하게 했다.」

【 40~41 】

drastic : (변화·개혁·수단 등이) 과감한, 과격한, 대폭적인 psychic : 정신적인, 심리적인, 영혼의 crutch : 버팀목, 목다리 alter : 바꾸다, 고치다, 개조하다 the society as a whole : 전(체) 사회 runaway : 폭주하는 treadmill : 밟아 돌리는 바퀴(특히 감옥 안에서 징벌로 밟게 한 것), 트레드밀(회전식 벨트 위를 달리는 운동 기구) capture : 사로잡다, 포획하다 accelerative : 가속적인, 촉진적인 thrust : 추진력, 박력 velocity : 속력, 속도 critical : 결정적인, 중대한 node : 복잡한 조직의 중심점 activate : 활동적으로 하다, 활성화하다 involve : 필요로 하다, ~에 영향을 미치다 babble : (~에 대해서) 쓸데없는 말을 하다 shrivel : 오그라들다, 줄어들다 malnutrition : 영양 부족, 영양실조 stultify : ~을 쓸모없게[헛되게] 만들다, 엉망으로 만들다 nasty : 더러운, 불쾌한, 비열한, 험악한, 거친 brutish : 야비한, 잔인한 turn one's back on : ~에게 등을 돌리다, ~을 무시하다 immoral : 부도덕한

「미래의 충격, 즉, 변화의 폐해는 예방 가능하다. 하지만 이에는 과감하고 심지어 정치적인 조치가 필요할 것이다. 개인들이 아무리 그들의 삶의 속도를 맞추어 가려고 애쓴다 할지라도, 우리가 그들에게 어떤 정신적 버팀목을 제공한다 할지라도, 그들의 교육을 아무리 바꿀지라도, 전체 사회는 우리가 가속적으로 밀치는 힘 그 자체에 대한 통제권을 휘어잡을 때까지는 내달리는 트레드밀에 여전히 잡혀 있게 될 것이다. 변화의 엄청난 속도는 많은 요인으로 거슬러 가 볼 수 있다. 인구 증가, 도시화, 신구세대 간의 이동하는 비율 등 이 모두가 그 나름의 역할을 한다. 그러나 기술적인 발전은 분명 이런 원인들의 망[네트워크]의 결정적인 중심이다. 참으로, 그것이 전체 네트를 활성화하는 중심점일 수 있는 것이다. 따라서 대대적인 미래의 충격을 예방하기 위한 투쟁에 있어서의

하나의 강력한 전략은 기술적인 발전에 대한 의식적인 조절을 필요로 한다. 우리는 기술 발전의 스위치를 끌 수 없으며 꺼서는 안 된다. 오로지 낭만적인 바보들만 '자연의 상태'로의 복귀에 대해 떠들어댄다. 자연의 상태란 기초적인 의료가 결여되어 아이가 크지 못하고 굶어 죽게 되고 이로 하여 영양실조는 뇌를 무력화시키고 Hobbes가 우리에게 상기시켜 준 것처럼 전형적인 삶의 모습은 '가난하고, 험악하고, 잔인하며, 단명하고 마는 것'이다. 기술에 등을 돌린다는 것은 어리석은 일일 뿐만 아니라 부도덕하기도 하다.」

40 ④

litigious : 소송[논쟁]하기 좋아하는

빈칸 다음의 내용으로 보아 빈칸에는 romantic fools(낭만적인 바보들)가 알맞다는 것을 알 수 있다.

「① 엄한 현실주의자
② 지적인 이상주의자
③ 영리한 정치인
④ 낭만적인 바보들」

41 ④

defy : ~에 도전하다   pros and cons : 찬부(贊否) 양론, 장단점

「① 미래의 충격은 변화와 전혀 관계가 없다.
② 우리는 기술의 발전에 도전해야 한다.
③ 자연의 상태는 우리가 추구하는 축복이다.
④ 기술 발전에 대한 찬반양론이 있다.」

42 ④

Mayan : 마야족의, 마야 사람   at least : 적어도, 최소한   cacao bean : 카카오 열매(코코아 · 초콜릿의 원료)   religious : 종교의, 종교적인   ceremony : 의식   spice : 양념, 향신료   Aztec : 아즈텍족(멕시코 원주민)   emperor : 황제   beverage : 음료(= drink)   explorer : 탐험가   sweetener : (인공) 감미료   version : (원형 · 원물에 대한) 이형, 변형   mold : 거푸집[틀]에 넣어 만들다, 본뜨다

글의 마지막 문장으로 보아 '유럽인들은 1700년대에 초콜릿 바를 즐겨 먹을 수 없었다.'는 것을 알 수 있다.

① 마야족들은 거의 매일 초콜릿 음료를 마셨다.
② Montezuma 황제는 감미료를 섞은 초콜릿 음료를 즐겨 마셨다.
③ 초콜릿 바는 아즈텍족에게 전해졌다.
④ 유럽인들은 1700년대에 초콜릿 바를 즐겨 먹을 수 없었다.

「역사에 의하면 우리에게는 초콜릿 또는 최소한 카카오 열매를 발견한 것에 대해 감사할 마야족 인디언들이 있다. 그들은 이른 형태의 초콜릿에 향신료와 와인, 물을 섞어서 카카오 열매에서 나는 특별한 음료를 종교 의식

을 위해 준비했다. 아즈텍족은 마야족에게서 초콜릿에 대해 배웠다. 아즈텍족의 Montezuma 황제는 초콜릿이외의 음료는 마시지 않은 것으로 알려져 있었다. Hernan Cortez가 1519년에 멕시코에 도착했을 때, 이 초기의 스페인 탐험가가 아즈텍족의 Montezuma 황제에게서 초콜릿 음료를 소개받았다. Cortez가 스페인으로 초콜릿 음료를 가지고 들어갔다고 생각된다. 스페인 사람들이 그 음료에 자신들만의 변형과 바닐라와 향신료, 인공 감미료를 첨가했다. 1828년이 되어서야 비로소 네델란드의 Conrad van Houten이 분말 코코아와 카카오 기름을 만드는 카카오 열매에서 지방을 제거하는 과정을 발전시켰다. 초콜릿은 마침내 (초콜릿)바로 만들어질 수 있었다.」

43 ④

be about to do : 막 ~하려고 하다   pass oneself off as : ~인 체하다   blurt out : 무심코 입 밖에 내다   halting : (말을) 더듬는, 더듬거리는   just about : 거의, 간신히, 틀림없이, 확실히   address : 다루다, 처리하다, (본격적으로) 착수하다

글의 내용으로 보아 화자가 부모님인 것은 알 수 있으나 아버지인지 어머니인지는 알 수 없으며, 마지막 문장으로 보아 아들이 말한 you가 drink(음료)라는 것을 알 수 있다.

「나에게는 매우 감정적인 때이었다. 나의 막내아들이 기초 훈련을 받으러 막 떠나려 하고 있었던 것이다. 나는 한 시민(군인이 되기 전의 민간인)으로 그의 마지막 날을 우리가 함께 보낼 수 있도록 그날은 쉬었다. 나의 아들은 자신이 터프가이인 체하기를 좋아하지만 우리가 차안으로 올라가면서 그는 더듬는 말투의 슬픈 목소리로 "난 네(펩시)가 그리워질 거야(부모님이 듣기에는) 저는 아버지[어머니]를 그리워할 거예요)."라고 무심코 말을 했다. 그런데 나는 그 말을[아들이 한 말의 의미를] 거의 놓칠 뻔했다. 나도 그를 얼마나 많이 그리워할 것인지 말하려고 돌아섰을 때 눈물이 나의 눈에서 흘러내렸다. 그때 마침 그가 막 뚜껑을 딴 펩시 캔을 처리하려는[마시려고 하는] 것을 내가 보았을 때였다.」

44 ④

construct : 건설하다, 세우다, (부품 등을) 조립하다   make attempts : 시도하다(= attempt)   devise : 고안하다, 궁리하다(= contrive, concoct), 계획하다(= plan)   reproduce : 재생하다, 재현하다   consist of : ~으로 구성되어 있다(= be composed of, be made up of)   mechanism : 기계 장치, 메커니즘, 기구   bellow : (대포 등의) 울리는 소리, 소가 우는 소리   simulate : 흉내내다(= imitate, mimic)   vocal tract : 성대   synthetic : 종합의, 합성의(= artificial, man-made)   distinct : 구별되는, 별개의(= separate), 명료화(= clear, trenchant, definite)   technique : 방법, 기술   massive : 대량의, 대규모의   generate : 발생시키다, 야기하다   component : 구성 요소, 성분   articulator : 조음 기관(調音器官) (혀 · 입술 · 성대 등)

상세 문제(일치, 불일치, 세부정보 찾기)는 선택지와 본문의 비교를 통해 답을 찾아내는 것으로 특

히 paraphrase(바꾸어 말하기)를 잘 살펴야 한다. 본문에 'It is no longer necessary to build physical models of the vocal tract.'가 있는 것으로 보아 ④의 still important는 올바르지 않고 할 수 있다.

① 18세기에 인간의 언어음을 복제하기 위한 노력이 이루어졌다.
② Kempelen은 인간의 성대부분을 흉내 내는 기계장치를 고안했다.
③ Bell의 'talking head'는 다양한 인조 물질로 만들어졌다.
④ 인간의 조음 기관의 물리적 모델을 만드는 것이 아직도 중요하다.

「언어를 말하고 이해할 수 있는 기계를 만드는 것이 가능할까? 18세기에, 기계적으로 인간의 소리를 재생하는 기계를 만들려는 시도가 있었다. Austria 발명가인 Wolfgang von Kempelen은 공기의 흐름을 만들어 내는 한 쌍의 소리로 구성된 하나의 기계와 소리를 흉내 내는 기계 장치들을 만들었다. Alexander Bell도 역시 'a talking head'를 만들었는데 이는 다양한 합성물질로 만들어졌으며, 몇 개의 분명한 소리를 만들 수 있었다. 현대의 연구들은 이 부분에서 많은 발전을 이루었다. 더 이상 소리를 만들어 내는 기계는 필요하다. 음파의 여러 다른 요소를 조합함으로써 음파가 전자적으로 생성될 수 있다.」

45 ④

launch : (비행기·우주선 등을) 발사시키다   external antennae : 외부안테나   contain : 포함하다(= include, comprise, incorporate, encompass, embrace, take in), 함유하다, 들어 있다(hold)   radio transmitter : 라디오 (무선) 송신기   literally : 문자[글자] 그대로, 정확히(= exactly)   disbelief : 불신, 의혹   make claims : 주장하다(= claim)   aver : 단언하다, 주장하다   perform : 수행하다(= carry on, conduct)   feat : 공적, 공훈(= exploit, achievement, accomplishment, attainment)   fake : 모조(품), 위조(품), 가짜(= counterfeit, sham, imitation, copy)

'those voices were quickly silenced when radio transmissions from the satellite were heard days later.'의 내용으로 보아 ④의 불신이 오랫동안 지속되었다는 것은 틀린 내용이다.

① 스푸트니크 1호는 거미와 같은 모양이었다.
② 스푸트니크 1호에는 무선 송신기가 탑재되어 있었다.
③ 초기 우주 분야에서 러시아가 성공한 것은 사람들을 깜짝 놀라게 했다.
④ 스푸트니크 1호에 대한 세계의 불신은 오랫동안 지속되었다.

「지구 궤도를 선회한 최초의 인공위성 스푸트니크 1호는 1957년 10월 4일 발사되었다. 발사와 더불어, 우주경쟁이 공식적으로 시작되었던 것이다! 그 우주선은 4개의 외부안테나가 부착된 거미 같은 모양의 금속 구체 이상의 대단한 것이 아니었다. 그곳에는 작은 무선 송신기

외의 다른 과학기구 같은 것은 들어 있지 않았다. 하지만 문자 그대로 그 이름이 '여행자를 뜻하는 스푸트니크 1호는 세상 사람들의 상당한 불신과 충격 속에 발진되었다. 러시아의 기술이 그런 업적을 수행할 만큼 충분히 발전하지 못하였으므로 그 프로젝트는 가짜라고 단언하는 당시 비판가들의 대담한 주장도 나왔다. 하지만, 그 위성으로부터 들어온 무선 송신이 수일 후에 들렸을 때 그런 목소리들은 순식간에 조용해졌다.」

46 ②

hard luck : 불행, 불운   grit : 용기, 담력   unduly : 과도하게, 심하게   depress : 낙담시키다, 우울하게 하다   wipe out : 없애다(= remove), 지우다(= erase)   sensible : 분별이 있는   give someone a ring : ~에게 전화를 걸다   fix up : (데이트 약속 등의) 날짜를 정하다   relieve : 안심시키다, 위안하다

첫 문장에서 상대방의 안 좋은 일에 대한 유감을 나타냈으며 뒤에서 필자의 의견을 알 수 있는 명령형의 표현, 상대방에 대한 긍정적인 내용 등을 볼 때 상대방을 위로하는(relieve) 글이라는 것을 알 수 있다.

「당신의 실망스러운 일을 들어서 저는 상당히 유감스럽습니다. 그것은 매우 힘든 것이며 그리고 당신은 거의 그 일을 할 뻔했습니다. 당신은 열심히 일을 했으며 성공할 충분한 자격이 있었고 그리고 어떤 다른 사람도 당신만큼 할 수 없었습니다. 그러나 당신이 용기를 가지고 있어서 이런 일이 당신을 과도하게 낙담시키지 않을 거라고 저는 생각합니다. 이 모든 것을 씻어 버리고 새로운 것을 다시 해 보세요. 이것이 현명한 것입니다. 당신의 운이 곧 돌아올 것이라고 저는 생각합니다. 그러므로 기죽지 마세요. 수요일 저녁 시간이 어떤가요? 만약 특별한 일이 없다면 저녁 식사를 함께 하고 싶으니 저에게 전화 주세요.」

47 ②

concentrate : 집중하다, 모으다   stimulate : 자극하다, 격려하다   propel : 추진하다, 나아가게 하다   interfere : 방해하다, 대립하다   insomnia : 불면증

이 글의 걱정의 순기능과 역기능을 말하고 있다.

「모든 사람들은 이런 저런 때 걱정을 한다. 이것은 우리 모든 삶의 한 부분이다. 우리는 재정적 문제와 다른 사람들의 관계의 경계선에 대해 걱정을 한다. 놀랍게도 사실 걱정하는 것은 항상 나쁜 것만은 아니다. 걱정의 약간은 필요하다. 왜냐하면 걱정은 우리에게 하나의 문제에 집중하게 해주며 그것을 처리하기 위해 가능한 해결책을 찾거나 방법을 찾게 하는 시간을 주기 때문이다. 어떤 걱정은 자극적이다. 이것은 일을 더 잘 할 수 있게 하거나 정시에 일을 끝낼 수 있는 있도록 한다. 그러나 다른 경우 우리의 걱정은 우리의 문제를 풀 수 있는 능력에 방해가 될 수도 있다. 우리는 너무나 걱정을 하는 나머지 그것이 우리로 하여금 문제를 푸는 데 필요한 조치를 취하지 못하게 하는 것이다. 만일 이런 일이 지속되면, 걱정하는 것이 우리의 에너지 빼앗고 피로, 두통, 근육통 및 불면증과 같은 신체적 문제가 생기는 결과를 가져올 수 있다.」

48 ②

vivid : 생생한, 눈에 보이는 듯한 involve : 포함하다, 수반하다

① REM 꿈은 보통 기억하기 쉽다.
② 인간의 꿈은 보통 순간적으로 나타난다.
③ 4세의 눈먼 소년은 생생한 꿈을 꿀 수 있다.
④ REM 꿈은 NREM 꿈보다 자주 발생한다.

「인간들은 항상 꿈에 매료되어 왔다. 사람들이 기억하고 말하는 생생한 꿈은 REM 꿈이다. 이것은 잠자는 동안 빠른 안구운동 기간 동안 거의 연속적으로 일어나는 유형이다. 하지만 사람들은 또한 NREM 꿈을 꾼다. 그것은 빠른 안구운동 없는 기간 동안의 꿈이다. 비록 REM보다 전형적으로 빈도가 덜하고 덜 기억에 남는 것일지라도 말이다. REM 꿈은 NREM 꿈보다 이야기와 같은, 또는 꿈같은 특질을 가지고 있으며 보다 시각적이고 생생하며 감정적이다. 흥미롭게도 5세 이하에 시력을 잃는 장님들은 대게 시각적으로 꿈을 꾸지 않지만 다른 감각과 관련하는 생생한 꿈을 꾼다. 꿈에 대한 사람들의 믿음은 전체의 꿈이 어느 한 순간에 생기는 것이라지만 사실은 그렇지 않다. 수면 연구가들은 꿈을 꾸는 것은 실제의 삶에 있어서의 똑같은 경험을 하는 데 걸리는 만큼의 긴 시간이 걸린다는 것을 알아냈다.」

49 ③

obsess : 사로잡다 injunction : 명령, 훈령 extremely : 극단적으로, 매우 controversial : 논쟁의, 논의의 여지가 있는 violate : 위배하다, ~의 신성을 더럽히다 furious : 노하여 펄펄 뛰는, 격한 summon : 소환하다, 호출하다 imprison : 교도소에 넣다, 수감하다 firmly : 단단하게, 견고하게

① Galilei의 적들은 교회가 Galilei를 수감하였을 때 만족했다.
② 1632년의 Galilei의 책은 대중으로부터 많은 반응을 끌어내지 못했다.
③ Copernisus의 이론은 Galilei의 시대에 교회에 의해 승인받지 못했다.
④ 교황은 1632년 전에 Galilei에게 새로운 과학적인 발견을 하라고 독려했다.

「Galileo Galilei는 오랫동안 우주의 본질에 대한 Copernicus의 이론에 사로잡혀 있었고, 그것을 지지하는 책을 출판할 계획이다. 그러나 그의 계획은 1624년 그러한 책을 출판해서는 안 된다는 교황의 금지명령으로 인해 바뀌었다. 비록 출판은 지연되었지만 Galilei는 마침내 1632년 책을 출판하였다. 그 책은 극단적인 논란거리가 되었기 때문에 즉각적으로 성공했다. 교회의 명령을 명백히 위반하면서 Galilei는 Copernicus의 이론을 옹호했다. 당연히 교황은 노하였으며 Galilei는 로마로 소환되어 재판을 받게 되었다. 그는 교회의 가르침에 반하여 Copernicus의 이론을 지지한 것으로 판결받았다. 그는 철회할 것을 명령받았고 그래서 그의 의사에 반하여 그렇게 했다.」

50 ①

wildlife : 야생동물 official : 관리인, 공무원 consecutive : 연속적인, 계속되는, 시종일관된 anticipate : 예상하다, 기대하다 grizzly : 회색곰 reproduce : 번식하다, 번식시키다

① 야생동물 보호 공무원들은 회색곰의 개체수 증가를 위해 곰을 놓아줄 계획을 가지고 있다.
② 야생동물 보호 공무원들은 야생상태에서의 회색곰의 행동을 감시할 계획을 가지고 있다.
③ 야생동물 보호 공무원들은 Bitterroot Mountains에 5마리의 곰들과 함께 거주할 계획을 가지고 있다.
④ 야생동물 보호 공무원들은 극히 제한된 장소에서 곰들을 번식시킬 계획을 가지고 있다.

「야생동물 보호 공무원들은 2002년을 시작으로 5년마다 계속적으로 Bitterroot Mountains에 다섯 마리의 곰을 들여올 것이다. 그들은 낮은 번식률로 인하여 회색곰의 개체수가 목표점인 300마리에 이르는 데까지는 100년 이상이 걸릴 것으로 예상하고 있다.」

51 ③

fashionable : 최신 유행의, 유행하는, 사교계의 leather : 가죽, 가죽제품 purse : 지갑 still more : 더욱 더, 더 한층

① 그들이 예상했던 것보다 소수의 악어들
② 1870년대보다 많아진 악어 사냥꾼들
③ 1967년에 서식했던 것보다 많아진 악어들
④ 미국에서 죽게 된 더욱 더 많은 악어들

「여러 해 동안, 악어 가죽은 유행하는 가죽 신발과 가죽 지갑을 만들기 위한 것으로 미국에서 인기가 있었다. 1870년부터 1965년까지 적어도 천만 마리의 악어들이 가죽으로 인하여 미국에서 죽어 나갔다. 그러자 1967년 정부에서는 악어사냥 금지법을 제정하였다. 그 후 악어의 개체수는 다시 증가하기 시작하였고 현재는 1967년보다 더 많은 악어들이 서식한다.」

52 ④

superstition : 미신, 고정관념, 두려움 escape : 달아나다, 벗어나다 deal : 나누어 주다, 취급하다 ignore : 무시하다, 기각하다, 모른 체하다 efficient : 능률적인, 유능한, 결과를 발생하는 administrative assistant : 이사 보좌관, 사무관 coworker : 동료, 협력자 hang : 달다, 걸다, 교수형에 처하다 colleague : 동료 confront : 직면하다, 맞서다 offending : 불쾌감을 주는, 성가신 avert : 외면하다, 피하다 rid : 제거하다, 벗어나다 either : 어느 쪽의 ~도 ~않다, ~도 아니다

①②③ 새 달력
④ 운이 나쁜 미신

「내가 벗어날 수 없는 하나의 미신은 달력 취급하는 것이다. 우리 집안에서는, 신년이 시작되기 전에 새 달력을 보는 것을 불운이라 믿는다. 나는 11월 말이나 12월 초에 새 달력을 유능한 사무관들이 배포하기 때문에 이를 무시할 수 없다. 그리고 나의 동료들 중 몇 명은 새 달력을 받자마자 걸어둔다. 그래서 어느 때라도 나는 동료의 자리로 가면 불쾌감을 주는 물건과 맞닥뜨리게 된다. 만약 내가 그것을 보게 되면 난 나의 눈을 피한다. 내 자신이 이 미신으로부터 벗어나려고 노력을 할지라도 나는 어떠한 가능성(운)에 맡기려 하지 않을 것이다.」

53 ③

plant : 공장, 식물, 자세 coworker : 근로자, 동료
productivity : 생산성, 생산력, 풍요 conclude : 끝내다, 체결하다, 결론짓다, 결정하다 presence : 존재, 출석, 인품, 침착

① 사회학자들은 좋은 일꾼이다
② 낮은 경향을 띠는 일렉트릭 공장의 생산성
③ 근로자의 태도가 그들의 환경조건보다 더 중요하다
④ 실험에 포함되지 않은 근로자들조차도 생산성을 향상시켰다

「호손 실험은 1920년대와 1930년대 초에 실시되었다. 시카고 근처에 위치한 일렉트릭 호손 공장의 경영진들은 조명과 같은 환경조건이 근로자들의 생산성과 사기에 영향을 미치는 지를 알아내길 원했다. 사회학자들은 동료들로부터 분리된 작은 근로자 그룹을 실험하기로 하였다. 이 그룹의 작업구역의 환경조건은 제한되었고 피실험자 자신들도 면밀히 관찰하였다. 환경조건의 어떠한 변화에도 근로자들의 생산성이 증가되는 반응에 조사자들은 매우 크게 놀랐다. (작업장의 조명 밝기가 감소하는 것과 같은) 이런 변화가 그런 영향을 미치지 않을 것처럼 보이는 경우에도 작업속도는 증가하였다. 관찰자들의 존재가 실험그룹의 근로자들로 하여금 특별하다고 느껴지게 한다는 결론을 짓게 되었다. 결과적으로 근로자들은 서로를 알고 서로를 신뢰하게 되었으며 그들의 일의 중요성에 대한 강한 믿음이 발생하게 된 것이다. 조사자들은 환경조건의 변화가 아니라 이것이 생산성 증가의 원인이라고 믿었다.」

54 ①

blue blood : 귀족의 혈통, 귀족 출신 predict : 예언하다, 예보하다 democratic : 민주당의 challenger : 도전자, 거부자 oust : 내쫓다, 박탈하다, 쫓아내다 simply : 간단하게 boast : 자랑하다, 대강 다듬다 connection : 연결, 관계, 연줄 republican : 공화국의, 공화당의 rival : 경쟁자 ancestry : 조상, 가문, 기원 veteran : 베테랑, 노병, 퇴역군인 relate : 설명하다, 관계시키다 candidate : 후보자 gene : 유전자 chromosome : 염색체 previous : 이전의, 사전 ahead : 앞으로, 앞당겨, 빠르게 race : 선거전, 경쟁, 혈통, 인종 stake : 이해관계, 개인적 관여 claim : 요구하다, 주장하다 kinship : 혈족관계 expert : 전

문가 aristocracy : 귀족정치, 귀족사회

① 중요하다(count는 1형식 문장에서 '중요하다'의 의미로 사용된다.)
② 경시된다
③ 베트남 전쟁의 퇴역군인을 저버리다
④ 부시에게 긍정적 효과를 미칠 수 있다

「미국의 대통령 선거가 다가올 때면 귀족 혈통이나가 중요하다. 그래서 민주당 상원위원인 도전자가 공화당의 경쟁자보다 왕가의 연줄을 자랑한다는 간단한 이유만으로 11월 2일 대통령 선거에서 부시 대통령을 쫓아낼 것이라고 영국 조사원들은 예측한다. 캐리의 혈통에 관한 연구가 수 개월이 지난 후 영국 귀족사회 전문가들인 Burke's Peerage는 월요일에 베트남 전쟁의 퇴역군인이 유럽의 모든 왕가와 관련이 있고 비잔틴의 이전 황제인 이반과 페르시아의 국왕들과의 혈족관계를 주장할 수 있다고 보고했다. "가장 많은 왕가의 유전자와 염색체를 가진 모든 대통령 후보자가 항상 11월 대통령 선거에서 당선된다는 사실 때문에 42번 전의 대통령들을 근거로 다가올 선거는 존 캐리가 승리할 것이다."2000년 대통령 선거에 앞서 부시에 대한 유사한 연구 결과도 그가 영국의 헨리 3세와 찰스 2세뿐만 아니라 엘리자베스 여왕과의 혈족관계를 주장하는 왕가의 이해관계에서 엘 고어를 패배시켰음을 보여주고 있다.」

55 ④

jurisdiction : 사법권, 권한, 관할구역 determine : 결심하다, 결정하다 priority : 우위, 우선권, 우선순위 removal : 이동, 제거, 면직 district : 지역, 선거구, 지방 salting : 염장 major : 주요한, 과반수의 commuter : 정기권통근자, 교외통근자 thoroughfare : 도로, 통행 designated : 지정된 narrow : 폭이 좁은, 한정된 steep : 경사가 급한, 엄청난 shade : 그늘, 으슥한 patient : 인내심 있는, 환자 sufficient : 충분한 implement : 도구, 수단, 방법, 실행하다, 도구를 주다
과거분사인 scheduled이 있으므로 도치된 문장이 적합하다.

「다른 관할구역에서처럼 공공의 안전이 그 지역에서의 재설작업에 대한 우선순위를 결정한다. 눈을 치우고 소금을 뿌리는 노력은 우선적으로 주요 도로, 출퇴근 도로와 지정된 눈비상지역에 초점을 맞추고 있다. 좁고, 가파르거나 그늘진 곳은 다음날 쓰레기 수거가 예정된 곳처럼 특별한 주의를 요한다. 재설작업을 하기 위해 인내심을 갖고 충분한 시간을 감안해 주십시오.」

56 ②

trousers : 바지 invent : 발명하다, 창안하다 prehistoric : 선사의, 구식의 adopt : 채택하다, 받아들이다 barbarian : 야만인, 교양없는 사람, 이교도 especially : 특히, 유달리 nomadic : 유목의, 방랑의 robe : 길고 헐거운 겉옷 collapse : 무너지다, 멸망하다, 좌절되다 fragment : 파편, 단편 feudal : 영지의, 봉건의 occasionally : 때때로, 가끔 peasant : 농부, 소작인

「바지는 선사시대 후기 페르시아에서 발명되어진 것으로 보인다. 그리고나서 바지는 색슨족과 같은 많은 북유럽과 중앙아시아 야만인들(문명화된 로마와 중국의 제국들로부터 언급되어진 것처럼)에 의해서 채택되었다. 많은 경우 특히 말을 타는 것이 유목민의 생활방식이었을 때 야만인 여자들 또한 바지를 입었다. 그러나 두 제국의 도시에 사는 엘리트층 남자와 여자들은 길고 헐거운 겉옷을 입었다. 심지어 로마제국이 중세시대 유럽으로 나눠진 후에도 남녀귀족들은 로마시대의 헐거운 겉옷과 유사한 긴 옷을 입었다. 농부들은 짧은 겉옷을 입었고 때때로 남자 농부들은 헐렁한 야만인 바지를 입었다.」

57 ④

ointment : 연고 pimple : 여드름, 뾰루지 originally : 독창적으로 wrinkles : 주름, 오점 smoother : 매끄러운 ermabrasion : 피부찰상법(박피술) subtract : 빼다, 공제하다 appearance : 발표

「많은 사람들은 젊음을 유지하길 원하며 의사들에게 레틴-A에 대하여 질문한다. 이것은 여드름을 가진 사람들을 돕기 위해 독창적으로 개발한 연고이다. 그러나 소사사를은 그것이 또한 주름의 수를 줄이고, 피부를 매끄럽고 건강하게 만들어준다고 한다. 공교롭게도 연고를 바른 효과는 즉시 나타나지 않는다. 피부찰상법(박피술)의 결과는 보통 일주일 정도로 빠르게 나타날지 모른다. 이것은 약간의 노화방지를 해줄 수 있는 위험이 따르지 않는 외과기술이다. 그것은 피부의 한 층 정도의 벗겨짐을 수반한다. 그 결과 누군가의 발표에 따르면 15년 또는 그 이상을 뺀 것처럼 피부가 젊어지고 매끄러워 보이게 된다.」

58 ①

emit : 발산하다 bump into : 우연히 만나다

「약 2,000피트 바다는 완전히 검은색이다. 어둡고 깊은 곳에는 아직도 고기들이 산다. 깊고 어두운 물 속에서 생명체가 생존한다고 생각하면 꽤 놀랍만하다. 이 동물들은 거대한 입과 이상한 형상을 가져 괴상하다. 더 많이 놀랍지도 모를 일은 생명체가 빛을 발산한다는 것이다. 사실 2,000피트보다 아래에 살고 있는 고기들의 절반 이상은 발광기라는 기관을 가지고 있다. 고기가 가진 이 기관은 항상 빛을 발산하진 않는다. 그들은 다른 고기에게 빛을 번쩍거린다. 그들은 또한 무엇인가를 우연히 만나게 되면 빛을 번쩍거린다. 그러나 그 빛이 물고기가 보는 것에 도움이 된다는 의미는 아니다.」

59 ④

stealth : 사라짐 malicious : 악의 있는, 심술궂은

「Klez. E는 가장 일반적으로 세계에 널리 퍼져있는 웜이다. 그것은 파일들을 오류나게 할 만큼 매우 위험하다. 매우 교묘하게 숨어있고 항-항-바이러스 기술이 있기 때문에 가장 일반적인 바이러스 치료 프로그램은 그것을 치료하거나 발견할 수 없다. 우리는 이 악의적인 바이러스를 제거하기 위해 이 자유 면역 툴을 개발하였다. 이 툴은 존재하는 웜을 멍청하게 하도록 가짜로 Klez처럼 작동한다. 그래서 어떤 항-바이러스 모니터에서는 그것이 동작할 때 큰 소리를 낸다. 경고를 무시하

고 '계속하다'를 선택해야 한다. 당신은 이 툴을 단 한번만 작동시킴으로 해서 Klez가 당신의 컴퓨터에 다시는 나타나지 않을 것이다.」

60 ②

argue : 논쟁하다, 언쟁하다 whoever : 누가 ashamed : ~ 때문에 부끄러워하다

① 왜냐하면 돈은 선생님의 것이었기 때문이다.
② 왜냐하면 선생님은 가장 큰 거짓말을 했기 때문이다.
③ 왜냐하면 소년들은 해답을 찾지 못했기 때문이다.
④ 왜냐하면 그들은 선생님이 돈의 임자를 찾아주길 원했기 때문이다.

「선생님이 교실에 들어왔을 때 두 소년은 언쟁하고 있었다. 선생님이 물으셨다. "왜 너희들 말다툼하고 있니?" 한 소년이 대답하였다. "저희는 10달러를 발견하고는 가장 큰 거짓말을 한 누군가에게 주기로 결정을 하였습니다." "너희들은 너희들 자신에게 부끄러운 줄 알아야 한다."라고 선생님이 말씀하셨다. "내가 너희 나이였을 때에 난 거짓말이라는 것 조차도 몰랐었다." 소년들은 10달러를 선생님께 드렸다.
Q : 왜 그들은 그 돈을 선생님에게 주었을까요?」

61 ④

overspend : 낭비하다 budget : 예산, 생활비
end up broke : 파산하여 끝장나다

① 불행은 드물게 따로따로 찾아온다.
② 행운은 다른 것과 바꿀 가치가 있다.
③ 당신은 케이크를 먹거나 가질 수 없다.
④ 한 방울 한 방울의 물도 돌도 마멸시킨다.

「당신이 어느 날 10달러의 예산을 낭비했다면 그것은 큰 문제가 아니다. 그러나 만약 당신이 내일, 그리고 그 다음날, 그리고 또 다음날에도 계속 낭비한다면 당신은 파산되어 끝장날 것이다. 체중을 늘리려는 사람처럼, 큰 재앙은 일반적으로 갑자기 나타나진 않는다. 그것은 오늘 조금 그리고 내일 조금씩 나타난다. 그러던 어느 날 그들은 큰 문제에 직면한 자신들을 발견하고 묻게 된다. "무슨 일이 일어난거지?" 하나에 또 다른 하나가 더하여지고, 작은 것이 큰 것이 되듯, 인생의 사소한 것이 이와 같이 커다란 다른 것을 만들 수 있다.」

62 ③

a couple of : 두 개의 check out : 점검하다
physical condition : 건강상태 gum : 잇몸 firm : 단단한 idea of : 짐작하다 personality : 성격, 성질
physical well-being : 육체적 안녕, 행복 timid : 소심한 aggressive : 공격적인

「강아지를 고를 때 주의해야 할 두 개의 중요한 단계가 있다. ⓐ 하나는 강아지의 건강상태를 주의깊게 점검하는 것이다. 동물의 눈은 맑고 빛나야 한다. 그리고 잇몸은 핑크색이고 단단해야 한다. ⓑ 또한 다른 강아지들과 함께 노는 것을 지켜봐야 한다. 그리고 강아지의 성격을 짐작해야 한다. ⓒ 귀여운 강아지를 소유하면 사람의 마

음과 육체적 행복이 개선될 수 있다. ⓓ 매우 소심하거나 공격적이라면 좋은 애완동물이 될 수 없다.」

63 ③

alternative medicine : 대체 의학 realize : 실현하다, 이해하다 treatment : 치료, 취급 complement : 보충, 보완

① 가진게 없음 ; 결여됨 - 우리는 커피가 다 떨어졌다.
② 안에서 밖으로 - 차에서 내렸다.
③ ~때문에 - 난 호기심 때문에 왔지, 단지 좋은 시간을 즐기려는게 아니다.
④ 위치에 있거나 범위 내의 위치, 경계선, 제한, 혹은 범위의 - 비행기는 시야를 벗어나 날아갔다.

「많은 사람들은 조사자들이 암에서부터 일반 감기까지 갖가지 문제에 대한 완벽한 치료법을 찾을 수가 없기 때문에 현대의 약품에 대한 믿음을 저버리고 있다. 어떤 사람들은 호기심 때문에, 그 밖의 자포자기로 인하여 대체 의학으로 돌리고 있다. 많은 것을 가지고 어디에는 치료가 쓸데없고, 또 다른 데는 가끔 효과가 나타나는 것을 깨닫게 되었다. ; 의학 기술은 다른 것으로 보완될 수 있다.」

64 ③

three generations : 3대 put down : 내려 놓다 busyness : 바쁨, 분주함 clatter : 떠들썩한 소리 chatter : 재잘대는 소리, 수다

「나의 친구 제롬은 집에서 벗어나 그녀가 처음 맞은 크리스마스에 대해 나에게 이야기해 주었다. 그녀는 적절한 시간에 전화를 걸었으나 그녀의 3대 가족이 크리스마스 저녁식사를 위해 여러가지 식기들을 함께 준비하고 있다는 것을 알게 되었다. "수화기를 내려 놓으렴." 그녀는 말했다. "떠들썩함과 재잘거림을 내가 들을 수 있도록." 뜻밖의 일이었지만 제롬은 좋은 생각을 해냈다. 내가 플로리다에서 홀로 크리스마스를 보냈을 때 난 우리 가족들이 막 부엌에서 일을 하려할 때에 맞춰 전화를 걸었다. 분주한 배경소리는 내 귓가에서 크리스마스 음악처럼 들렸다.」

65 ①

reptile : 파충류의 동물, 비열한 사람, 파행하는 slimy : 끈적끈적한, 불쾌한, 비열한, 점액성의 scale : 비늘, 껍질 outgrowth : 파생물, 부산물, 성장 invisible : 눈에 안 보이는, 얼굴을 보이지 않는 tile-like : 타일 같은 covering : 외피 hardened : 경화된, 단단해진, 비정한, 냉담한 tough : 강인한, 단단한, 끈기있는, 곤란한, 고된, 맹렬한 shell : 등딱지, 껍데기 fuse : 연합하다, 녹이다

① 모든 파충류들은 비늘을 가지고 있다. (본문의 처음에서 말하고 있다.)
② 모든 파충류들은 위험하다. (본문에서 언급되지 않고 있다.)
③ 모든 파충류들은 딱딱한 비늘을 가지고 있다. (거북이만을 예로 들고 있다.)

④ 모든 파충류들의 비늘은 서로 같다. (파충류들의 비늘이 모두 같지 않다.)

「많은 사람들은 파충류들이 끈적끈적하다고 생각하지만, 뱀들과 다른 파충류들은 만져보면 건조한 외피로 덮여 있다. 비늘은 동물 피부의 부산물이다. 비록 일부 종들은 외피들이 거의 눈에 보이진 않지만, 대부분의 종에서 그 것들은 타일과 같은 외피를 이루고 있다. 거북이 등딱지는 함께 붙어있는 경화된 비늘로 이루어져 있다. 악어는 거칠지만 매우 유연한 외피를 가지고 있다.」

66 ③

blink : 놀라서 보다, 깜짝 놀라다, 눈을 깜박거리다, 무시하다 bury : 묻다, 매장하다, 숨기다, 몰두하다 wrap : 걸치다, 싸다 tight : 단단한, 바짝 죈, 굳은, 엄한, 빈틈이 없는 before long : 이윽고, 곧 horrible : 끔찍한, 무서운, 잔혹한 roar : 노호, 외치는 소리 loose : 느슨한, 풀린, 유리된, 헐거운 rumble : 우르르 울리다, 덜커덕 덜커덕 소리가 나다, 와글와글 소리치다 fling : 돌진하다, 내던지다, 팽개치다, 거칠게 말하다 chunk : 큰덩어리, 상당한 양 lord : 하느님, 지배자, 군주, 인물, 거물 all at once : 갑자기 overwhelm : 압도하다, 제압하다, 당황하게 하다 relieve : 안도케 하다, 구원하다, 경감하다, 돋보이게 하다

움직일 수도 없는 상황에서 자신에게 돌진해 오는 눈덩어리들을 보고 두려워하다가(fearful) 30피트 앞에서 멈추자 안도하고 있다(relieved).

「나는 눈을 깜짝 놀라서 보았다. 나는 목까지 묻혀 있었다. 단지 머리와 오른손만을 움직일 수 있었다. 다리는 나무 근처의 눈에 갇혀 있었는데, 너무 단단히 쌓여서 그것이 마치 콘크리트처럼 느껴졌다. 이윽고, 또 다른 끔찍한 노호소리가 있었다. 산 전체의 절반처럼 보이는 것이 유리되어 부서지며, 20피트 높이의 눈이 곧장 나를 향해 엄청난 소리를 내며, 자동차 크기의 큰 덩어리로 돌진해 오고 있었다. 나는 전혀 움직일 수 없었다. 아내, 두아들, 그들의 목소리를 생각했다. 신이여, 나는 그들을 다시 보고 싶습니다. 갑자기 높은 눈덩어리가 30피트 앞에서 멈췄다. 그냥 멈춘 것이었다.」

67 ③

civic : 시민의, 도시의 financier : 자본가, 재정가, 금융업자 industrialist : (대)기업가, 실업가 hemisphere : 반구, 반구체 implicit : 함축적인, 잠재하는, 절대적인, 맹목적인, 암시적인 facet : 국면, 양상, 면, 상 endeavor : 노력, 애씀, 시도하다, 노력하다 bimonthly : 격월의, 월2회의, 격월(월 2회) 발행의 간행물 handy : 편리한, 유용한, 손재주있는

제시된 글은 메트로 폴리탄 박물관을 소개하고자 쓰여진 글임을 쉽게 알 수 있다.

「시민지도자들, 자본가들, 사업가들 그리고 예술품 수집가들에 의해 1870년에 설립된 메트로폴리탄 예술박물관은 1880년에 현재 위치인 센트럴 파크로 옮겨왔다. 오늘날 메트로폴리탄 박물관은 서반구에서 가장 큰 박물관이다. 그 소장품은 고대로부터 해서, 중세 그리고 현대에 이르기까지 그리고 전세계에서 구해진 3백3십만 이상의 작품에 이른다. 그 박물관의 교육적 기능은 박물관 애호가들에게 여러 면에서 함축적이다. 이 박물관은 격월로 발간되는 Calendar News지는 현재 진행되는 프로그램과 활동에 대한 유용한 색인을 제공한다.」

68 ④

wrestle : 씨름하다, 맞붙어 싸우다, 전력을 다하다
terminal : 말기의, 종점의, 학기말의 dilemma : 딜레마, 궁지, 진퇴양난 extreme : 극단의, 최고의 맨끝의 lethal : 치명적인, 치사의 injection : 주사액, 주입 endorse : 승인하다, 찬성하다 euthanasia : 안락사 proclaim : 선언하다, ~을 증명하다 imprison : 수감하다, 투옥하다, 감금하다

① 발달된 의학으로 인류의 기대 수명은 원하는 만큼 연장되었다.
② 질병 말기의 환자들은 세계 어디에서나 안락사를 요구할 수 있다.
③ 안락사의 권리는 인간에게 완전히 주어져야 한다.
④ 치명적인 주사는 의사들이 12년까지 징역형을 선고받는 원인이 될 수 있다.

「전세계적으로 사람들은 특히 고통스런 말기 질병의 죽음에 직면해서 인간적인 죽음에 대한 문제로 씨름해 왔다. 그 딜레마는 진보된 의학기술이 가장 극단적인 상황의 환자마저도 더 오래 살도록 해 줄 수 있게 되면서, 최근에 더 복잡한 문제가 되었다. 물론 환자가 어느 때라도 의학의 치료를 거절할 권리는 있지만; (안락사를 위한) 치명적인 주사를 요구하는 것은 (치료를 거부하는 것과) 다른 문제이다. 따라서, 네델란드에서는 1984년 안락사가 공인되었지만, 이를 실행하는 방법에서는 엄격한 기준을 설정해왔고, 이 규정을 따르지 않는 의사는 12년까지 징역형을 선고받을 수 있다.」

69 ④

circulation : 순환, 유통, 발행 invisible : 눈에 보이지 않는, 감추어진, 공개되지 않은 weave : 짜다, 뜨다, 엮다

'almost invisible from the outside'에서 힌트를 찾을 수 있다.

「이것은 일반적으로 공기의 순환을 위해 여름에 이용되었다. 한국에서는, 이것이 방을 시원하게 하며 그늘도 지게 해준다. 이것은 방 내부를 밖에서 거의 볼 수 없게 해준다. 그러나 이것은 방안에 앉은 사람에게 창문과 문을 연 상태에서 자기의 약간의 사생활을 제공하면서, 안에서 밖을 볼 수 있게 해준다. 문 위에 걸려있기 때문에, 둘둘 말 수도 있고 들어 올릴 수도 있다. 이것의 짜여진 형태와 장식적인 금속걸이 때문에 벽걸이로도 이용된다.」

【 70~71 】

well-known : 잘 알려진 attempt to : 시도하다, 기획하다, 기도하다 describe : 묘사하다, 기술하다, 말하다, 설명하다 underlie : ~의 밑에 있다, ~의 기초가 되다, ~에 우선하다 lead to : ~에 이르다, 결과적으로 ~이 되다 reconstruction : 재건, 개조, 복구, 부흥 incident : 일어나기 쉬운, 사건, 일어난 일 descriptive : 기술적인, 묘사적인, 설명적인 outrage : 침범, 위반, 난폭, 유린, 불법, 폭행하다, 학대하다 literary : 문학의, 문학적인 genre : 장르, 유형

「Truman Capote의 'In Cold Blood(1966)'라는 소설은 실화소설의 잘 알려진 예이다. 실화소설은 실제 사건을 이끌어가는 근거에 깔려 있는 힘, 생각, 감정을 묘사하려고 시도하는, 실제 사건에 기초한 최근 유행하는 글쓰기 유형이다. 이 책에서 작가는 kansas농장에서 일어난 비참한 가족살인을 묘사하며, 종종 살인자의 관점을 보여준다. 이 책을 집필하기 위해 Capote는 살인자들과 면담을 했었으며, 그의 책이 사건의 재구성을 충실하게 보여줄 수 있도록 노력했다.」

70 ①

지문의 형식은 소설에 대해 설명하고 있으므로 'descriptive' (기술적인, 설명적인)이 적합하다.

71 ①

이 지문이 쓰여진 목적은 새로운 문학장르의 예에 대해 이야기하기 위해서이다.

72 ①

dynasty : 왕조, 명가(名家), 명문 ward : (행정단위) 구(區), 보호, 감독, 병동 cuisine : 요리(법) shrimp : 작은 새우 lobster : 바닷가재 spicy : 향료를 넣은, 양념을 한 fried :(기름으로) 튀긴 vegetarian : 채식주의자 order : 주문, 명령 available : 이용(사용)할 수 있는, 유효한 dine : 식사하다, 정찬을 들다 take out : (식당에서 음식을 사서) 가지고 가다 free : 무료의, 공짜의, 자유로운 delivery : 배달

「명가(名家) 식당

구(區)쇼핑센터 2층, 일주일에 7일 모두 오전 11시부터 오후 10시까지 개점, 탁월한 중국 요리, 바닷가재 소스를 곁들인 작은 새우, 향료를 넣은 튀긴 쇠고기 또는 닭고기, 레몬맛(향)을 첨가한 닭고기, 채식주의자 주문도 역시 가능, (식당에서) 식사하거나 (포장해서) 가지고 가세요! 무료배달전화는 922 – 4860」

73 ③

necessity : 필요(불가결한 것), 필수품　assurance : 확신, 보증　end : 끝, 목적, 목표　multitude : 다수, 군중, 대중　turn to : ~(쪽)으로 향하다　year following year : 해마다　improve : 개량하다, 개선하다, 향상시키다　refine : 순화하다, 정제하다, 정련하다, 세련되게 하다　reduction : 축소, 감소, 절감　assert : 단언하다, 주장하다　might : 힘　devote oneself to : ~에 몰두하다, 전념하다, 헌신하다　emphasize : 강조하다, 역설하다

① 글쓴이는 차들이 대중들의 욕구를 만족시켜야 한다고 단언(주장)한다.
② 글쓴이는 한 가지 모델의 하나의 차를 생산하는 데 그의 모든 힘을 썼다.
③ 글쓴이는 차를 생산하는 데 있어서 가격의 절감에 몰두하였다.
④ 글쓴이는 가격의 절감에 따라서 차의 개량을 강조한다.

「최초의 자동차가 거리에 출현했던 날로부터 그것은 나에게 필수품인 것처럼 생각되어 왔었다. 그것은 내가 그 하나의 목적 – 대중들의 욕구에 부응할 차 – 를 만들도록 이끈 지식과 확신이었다. 모든 나의 노력들이 그 때 있었고 여전히 한 가지 모델의 하나의 차의 생산을 향해 있다. 그리고 해마다 그 압력은 있었고 가격에 있어서 늘어가는 절감과 함께 개량하고 정련하며 더 잘 만들기 위해서 여전히 있다.」

74 ③

disturb : 혼란시키다, 괴롭히다, 방해하다, 어지럽히다　loaf : 빈둥거리다, 놀고 지내다　fair : 공정한, 정당한　suggestion box : 의견함, 제안함　urge : 강력히 권하다　rubber-soled : 고무구두창을 댄　upset : 화가 난　instructive : 교훈적인　humorous : 익살스런　critical : 비판적인

「사장은 직원이 빈둥거리는 것을 보았을 때 혼란스러웠다. "여러분, 여기에 내가 올 때마다, 보고 싶지 않은 것을 보는데, 난 공정한 사람이니 여러분을 괴롭히는 것이 있으면 말하십시오. 의견함을 설치할 테니까, 내가 방금 보았던 것을 다시는 보지 않도록 의견함을 사용해 주기 바랍니다!" 그날 퇴근할 무렵, 사장이 의견함을 열었을 때, 그 안에는 작은 종이 한 장만 있었다. 거기에는 "고무구두창을 댄 신발을 신지 마세요!"라고 씌어 있었다.」

75 ③

communication : 통신　fiber optic : 광섬유　technology : 기술, 응용과학　reliability : 신뢰성, 신빙성　digital signal : 디지털 신호　transmit : 전송하다　constantly : 끊임없이(=continuously), 변함없이　complex : 복잡한　go through : 통과하다, 겪다　expand : 팽창하다　relay point : 중계점, 중계소　complete : 완성하다

① 더 많은 양(量)
② 더 적은 수의 중계소
③ 더 많은 신뢰성
④ 덜 복잡한 신호체계

「광섬유기술을 사용하는 통신시스템은 많은 양의 데이터베이스 정보를 포함하여, 복잡한 디지털 신호를 전송하게 해주는 고도의 신뢰성을 제공한다. 음성분야에서 광섬유는 많은 중계소를 통과하게 하는 질 높은 국제통신(글로벌 통신)을 제공한다. 전세계적인 광섬유통신망은 계속해서 확장될 것이며, 고객들에게 보다 나은 서비스를 위해서는 중계소가 추가로 늘어나야 하기 때문에, 그 통신망은 결코 실제로 완성될 것 같지 않다.」

76 ④

acknowledge : (권위·주장 등을) 인정하다, 승인하다, 자인하다　confederation : 연방, 연합, 동맹　federation of a lower stage : 낮은 단계의 연방제　formula(e) : 방식, 방법, 절차　reunification : 재통일　promptly : 신속히, 즉시　humanitarian : 인도주의의, 인간애의　separated family : 이산가족　National Liberation Day : 광복절　on the occasion of : ~에 즈음하여, 필요한 때에　renounce : (공식적으로) ~을 포기하다　communism : 공산주의

「통일을 이루기 위한 방안으로서 남측의 연방제 제안과 북측의 낮은 단계의 연방제 간에 공통요소가 있다는 것을 인정하면서, 남북은 그쪽 방향으로 통일을 추진하기로 합의하였다. 남북은 8·15광복절에 맞추어 이산가족과 친척들의 상호방문과 좌익포기를 거부한 장기수들 문제와 같은 인도주의적 문제를 신속히 해결하기로 합의하였다.」

77 ④

indelible : 지울 수 없는, 잊혀지지 않는　be attached to ~ : ~에 집착하다, 애착을 느끼다

어머니가 자녀들의 성장기에 강한 인상과 영향력을 남겨 성인이 되어서도 어머니에게 집착한다는 것을 설명하는 글이다. 그러므로 성인이 되어야 서서히 어머니의 영향을 벗어난다는 내용은 이 글에는 없다.

「우리가 어릴 때 어머니는 우리의 주의력의 중심이고 우리는 그녀의 주의력의 중심이다. 그래서 우리 어머니의 특질들이 지워지지 않는 인상으로 남아있어 우리는 후에 그녀의 얼굴모습, 체형, 개성, 심지어 유머감각을 가지고 있는 사람들에게 영원히 애착을 느끼는 것이다. 만약 우리의 어머니가 따뜻하고 배려적이었다면, 성인이 되어 우리는 따뜻하고 배려적인 사람에게 애착을 느끼는 경향이 있다. 만약 우리의 어머니가 강하고 절제적이었다면, 우리는 우리의 배우자의 정신적인 강함에 애착을 느낄 것이다.」

78 ④

homebody : 가정적인 사람, 집에 틀어박혀 있는 사람
kid : 아이, 새끼염소   take a trip : 여행하다
inexperienced : 경험이 없는, 미숙한 custom : 관습,
풍습, 습관   make an effort : 노력하다, 애쓰다
local : 지방의, 지역의, 장소의   behave : 행동하다,
처신하다   at home : 집에서, 국내에서, 자국에서
beholder : 보는 사람, 구경꾼 swallow : 제비

① 어려울 때 친구가 진정한 친구이다.
② 아름다움은 보는 사람의 눈에 (달려)있다.
③ 로마에 가면 로마법을 따르라.
④ 제비 한 마리가 왔다고 해서 여름이 온 것은
  아니다.

「Jane과 Mary는 삶의 대부분을 집에서만 지내 왔다. 그
들의 아이들이 자란 후에, 그들은 전세계를 돌아다니면
서 여행하기로 결심했다. 물론, 그들은 경험이 없는 여행
자들이어서 외국의 관습을 받아들이는 데 어려움을 겪었
다. 그들의 안내자들은 그들이 그 지역 국민들의 관습을
따르기 위해 노력해야 하고, 자국에서 하곤 했던 것처럼
외국에서 행동하기를 기대하지 말라고 제안했다. 일단
그들이 이 충고를 따르기 시작하자, 그들은 여행을 훨씬
더 많이 즐기게 되었다.」

【 79~80 】

cavort : 날뛰다   frolic : 장난, 장난지며 떠늘다, 뛰
놀다   provocation : 자극, 도발, 짜증 perpetual :
영원히, 끊임없이   merriment : 즐거움 alliance :
동맹, 결연 sophisticated : 세파에 물들게 하다.

「돌고래는 강아지, 팬더곰, 심지어 어린애들만큼이나 널리
사랑받고 있다. 돌고래는 최소한의 자극에도 날뛰고 야
단법석을 치고, 그들의 입은 항상 즐거운 상태처럼 보이
도록 고정되어 있고, 그들의 행동과 거대한 두뇌는 인간
의 두뇌에 지적으로 접근해 가고 있다는 사실을 시사해
주고 있으며, 몇몇 사람들은 인간의 두뇌를 능가하고 있
다고 주장할지도 모른다. 돌고래들은 매우 영리한 동물
로 판명되고 있다. 그러나 감상적인 돌고래 애호가들이
바랬던 것처럼 사랑하고 이상적인, 즉 사회적인 태도는
아니다. 오스트레일리아 해안에서 돌고래의 행동을 관찰
하는 데 많은 시간을 보낸 연구가들은 수컷의 돌고래들
이 인간을 제외한 동물들에게서 목격되는 다른 어떤 동
물보다 훨씬 세련되고 교활한 다른 돌고래들과 사회적
동맹관계를 맺는다는 사실을 알아냈다.」

79 ②

돌고래의 높은 지능에 대해 설명하고 있다.

80 ④

글의 마지막 부분에서 돌고래의 사회적 동맹관계
에 대해 서술하였으므로 'team of male dolphins'
의 예를 들고 있는 ④가 적합하다.

PART
03

최근기출문제분석

※ 밑줄 친 부분과 의미가 가장 가까운 것을 고르시오. 【1~2】

1

> I absolutely <u>detested</u> the idea of staying up late at night.

① defended
② abhorred
③ confirmed
④ abandoned

> **TIP** absolutely 극도로, 굉장히
> detest는 「싫어하다, 혐오하다」의 의미로 가장 의미가 가까운 것은 ②번 abhor이다.
> ① 방어하다 ② 혐오하다 ③ 확신하다 ④ 버리다
> 「나는 밤늦게까지 깨어있는 것을 극도로 <u>싫어했다.</u>」

2

> I had an <u>uncanny</u> feeling that I had seen this scene somewhere before.

① odd
② ongoing
③ obvious
④ offensive

> **TIP** uncanny는 「이상한, 묘한」의 의미로 가장 의미가 가까운 것은 ①번 odd이다.
> ① 이상한
> ② 계속 진행 중인
> ③ 분명한, 확실한
> ④ 불쾌한, 모욕적인
> 「나는 내가 이 장면을 이전에 어디선가 본 것 같은 <u>이상한</u> 감정을 느꼈다.」

Answer

1.② 2.①

※ 밑줄 친 부분에 들어갈 말로 가장 적절한 것을 고르시오. 【3~4】

3

> A : May I help you?
> B : I bought this dress two days ago, but it's a bit big for me.
> A : _____
> B : Then I'd like to get a refund.
> A : May I see your receipt, please?
> B : Here you are.

① I'm sorry, but there's no smaller size.

② I feel like it fits you perfectly, though.

③ That dress sells really well in our store.

④ I'm sorry, but this purchase can't be refunded.

> **TIP** B가 드레스가 크다고 이야기를 했고 A의 발화 뒤에 B가 환불을 요구하고 있기 때문에 빈 칸에는 ①번 더 작은 사이즈는 없다는 내용이 적절하다.
> ① 죄송합니다만, 더 작은 사이즈는 없습니다.
> ② 그런데 제 생각에는 손님에게 딱 맞는 것 같은데요.
> ③ 그 드레스는 저희 가게에서 매우 잘 팔립니다.
> ④ 죄송합니다만 이 제품은 환불이 되지 않습니다.
>
> 「A : 도와드릴까요?
> B : 제가 이 드레스는 이틀 전에 샀는데, 저에게 좀 큰 것 같아요.
> A : 죄송합니다만, 더 작은 사이즈는 없습니다.
> B : 그러면 환불을 하고 싶습니다.
> A : 영수증 좀 보여주시겠어요?
> B : 여기 있습니다.」

4

> A : Every time I use this home blood pressure monitor, I get a different reading. I think I'm doing it wrong. Can you show me how to use it correctly?
>
> B : Yes, of course. First, you have to put the strap around your arm.
>
> A : Like this? Am I doing this correctly?
>
> B : That looks a little too tight.
>
> A : Oh, how about now?
>
> B : Now it looks a bit too loose. If it's too tight or too loose, you'll get an incorrect reading.
>
> A : _____
>
> B : Press the button now. You shouldn't move or speak.
>
> A : I get it.
>
> B : You should see your blood pressure on the screen in a few moments.

① I didn't see anything today.

② Oh, okay. What do I do next?

③ Right, I need to read the book.

④ Should I check out their website?

> **TIP** 혈압측정기를 사용하는 단계를 묻는 과정으로 빈칸에는 끈을 팔에 두른 뒤 해야 하는 단계의 설명이 나오고 있으므로 ②번이 적절하다.
> ① 오늘은 아무것도 보지 못했습니다.
> ② 알겠습니다. 다음에는 무엇을 해야 하나요?
> ③ 맞습니다. 저는 책을 좀 읽어야겠습니다.
> ④ 그들의 웹사이트를 체크해 봐야 할까요?
>
> 「A : 제가 집에 있는 혈압측정기를 사용할 때마다 다른 결과를 얻게 됩니다. 제가 무엇인가를 잘못하고 있는 것 같은데요. 혈압측정기를 올바르게 사용하는 방법을 알려주실 수 있나요?
> B : 물론입니다. 먼저 끈을 팔에 두르세요.
> A : 이렇게요? 맞게 하고 있는 건가요?
> B : 너무 꽉 조인 것 같습니다.
> A : 그럼 지금은 어떤가요?
> B : 이번에는 너무 느슨한 것 같습니다. 너무 꽉 조이거나 느슨하다면 잘못된 결과를 얻게 됩니다.
> A : 알겠습니다. 다음에는 무엇을 해야 하나요?
> B : 이제 버튼을 누르세요. 움직이거나 말을 해서는 안 됩니다.
> A : 알겠습니다.
> B : 잠시 후에 측정기의 화면을 읽어야 합니다.」

Answer 3.① 4.②

5 어법상 옳은 것은?

① They didn't believe his story, and neither did I.

② The sport in that I am most interested is soccer.

③ Jamie learned from the book that World War I had broken out in 1914.

④ Two factors have made scientists difficult to determine the number of species on Earth.

> **TIP** ② 관계대명사 that은 선행하는 전치사와 함께 쓰일 수 없다.
> → The sport in which I am most interested is soccer.
> ③ 과거의 역사적인 사실은 과거시제를 사용한다.
> → Jamie learned from the book that World War I broke out in 1914.
> ④ make 5형식 문장에서 목적어가 "to부정사, 동명사, 명사절"일 때 가목적어 it을 취해야 한다.
> → Two factors have made it difficult for scientists to determine the number of species on Earth.
>
> 「① 그들의 그의 이야기를 믿지 않았고, 나 또한 믿지 않았다.
> ② 내가 가장 좋아하는 스포츠는 축구이다.
> ③ Jamie는 세계 1차 대전이 1914년에 일어났다는 것을 책에서 배웠다.
> ④ 두 가지 요소들은 과학자들이 지구상의 종의 수를 결정하는 것을 어렵게 만들어 왔다.」

6 어법상 옳지 않은 것은?

① A few words caught in passing set me thinking.

② Hardly did she enter the house when someone turned on the light.

③ We drove on to the hotel, from whose balcony we could look down at the town.

④ The homeless usually have great difficulty getting a job, so they are losing their hope.

> **TIP** ② ~하자마자를 뜻하는 'Hardly~ when' 구문은 먼저 일어난 사건에 대해서는 반드시 'had+p.p'로 나타내야 하며 Hardly가 문두로 오면 주어+동사의 도치가 일어난다.
> → Hardly had she entered the house when someone turned on the light.
>
> 「① 지나가면서 들었던 몇 마디 말이 나를 생각하게 만들었다.
> ② 그녀가 집에 들어서자마자 누군가 불을 켰다.
> ③ 우리는 그 호텔로 운전을 했고, 그 호텔의 발코니에서 우리는 도시를 내려다 볼 수 있었다.
> ④ 노숙자들은 보통 일자리를 얻기가 어렵고 이로 인해 그들은 희망을 잃게 된다.」

※ 밑줄 친 부분에 들어갈 말로 가장 적절한 것을 고르시오. 【7~9】

7

Why might people hovering near the poverty line be more likely to help their fellow humans? Part of it, Keltner thinks, is that poor people must often band together to make it through tough times—a process that probably makes them more socially astute. He says, "When you face uncertainty, it makes you orient to other people. You build up these strong social networks." When a poor young mother has a new baby, for instance, she may need help securing food, supplies, and childcare, and if she has healthy social times, members of her community will pitch in. But limited income is hardly a prerequisite for developing this kind of empathy and social responsiveness. Regardless of the size of our bank accounts, suffering becomes a conduit to altruism or heroism when our own pain compels us to be _____ other people's needs and to intervene when we see someone in the clutches of the kind of suffering we know so well.

① less involved in
② less preoccupied with
③ more attentive to
④ more indifferent to

TIP hover 맴돌다 astute 영리한, 약삭빠른 uncertainty 불확실성 orient (목적에) 맞추다 pitch in 협력하다 prerequisite 전제조건 responsiveness 민감성 conduit 전달자 intervene 개입하다 clutch 위기

고통(빈곤)을 겪어본 사람이 다른 이의 고통에 더 협력한다는 요지의 글로 빈칸에는 다른 사람의 필요에 더 집중한다는 ②번이 적절하다.
① 덜 개입하다   ② 덜 사로잡히다
③ 더 집중하다   ④ 더 무관심하다

「왜 빈곤선 근처를 맴도는 사람들이 그들의 동료를 더 잘 도와주는 경향이 있을까? Keltner는 가난한 사람들이 어려운 시기를 해결하기 위해 종종 서로 협력을 해야만 한다고 생각을 한다 - 이는 아마도 그들을 사회적으로 훨씬 영리하게 만드는 과정일 것이다. "당신이 불확실함을 직면할 때, 그것은 당신이 다른 사람들에게 더 초점을 맞추게 만든다. 당신은 이 강한 사회적 연결 관계를 형성하게 되는 것이다."라고 그는 말한다. 예를 들면, 가난하고 어린 엄마가 아기를 낳게 되면, 그 엄마는 음식, 물품, 아기 돌봄 등의 도움이 필요한데, 만약 그녀가 사회적으로 좋은 관계를 가지고 있었다면 그녀의 사회 구성원들이 협력을 하게 될 것이다. 그러나 제한된 수입원이 이러한 종류의 공감대와 사회적 민감성을 발달시키는 전제 조건은 아니다. 우리의 은행 자산이 얼마인지에 관계없이, 우리 자신의 고통이 우리로 하여금 다른 사람의 필요에 좀 더 집중하게 하고 다른 사람이 우리가 잘 아는 고통의 종류의 위기에 처하는 걸 볼 때 고통은 애타주의와 영웅적 행위에 전달자가 된다.」

8

The Soleil department store outlet in Shanghai would seem to have all the amenities necessary to succeed in modern Chinese retail : luxury brands and an exclusive location. Despite these advantages, however, the store's management thought it was still missing something to attract customers. So next week they're unveiling a gigantic, twisting, dragon-shaped slide that shoppers can use to drop from fifth-floor luxury boutiques to first-floor luxury boutiques in death- defying seconds. Social media users are wondering, half-jokingly, whether the slide will kill anyone. But Soleil has a different concern that Chinese shopping malls will go away completely. Chinese shoppers, once seemingly in endless supply, are no longer turning up at brick-and-mortar outlets because of the growing online shopping, and they still go abroad to buy luxury goods. So, repurposing these massive spaces for consumers who have other ways to spend their time and money is likely to require a lot of creativity. _____.

① Luxury brands are thriving at Soleil

② Soleil has decided against making bold moves

③ Increasing the online customer base may be the last hope

④ A five-story dragon slide may not be a bad place to start

TIP retail 소매 exclusive 독보적인 unveil 모습을 드러내다 death-defying 아슬아슬한, 죽음에 도전하는 brick-and-mortar 소매 repurpose 재조명하다

이 글에서 소매상에서 고객을 유치하기 위해서는 더욱더 창의력이 요구된다는 내용이고, 이를 위해 Soleil 백화점은 상상할 수 없이 큰 슬라이드를 설치했다. 이는 고객을 유치하기 위한 창의성의 좋은 예일 수 있으므로 빈 칸에는 ④번이 적절하다.

① 명품 브랜드들이 Soleil에서 성황 중에 있다.

② Soleil은 과감한 조치에 반하는 결정을 했다.

③ 온라인 고객을 늘리는 것이 마지막 희망이 될 것이다.

④ 5층짜리 용 슬라이드는 나쁜 출발점은 아닐 수 있다. (좋은 출발점 일 수도 있다)

「상하이에 있는 Soleil 백화점 아울렛은 현대 중국 소매업의 성공에 필요한 모든 시설을 갖춘 것처럼 보인다: 최고급 명품 브랜드들과 독보적인 위치. 그러나 이러한 이점에도 불구하고 그 백화점의 경영진은 고객을 유치하기 위해 무언가가 여전히 부족하다고 생각했다. 그래서 다음 주에 그들은 고객들이 5층 부티크 샵에서 1층 부티크 샵으로 아찔한 속도로 갈 수 있는 거대하고 비틀려진 용 모양의 슬라이드를 공개한다. 소셜미디어 사용자들은 반 농담으로 실제 그 슬라이드가 사람을 죽일 수도 있는지 궁금해 하고 있다. 하지만 Soleil 측은 중국의 쇼핑몰들이 곧 완전히 사라질 것이라는 다른 걱정을 하고 있다. 중국의 소비자들이 겉보기에는 무한한 공급자처럼 보이지만, 늘어나는 온라인 쇼핑몰 때문에 더 이상 소매상을 찾지 않고, 명품을 사기 위해서는 해외로 갈 것이다. 그래서 소비자들의 시간과 돈을 쓰게 하는 다른 방법을 가진 이러한 거대한 공간들을 재조명하는 것은 더 많은 창의성을 요구할 것이다. 5층짜리 용 슬라이드는 나쁜 출발점은 아닐 수 있다.」

9

It is easy to devise numerous possible scenarios of future developments, each one, on the face of it, equally likely. The difficult task is to know which will actually take place. In hindsight, it usually seems obvious. When we look back in time, each event seems clearly and logically to follow from previous events. Before the event occurs, however, the number of possibilities seems endless. There are no methods for successful prediction, especially in areas involving complex social and technological changes, where many of the determining factors are not known and, in any event, are certainly not under any single group's control. Nonetheless, it is essential to _____. We do know that new technologies will bring both dividends and problems, especially human, social problems. The more we try to anticipate these problems, the better we can control them.

① work out reasonable scenarios for the future

② legitimize possible dividends from future changes

③ leave out various aspects of technological problems

④ consider what it would be like to focus on the present

TIP devise 고안하다, 창안하다 on the face of it 보기에는 in hindsight 그리고 나서 보면 dividend 비상금, 상금 anticipate 예측하다
이 글의 요지는 미래에 생기는 변화들의 문제점을 예측하여 보다 잘 대비하여야 한다는 것이므로 빈칸에는 ①번이 적절하다.
① 미래를 위해 합리적인 시나리오들을 만들어 내는 것
② 미래 변화로부터 가능한 이점들을 정당화하는 것
③ 기술적 문제들의 여러 측면들을 배제시키는 것
④ 현재에 집중하는 것이 어떤 것인지 고려하는 것

「미래 발전에 가능한 많은 시나리오들을 창안해 내는 것은 쉽고, 겉보기에는 각각의 시나리오가 거의 같아 보인다. 어려운 과업은 그 중 어떤 시나리오가 실제로 일어날 것인가이다. 지나고 나서 보면 그것은 보통 명백하게 보인다. 우리가 지난 시간을 돌이켜 보면, 각각의 사건은 명백히 그리고 논리적으로 앞 사건을 따라서 일어나는 것 같다. 그러나 그 사건이 발생하기 전에 가능성의 수는 끝없이 많아 보인다. 특별히 결정적인 요인이 알려져 있지 않고 어떤 한 그룹만의 통제를 받지 않는 복잡한 사회변화나 기술 변화 분야에서 성공적인 예측을 하기 위한 방법은 없다. 그럼에도 불구하고 미래를 위해 합리적인 시나리오들을 만들어 내는 것이 필요하다. 우리는 반드시 새로운 기술이 이점과 문제점 – 특별히 사회적인 문제점 – 을 가져올 것이라는 것을 알아야 한다. 이러한 문제점을 예측하려고 더 많이 노력할수록 우리는 그것들을 더 잘 통제할 수 있다.」

Answer ....
8.④ 9.①

10 다음 글의 내용과 일치하는 것은?

Taste buds got their name from the nineteenth-century German scientists Georg Meissner and Rudolf Wagner, who discovered mounds made up of taste cells that overlap like petals. Taste buds wear out every week to ten days, and we replace them, although not as frequently over the age of forty-five: our palates really do become jaded as we get older. It takes a more intense taste to produce the same level of sensation, and children have the keenest sense of taste. A baby's mouth has many more taste buds than an adult's, with some even dotting the cheeks. Children adore sweets partly because the tips of their tongues, more sensitive to sugar, haven't yet been blunted by trying to eat hot soup before it cools.

① Taste buds were invented in the nineteenth century.
② Replacement of taste buds does not slow down with age.
③ Children have more sensitive palates than adults.
④ The sense of taste declines by eating cold soup.

> **TIP** taste bud 미뢰 mound 무더기 petal 꽃잎 wear out 닳아버리다 palate 구개 jade 약해지다 blunted 무딘
> 이 글의 내용과 일치하는 내용은 ③번이다.
> ① 미뢰는 19세기에 발명되었다.
> ② 미뢰의 대체(교체)는 나이가 들어도 느려지지 않는다.
> ③ 아이들은 어른보다 훨씬 예민한 구개를 가지고 있다.
> ④ 미각은 차가운 스프를 먹음으로 쇠퇴한다.
>
> 「미뢰는 19세기 독일의 과학자들인 Georg Meissner와 Rudolf Wagner에 의해 그 이름을 갖게 되었는데, 이 과학자들은 꽃잎처럼 겹쳐진 미각 세포들로 구성된 무더기를 발견했다. 미뢰는 일주일에서 열흘이면 닳아버려서 우리는 그것들을 새로운 것으로 대체한다. 하지만 45세 이상이 되면 그렇게 자주는 아니다. 우리의 구개는 나이가 들면서 정말 쇠퇴한다. 똑같은 수준의 감각을 느끼기 위해 더 강렬한 맛이 필요하고 어린이들은 가장 예민한 미각을 가지고 있다. 아기의 입안에는 어른보다 훨씬 더 많은 미뢰들이 있고 심지어는 볼에도 분포되어 있다. 아이들은 그들의 혀의 끝부분이 설탕에 훨씬 더 예민하기 때문에 단것을 좋아하고, 뜨거운 스프(국)가 식기 전에 먹어보려고 해도 미각은 아직 무뎌지지 않는다.」

11 밑줄 친 부분과 의미가 가장 가까운 것은?

> At this company, we will not <u>put up with</u> such behavior.

① modify ② record
③ tolerate ④ evaluate

TIP put up with는 「~을 참다」의 의미로 ③번 tolerate와 그 의미가 비슷하다.
① 수정하다
② 녹음하다
③ 참다, 용납하다
④ 평가하다
「이 회사에서, 우리는 그러한 행동을 <u>용납할</u> 수 없다.」

12 밑줄 친 부분 중 의미상 옳지 않은 것은?

① I'm going to <u>take over</u> his former position.
② I can't <u>take on</u> any more work at the moment.
③ The plane couldn't <u>take off</u> because of the heavy fog.
④ I can't go out because I have to <u>take after</u> my baby sister.

TIP ④번에서 take after는 「~를 닮다」의 의미로 이 문장에서 적절하지 않으며 take care of로 바꿔야 한다.
① 나는 그의 이전 직위를 인계 받을 것이다.
② 나는 요즘 더 이상의 일을 맡을 수 없다.
③ 비행기는 짙은 안개 때문에 이륙할 수 없었다.
④ 나는 여동생을 돌봐야 해서 밖에 나갈 수 없다.

13 다음 글의 제목으로 가장 적절한 것은?

Drama is doing. Drama is being. Drama is such a normal thing. It is something that we all engage in every day when faced with difficult situations. You get up in the morning with a bad headache or an attack of depression, yet you face the day and cope with other people, pretending that nothing is wrong. You have an important meeting or an interview coming up, so you talk through the issues with yourself beforehand and decide how to present a confident, cheerful face, what to wear, what to do with your hands, and so on. You've spilt coffee over a colleague's papers, and immediately you prepare an elaborate excuse. Your partner has just run off with your best friend, yet you cannot avoid going in to teach a class of inquisitive students. Getting on with our day-to-day lives requires a series of civilized masks if we are to maintain our dignity and live in harmony with others.

① Dysfunctions of Drama

② Drama in Our Daily Lives

③ Drama as a Theatrical Art

④ Dramatic Changes in Emotions

TIP engage in 참여하다, 개입하다 depression 우울증 pretend ~인 체하다 beforehand 미리 elaborate 정교한 run off 달아나다 inquisitive 호기심 많은 dignity 품격 dysfunction 역기능
이 글은 우리가 일상생활에서 여러 가지 상황을 직면할 때 civilized mask(문명화된 가면)이 필요하다고 이야기를 하고 있으므로 이 글의 제목은 ②번 Drama in Our Daily Lives가 된다.
① 드라마의 역기능   ② 우리 일상 속의 드라마
③ 극예술로써 드라마   ④ 감정의 극적인 변화

「드라마는 행동하는 것이다. 드라마는 존재이다. 드라마는 매우 평범한 것이다. 우리가 매일 매일의 어려운 상황에 직면할 때 우리가 참여하게 되는 바로 그것이다. 당신이 아침에 일어나서 극심한 두통이 있고 우울감이 몰려와도 당신은 아무렇지도 않은 체 하며 다른 사람들을 만나고 하루를 보내야 한다. 당신이 중요한 미팅이나 인터뷰를 앞두고 있을 때 당신은 미리 그 이야기를 해보고, 어떻게 자신감 있고 즐거운 얼굴로 발표를 하고, 무엇을 입어야 하고 손은 어떻게 해야 하는지 등을 결정해야 한다. 당신이 동료의 서류에 커피를 쏟으면 즉시 정교한 변명을 준비해야한다. 당신의 애인이 당신의 가장 친한 친구와 달아난다 해도, 당신은 호기심 많은 학생들을 가르치는 것을 피할 수 없다. 만약 우리가 품격을 유지하고 다른 사람들과 조화를 이루는 삶을 유지하기 원한다면, 하루하루의 삶은 우리에게 연속된 문명화된 가면을 필요하게 한다.」

14 다음 글의 요지로 가장 적절한 것은?

> How on earth will it help the poor if governments try to strangle globalization by stemming the flow of trade, information, and capital — the three components of the global economy? That disparities between rich and poor are still too great is undeniable. But it is just not true that economic growth benefits only the rich and leaves out the poor, as the opponents of globalization and the market economy would have us believe. A recent World Bank study entitled "Growth Is Good for the Poor" reveals a one-for-one relationship between income of the bottom fifth of the population and per capita GDP. In other words, incomes of all sectors grow proportionately at the same rate. The study notes that openness to foreign trade benefits the poor to the same extent that it benefits the whole economy.

① Globalization deepens conflicts between rich and poor.

② The global economy grows at the expense of the poor.

③ Globalization can be beneficial regardless of one's economic status.

④ Governments must control the flow of trade to revive the economy.

TIP on earth 도대체   strangle 목졸라 죽이다, 교살하다   globalization 세계화   stem 막다, 저지하다   disparity 격차, 차이   undeniable 부인 할 수 없는   opponent 반대자   proportionately 균형적으로
이 글은 세계화(경제개방)가 소득의 수준에 상관없이 모두에게 이득이 될 수 있다는 내용이므로 요지는 ③번이다
① 세계화가 빈부 갈등을 심화시킨다.
② 세계 경제는 가난한 사람들의 희생으로 성장한다.
③ 세계화는 개인의 경제적 지위와 상관없이 이득이 될 수 있다.
④ 정부는 경제회생을 위하여 무역의 흐름을 통제해야 한다.
「만약 정부가 세계 경제의 세 가지 요소인 무역, 정보, 자금의 흐름을 막음으로써 세계화를 억압한다면 도대체 그것이 가난한 사람들을 어떻게 도울 수 있을까? 빈부의 격차가 여전히 크다는 것은 부인할 수가 없다. 하지만 세계화를 반대하는 사람들과 시장경제가 우리를 믿게 만드는 것처럼 경제 성장이 부유한 사람들에게만 득이 되고 가난한 사람들은 배제한다는 것은 진실이 아니다. 최근에 "경제성장이 가난한자들에게 도움이 될까?"라는 제목으로 행해진 세계은행의 연구는 인구의 하위 5%의 소득과 1인당 GDP사이에 1:1 관계가 있음을 밝혀냈다. 다시 말해서 모든 분야의 소득은 같은 비율로 균형적으로 증가한다는 것이다. 그 연구는 경제 개방이 전체 경제에 이득을 주는 것과 똑같이 가난한 자들에게도 이득이 된다는 것을 보여준다.」

※ 우리말을 영어로 잘못 옮긴 것을 고르시오. 【15~16】

15 ① 이 편지를 받는 대로 곧 본사로 와 주십시오.

→Please come to the headquarters as soon as you receive this letter.

② 나는 소년 시절에 독서하는 버릇을 길러 놓았어야만 했다.

→I ought to have formed a habit of reading in my boyhood.

③ 그는 10년 동안 외국에 있었기 때문에 영어를 매우 유창하게 말할 수 있다.

→Having been abroad for ten years, he can speak English very fluently.

④ 내가 그때 그 계획을 포기했었다면 이렇게 훌륭한 성과를 얻지 못했을 것이다.

→Had I given up the project at that time, I should have achieved such a splendid result.

> **TIP** headquarter 본사 abroad 해외의 fluently 유창하게 splendid 훌륭한
> ④번은 If절이 생략되고 주어 동사가 도치된 구문이며, 가정법에서 should have p.p는 「~했어야만 했다」의 의미로 쓰인다. 그러므로 이 문장에서는 should를 would not이나 could not으로 변형해야 한다.
> →Had I given up the project at that time I <u>would not</u> have achieved such a splendid result.

16 ① 그 회의 후에야 그는 금융 위기의 심각성을 알아차렸다.

→Only after the meeting did he recognize the seriousness of the financial crisis.

② 장관은 교통문제를 해결하기 위해 강 위에 다리를 건설해야 한다고 주장했다.

→The minister insisted that a bridge be constructed over the river to solve the traffic problem.

③ 비록 그 일이 어려운 것이었지만, Linda는 그것을 끝내기 위해 최선을 다했다.

→As difficult a task as it was, Linda did her best to complete it.

④ 그는 문자 메시지에 너무 정신이 팔려서 제한속도보다 빠르게 달리고 있다는 것을 몰랐다.

→He was so distracted by a text message to know that he was going over the speed limit.

> **TIP** seriousness 심각성 financial 금융의 crisis 위기 construct 건설하다 distract ~을 혼란시키다
> ④번에서 「너무 ~해서 ~할 수 없다」의 의미로 so 대신 too로 바꾸어 too~to 용법으로 사용해야 한다. know 이하의 that절은 know의 목적절로 사용되었다.
> →He was <u>too</u> distracted by a text message to know that he was going over the speed limit.

17 빈칸 (A), (B)에 들어갈 말로 가장 적절한 것은?

The amount of information gathered by the eyes as contrasted with the ears has not been precisely calculated. Such a calculation not only involves a translation process, but scientists have been handicapped by lack of knowledge of what to count. A general notion, however, of the relative complexities of the two systems can be obtained by _____(A)_____ the size of the nerves connecting the eyes and the ears to the centers of the brain. Since the optic nerve contains roughly eighteen times as many neurons as the cochlear nerve, we assume it transmits at least that much more information. Actually, in normally alert subjects, it is probable that the eyes may be as much as a thousand times as effective as the ears in _____(B)_____ information.

* cochlear : 달팽이관의

	(A)	(B)
①	adding	clearing up
②	adding	disseminating
③	comparing	reducing
④	comparing	sweeping up

TIP contrast with ~와 대조를 이루다 precisely 정밀하게 calculate 계산하다 handicap 장애 notion 개념 complexity 복잡함, 난이도 nerve 신경 optic nerve 시신경 assume 추정하다 transmit 전송하다

(A)에서는 시신경과 달팽이관 신경의 뉴런을 비교하는 내용이므로 (A)는 comparing이 적절하고 (B)에서는 정보를 수집하는 의미가 들어가야 하므로 (B)는 sweeping up이 적절하다.

	(A)	(B)
①	덧붙임으로	없애 버리는
②	덧붙임으로	퍼뜨리는, 보급하는
③	비교함으로	감소하는
④	비교함으로	쓸어 담는, 수집하는

「귀와 대조하여 눈에 의해 수집되는 정보의 양은 정확하게 계산되지 않아왔다. 그러한 계산은 번역 과정을 포함하고 있을 뿐 아니라, 무엇을 계산해야 하는지에 대한 지식의 부족에 의해서도 과학자들은 어려움을 겪어왔다. 그러나 두 체계의 상관적인 복잡성의 일반적인 개념은 뇌의 중심부에 눈과 귀와 연결된 신경의 크기를 (A)비교해 봄으로써 얻어질 수 있다. 시신경이 달팽이관 신경보다 약 18배 많은 뉴런을 포함하고 있기 때문에, 우리는 눈이 더 많은 정보를 전달한다고 추정한다. 실제로, 경고하는 대상이 있는 경우 눈이 귀보다 약 1000배 더 효과적으로 정보를 (B)수집하는 효과가 있을 것이다.」

18 글의 흐름상 가장 어색한 문장은?

Children's book awards have proliferated in recent years ; today, there are well over 100 different awards and prizes by a variety of organizations. ① The awards may be given for books of a specific genre or simply for the best of all children's books published within a given time period. An award may honor a particular book or an author for a lifetime contribution to the world of children's literature. ② Most children's book awards are chosen by adults, but now a growing number of children's choice book awards exist. The larger national awards given in most countries are the most influential and have helped considerably to raise public awareness about the fine books being published for young readers. ③ An award ceremony for outstanding services to the publishing industry is put on hold. ④ Of course, readers are wise not to put too much faith in award-winning books. An award doesn't necessarily mean a good reading experience, but it does provide a starting place when choosing books.

TIP proliferate 급증하다 organization 조직, 단체 contribution 공헌 literature 문학 influential 영향력 있는 considerably 상당히 awareness 인지, 인식 outstanding 뛰어난 put on hold 보류하다
이 글은 아동문학상에 관한 내용이 주를 이루고 있는데 ③번은 출판업계의 시상식에 관한 내용이므로 이 글의 흐름에 어색하다.

「최근에 아동문학상이 급증하고 있다; 오늘날 다양한 조직에서 주는 100개도 넘는 다른 상들이 있다. ① 이 상들은 특별한 장르의 책에 주어지거나 단순히 정해진 기간 동안 출판된 아동 도서 중 최고의 작품에 주어질 수도 있다. 상은 아동 문학 세계에 평생 공헌을 한 작가나 특정한 책에 주어질 수도 있다. ② 대부분의 아동 문학상은 어른들이 선정하지만, 최근에는 아이들이 선택한 문학상이 존재하고 있다. 대부분의 국가에서 주어지는 가장 큰 국가상은 가장 영향력이 있고 어린 독자들을 위해 출판된 좋은 책들에 관한 공공의 인식을 높이는 데 상당한 도움을 주고 있다. ③ 출판 산업에 대한 뛰어난 서비스에 관한 시상식은 보류되어진다. ④ 물론, 독자들은 상을 수상한 책들만을 신뢰하지 않을 정도로 영리하다. 상이 반드시 좋은 독서 경험을 의미하지는 않지만 책을 고르는데 있어 좋은 시작점이 될 수는 있다.」

19 주어진 문장이 들어갈 위치로 가장 적절한 곳은?

> This inequality is corrected by their getting in their turn better portions from kills by other people.

Let us examine a situation of simple distribution such as occurs when an animal is killed in a hunt. One might expect to find the animal portioned out according to the amount of work done by each hunter to obtain it. (①) To some extent this principle is followed, but other people have their rights as well. (②) Each person in the camp gets a share depending upon his or her relation to the hunters. (③) When a kangaroo is killed, for example, the hunters have to give its main parts to their kinfolk and the worst parts may even be kept by the hunters themselves. (④) The net result in the long run is substantially the same to each person, but through this system the principles of kinship obligation and the morality of sharing food have been emphasized.

TIP inequality 불균형, 불평등 portion 분배 examine 조사하다, 살펴보다 distribution 분배 to some extend 어느 정도 kinfolk 친족, 친지 net result 최종결론 substantially 상당히, 실질적으로 kinship 친족 obligation 의무 morality 도덕성

주어진 문장의 this inequality(이 불평등)이 무엇인지를 먼저 찾아야 이 문장의 문단 내의 위치를 찾을 수 있다. ④번 앞 문장의 사냥꾼들이 좋은 부분은 친족에게 주고 그들은 안 좋은 부분을 받은 내용이 바로 이 불평등에 해당하므로 주어진 문장은 ④번에 들어가야 한다.

「한 동물이 사냥에서 죽었을 때 일어나는 단순한 분배 상황을 살펴보자. 누군가는 그 동물을 얻기 위해 각 사냥꾼이 일한 정도에 따라 사냥감이 분배될 것으로 기대할 수도 있다. ① 어느 정도 까지는 이 원칙이 지켜지지만, 다른 사람들 또한 그들의 권리를 가질 것이다. ② 그 진영의 각각의 사람들은 사냥꾼들과의 관계에 따라 몫을 받을 것이다. ③ 예를 들어, 캥거루 한 마리가 사냥되었을 때 사냥꾼들은 제일 좋은 부분을 그들의 친족에게 주어야 하고 가장 안 좋은 부분들을 사냥꾼 자신이 가져야 한다. ④ (이러한 불평등은 그들이 다른 사람들의 사냥감으로부터 더 좋은 몫을 받게 됨으로 바로잡을 수 있다.) 장기적으로 최종적인 결과는 각자의 사람에게 동등하지만 이러한 체계를 통해 친족관계의 의무원칙과 음식을 나누는데 있어 도덕성이 강조된다.」

Answer 18.③ 19.④

20 주어진 글 다음에 이어질 글의 순서로 가장 적절한 것은?

The most innovative of the group therapy approaches was psychodrama, the brainchild of Jacob L. Moreno. Psychodrama as a form of group therapy started with premises that were quite alien to the Freudian worldview that mental illness essentially occurs within the psyche or mind.

(A) But he also believed that creativity is rarely a solitary process but something brought out by social interactions. He relied heavily on theatrical techniques, including role-playing and improvisation, as a means to promote creativity and general social trust.

(B) Despite his theoretical difference from the mainstream viewpoint, Moreno's influence in shaping psychological consciousness in the twentieth century was considerable. He believed that the nature of human beings is to be creative and that living a creative life is the key to human health and well-being.

(C) His most important theatrical tool was what he called role reversal — asking participants to take on another's persona. The act of pretending "as if" one were in another's skin was designed to help bring out the empathic impulse and to develop it to higher levels of expression.

① (A) — (C) — (B)　　　　② (B) — (A) — (C)
③ (B) — (C) — (A)　　　　④ (C) — (B) — (A)

TIP innovative 혁신적인　group therapy 집단치료요법　psychodrama 심리극　brainchild 발명품, 독창적인 생각　premise 전제　alien 외래의, 이질적인　psyche 정신, 마음　solitary 고독한, 혼자의　interaction 상호작용　improvisation 즉흥극　consciousness 의식　persona 모습　empathic 감정이입의　impulse 충동, 자극

(B)의 his theoretical difference에서 his는 주어진 글의 Moreno를 받고 있고 mainstream은 주어진 글에 Freudian worldview를 받고 있으므로 주어진 글 다음에 (B)가 먼저 와야 한다. (B)의 후반부에서 언급한 창의성(creative)을 (A)에서 다시 부연설명하고 있으므로 (B) 다음에 (A)가 온다. 그리고 (A)의 theatrical techniques를 (C)에서 좀 더 구체적인 예(역할바꾸기)를 들어 설명하고 있으므로 주어진 글 다음 순서는 (B)-(A)-(C)가 된다.

「가장 혁신적인 집단치료법은 Jacob L. Moreno가 창안한 심리극이었다. 집단치료의 한 형태로서의 심리극은 정신질환이 본질적으로 정신 또는 마음에서 일어난다는 프로이드의 견해와는 다른 전제에서 출발했다.
(B) 주류 견해와 다른 그의 이론적 차이에도 불구하고, 20세기에 심리적 의식을 형성하는데 있어 Moreno의 영향력은 상당했다. 그는 인간의 본성은 창의적이고 창의적인 삶은 사는 것이 인간 건강과 복지에 핵심이라고 믿었다. ─ (A) 그러나 그는 또한 창의성이 유일한 과정이 아니며 사회적인 상호작용에 의해 일어나는 어떤 것이라고 믿었다. 그는 창의성과 사회적 신뢰를 증가시키기 위한 수단으로 역할극과 즉흥극을 포함한 연극적인 기법을 상당히 의존했다. ─ (C) 그의 가장 중요한 연극적인 도구는 그가 역할 바꾸기라고 부르는 것인데, 이는 참여자들에게 다른 사람의 입장이 되어보도록 요청하는 것이다. "만약" 한 사람이 다른 사람의 입장이 되어보도록 해보는 행동은 동정적인 충동을 이끌어내고 더 높은 수준의 표현력을 발달시키는 것을 돕기 위해 고안되었다.」

2017. 6. 17 제1회 지방직 시행

※ 밑줄 친 부분에 들어갈 말로 가장 적절한 것을 고르시오. 【1~2】

1

> A : I just received a letter from one of my old high school buddies.
> B : That's nice!
> A : Well, actually it's been a long time since I heard from him.
> B : To be honest, I've been out of touch with most of my old friends.
> A : I know. It's really hard to maintain contact when people move around so much.
> B : You're right. _____. But you're lucky to be back in touch with your buddy again.

① The days are getting longer

② People just drift apart

③ That's the funniest thing I've ever heard of

④ I start fuming whenever I hear his name

> **TIP** drift apart 뿔뿔이 흩어지다 fume 화가 나서 씩씩대다
> 밑줄의 앞부분 move around와 일맥상통하는 drift apart가 있는 ②번이 대화의 흐름상 적절하다.
> ① 낮이 점점 길어지고 있어.
> ② 사람들은 뿔뿔이 흩어져.
> ③ 그것은 내가 들어본 중 제일 웃기다.
> ④ 내가 그의 이름을 들을 때마다 화가 나기 시작해.
>
> 「A : 나 오래된 고등학교 친구 중 한 명에게서 편지를 받았어.
> B : 와 멋지다!
> A : 응, 사실 그 친구로부터 소식을 들은 지 오래되었지.
> B : 솔직히 말하면, 난 내 오랜 친구들과 연락을 못하고 있어.
> A : 맞아. 사람들이 이사를 많이 가면 연락을 유지하기가 어려워.
> B : 네 말이 맞아. <u>사람들은 뿔뿔이 흩어져</u>. 하지만 너는 친구와 다시 연락이 닿았다니 행운이다.」

2

> A : What are you getting Ted for his birthday? I'm getting him a couple of baseball caps.
>
> B : I've been _____ trying to think of just the right gift. I don't have an inkling of what he needs.
>
> A : Why don't you get him an album? He has a lot of photos.
>
> B : That sounds perfect! Why didn't I think of that? Thanks for the suggestion!

① contacted by him
② sleeping all day
③ racking my brain
④ collecting photo albums

TIP inkling 눈치챔

빈칸에는 선물을 고르기 위해 고민하는 내용이 늘어가야 하므로 ③번이 대화의 흐름상 적절하다.
① 그에게 연락을 받아오다.
② 하루 종일 잠을 잤다.
③ 머리를 쥐어짜고 있다.
④ 사진 앨범을 모으고 있다.

「A : Ted 생일선물로 뭐 사줄꺼니? 나는 야구 모자 몇 개를 사주려고 해.
B : 나는 좋은 선물을 생각해 내기 위해 <u>머리를 쥐어짜고 있었어</u>. 나는 그가 필요한 것을 전혀 눈치 채지 못하겠어.
A : 앨범을 사 주는 것은 어때? Ted는 사진을 많이 갖고 있잖아.
B : 완벽한데? 나는 왜 그 생각을 하지 못했지? 제안해줘서 고마워.」

※ 밑줄 친 부분의 의미와 가장 가까운 것을 고르시오. 【3~5】

3

> Some of the newest laws authorize people to appoint a <u>surrogate</u> who can make medical decisions for them when necessary.

① proxy

② sentry

③ predecessor

④ plunderer

TIP authorize 권한을 부여하다 appoint 임명하다 surrogate 대리자
surrogate는 「대리인」의 의미로 ①번 proxy와 의미가 유사하다.
① 대리인 ② 감시인 ③ 선배 ④ 약탈자

「새로운 법안 중 일부는 사람들이 필요할 때 그들을 위해 의학적 결정을 내려 줄 <u>대리인</u>을 임명할 수 있도록 권한을 부여한다.」

4

> A : He thinks he can achieve anything.
> B : Yes, he needs to <u>keep his feet on the ground</u>.

① live in a world of his own

② relax and enjoy himself

③ be brave and confident

④ remain sensible and realistic about life

TIP keep one's feet on the ground 기반을 굳히다, 현실적이다
밑줄 친 keep his feet on the ground는 「현실적이다」라는 의미로 보기 중 ④번이 유사하다.
① 그 자신만의 세계에 산다.
② 편안하게 즐기다.
③ 용기 있게 자신감을 갖다.
④ 삶에 관해 분별력을 갖고 현실적이다.

「A : 그는 모든 것을 다 이룰 수 있다고 생각해.
B : 맞아, 그는 <u>현실적일</u> 필요가 있어.」

5

> She is <u>on the fence</u> about going to see the Mona Lisa at the Louvre Museum.

① anguished

② enthusiastic

③ apprehensive

④ undecided

> **TIP** on the fence 애매한 태도를 취하는
> 밑줄 친 on the fence는 「애매한 태도를 취하는, 결정하지 못하는」의 의미로 보기 중 ④번이 유사하다.
> ① 고뇌에 찬
> ② 열정적인
> ③ 걱정하는, 염려하는
> ④ 결정하지 못하는
> 「그녀는 루브르 박물관에 가서 모나리자를 볼 것인지 <u>결정을 내리지 못하고</u> 있다.」

6 어법상 옳지 않은 것은?

① You might think that just eating a lot of vegetables will keep you perfectly healthy.

② Academic knowledge isn't always that leads you to make right decisions.

③ The fear of getting hurt didn't prevent him from engaging in reckless behaviors.

④ Julie's doctor told her to stop eating so many processed foods.

> **TIP** reckless 무모한 processed food 가공식품
> 첫째, ②번에서 that이 관계대명사로 쓰인 것이라면 선행사가 있어야 하는데 that 앞에는 선행하는 명사가 존재하지 않으므로 관계대명사로 쓰인 것이 아니다.
> 둘째, that이 접속사로 쓰였다면 뒤에 문장이 주어+동사가 완벽히 갖추어져 있어야 하는데 that 이하에 주어가 없으므로 접속사로 쓰인 것도 아니다.
> 그러므로 ②번 문장은 어법상 옳지 않다.
> ① 너는 단순히 많은 야채를 먹는 것이 너를 완전히 건강하게 해줄 것이라고 생각하는지도 모른다.
> ② 학문적 지식이 항상 올바른 결정을 할 수 있도록 하는 것은 아니다.
> ③ 다치는 것에 대한 두려움도 그가 무모한 행동을 하는 것을 막지 못했다.
> ④ Julie의 의사는 그녀에게 너무 많은 가공식품을 먹는 것을 멈추라고 이야기했다.

7 어법상 옳은 것은?

① The oceans contain many forms of life that has not yet been discovered.

② The rings of Saturn are so distant to be seen from Earth without a telescope.

③ The Aswan High Dam has been protected Egypt from the famines of its neighboring countries.

④ Included in this series is "The Enchanted Horse," among other famous children's stories.

> **TIP** Saturn 토성 famine 기근 enchanted 마법에 걸린
> ① that의 선행사는 forms(of life)로 복수 이므로 that 이하의 동사는 단수동사 has가 올 수 없다.
> → The oceans contain many forms of life that <u>have</u> not yet been discovered.
> ② 이 문장은 too~to 구문 혹은 so~that 구문이 되어 「너무 ~해서 ~할 수 없다」의 의미를 갖는다.
> → The rings of Saturn are <u>too</u> distant to be seen from Earth without a telescope.
> → The rings of Saturn are so distant <u>that they can't</u> be seen from Earth without a telescope.
> ③ 이 문장에서 Aswan high 댐이 이집트를 보호한 능동의 의미이므로 이 문장은 능동이 되어야 한다.
> → The Aswan High Dam <u>have protected</u> Egypt from the famines of its neighboring countries.
> ④ 형용사 보어 도치구문으로 분사인 Included를 강조하기 위해 문두로 가면서 주어와 동사의 도치가 이루어졌다.
> ① 바다는 아직까지도 발견되지 않은 많은 생명체를 포함하고 있다.
> ② 토성의 링은 너무 멀어서 망원경 없이 지구에서 볼 수 없다.
> ③ Aswan High 댐은 이웃 국가들의 기근으로부터 이집트를 보호해 왔다.
> ④ 다른 유명한 도서들 중 "마법에 걸린 말"은 이 시리즈에 포함되어 있다.

8 다음 글의 내용과 일치하는 것은?

Soils of farmlands used for growing crops are being carried away by water and wind erosion at rates between 10 and 40 times the rates of soil formation, and between 500 and 10,000 times soil erosion rates on forested land. Because those soil erosion rates are so much higher than soil formation rates, that means a net loss of soil. For instance, about half of the top soil of Iowa, the state whose agriculture productivity is among the highest in the U.S., has been eroded in the last 150 years. On my most recent visit to Iowa, my hosts showed me a churchyard offering a dramatically visible example of those soil losses. A church was built there in the middle of farmland during the 19th century and has been maintained continuously as a church ever since, while the land around it was being farmed. As a result of soil being eroded much more rapidly from fields than from the churchyard, the yard now stands like a little island raised 10 feet above the surrounding sea of farmland.

① A churchyard in Iowa is higher than the surrounding farmland.
② Iowa's agricultural productivity has accelerated its soil formation.
③ The rate of soil formation in farmlands is faster than that of soil erosion.
④ Iowa has maintained its top soil in the last 150 years.

> **TIP** farmland 경작지 carry away 소실시키다, 빼앗다 erosion 부식, 침식 formation 형성 forested land 삼림 지대 net loss 절대 손실 agriculture 농업 productivity 생산성 churchyard 교회경내
> 이 글의 후반부에 보면 Iowa주의 교회 경내는 다른 지역보다 10피트 높게 올라와 섬처럼 보이기도 한다는 내용이 있으므로 이 글과 일치하는 것은 ①번이다.
> ① Iowa주의 교회 경내는 주변 경적지보다 높다.
> ② Iowa주의 농업 생산성은 토양 형성으로 가속화되었다.
> ③ 농작지에서 토양이 형성되는 속도가 토양 침식 속도보다 빠르다.
> ④ Iowa주는 지난 150년 동안 상층부 토양을 유지해 왔다.
>
> 「작물 재배를 위해 사용되는 경작지들의 토양은 물이나 바람의 침식으로 토양 형성의 속도보다 10배에서 40배 사이의 토양 침식 속도로 소실되고 있으며, 삼림 지역에서는 500배에서 10,000배 사이의 토양 침식 속도로 소실되고 있다. 토양 소실 속도가 토양 형성 속도보다 훨씬 빠르기 때문에, 이는 토양의 절대 손실을 의미한다. 예를 들자면, 미국에서 가장 높은 농업 생산력을 지난 Iowa주의 상층부 토양의 반 정도가 지난 150년 동안 침식되어 왔다. 내가 가장 최근 Iowa주를 방문했을 때, 나를 초대한 사람이 나에게 그러한 토양 침식의 가장 극적인 예로 교회 경내를 보여 주었다. 한 교회가 19세기에 농장의 한 가운데에 지어져서 유지되어 왔고 반면 그 주변의 땅은 경작되어 왔다. 교회 경내보다 들판의 토양이 훨씬 더 빠르게 소실되어진 결과, 교회 경내 땅은 현재 주변의 바다와 같은 경작지보다 10피트 올라온 작은 섬처럼 보인다.」

9 다음 글의 흐름상 가장 어색한 문장은?

Whether you've been traveling, focusing on your family, or going through a busy season at work, 14 days out of the gym takes its toll—not just on your muscles, but your performance, brain, and sleep, too. ①Most experts agree that after two weeks, you're in trouble if you don't get back in the gym. "At the two week point without exercising, there are a multitude of physiological markers that naturally reveal a reduction of fitness level," says Scott Weiss, a New York-based exercise physiologist and trainer who works with elite athletes. ②After all, despite all of its abilities, the human body (even the fit human body) is a very sensitive system and physiological changes (muscle strength or a greater aerobic base) that come about through training will simply disappear if your training load dwindles, he notes. Since the demand of training isn't present, your body simply slinks back toward baseline. ③More protein is required to build more muscles at a rapid pace in your body. ④Of course, how much and how quickly you'll decondition depends on a slew of factors like how fit you are, your age, and how long sweating has been a habit. "Two to eight months of not exercising at all will reduce your fitness level to as if you never exercised before," Weiss notes.

TIP take its toll ~에 큰 피해를 끼치다 multitude 다수, 일반 대중 physiological 생리적인 marker 표시(물) reveal 드러내다 reduction 감소 athlete 운동선수 dwindle 줄어들다 slink 살금살금 움직이다 decondition 몸 상태가 안 좋아지다 a slew of 많은

이 글의 주제는 운동을 하다가 2주 동안 운동을 하지 않을 경우 나타나는 신체적인 변화이므로 ③번에 단백질과 근력의 관계는 이 글의 전체 흐름상 어색하다.

「당신이 여행을 하든지, 가족에 집중을 하든지, 직장에서 바쁜 시기를 지내든지 간에, 헬스장에 14일을 가지 못한다면 그것은 당신의 근육뿐만이 아니라 당신의 수행능력, 뇌 그리고 수면에까지 피해를 가져온다. ① 대부분의 전문가들은 2주 안에 헬스장으로 돌아오지 않는다면 당신은 곤경에 처하게 될 것이라고 동의한다. "운동을 하지 않고 2주가 되면 운동 강도가 감소되었을 때 자연스럽게 나타나는 신체적인 지표들이 많아진다"라고 뉴욕을 근거지로 둔 생리학자이자 유명한 운동선수들의 트레이너인 Scott Weiss는 말한다. ② 결국, 인간 몸의 그 능력에도 불구하고, 아주 건강한 몸도 매우 예민한 체계를 가지며, 당신의 운동량이 줄어들면 근력이나 유산소 능력과 같은 신체적인 변화들이 사라지게 될 것이라고 그는 강조한다. 운동에 대한 욕구가 존재하지 않기 때문에, 당신의 몸은 원래 상태로 돌아가게 된다. ③ 더 많은 단백질이 당신의 몸 안에서 빠른 속도로 더 많은 근육을 만들기 위해 요구된다. ④ 물론 당신의 몸이 얼마나 많이 그리고 빠르게 나빠지는지 당신이 얼마나 건강한지, 당신의 나이가 어떤지 그리고 얼마나 땀 흘리며 운동해 왔는지 등의 다양한 요인들에 따라 달라진다. "두 달에서 여덟 달 운동을 하지 않는 것은 이전에 한 번도 운동을 안 해본 것처럼 당신의 운동 능력이 떨어질 것입니다."라고 Weiss는 강조한다.」

10 다음 글의 내용과 일치하지 않는 것은?

Before the fifteenth century, all four characteristics of the witch (night flying, secret meetings, harmful magic, and the devil's pact) were ascribed individually or in limited combination by the church to its adversaries, including Templars, heretics, learned magicians, and other dissident groups. Folk beliefs about the supernatural emerged in peasant confessions during witch trials. The most striking difference between popular and learned notions of witchcraft lay in the folk belief that the witch had innate supernatural powers not derived from the devil. For learned men, this bordered on heresy. Supernatural powers were never human in origin, nor could witches derive their craft from the tradition of learned magic, which required a scholarly training at the university, a masculine preserve at the time. A witch's power necessarily came from the pact she made with the devil.

① The folk and learned men had different views on the source of the witch's supernatural powers.

② According to the folk belief, supernatural powers belonged to the essential nature of the witch.

③ Four characteristics of the witch were attributed by the church to its dissident groups.

④ Learned men believed that the witch's power came from a scholarly training at the university.

TIP characteristic 특징 pact 약속, 협정 ascribe ~의 탓으로 돌리다 adversaries 적 heretics 이단자들, 이교도들 peasant 소작농 confession 고백 witchcraft 마술 heresy 이단, 이교 masculine 남자 같은 preserve 전유물

이 글 중 nor could witches derive their craft from the tradition of learned magic, which required a scholarly training at the university에서 보면 ④번의 마녀의 힘이 대학의 학문적인 훈련에서 왔다고 믿는 것은 이 글과 일치하지 않는다.

① 민간인들과 학자들은 마녀의 초자연적인 힘에 관해 다른 견해를 가지고 있었다.

② 민간인의 신앙에 따르면 초자연적인 힘은 마녀의 중요한 특징에 속한다.

③ 마녀의 4가지 특징은 교회에 의해서 그 이단집단들에게 돌려졌다.

④ 학식이 있는 사람들은 마녀의 힘이 대학의 학문적인 훈련에서 왔다고 믿었다.

「15세기 이전에는, 마녀의 4가지 특징들(밤하늘을 나는 것, 비밀스러운 모임, 해로운 마법 그리고 악마와의 협정)은 개별적으로 혹은 제한적인 결합으로 교회에 의해서 템플 기사 단원들, 이단자들, 학식 있는 마술사들 그리고 다른 반체제인사들을 포함한 교회의 적이 가진 특징으로 여겨졌다. 초자연에 대한 민간 신앙은 마녀 재판 중에 소작농들의 고백에서 생겨났다. 마술에 대한 대중들의 개념과 학자들의 개념 사이의 가장 큰 차이점은 마녀는 악마로부터 유래된 것이 아니라 타고난 초자연적인 힘을 가지고 있다는 민간 신앙에 있었다. 지식인들에게는 이것은 이단의 경계에 접해있었다. 초자연적인 힘은 인간의 유래가 절대 아니며, 마녀는 그 당시에는 남성들의 전유물이었던 대학교에서의 학문적 훈련을 필요로 하는 그들의 마술을 학문적 마법의 전통으로부터 얻을 수 없었다. 마녀의 힘은 필연적으로 그녀가 악마와 체결한 계약으로부터 온 것이었다.」

11 주어진 문장이 들어갈 위치로 가장 적절한 것은?

> Fortunately, however, the heavy supper she had eaten caused her to become tired and ready to fall asleep.

Various duties awaited me on my arrival. I had to sit with the girls during their hour of study. (①) Then it was my turn to read prayers; to see them to bed. Afterwards I ate with the other teachers. (②) Even when we finally retired for the night, the inevitable Miss Gryce was still my companion. We had only a short end of candle in our candlestick, and I dreaded lest she should talk till it was all burnt out. (③) She was already snoring before I had finished undressing. There still remained an inch of candle. (④) I now took out my letter; the seal was an initial F. I broke it; the contents were brief.

TIP inevitable 피할 수 없는 companion 동반자, 동행 dread 두려워하다 lest ~ should ~하지 않도록 snore 코를 골다 seal 봉하다

주어진 문장은 However라는 역접의 접속사가 나오고 she라는 대명사가 앞 문장의 Miss Gryce를 받고 있다는 것을 알 수 있다. ③번 앞부분에 Miss Gryce가 계속 이야기를 할까봐 두려웠지만 주어진 문장에서 운 좋게도 잠이 들었다는 내용으로 이어지고 ③번 뒷부분에서는 snoring 코 골고 있는 내용이 나오므로 주어진 문장은 ③번에 들어가야 한다.

「여러 가지 일들이 나에게 남겨졌다. 나는 소녀들이 공부하는 동안 함께 앉아 있어야 했다. ① 그 후 내가 기도문을 읽고 학생들이 잠자리에 드는 것을 볼 차례였다. 그 후 나는 다른 선생님들과 식사를 했다. ② 우리가 마침내 잘 준비를 할 때도, 나의 동무는 피할 수 없이 Miss Gryce였다. 촛대의 초가 얼마 안 남았고 나는 그녀가 초가 다 타버리고 없어질 때까지 이야기를 할까봐 두려워했다. ③ (하지만, 운 좋게도 그녀가 먹은 많은 양의 저녁이 그녀를 피곤하고 잠이 들도록 만들었다.) 그녀는 내가 옷을 벗기도 전에 코를 골고 있었다. 여전히 1인치의 초가 남아있었다 ④ 이제 나는 편지를 꺼냈다. 봉인된 곳에 이니셜 F가 있었다. 나는 그것을 떼었다. 그 내용은 간결했다.」

12 다음 글의 제목으로 가장 적절한 것은?

Fear and its companion pain are two of the most useful things that men and animals possess, if they are properly used. If fire did not hurt when it burnt, children would play with it until their hands were burnt away. Similarly, if pain existed but fear did not, a child would burn himself again and again, because fear would not warn him to keep away from the fire that had burnt him before. A really fearless soldier—and some do exist—is not a good soldier, because he is soon killed; and a dead soldier is of no use to his army. Fear and pain are therefore two guards without which human beings and animals might soon die out.

① Obscurity of Fear and Pain in Soldiers
② Indispensability of Fear and Pain
③ Disapproval of Fear and Pain
④ Children's Association with Fear and Pain

> **TIP** indispensability 필수적인 것, 불가결한 일 disapproval 반감, 반대 obscurity 모호함
> 이 글은 인간과 동물에게 꼭 필요한 두 가지 요소(fear, pain)에 관해 설명하고 있으므로 적절한 제목은 ②번이다.
> ① 군인에게 있어서 두려움과 고통의 모호함
> ② 두려움과 고통의 불가결성
> ③ 두려움과 고통의 반감
> ④ 아이들과 두려움과 고통과의 연관
>
> 「두려움과 고통은 적절히 사용된다면, 인간과 동물이 가진 가장 유용한 두 가지이다. 만약 불이 날 때 그 불이 다치지 않게 한다면, 아이들은 그들의 손이 데일 때까지 불을 가지고 놀 것이다. 유사하게, 고통은 있지만, 두려움이 없다면 아이는 계속해서 데이게 되는데, 이는 그 두려움이 그에게 이전에 그가 데였던 불로부터 조심하라고 경고하지 않기 때문이다. 정말 두려움이 없는 군인은 좋은 군인이 아닌데, 이는 그가 곧 죽임을 당할 수 있기 때문이며, 죽은 군인은 군대에는 쓸모가 없다. 그러므로 두려움과 고통은 인간과 동물이 곧 없어질지도 모르게 하는 두 가지 요소이다.」

※ 우리말을 영어로 잘못 옮긴 것을 고르시오. 【13~14】

13 ① 나는 매달 두세 번 그에게 전화하기로 규칙을 세웠다.

→I made it a rule to call him two or three times a month.

② 그는 나의 팔을 붙잡고 도움을 요청했다.

→He grabbed me by the arm and asked for help.

③ 폭우로 인해 그 강은 120 cm 상승했다.

→Owing to the heavy rain, the river has risen by 120 cm.

④ 나는 눈 오는 날 밖에 나가는 것보다 집에 있는 것을 더 좋아한다.

→I prefer to staying home than to going out on a snowy day.

TIP ① make it a rule to 부정사 : ~하는 것을 습관으로 하다.
② grab 목적어 by the 신체부분 : 신체부분을 잡다
③ owing to 명사 : ~로 인해
④ prefer 동명사 to 동명사 혹은 prefer to 부정사 (rather) than to 부정사 중 하나로 택해야 한다.
→I prefer to staying home to going out on a snowy day.
→I prefer to stay home than to go out on a snowy day.

14 ① 그를 당황하게 한 것은 그녀의 거절이 아니라 그녀의 무례함이었다.

→It was not her refusal but her rudeness that perplexed him.

② 부모는 아이들 앞에서 그들의 말과 행동에 대해 아무리 신중해도 지나치지 않다.

→Parents cannot be too careful about their words and actions before their children.

③ 환자들과 부상자들을 돌보기 위해 더 많은 의사가 필요했다.

→More doctors were required to tend sick and wounded.

④ 설상가상으로, 또 다른 태풍이 곧 올 것이라는 보도가 있다.

→To make matters worse, there is a report that another typhoon will arrive soon.

TIP ① not A but B A가 아니라 B다
② cannot ~ too 아무리 ~해도 지나치지 않다
③ the+형용사는 형용사+복수명사의 의미로 사용될 수 있다.
→More doctors were required to tend <u>the sick</u> and <u>the wounded</u>.
④ to make matters worse 설상가상으로

※ 밑줄 친 부분에 들어갈 말로 가장 적절한 것을 고르시오. 【15~16】

15

Our main dish did not have much flavor, but I made it more _____ by adding condiments.

① palatable   ② dissolvable
③ potable   ④ susceptible

> **TIP** condiment 조미료
> condiment(조미료)를 첨가했으므로 빈칸에는 「맛이 나아졌다」는 의미가 되어야 하므로 빈 칸에 적절한 단어는 ①번이다.
> ① 맛있는   ② 분해할 수 있는
> ③ 마시기에 알맞은   ④ 민감한
> 「메인 요리가 맛이 별로 없었지만, 나는 조미료를 첨가하여 요리를 좀 더 <u>맛있게</u> 만들었다.」

16

London taxi drivers have to undertake years of intense training known as "the knowledge" to gain their operating license, including learning the layout of over twenty-five thousand of the city's streets. A researcher and her team investigated the taxi drivers and the ordinary people. The two groups were asked to watch videos of routes unfamiliar to them through a town in Ireland. They were then asked to take a test about the video that included sketching out routes, identifying landmarks, and estimating distances between places. Both groups did well on much of the test, but the taxi drivers did significantly better on identifying new routes. This result suggests that the taxi drivers' mastery can be _____ to new and unknown areas. Their years of training and learning through deliberate practice prepare them to take on similar challenges even in places they do not know well or at all.

① confined   ② devoted
③ generalized   ④ contributed

> **TIP** undertake 착수하다 layout 구획, 배치 mastery 숙달, 통달
> 이 글에서 택시 운전자들이 모르는 길이나 새로운 길에 훨씬 더 잘 적응하는 내용이므로 빈칸에는 ③번이 들어가야 한다.
> ① 제한된, 구금된   ② 전념한
> ③ 일반화된   ④ 기여한

「런던의 택시 운전자들은 몇 년에 걸쳐 "the knowledge"라고 알려진 강도 높은 훈련을 받아야 하는데, 이는 런던의 25,000개가 넘는 거리의 구획을 아는 것을 포함한다. 한 연구가와 그녀의 연구팀은 택시기사들과 일반인들을 조사했다. 두 그룹은 아일랜드의 한 마을의 친숙하지 않은 길의 비디오를 보도록 요청 받았다. 그리고 나서 그들은 길을 스케치하는 것, 주요 건물들을 알아보는 것, 장소들 사이의 거리를 측정하는 것 등에 관한 테스트를 받았다. 두 그룹 모두 잘해 주었지만, 새로운 길을 알아보는 것에 있어서는 택시 운전자들이 상당히 우수했다. 이 결과는 택시 운전자들이 새롭고 잘 알려지지 않은 지역에 일반화된 것이라는 것을 제안한다. 세심한 연습을 통한 수년간의 훈련과 연습이 그들에게 주어진 잘 알지 못하는 지역에 대한 비슷한 도전도 할 수 있도록 해준다.」

17 주어진 글 다음에 이어질 글의 순서로 가장 적절한 것은?

I remember the day Lewis discovered the falls. They left their camp at sunrise and a few hours later they came upon a beautiful plain and on the plain were more buffalo than they had ever seen before in one place.

(A) A nice thing happened that afternoon, they went fishing below the falls and caught half a dozen trout, good ones, too, from sixteen to twenty-three inches long.

(B) After a while the sound was tremendous and they were at the great falls of the Missouri River. It was about noon when they got there.

(C) They kept on going until they heard the faraway sound of a waterfall and saw a distant column of spray rising and disappearing. They followed the sound as it got louder and louder.

① (A) — (B) — (C)　　　② (B) — (C) — (A)

③ (C) — (A) — (B)　　　④ (C) — (B) — (A)

TIP plain 평원　trout 송어
(C)에서 폭포의 물줄기가 솟았다 사라지는 것을 보았고 (B)에서 거대한 미시시피 강 폭포를 만났고 그 시간이 정오였으며 (A)에서 그날 오후라는 시간적 흐름이 나오므로 순서는 (C)-(B)-(A)이다.

「나는 Lewis가 폭포를 발견했던 그 날을 기억한다. 그들은 해가 뜰 때 야영장을 떠났고, 그들은 아름다운 평원을 만났고 그곳에서 이제껏 봤던 버팔로보다 더 많은 버팔로를 한 장소에서 보았다.
(C) 그들은 멀리서 폭포수가 떨어지는 소리가 들릴 때까지 계속 걸었고 솟았다 사라지는 물줄기를 보았다. 그들은 그 소리를 따라 갔고 점차 소리는 더 커졌다. -(A) 그날 오후 좋은 일이 일어났는데, 그들은 폭포 아래에서 낚시를 했고 6마리의 송어를 잡았고 송어의 크기는 16에서 23인치 길이의 훌륭한 물고기들이었다. -(B) 잠시 후 그 소리는 거대했고 그들은 미시시피 강의 거대한 폭포에 있었다. 그들이 그곳에 갔을 때는 정오쯤이었다.」

18 다음 글의 요지로 가장 적절한 것은?

Novelty-induced time expansion is a well-characterized phenomenon which can be investigated under laboratory conditions. Simply asking people to estimate the length of time they are exposed to a train of stimuli shows that novel stimuli simply seem to last longer than repetitive or unremarkable ones. In fact, just being the first stimulus in a moderately repetitive series appears to be sufficient to induce subjective time expansion. Of course, it is easy to think of reasons why our brain has evolved to work like this—presumably novel and exotic stimuli require more thought and consideration than familiar ones, so it makes sense for the brain to allocate them more subjective time.

① Response to stimuli is an important by-product of brain training.
② The intensity of stimuli increases with their repetition.
③ Our physical response to stimuli influences our thoughts.
④ New stimuli give rise to subjective time expansion.

TIP novelty 새로움, 참신함 induce 유도하다, 유발하다 phenomenon 현상 estimate 추정하다, 추산하다 stimuli 자극들 repetitive 반복적인 unremarkable 평범한 sufficient 충분한 subjective 주관적인 presumably 짐작컨대 allocate 할당하다 by-product 부산물 give rise to ~이 생기다
이 글은 반복적인 자극보다도 새로운 자극이 시간 확장을 가져온다는 내용이므로 요지는 ④번이다.
① 자극 반응은 뇌 훈련의 중요한 부산물이다.
② 자극 강도는 반복할수록 증가한다.
③ 자극에 대한 우리의 신체 반응은 우리의 생각에 영향을 끼친다.
④ 새로운 자극은 주관적인 시간 확장을 이끈다.
「새로움으로 유도된 시간 확장은 실험실 조건 아래에서 조사될 수 있는 잘 특징지어진 현상이다. 단순히 사람들에게 일련의 자극에 노출된 시간의 길이를 추정하도록 물어보는 것은 새로운 자극이 반복적이고 평범한 자극보다 더 오래 지속된다는 것을 보여준다. 사실, 단순히 반복되는 일련의 첫 번째 자극이 되는 것은 주관적 시간 확장을 유도하기에 충분한 것처럼 보인다. 물론, 우리의 뇌가 이와 같이 작동하도록 발달한 이유를 생각하는 것은 쉽다. 짐작컨대 새롭고 색다른 자극은 익숙한 자극에 비해 더 많은 생각과 고려를 필요로 한다. 그래서 뇌가 더 많은 주관적인 시간을 할당하는 것은 타당하다.」

※ 밑줄 친 부분에 들어갈 말로 가장 적절한 것을 고르시오. 【19~20】

19

One of the tricks our mind plays is to highlight evidence which confirms what we already believe. If we hear gossip about a rival, we tend to think "I knew he was a nasty piece of work"; if we hear the same about our best friend, we're more likely to say "that's just a rumour." Once you learn about this mental habit—called confirmation bias—you start seeing it everywhere. This matters when we want to make better decisions. Confirmation bias is OK as long as we're right, but all too often we're wrong, and we only pay attention to the deciding evidence when it's too late. How _____ depends on our awareness of why, psychologically, confirmation bias happens. There are two possible reasons. One is that we have a blind spot in our imagination and the other is we fail to ask questions about new information.

① we make our rivals believe us

② our blind spot helps us make better decisions

③ we can protect our decisions from confirmation bias

④ we develop exactly the same bias

TIP trick 속임수, 장난 highlight 강조하다 nasty 끔찍한, 형편없는 confirmation bias 확증 편향 psychologically 심리학적으로

이 글의 요지는 우리가 확증 편향을 함으로서 잘못된 판단을 하게 되는 경우가 생기는 것을 이야기하고 있고 빈칸 이후에는 우리를 어떻게 확증 편향으로부터 보호할 수 있는지에 관한 내용이 나오므로 답은 ③번이다.

① 우리가 우리의 라이벌이 우리를 믿게 만드는 것

② 우리의 사각지대는 우리가 더 나은 결정을 하도록 도와주는 것

③ 우리가 우리의 결정을 확증 편향으로부터 보호할 수 있는지

④ 우리가 정확히 똑같은 편견을 발달시키는 것

「우리 마음이 하는 트릭 중 한 가지는 우리가 이미 믿고 있는 것을 확증하기 위한 정보를 강조하는 것이다. 만약 우리가 라이벌에 관한 소문을 들었다면, "나는 그가 형편없는 줄 이미 알고 있었어."라고 생각하는 경향이 있고, 그 소문이 친한 친구에 관한 것이라면 우리는 "그건 소문일 뿐이야."라고 말하는 편이다. 당신이 확증 편향이라 불리는 이 정신적인 습관에 관해 알게 된다면 그것을 모든 곳에서 보기 시작한다. 이것은 우리가 더 나은 결정을 하기를 원할 때 문제가 된다. 확증 편향은 우리가 옳을 때는 괜찮지만, 그러나 우리는 너무 자주 틀린다. 그리고 우리는 너무 늦게 결정적인 증거에 주목한다. 어떻게 우리가 우리의 결정을 확증 편향으로부터 보호할 수 있는지는 심리학적으로 확증 편향이 왜 발생하는지에 대한 우리의 인식에 달려있다. 여기에 두 가지 가능한 이유가 있다. 하나는 우리의 상상력에 사각지대가 있기 때문이고 다른 하나는 우리가 새로운 정보에 대해 의문을 게지하지 못하기 때문이다.」

20

For many big names in consumer product brands, exporting and producing overseas with local labor and for local tastes have been the right thing to do. In doing so, the companies found a way to improve their cost structure, to grow in the rapidly expanding consumer markets in emerging countries. But, Sweets Co. remains stuck in the domestic market. Even though its products are loaded with preservatives, which means they can endure long travel to distant markets, Sweets Co. _____, let alone produce overseas. The unwillingness or inability to update its business strategy and products for a changing world is clearly damaging to the company.

① is intent on importing

② does very little exporting

③ has decided to streamline operations

④ is expanding into emerging markets

TIP emerging countries 신흥공화국 preservative 방부제 let alone ~커녕 unwillingness 본의 아님, 자발적이 아님 inability 무능
밑줄 친 부분의 앞부분에 Sweet Co. remains stuck in domestic market의 내용을 보면 Sweet 회사는 국내 시장에만 몰두하고 있다는 내용이므로 빈칸에는 수출을 거의 하지 않는다는 내용인 ②번이 적절하다.
① 수입에 몰두하기
② 수출을 거의 하지 않는 것
③ 기업들을 간소화하기로 결정하다
④ 신흥국가로 확장을 하는 것

「소비재 브랜드에 있어서 많은 큰 회사에게 해외의 노동력과 그 지역 입맛에 맞추어 물건을 생산하고 수출하는 것은 옳은 일이다. 그렇게 함으로써, 그 회사들은 그들의 가격 구조를 향상시킬 수 있는 방법과 신흥공화국에서 소비자 시장을 빠르게 성장시킬 수 있는 방법을 찾았다. 그러나 Sweet Co.는 여전히 국내 시장에 머물러 있다. 그 생산품이 방부제와 함께 실려서 그것이 장거리를 지나 먼 시장에 갈 수 있음을 의미한다 할지라도, 해외생산은커녕 거의 수출을 하지 않는다. 변화하는 세상에서 사업 전략과 생산품을 향상시키려는 데의 무능력과 꺼림은 그 회사에게는 해가 된다.」

2017. 6. 24 제2회 서울특별시 시행

※ 밑줄 친 부분과 의미가 가장 가까운 것은? 【1~2】

1

> Leadership and strength are <u>inextricably</u> bound together. We look to strong people as leaders because they can protect us from threats to our group.

① inseparably

② inanimately

③ ineffectively

④ inconsiderately

> **TIP** leadership 지도력 inextricably 불가분하게 threats 위협
>
> inextricably는 「불가분하게, 분리할 수 없는」의 의미로 보기 중 ①번 inseparably와 의미가 유사하다.
> ① 분리할 수 없는   ② 생명이 없이
> ③ 헛되게, 무능하게   ④ 인정머리 없게, 경솔하게
>
> 「지도력과 힘은 <u>뗄래야 뗄 수 없이</u> 서로 연관되어 있다. 우리는 지도자로서 강인한 사람들을 찾는데 이는 강인한 사람들이 우리 그룹에게 닥치는 위협으로부터 우리를 보호해 주기 때문이다.」

2

> Prudence indeed will dictate that governments long established should not be changed for light and <u>transient</u> causes.

① transparent

② momentary

③ memorable

④ significant

> **TIP** prudence 신중, 조심 dictate 지시하다 transient 일시적인, 순간적인
>
> transient는 「일시적인, 순간적인」의 의미로 보기 중 ②번 momentary와 유사하다.
> ① 투명한, 명백한   ② 순간적인, 잠깐의
> ③ 기억할 만한   ④ 중요한
>
> 「사실상, 신중함은 오래전에 설립된 정부가 사소하고 <u>일시적인</u> 원인으로 변경될 수 없다는 것을 암시할 것이다.」

Answer 20.② / 1.① 2.②

3

> The idea that justice ① in allocating access to a university has something to do with ② the goods that ③ universities properly pursue ④ explain why selling admission is unjust.

> **TIP** justice 정의 allocate 할당하다 access 입장, 입학 have something to do with ~과 관련이 있다
> pursue 추구하다 unjust 불공정한
> 이 문장의 주어는 the idea로 단수이므로 3인칭 단수 주어의 동사에는 접미사 -s가 붙어야 하므로 explains가 되어야 한다. 문장에서 explains 앞부분은 주어인 idea를 서술하고 있다.
> 「대학 입학에서 할당제도의 정의는 대학들이 올바르게 추구하는 선과 관련이 있다는 생각은 입학 허가를 파는 것이 왜 공정한지를 설명해 준다.」

4

> Strange as ① it may seem, ② the Sahara was once an expanse of grassland ③ supported the kind of animal life ④ associated with the African plains.

> **TIP** expanse 넓게 트인 지역 grassland 풀밭, 초원 associate with ~와 어울리다.
> 두 번째 줄에서 광활한 초원이 동물들의 삶을 지지하는 능동의 의미이므로 ③번의 supported는 supporting이 되어야 한다.
> 「이상하게 보일지 모르지만, 사하라 사막은 한때 아프리카 평원과 관련된 동물들의 생태를 지지하는 광활한 초원이었다.」

5 대화의 흐름으로 보아 빈칸에 들어갈 가장 적절한 것은?

A : Do you think we can get a loan?
B : Well, it depends. Do you own any other property? Any stocks or bonds?
A : No.
B : I see. Then you don't have any _____. Perhaps you could get a guarantor —
someone to sign for the loan for you.

---

① investigation
② animals
③ collateral
④ inspiration

> **TIP** loan 대출 stocks 주식 bonds 채권 guarantor 보증인
> property, stocks, bonds 등을 받을 수 있는 단어는 보기 중 ③번 collateral이다.
> ① 수사, 조사   ② 짐승   ③ 담보물   ④ 영감
>
> 「A : 제가 대출을 받을 수 있을까요?
> B : 글쎄, 상황에 따라 다릅니다. 자산 소유하고 있는 거 있으신가요? 주식이나 채권 같은 거요?
> A : 없습니다.
> B : 그렇군요. 그럼 담보물이 없는 거네요. 아마도 당신의 대출을 위해 서명해 줄 사람인 보증인이 있어야 할
>   것 같습니다.」

6 다음 글의 주제로 가장 적절한 것은?

In 1782, J. Hector St. John De Crèvecoeur, a French immigrant who had settled in New York before returning to Europe during the Revolutionary War, published a series of essays about life in the British colonies in North America, *Letters from an American Farmer*. The book was an immediate success in England, France, and the United States. In one of its most famous passages, Crèvecoeur describes the process by which people from different backgrounds and countries were transformed by their experiences in the colonies and asks, "What then is the American?" In America, Crèvecoeur suggests, "individuals of all nations are melted into a new race of men, whose labors and posterity will one day cause great changes in the world." Crèvecoeur was among the first to develop the popular idea of America as that would come to be called "melting pot."

① Crèvecoeur's book became an immediate success in England.

② Crèvecoeur developed the idea of melting pot in his book.

③ Crèvecoeur described and discussed American individualism.

④ Crèvecoeur explained where Americans came from in his book.

> **TIP** immigrant 이민자 Revolutionary War 독립 전쟁 colony 식민지 passage 구절 posterity 후세, 후대 melting pot 용광로, 도가니
> 이 글의 주제는 크레브쾨르가 그의 저서 「미국 농민의 편지」에서 미국을 지칭하게 되는 melting pot의 용어를 쓰게 된 것이다.
> ① 크레브쾨르의 책은 영국에서 즉각적인 성공을 거두었다.
> ② 크레브쾨르는 그의 책에서 용광로의 개념을 만들어 냈다.
> ③ 크레브쾨르는 미국의 개인주의에 관해 기술했고 논했다.
> ④ 크레브쾨르는 그의 책에서 미국인들이 어디에서 왔는지를 설명했다.

> 「1782년 독립전쟁 동안 유럽으로 돌아가기 전에 뉴욕에 정착했던 프랑스 이민자 헥터 세인트 존 드 크레브쾨르는 북미에서 영국의 식민지 삶에 관한 수필집인 「미국 농민의 편지」를 출판했다. 이 책은 영국, 프랑스, 미국에서 즉각적인 성공을 거두었다. 그 책에서 가장 유명한 구절 중 하나에서 크레브쾨르는 식민지에서 다른 배경과 나라에서 온 사람들이 그들의 경험에 의해 변형되어 지는 과정을 기술했고 "그렇다면 미국인이란 무엇인가?"라는 질문을 했다. 미국에서 크레브쾨르는 "모든 나라의 각 개인들은 새로운 인종으로 변형되었고, 이 인종의 후세들이 언젠가는 세계에서 거대한 변화를 가져올 것이다"라고 제안했다. 크레브쾨르는 나중에 "용광로(멜팅팟)"라고 불리게 될 미국의 유명한 개념의 최초 창시자였다.」

7

> Again and again we light on words used once in a good, but now in an unfavorable sense. Until the late Eighteenth century this word was used to mean serviceable, friendly, very courteous and obliging. But a(n) _____ person nowadays means a busy uninvited meddler in matters which do not belong to him/her.

① servile
② officious
③ gregarious
④ obsequious

TIP light on 우연히 보다   unfavorable 나쁜, 호의적이지 않은   serviceable 쓸만한   courteous 공손한 obliging 친절한   meddler 간섭하려는 사람   belong to ~에 속하다
밑줄 친 부분의 뒷부분의 관련 없는 사건에 간섭하는 사람의 의미를 충족시킬 수 있는 단어는 ②번의 officious이다.
① 굽실거리는
② 거들먹거리는, 위세를 부리는
③ 사교적인
④ 아부하는

「계속해서 우리는 한때는 좋은 의미로 사용되었던 단어들이 지금은 나쁜 의미로 사용되는 경우들이 있다. 18세기 후반까지 이 단어는 쓸 만한, 친근한, 매우 공손하고 친절한의 의미로 사용되었다. 그러나 <u>위세를 부리는</u> 사람은 지금은 그/그녀와 관련되지 않은 사건에 초청되지 않은 간섭하는 사람을 의미한다.」

8

> A faint odor of ammonia or vinegar makes one-week-old infants grimace and their heads.

① harness   ② avert

③ muffle   ④ evoke

> **TIP** faint 희미한 odor 냄새 grimace 얼굴을 찡그리다
> 신생아들이 냄새에 반응해서 얼굴을 찡그리거나 머리를 돌리는 내용이므로 빈칸에는 ②번 avert가 적절하다.
> ① (말등의) 마구를 채우다
> ② 피하다
> ③ 감싸다
> ④ 떠올려보다
>
> 「암모니아 또는 식초의 희미한 냄새도 1주된 신생아들의 얼굴을 찡그리게 하고 머리를 <u>피하게</u> 만든다.」

9 밑줄 친 부분 중 어법상 가장 옳지 않은 것은?

> The first coffeehouse in western Europe ① <u>opened not</u> in ② <u>a center of</u> trade or commerce but in the university city of Oxford, ③ <u>in which</u> a Lebanese man ④ <u>naming Jacob</u> set up shop in 1650.

> **TIP** trade 무역 commerce 상업
> 「~라고 이름 지어진」의 의미는 수동의 의미이므로 ④번 naming은 named로 바뀌어야 한다.
> 「서구 유럽의 최초 커피하우스는 무역과 상업의 중심지가 아닌 옥스퍼드 대학가에 있었다. 이는 1650년 Jacob 이라는 이름의 레바논 사람이 세운 상점이었다.」

10 다음 문장 중 어법상 가장 옳지 않은 것은?

① John promised Mary that he would clean his room.
② John told Mary that he would leave early.
③ John believed Mary that she would be happy.
④ John reminded Mary that she should get there early.

> **TIP** ①번부터 ④번까지의 문장은 4형식으로 사용한 문장들인데 believe는 4형식으로 사용될 수 없는 동사이다. 이는 John believed Mary (to be) happy. 등의 문장으로 변형되어야 한다.
> ① John은 Mary에게 그의 방을 청소할 것을 약속했다.
> ② John은 Mary에게 그가 일찍 떠날 것이라고 이야기했다.
> ③ John은 Mary가 행복할 것이라고 믿었다.
> ④ John은 Mary에게 그 장소에 일찍 갈 것을 상기시켰다.

11 대화의 흐름으로 보아 빈칸에 들어갈 가장 적절한 것은?

> A : Why don't you let me treat you to lunch today, Mr. Kim?
> B : _____.

① No, I'm not. That would be a good time for me
② Good. I'll put it on my calendar so I don't forget
③ OK. I'll check with you on Monday
④ Wish I could but I have another commitment today

> **TIP** commitment 약속
> 대화의 흐름상 적절한 답변은 ④번이다.
> ① 아니요, 그것은 저에게 좋은 시간이 될 것입니다.
> ② 좋습니다. 제가 잊지 않도록 달력에 적어두겠습니다.
> ③ 좋아요. 월요일에 함께 체크해 봅시다.
> ④ 그럴 수 있으면 좋겠지만, 오늘은 다른 약속이 있습니다.
> 「A : Mr. Kim, 오늘 제가 당신에게 점심을 대접해도 될까요?
> B : 그럴 수 있으면 좋겠지만, 오늘은 다른 약속이 있습니다.」

12 글의 흐름으로 보아 빈칸에 들어갈 단어를 순서대로 고른 것은?

For centuries, people gazing at the sky after sunset could see thousands of vibrant, sparkling stars. But these days, you'll be lucky if you can view the Big Dipper. The culprit: electric beams pouring from homes and street lamps, whose brightness obscures the night sky. In the U.S., so-called light pollution has gotten so bad that by one estimate, 8 out of 10 children born today will never encounter a sky enough for them to see the Milky Way. There is hope, however, in the form of astrotourism, a small but growing industry centered on stargazing in the worlds' darkest places. These remote sites, many of them in national parks, offer views for little more than the cost of a campsite. And the people who run them often work to reduce light pollution in surrounding communities. _____ astrotourism may not be as luxurious as some vacations, travelers don't seem to mind.

① dark – Although

② bright – Because

③ dark – Since

④ bright – In that

TIP gaze 응시하다 vibrant 활기찬, 선명한 sparkling 불꽃 Big Dipper 북두칠성 culprit 범인, 장본인 beam 빛줄기 obscure 보기 어렵게 하다 stargaze 별을 관찰하다 remote 외진, 외딴 campsite 야영지

첫 번째 빈칸은 은하수를 보려면 하늘이 충분히 어두워야 하므로 dark가 되어야 하고 두 번째 빈칸은 별 관광을 즐기는 사람들은 시설이 호화롭지 않더라도 개의치 않는다는 내용이 되어야 하므로 접속사 Although가 적절하다.

① 어두운 – ~에도 불구하고 　　② 밝은 – 왜냐하면

③ 어두운 – ~ 때문에 　④ 밝은 – ~이므로, ~라는 점에서

「수 세기 동안 해가 진 뒤 하늘을 응시하는 사람들은 선명하게 반짝이는 수 천 개의 별들을 볼 수 있었다. 그러나 요즘은, 만일 당신이 북두칠성을 볼 수 있다면 운이 좋은 것이다. 이 주범은 바로 가정과 가로등에서 쏟아져 나오는 전자 빛들인데, 이는 그 밝기가 밤하늘을 보기 어렵게 한다. 미국에서 소위 광공해라 불리는 것이 매우 심해져서 한 추정에 따르면 오늘날 태어난 아이들 10명 중 8명은 은하수를 볼 수 있을 만큼 충분히 어두운 하늘을 마주하지 못할 것이다. 하지만 희망이 있는데, 이는 별 관광의 형태로 세계의 가장 어두운 장소에서 집중해서 별을 관찰할 수 있도록 하는 성장하는 산업이다. 이러한 먼 지역들 중 많은 곳이 국립공원에 있는데, 그 지역들은 야영지 비용에 지나지 않은 비용으로 별 관측을 제공한다. 그리고 그 산업을 운영하는 사람들은 주변 지역에서 광공해를 줄이기 위해 애를 쓴다. 비록 별 관광이 일부 관광처럼 호화롭지 않을지 모르지만, 여행자들은 신경 쓰지 않는다.」

13 다음 글을 문맥에 맞게 순서대로 배열한 것은?

㉠ Millions of people suffering from watery and stinging eyes, pounding headaches, sinus issues, and itchy throats, sought refuge from the debilitating air by scouring stores for air filters and face masks.

㉡ The outrage among Chinese residents and the global media scrutiny impelled the government to address the country's air pollution problem.

㉢ Schools and businesses were closed, and the Beijing city government warned people to stay inside their homes, keep their air purifiers running, reduce indoor activities, and remain as inactive as possible.

㉣ In 2013, a state of emergency in Beijing resulting from the dangerously high levels of pollution led to chaos in the transportation system, forcing airlines to cancel flights due to low visibility.

---

① ㉡ – ㉠ – ㉣ – ㉢

② ㉡ – ㉢ – ㉣ – ㉠

③ ㉣ – ㉡ – ㉢ – ㉠

④ ㉣ – ㉢ – ㉠ – ㉡

TIP watery 희미한, 물기가 많은 stinging 찌르는, 쏘는 pounding 쿵쿵 두드리는 소리 sinus 부비강(두 개골 속의, 코 안쪽으로 이어지는 구멍) debilitating 쇠약하게 하는 outrage 격분, 격노 scrutiny 정밀 조사, 철저한 검토 impel ~해야만 하게 하다 inactive 활발하지 않은 visibility 가시성
㉣은 2013년도를 언급하며 공기오염에 관한 글의 도입부를 이끌고 있다. ㉢에서 공기오염으로 인한 결과를 설명하고 있고 ㉠에서는 이 공기오염에 대한 개인들의 대처방법들이 나오고 있다. 마지막으로 ㉡에서는 국가차원의 해결이 필요하다는 것으로 결론을 짓고 있다.

「㉣ 2013년도에 위험하게 높은 공해도 때문에 발생한 베이징의 비상사태가 교통체계에 혼돈을 일으켰고, 낮은 가시도로 인하여 항공사들이 비행을 취소하게 되었다.
㉢ 학교와 기업들이 문을 닫았고, 베이징 시 정부는 사람들에게 집안에 머물면서, 공기정화기를 작동시키고 실내 활동을 줄이고 가능한 움직이지 말라고 경고했다.
㉠ 눈물이 나고, 눈이 따끔거리고, 쿵쿵거리는 두통과 부비강에 문제가 생기고 목이 간질거리는 고통을 겪는 수백만 명의 사람들은 공기정화기와 마스크를 찾아 상점들을 샅샅이 뒤져 심신을 쇠약하게 만드는 공기로부터 피난처를 찾았다.
㉡ 중국 거주민들의 분노와 세계 미디어의 철저한 검토로 중국 정부는 국가의 공기오염 문제를 다루어야만 했다.」

14

Both novels and romances are works of imaginative fiction with multiple characters, but that's where the similarities end. Novels are realistic; romances aren't. In the 19th century, a romance was a prose narrative that told a fictional story dealt with its subjects and characters in a symbolic, imaginative, and nonrealistic way. _____, a romance deals with plots and people that are exotic, remote in time or place from the reader, and obviously imaginary.

① Typically   ② On the other hand

③ Nonetheless   ④ In some cases

TIP fiction 허구 prose 산문 narrative 서술 exotic 이국적인 remote 외딴
빈칸의 앞뒤에서는 로맨스의 비현실성을 순접 방향으로 이야기해 주고 있다. 그러므로 빈칸에는 「일반적으로」의 의미를 갖고 있는 ①번 Typically가 적절하다.
① 일반적으로
② 반면에
③ 그럼에도 불구하고
④ 경우에 따라서는

「소설과 로맨스는 둘 다 다양한 등장인물들을 가진 상상의 허구작품이지만, 그곳이 바로 그들의 유사성이 끝나는 지점이다. 소설은 현실적이지만, 로맨스는 그렇지 않다. 19세기에 로맨스는 그것의 소재와 등장인물들이 상징적이고, 상상적인 그리고 비현실적인 방식으로 다루는 허구의 이야기를 말해 주는 산문이었다. <u>전형적으로 로맨스는 시간과 장소에서 독자들로부터 이국적이고 먼, 명백히 상상적인 이야기들과 사람들을 다룬다.</u>」

15

Definitions are especially _____ to children. There's an oft-cited 1987 study in which fifth graders were given dictionary definitions and asked to write their own sentences using the words defined. The results were discouraging. One child given the word erode wrote "Our family erodes a lot," because the definition given was "eat out, eat away."

① beneficial
② disrespectful
③ unhelpful
④ forgettable

TIP definition 정의 oft-cited 자주 인용되는 discouraging 낙담시키는 erode 침식시키다, 약화되다
빈칸의 아래 글의 내용은 단어의 정의가 아이들에게 도움이 되지 않는 예를 나타내고 있으며 discouraging의 단어에서도 힌트를 얻을 수 있으므로 적절한 단어는 ③번 unhelpful이 된다.
① 이득이 되는   ② 무례한
③ 도움이 되지 않는   ④ 쉽게 잊혀질

「정의는 특별히 아이들에게 <u>도움이 되지 않는다</u>. 자주 인용되는 1987년 연구가 있는데, 그 연구에서 5학년 학생들은 사전적 정의를 듣고, 정의된 단어를 사용하여 자신의 문장을 만들어 보라고 요청받았다. 그 결과는 낙담스러웠다. erode라는 단어를 받은 한 아이는 "우리 가족은 많이 침식한다"라고 썼는데, 이는 그 정의를 "eat out, eat away(외식하다, 먹어치우다)"로 받았기 때문이다.」

16

Modern banking has its origins in ancient England. In those days people wanting to safeguard their gold had two choices — hide it under the mattress or turn it over to someone else for safekeeping. The logical people to turn to for storage were the local goldsmiths, since they had the strongest vaults. The goldsmiths accepted the gold for storage, giving the owner a receipt stating that the gold could be redeemed at a later date. When a payment was due, the owner went to the goldsmith, redeemed part of the gold and gave it to the payee. After all that, the payee was very likely to turn around and give the gold back to the goldsmith for safekeeping. Gradually, instead of taking the time and effort to physically exchange the gold, business people _____.

① began to exchange the goldsmith's receipts as payment
② saw the potential for profit in this arrangement
③ warned the depositors against redeeming their gold
④ lent the gold to somebody else for a fee

TIP safeguard 보호하다 turn to 의지하다 goldsmith 금세공인 vault 금고 redeem 되찾다 due 지불 기일이 된 payee 수취인 depositor 예금자

이 글의 첫 부분에서 banking(은행체계)을 힌트로 잡아 더 이상 금을 교환하기 위해 시간과 노력을 들이지 않고 영수증으로 지불을 처리했다는 내용인 ①번이 빈칸에 적절하다.

① 금세공인의 영수증을 지불수단으로 교환하기 시작했다.
② 이런 방식에서 소득을 내는 잠재성을 보았다.
③ 예금자에게 그들의 금을 되찾지 말라고 경고했다.
④ 수수료를 받고 다른 누군가에게 금을 빌려주었다.

「현대의 은행은 고대 영국에서 그 기원을 갖는다. 그 시절에 그들의 금을 보호하기를 원했던 사람들은 두 가지 선택이 있었다. 그것을 매트리스 밑에 숨기거나 안전한 보관을 위해 그것을 누군가에게 맡기는 것이었다. 보관을 위해 의지할 수 있는 합당한 사람들은 바로 그 지역의 금세공인이었다. 왜냐하면 금세공인들은 가장 강력한 금고를 가지고 있었기 때문이었다. 금세공인들은 보관을 위한 금을 받아들였고, 그 소유주에게 영수증을 주어서 나중에 그 금을 되찾을 수 있도록 했다. 지불 만기가 되었을 때 소유주는 금세공인에게 가서 금의 일부를 되찾고, 그것을 수취인에게 주었다. 결국 그 수취인은 안전한 보관을 위해 금세공인에게 금을 다시 줄 가능성이 매우 높았다. 점차적으로 물리적인 금 교환에 시간과 노력을 들이는 대신 사업가들은 금세공인의 영수증을 지불수단으로 교환하기 시작했다.」

17 빈칸에 공통으로 들어갈 가장 적절한 것은?

In some cultures, such as in Korea and Egypt, politeness norms require that when someone is offered something to eat or drink, it must be refused the first time around. However, such a refusal is often viewed as a rejection of someone's hospitality and thoughtlessness in other cultures, particularly when _____ no is made for the refusal. Americans and Canadians, for instance, expect refusals to be accompanied by a reasonable _____.

① role

② excuse

③ choice

④ situation

TIP norm 규범 hospitality 친절, 환대 thoughtlessness 생각이 모자람, 인정 없음 excuse 변명
이 글에서 빈칸에 공통으로 들어가야 할 단어는 첫 번째 빈칸은 한국이나 이집트 사회에서 변명 없이 거절을 한다는 내용이고, 두 번째 빈칸은 미국이나 캐나다에서 합리적인 변명을 한다는 내용이므로 빈칸에 공통으로 들어갈 단어는 ②번 excuse이다.
① 역할 ② 변명 ③ 선택 ④ 상황

「한국과 이집트 같은 일부 문화에서는 누군가에게 먹을 것이나 마실 것을 제공받았을 때 공손함의 규범으로 거절을 해야 한다. 그러나 그러한 거절이 다른 문화에서는 누군가의 친절에 대한 거절로, 그리고 인정이 없는 걸로 종종 여겨진다. 특히나 그 거절에 대한 어떠한 변명도 없을 때는 더 그렇다. 예를 들어 미국인들과 캐나다인들은 합리적인 변명이 수반되는 거절을 예상한다.」

Instead, these employees spoke first of the sincerity of the relationships at work, that their work culture felt like an extension of home, and that their colleagues were supportive.

(①) There is a clear link between job satisfaction and productivity. However, job satisfaction also depends on the service culture of an organization. (②) This culture comprises the things that make a business distinctive and make the people who work there proud to do so. (③) When employees of the "Top 10 Best Companies to Work For" were asked by Fortune magazine why they loved working for these companies, it was notable that they didn't mention pay, reward schemes, or advancing to a more senior position. (④)

> **TIP** sincerity 진심어림 extension 연장, 확대 colleague 동료 supportive 지지하는 reward schema 보상금제도 senior position 상급직
> Instead는 대조를 나타낼 때 쓰이며 이 글에서 ③번에서 직장이 좋은 이유로 월급, 보상제고, 승진 등으로 대답을 하지 않고 대조적으로 ④번의 관계의 진실성을 답하고 있다는 것이 흐름상 적절하므로 주어진 문장은 ④번에 들어가야 한다.
>
> 「① 직업만족도와 생산성 사이에는 분명한 연관이 있다. 그러나 직업만족도는 조직의 서비스 문화에 달려있다. ② 이러한 문화는 사업체를 독특하게 만들어 주는 것들로 구성되어 있으며 그곳에서 일하는 사람들로 하여금 자랑스럽게 해 준다. ③ Fortune지가 "일하기 좋은 10대 회사"의 직원들에게 왜 그들이 이러한 회사를 위하여 일하는 것이 좋은지 물어보았을 때, 그들이 월급, 보상제도, 상급직으로의 승진 등을 언급하지 않은 것은 주목할 만하다. ④ (대신, 그들은 직장에서 관계의 진실성을 맨 먼저 말했다. 즉, 그들의 직장 문화는 직장을 가정의 연장선으로 느끼며, 그들의 동료들은 지지해 준다.)」

19 다음 글의 내용과 일치하는 것은?

> Why Orkney of all places? How did this scatter of islands off the northern tip of Scotland come to be such a technological, cultural, and spiritual powerhouse? For starters, you have to stop thinking of Orkney as remote. For most of history, Orkney was an important maritime hub, a place that was on the way to everywhere. It was also blessed with some of the richest farming soils in Britain and a surprisingly mild climate, thanks to the effects of the Gulf Stream.

① Orkney people had to overcome a lot of social and natural disadvantages.

② The region was one of the centers of rebellion that ultimately led to the annihilation of the civilization there.

③ Orkney did not make the best of its resources because it was too far from the mainland.

④ Orkney owed its prosperity largely to its geographical advantage and natural resources.

> **TIP** scatter 분산   powerhouse 동력실   maritime 해양의   rebellion 반란   annihilation 전멸, 소멸
> prosperity 번영, 번창
> Orkeny는 지리학적으로 모든 곳으로 통하는 곳에 위치해 있고 비옥한 토양과 온화한 기후 등을 갖춘 곳이었으므로 이 글의 내용과 일치하는 것은 ④번이다.
> ① Orkney 사람들은 많은 사회적, 자연적 불리함을 극복해야만 했다.
> ② 그 지역은 궁극적으로 그곳의 시민화의 소멸을 이끈 반란의 중심지 중 한 곳이었다.
> ③ Orkney는 본토에서 멀리 떨어져 있었기 때문에 그 자원을 최대한 활용하지 못했다.
> ④ Orkney는 그 지리학적인 이점과 자연 자원 덕분에 번영했다.
>
> 「모든 장소 중에 왜 Orkney일까? 스코틀랜드 북쪽 끝에 위치한 이 분산된 섬들이 어떻게 그러한 기술적, 문화적, 정신적 동력실이 되었을까? 우선, 당신은 Orkney가 멀리 떨어져있다고 생각하지 말아야 한다. 역사의 대부분의 시간 동안, Orkney는 중요한 해양 중심지로 모든 곳에 가기 위한 길 위에 있는 장소였다. 그곳은 또한 영국의 비옥한 농토와 멕시코 만류의 영향 때문에 온화한 기후를 가진 축복받은 곳이었다.」

20 다음 글의 제목으로 가장 적절한 것은?

Initially, papyrus and parchment were kept as scrolls that could be unrolled either vertically or horizontally, depending on the direction of the script. The horizontal form was more common, and because scrolls could be quite long, a scribe would typically refrain from writing a single line across the entire length, but instead would mark off columns of a reasonable width. That way the reader could unroll one side and roll up the other while reading. Nevertheless, the constant need to re-roll the scroll was a major disadvantage to this format, and it was impossible to jump to various places in the scroll the way we skip to a particular page of a book. Moreover, the reader struggled to make notes while reading since both hands (or weights) were required to keep the scroll open.

① The inconvenience of scrolls

② The evolution of the book

③ The development of writing and reading

④ The ways to overcome disadvantages in scrolls

TIP parchment 양피지 scroll 두루마리 unroll 펼치다 vertically 수직으로 horizontally 수평으로 script 원고 scribe 필경사, 필기자 refrain from ~을 삼가다 merk off 표시하다 column 열, 세로단

이 글은 수평 형태의 두루마리의 불편한 점을 설명하고 있으므로 정답은 ①번이다.

① 두루마리의 불편함
② 책의 진화
③ 쓰기와 읽기의 발달
④ 두루마리의 단점을 극복하기 위한 방법들

「처음에 파피루스와 양피지는 원고의 방향에 따라 수직으로 또는 수평으로 펼쳐지는 두루마리로 보관되었다. 수평의 형태가 더 흔했는데, 이는 두루마리가 길어질 수 있어서 필경사가 전체 길이를 가로질러 한 줄로 쓰는 것을 삼가고, 그 대신 적절한 너비의 열을 표시했기 때문이다. 이러한 방식으로 독자는 읽는 동안 한 면은 펼치고 다른 면은 말 수 있었다. 그럼에도 불구하고 지속적으로 두루마리를 말아야 하는 것이 이 형태의 가장 큰 단점이었는데, 우리가 책의 특정한 페이지를 건너뛰는 방식으로 두루마리에서는 다양한 장소로 이동하는 것이 불가능했다. 더욱이 읽는 동안 두루마리를 열고 있기 위해서는 양손이 필요했기 때문에 메모를 하는 것은 어려웠다.」

2018. 4. 7 인사혁신처 시행

※ 밑줄 친 부분에 들어갈 말로 가장 적절한 것을 고르시오. 【1~2】

1

> A : Can I ask you for a favor?
> B : Yes, what is it?
> A : I need to get to the airport for my business trip, but my car won't start. Can you give me a lift?
> B : Sure. When do you need to be there by?
> A : I have to be there no later than 6 : 00.
> B : It's 4 : 30 now. _____

① That's cutting it close
② I took my eye off the ball
③ All that glitters is not gold
④ It's water under the bridge

> **TIP** cut it close 시간이 아슬아슬하다
> ① 시간이 아슬아슬하네요.
> ② 저는 가장 중요한 것에서 눈을 뗐습니다.
> ③ 반짝이는 모든 것이 금은 아니다.
> ④ 이미 다 지나간 일이다.
> 「A : 부탁 하나만 드려도 될까요?
> B : 네, 뭔가요?
> A : 제가 출장 때문에 공항에 가야 하는데 차가 시동이 걸리질 않네요. 태워다 주실 수 있을까요?
> B : 그럼요. 언제까지 도착해야 하나요?
> A : 늦어도 6시까지 도착해야 합니다.
> B : 지금이 4시 30분이네요. <u>시간이 아슬아슬하네요.</u> 지금 당장 출발해야겠어요.」

2

Fear of loss is a basic part of being human. To the brain, loss is a threat and we naturally take measures to avoid it. We cannot, however, avoid it indefinitely. One way to face loss is with the perspective of a stock trader. Traders accept the possibility of loss as part of the game, not the end of the game. What guides this thinking is a portfolio approach ; wins and losses will both happen, but it's the overall portfolio of outcomes that matters most. When you embrace a portfolio approach, you will be _____ because you know that they are small parts of a much bigger picture.

① more sensitive to fluctuations in the stock market

② more averse to the losses

③ less interested in your investments

④ less inclined to dwell on individual losses

> **TIP** threat 위협 take measures 조치를 취하다 indefinitely 무기한으로 be with ~에 지지하다 approach 접근
> fluctuation 변동 averse to ~을 싫어하는 dwell on 숙고하다, 곱씹다
> ① 주식 시장의 변동에 더 민감해 질 것이다
> ② 손실을 더 싫어하게 될 것이다
> ③ 당신의 투자에 관심을 거의 갖지 않을 것이다
> ④ 개인적인 손실을 깊게 생각하는 경향이 더 적어질 것이다
>
> 「손실에 대한 두려움은 인간의 가장 기본적인 부분이다. 뇌에게 손실은 위협이며, 우리는 자연스럽게 그것을 피하려는 조치를 취한다. 그러나 우리는 무기한으로 그것을 피할 수는 없다. 손실에 직면하는 한 가지 방식은 주식 거래자의 관점을 갖는 것이다. 주식 거래자들은 손실의 가능성을 경기의 목적이 아닌 게임의 일부로 받아들인다. 이런 생각을 이끄는 것은 포트폴리오 접근법이다 ; 즉, 이익과 손실은 둘 다 일어날 것이지만, 가장 중요한 것은 결과들의 전반적인 포트폴리오다. 당신이 포트폴리오 접근법을 수용하게 되면, 그것들이 더 큰 그림을 위한 작은 부분이라는 것을 알고 있기 때문에 당신은 개인적인 손실을 깊게 생각하는 경향이 더 적어질 것이다.」

3 다음 글의 제목으로 가장 적절한 것은?

> Over the last years of traveling, I've observed how much we humans live in the past. The past is around us constantly, considering that, the minute something is manifested, it is the past. Our surroundings, our homes, our environments, our architecture, our products are all past constructs. We should live with what is part of our time, part of our collective consciousness, those things that were produced during our lives. Of course, we do not have the choice or control to have everything around us relevant or conceived during our time, but what we do have control of should be a reflection of the time in which we exist and communicate the present. The present is all we have, and the more we are surrounded by it, the more we are aware of our own presence and participation.

① Travel : Tracing the Legacies of the Past

② Reflect on the Time That Surrounds You Now

③ Manifestation of a Hidden Life

④ Architecture of a Futuristic Life

TIP the minute (that) ~하자마자 manifest 나타나다, 분명해지다 construct 건설하다 ; 구성체, 구조물, 개념 conceive 마음속으로 그리다 legacy 유산 manifestation 명시, 징후 futuristic 초현대적인
마지막 문장에서 '현대를 둘러싸여 있으면 있을수록 우리의 존재와 관여를 인지할 수 있다'고 했으므로 ②가 적절하다.
① 여행 : 과거의 유산들을 추적하는 것
② 지금 당신을 둘러싸고 있는 시간을 되돌아보라
③ 숨겨진 삶의 징후
④ 초현대적인 삶의 건축학

「지난 몇 년 동안의 여행을 통해, 나는 우리 인간이 얼마나 많이 과거 속에 살고 있는지를 관찰했다. 무슨 일이 밝혀지는 순간 과거가 된다는 것을 고려해보면, 과거는 계속해서 우리 주변에 머문다. 우리의 주변 상황, 우리의 집, 우리의 환경, 우리의 건축물, 우리의 물건들 모두 과거의 구성물이다. 우리는 우리 시대의 일부이며, 우리의 공동체 의식의 일부, 우리의 삶에서 만들어진 것들과 함께 살아야 한다. 물론 우리는 우리가 살아가는 동안 우리 주변에서 관련되고 생각된 모든 것들을 소유할 선택권이나 통제권은 가지고 있지 않지만, 우리가 실제로 통제할 수 있는 것은 우리가 존재하고 현재를 나누는 시기에 대한 고찰이 되어야 한다. 현재는 우리가 가진 모든 것이며, 우리가 그것들에 의해 둘러싸여 있으면 있을수록, 더욱 더 우리의 존재와 관여를 인지할 수 있다.」

4 밑줄 친 부분 중 어법상 옳지 않은 것은?

> It would be difficult ①to imagine life without the beauty and richness of forests. But scientists warn we cannot take our forest for ②granted. By some estimates, deforestation ③has been resulted in the loss of as much as eighty percent of the natural forests of the world. Currently, deforestation is a global problem, ④affecting wilderness regions such as the temperate rainforests of the Pacific.

> **TIP** take for granted ~을 당연하게 생각하다 estimate 추정 deforestation 산림 벌채 result in 초래하다 wilderness region 환경 보전 지역 temperate rainforest 온대 강우림
> ③ has been result in → has result in
> 「숲의 아름다움과 풍요로움이 없는 삶을 상상하는 것은 어려울 것이다. 그러나 과학자들은 우리가 우리의 숲을 당연한 것으로 여길 수 없다고 경고한다. 약간의 추산에 따르면, 삼림 벌채는 세계의 무려 80%의 자연적인 숲에 대한 손실을 초래해왔다고 한다. 현재, 삼림 벌채는 태평양 연안의 온대 우림과 같은 환경 보전 지역에 영향을 미치는 세계적인 문제이다.」

5 밑줄 친 부분의 의미와 가장 가까운 것은?

> Robert J. Flaherty, a legendary documentary filmmaker, tried to show how <u>indigenous</u> people gathered food.

① itinerant
② impoverished
③ ravenous
④ native

> **TIP** indigenous 토착의, 토종의 itinerant 순회하는, 전전하는 impoverished 가난해진, 허약해진 ravenous 배가고파 죽을 지경인
> ① 떠돌아다니는
> ② 빈곤한
> ③ 배가고파 죽을 지경인
> ④ 토박이의
> 「전설적인 다큐멘터리 영화 제작자인 Robert J. Flaherty는 어떻게 <u>토착민들</u>이 음식을 모았는지를 보여주려고 노력했다.」

6 밑줄 친 부분에 들어갈 말로 가장 적절한 것은?

> Listening to music is _____ being a rock star. Anyone can listen to music, but it takes talent to become a musician.

① on a par with

② a far cry from

③ contingent upon

④ a prelude to

TIP ① ~와 동등한
② ~와 현저히 다른
③ ~여하에 달린
④ ~의 서막

「음악을 듣는 것은 록 스타가 되는 것과는 <u>전혀 다른 것이다</u>. 누구나 음악을 들을 수 있지만 음악가가 되는 것은 재능을 필요로 한다.」

7 다음 글의 흐름상 가장 어색한 문장은?

> Biologists have identified a gene that will allow rice plants to survive being submerged in water for up to two weeks—over a week longer than at present. Plants under water for longer than a week are deprived of oxygen and wither and perish. ①<u>The scientists hope their discovery will prolong the harvests of crops in regions that are susceptible to flooding.</u> ②<u>Rice growers in these flood-prone areas of Asia lose an estimated one billion dollars annually to excessively waterlogged rice paddies.</u> ③<u>They hope the new gene will lead to a hardier rice strain that will reduce the financial damage incurred in typhoon and monsoon seasons and lead to bumper harvests.</u> ④<u>This is dreadful news for people in these vulnerable regions, who are victims of urbanization and have a shortage of crops.</u> Rice yields must increase by 30 percent over the next 20 years to ensure a billion people can receive their staple diet.

TIP submerge 가라앉다 deprive 박탈하다 oxygen 산소 wither 시들다 perish 죽다 prolong 연장하다 susceptible 취약한 flooding 홍수 prone 당하기 쉬운 annually 매년 waterlogged 물에 잠긴 rice paddies 논 hardy 강인한 bumper harvest 풍작 urbanization 도시화 yield 생산 staple diet 주식

제시된 글은 과학자들이 만든 새로운 유전자로 태풍과 홍수의 재정적인 피해를 없애려는 내용인데, ④는 새로운 유전자가 끔찍하다고 표현하고 있으므로 문맥상 어울리지 않는다.

*A*nswer

4.③ 5.④ 6.② 7.④

「생물학자들은 벼가 현재보다 2주일 더 오래 물속에 잠긴 상태로 생존할 수 있게 하는 유전자를 발견해냈다. – 일주일 이상을 물속에 있는 식물들은 산소가 부족하여 시들어서 죽게 된다. ① 과학자들은 그들의 발견이 홍수에 취약한 지역의 농작물 수확을 연장하기를 바란다. ② 아시아의 홍수에 취약한 지역에 있는 쌀 재배자들은 과도하게 물에 잠긴 논 때문에 매년 10억 달러의 손실을 보고 있다. ③ 그들은 이 새로운 유전자가 태풍과 장마철에 발생되는 재정적인 피해를 줄여주고 더 강인한 쌀 종자를 만들어서 풍작을 초래하기를 희망한다. ④ 이것은 도시화의 희생자이고 농작물이 부족한 취약한 지역에 살고 있는 사람들에게 끔찍한 소식이다. 쌀 수확량은 향후 10억 명이 주식으로 먹을 수 있도록 보장하기 위해 향후 20년 동안 30% 가량 증가해야 한다.」

8 밑줄 친 부분에 들어갈 말로 가장 적절한 것은?

> A : Do you know how to drive?
> B : Of course. I'm a great driver.
> A : Could you teach me how to drive?
> B : Do you have a learner's permit?
> A : Yes, I got it just last week.
> B : Have you been behind the steering wheel yet?
> A : No, but I can't wait to _____.

① change a flat tire   ② get an oil change

③ get my feet wet   ④ take a rain check

TIP learner's permit 임시 면허증 behind the steering wheel 운전하다 take a rain check 다음을 기약하다
① 펑크 난 타이어를 갈다
② 엔진오일을 교체하다
③ 시작하다
④ 다음을 기약하다
「A : 운전할 줄 아세요?
B : 물론이죠. 운전 잘 합니다.
A : 운전하는 방법을 알려주실 수 있나요?
B : 임시면허증이 있습니까?
A : 네, 지난주에 받았습니다.
B : 운전해본 적 있습니까?
A : 아뇨. 하지만 빨리 시작하고 싶습니다.」

9 다음 글의 내용과 일치하는 것은?

Sharks are covered in scales made from the same material as teeth. These flexible scales protect the shark and help it swim quickly in water. A shark can move the scales as it swims. This movement helps reduce the water's drag. Amy Lang, an aerospace engineer at the University of Alabama, studies the scales on the shortfin mako, a relative of the great white shark. Lang and her team discovered that the mako shark's scales differ in size and in flexibility in different parts of its body. For instance, the scales on the sides of the body are tapered—wide at one end and narrow at the other end. Because they are tapered, these scales move very easily. They can turn up or flatten to adjust to the flow of water around the shark and to reduce drag. Lang feels that shark scales can inspire designs for machines that experience drag, such as airplanes.

① A shark has scales that always remain immobile to protect itself as it swims.

② Lang revealed that the scales of a mako shark are utilized to lessen drag in water.

③ A mako shark has scales of identical size all over its body.

④ The scientific designs of airplanes were inspired by shark scales.

> **TIP** scale 비늘 flexible 유연한 drag 끌다 aerospace 우주항공 shortfin make 청상아리 great white shark 대백상어 taper 점점 가늘어지다 turn up 나타나다 flatten 납작하게 하다 inspire 고무하다
> ① 비늘은 매우 쉽게 움직인다.
> ③ 청상아리의 몸의 부위별로 비늘의 크기와 유연성이 다르다
> ④ 영감을 줄 수 있다고 생각한 것이므로 옳지 않다.
> ① 상어는 그것이 수영할 때 자신을 보호하기 위해서 항상 움직이지 않는 비늘을 가지고 있다.
> ② Lang은 청상아리의 비늘이 물속에서 저항을 줄이기 위해 사용된다는 것을 밝혀냈다.
> ③ 청상아리는 몸 전체에 걸쳐 똑같은 크기의 비늘을 가지고 있다.
> ④ 비행기의 과학적 디자인들은 상어 비늘에서 영감을 받았다.
>
> 「상어는 이빨과 같은 물질로 만들어진 비늘로 덮여 있다. 이 유연한 비늘은 상어를 보호해주고 물에서 빨리 헤엄칠 수 있도록 도와준다. 상어는 헤엄치면서 비늘을 움직일 수 있다. 이러한 움직임은 물의 저항력을 줄여준다. Alabama대학의 항공우주 산업 기술자인 Amy Lang은 백상아리의 친척관계인 청상아리의 비늘을 연구했다. Lang과 그녀의 팀은 청상아리의 몸의 부위별로 비늘의 크기와 유연성이 다르다는 것을 발견했다. 예를 들면, 몸의 측면에 있는 비늘은 한쪽 끝에서 가늘다가 넓어지고 다른 끝에서는 좁아진다. 비늘들이 더 가늘어지기 때문에 이러한 비늘들은 매우 쉽게 움직인다. 이것들은 상어 주면의 물의 흐름에 적응하거나 끌어당김을 줄이기 위해서 위로 접히거나 펼 수 있다. Lang은 상어 비늘은 비행기와 같이 저항을 겪는 기계들의 디자인에 영감을 줄 수 있다고 생각한다.」

10 밑줄 친 부분 중 어법상 옳지 않은 것은?

Focus means ①getting stuff done. A lot of people have great ideas but don't act on them. For me, the definition of an entrepreneur, for instance, is someone who can combine innovation and ingenuity with the ability to execute that new idea. Some people think that the central dichotomy in life is whether you're positive or negative about the issues ②that interest or concern you. There's a lot of attention ③paying to this question of whether it's better to have an optimistic or pessimistic lens. I think the better question to ask is whether you are going to do something about it or just ④let life pass you by.

> **TIP** stuff 물질 definition 정의 entrepreneur 사업가 combine A with B A와 B를 결합하다 ingenuity 독창성 dichotomy 이분 optimistic 낙관적인 pessimistic 비관적인 pass by 지나치다 ③ paying → paid, pay attention to~에서 attention이 앞으로 나가 수동태로 쓰였으므로 과거분사로 고쳐 써야 한다.
>
> 「집중은 할 일을 하는 것을 의미한다. 많은 사람들이 뛰어난 아이디어를 가지고 있지만 그것에 대해 실천하지는 않는다. 예를 들어, 나에게 있어 사업가란, 혁신과 독창성을 새로운 아이디어를 실행하는 능력과 결합할 수 있는 사람이다. 몇몇 사람들은 삶의 중심이 되는 이분법은 당신이 관심 있거나 관심 있는 이슈에 대해 당신이 긍정적인지 혹은 부정적인지에 대한 여부라고 생각한다. 낙관적인 시선을 갖는 것이 좋은지 또는 비관적인 시선을 갖는 게 좋은지에 관한 의문에 많은 관심이 쏠리고 있다. 내 생각에 더 나은 질문은 당신이 그것에 관해 무엇인가를 할 것인지 아니면 그냥 지나가게 할 것인지 이다.」

11 밑줄 친 부분 중 글의 흐름상 가장 어색한 것은?

> Most people like to talk, but few people like to listen, yet listening well is a ①rare talent that everyone should treasure. Because they hear more, good listeners tend to know more and to be more sensitive to what is going on around them than most people. In addition, good listeners are inclined to accept or tolerate rather than to judge and criticize. Therefore, they have ②fewer enemies than most people. In fact, they are probably the most beloved of people. However, there are ③exceptions to that generality. For example, John Steinbeck is said to have been an excellent listener, yet he was hated by some of the people he wrote about. No doubt his ability to listen contributed to his capacity to write. Nevertheless, the result of his listening didn't make him ④unpopular.

TIP treasure 귀중히 여기다 tend to ~하는 경향이 있다 tolerate 인내하다 judge 판단하다
generality 일반론
④ unpopular → popular

「대부분의 사람들은 말하는 것은 좋아하지만 듣는 것을 좋아하는 사람은 거의 없다. 그러나 잘 듣는 것은 모든 사람들이 소중하게 여겨야하는 ①귀중한 재능이다. 훌륭한 청취자들은 더 많은 것을 듣기 때문에, 대부분의 사람들보다 그들 주변에서 일어나는 것들에 더 많이 알고 더욱 민감하게 반응하는 경향이 있다. 게다가 남의 말을 잘 듣는 사람들은 판단하거나 비판하는 것보다는 차라리 받아들이거나 인내하는 경향이 있다. 따라서 그들은 대부분의 사람들보다 ②거의 적이 없다. 사실, 그들은 사람들 중 가장 사랑받는 이들일 것이다. 그러나 이러한 일반화에도 ③예외들은 있다. 예를 들어 John Steinbeck은 훌륭한 청취자였다고 알려져 있지만, 그가 쓴 글은 몇몇 사람들에게 의해 미움을 받았다고 한다. 틀림없이 그의 청취능력은 그의 글쓰기 능력에 기여했다. 그럼에도 불구하고 그의 경청의 결과는 그를 ④인기 없게 만들지는 못했다.」

12 다음 글의 주제로 가장 적절한 것은?

Worry is like a rocking horse. No matter how fast you go, you never move anywhere. Worry is a complete waste of time and creates so much clutter in your mind that you cannot think clearly about anything. The way to learn to stop worrying is by first understanding that you energize whatever you focus your attention on. Therefore, the more you allow yourself to worry, the more likely things are to go wrong! Worrying becomes such an ingrained habit that to avoid it you consciously have to train yourself to do otherwise. Whenever you catch yourself having a fit of worry, stop and change your thoughts. Focus your mind more productively on what you do want to happen and dwell on what's already wonderful in your life so more wonderful stuff will come your way.

① How do we cope with worrying?
② When should we worry?
③ Where does worry originate from?
④ What effects does worry have on life?

TIP clutter 혼란 energize 북돋우다 ingrained 뿌리 깊은 have a fit of ~이 북받치다 dwell on ~을 깊이 생각하다 originate from ~에서 비롯되다 have an effect on ~에 영향을 미치다
걱정은 시간 낭비적이고 쓸 데 없는 것이므로, 걱정하지 말고 어떻게 떨쳐낼지 생각하라고 말하고 있다.
① 어떻게 걱정에 대처할까?
② 언제 우리는 걱정해야만 할까?
③ 걱정은 어디에서 발생하는 걸까?
④ 걱정은 삶에 어떤 영향을 미칠까?

「걱정은 흔들 목마와 같다. 당신이 아무리 빨리 가도 당신은 아무데도 가지 않는다. 걱정은 완벽한 시간 낭비이며, 어떤 것도 분명하게 생각할 수 없을 정도로 정신을 아주 어지럽힌다. 걱정을 그만두는 것을 배우는 방법은 당신이 집중하는 것이 무엇이든지 그것에 에너지를 쏟아야 한다는 것을 이해한다는 것이다. 그러므로 당신이 스스로 걱정을 하면 할수록, 더 많은 것들이 잘못될 것이다. 걱정하는 것은 몸에 깊이 밴 습관이어서 그것을 피하기 위해서는 스스로 그렇게 하지 않도록 훈련을 해야 한다. 당신이 걱정에 복받쳐 있는 것을 발견할 때마다 멈추고 생각을 바꿔라. 당신이 일어나길 원하는 것에 대해 더 생산적으로 집중하고 당신의 인생에 일어났던 멋진 것을 계속 곱씹으면 더 멋진 일들이 당신에게 일어날 것이다.」

13 다음 글의 내용과 일치하지 않는 것은?

Students at Macaulay Honors College (MHC) don't stress about the high price of tuition. That's because theirs is free. At Macaulay and a handful of other service academies, work colleges, single-subject schools and conservatories, 100 percent of the student body receive a full tuition scholarship for all four years. Macaulay students also receive a laptop and $7,500 in "opportunities funds" to pursue research, service experiences, study abroad programs and internships. "The most important thing is not the free tuition, but the freedom of studying without the burden of debt on your back," says Ann Kirschner, university dean of Macaulay Honors College. The debt burden, she says, "really compromises decisions students make in college, and we are giving them the opportunity to be free of that." Schools that grant free tuition to all students are rare, but a greater number of institutions provide scholarships to enrollees with high grades. Institutions such as Indiana University Bloomington offer automatic awards to high-performing students with stellar GPAs and class ranks.

① MHC에서는 모든 학생이 4년간 수업료를 내지 않는다.
② MHC에서는 학생들에게 컴퓨터 구입 비용과 교외활동 비용을 합하여 $7,500를 지급한다.
③ 수업료로 인한 빚 부담이 있으면 학생들이 자유롭게 공부할 수 없다고 Kirschner 학장은 말한다.
④ MHC와 달리 학업 우수자에게만 장학금을 주는 대학도 있다.

> **TIP** service academy 사관학교 conservatory 음악학교 stella 뛰어난 scholarship 장학금
> MHC 학생들은 노트북과 기회펀드 형태로 7,500 달러를 받는다고 했으므로 ②는 옳지 않다.
>
> 「MHC의 학생들은 비싼 수업료에 스트레스를 받지 않는다. 왜냐하면 수업료가 무료이기 때문이다. MHC와 소수의 다른 사관학교들, 워크 칼리지, 단과대 학교들과 음악학교들에서는 학생들 100%가 4년 동안 수업료 전액 장학금을 받는다. MHC 학생들은 또한 <u>연구와 서비스 경험, 해외 연수와 인턴십을 할 수 있게 해줄 노트북과 7,500달러의 "기획 펀드"를 받는다</u>. "정말 중요한 것은 무료 학비가 아니라 돈에 대한 부담 없이 자유롭게 공부하는 것이다"라고 MHC의 학장 Ann Kirschner는 말한다. 그녀는 부채 부담이 학생들이 대학에서 하는 결정들을 방해하며 우리는 그들에게 그것으로부터 자유로워질 기회를 제공하고 있다고 말한다. 모든 학생들에게 무료 수업료를 제공하는 학교는 매우 드물지만, 많은 수의 기관이 높은 학점으로 입학한 학생들에게 장학금을 제공한다. IBU와 같은 기관에서는 뛰어난 평점과 우수한 등급 순위를 가진 학생들에게 자동적으로 상을 수여한다.」

※ 밑줄 친 부분의 의미와 가장 가까운 것을 고르시오. 【14~15】

14

> The police spent seven months working on the crime case but were never able to determine the identity of the malefactor.

① culprit   ② dilettante

③ pariah   ④ demagogue

> **TIP** spending A ~ing ~하는데 A를 소요하다 crime case 범죄사건 determine 밝히다 malefactor 악인 culprit 범인, 원인 dilettante 호사가 pariah 버림받는 사람 demagogue 정치 선동가
> ① 범인
> ② 예술 애호가
> ③ 버림받은 사람
> ④ 정치 선동가
> 「경찰은 7개월 동안 범죄사거를 조사했지만, 결국 <u>범인</u>의 신원을 밝혀낼 수 없었다.」

15

> While at first glance it seems that his friends are just leeches, they prove to be the ones he can depend on through thick and thin.

① in good times and bad times

② in pleasant times

③ from time to time

④ in no time

> **TIP** at first glance 처음에는 leech 거머리
> ① 좋을 때나 나쁠 때
> ② 행복한 순간에
> ③ 이따금
> ④ 당장에
> 「처음에는 그의 친구들이 거머리 같은 보이지만, 그들은 <u>좋을 때나 안 좋을 때나</u> 그가 의존할 수 있는 사람들임을 증명한다.」

16 주어진 문장이 들어갈 위치로 가장 적절한 것은?

> Some remain intensely proud of their original accent and dialect words, phrases and gestures, while others accommodate rapidly to a new environment by changing their speech habits, so that they no longer "stand out in the crowd."

> Our perceptions and production of speech change with time. (①) If we were to leave our native place for an extended period, our perception that the new accents around us were strange would only be temporary. (②) Gradually, we will lose the sense that others have an accent and we will begin to fit in—to accommodate our speech patterns to the new norm. (③) Not all people do this to the same degree. (④) Whether they do this consciously or not is open to debate and may differ from individual to individual, but like most processes that have to do with language, the change probably happens before we are aware of it and probably couldn't happen if we were.

TIP intensely 강렬하게 dialect 방언 accommodate to ~ 에 맞추다 stand out in the crowd 눈에 띄다 perception 이해 norm 표준 with time 시간이 흐름에 따라 temporary 일시적인 fit in 어울리다 debate 토론 have to do with ~ 와 관계가 있다

「언어에 대한 우리의 인식과 생성은 시간에 따라 변한다. ①만약 우리가 오랜 기간 동안 고향을 떠난다면, 우리 주위의 새로운 억양이 낯설다는 우리의 인식은 일시적일 뿐이다. ② 차츰, 우리는 다른 사람들이 억양이 있다는 생각을 안 하게 되고 우리의 말투를 새로운 표준에 맞추어 적응하기 시작할 것이다. ③ 모든 사람들이 같은 정도로 이렇게 되는 것은 아니다. ④ 어떤 사람들은 계속해서 자신의 고향 억양과 사투리, 어구, 그리고 몸짓들을 매우 자랑스러워하는 반면, 다른 사람들은 그들의 언어 습관을 고쳐 빠르게 새로운 환경에 적응하며 더 이상 "군중속에서 눈에 띄지 않는다." 그들이 이것을 의식적으로 하는지 그렇지 않은지는 논쟁의 여지가 있지만 개인에 따라 다를 수 있다. 그러나 언어와 관련이 있는 대부분의 과정에서처럼 우리가 그것을 의식하기 전에 변화는 발생하며, 만약 우리가 의식한다면 그것은 발생하지 않을 것이다.」

17 다음 글의 내용과 일치하지 않는 것은?

Insomnia can be classified as transient, acute, or chronic. Transient insomnia lasts for less than a week. It can be caused by another disorder, by changes in the sleep environment, by the timing of sleep, severe depression, or by stress. Its consequences such as sleepiness and impaired psychomotor performance are similar to those of sleep deprivation. Acute insomnia is the inability to consistently sleep well for a period of less than a month. Acute insomnia is present when there is difficulty initiating or maintaining sleep or when the sleep that is obtained is not refreshing. These problems occur despite adequate opportunity and circumstances for sleep and they can impair daytime functioning. Acute insomnia is also known as short term insomnia or stress related insomnia. Chronic insomnia lasts for longer than a month. It can be caused by another disorder, or it can be a primary disorder. People with high levels of stress hormones or shifts in the levels of cytokines are more likely than others to have chronic insomnia. Its effects can vary according to its causes. They might include muscular weariness, hallucinations, and/or mental fatigue. Chronic insomnia can also cause double vision.

※ cytokines : groups of molecules released by certain cells of the immune system

① Insomnia can be classified according to its duration.

② Transient insomnia occurs solely due to an inadequate sleep environment.

③ Acute insomnia is generally known to be related to stress.

④ Chronic insomnia patients may suffer from hallucinations.

TIP insomnia 불면증   transient 일시적인   acute 급성의   chronic   만성의   disorder 질환, 질병   depression 우울증   impaired 손상된   psychomotor 정신운동의   deprivation 부족   inability 불능   initiate 착수시키다   adequate 적절한   impair 손상시키다   daytime 낮   primary 주요한   shift 변화   weariness 피곤함   hallucination 환각   fatigue 피로   double vision 복시   solely 오로지
② 수면을 위한 충분한 기회와 환경에서도 발생한다.
① 불면증은 지속 기간에 따라 분류될 수 있다.
② 일시적 불면증은 오로지 적절치 않은 수면 환경 때문에 발생한다.
③ 급성 불면증은 일반적으로 스트레스와 관련된 것으로 알려져 있다.
④ 만성 불면증 환자는 환각을 겪을 수 있다.

「불면증은 일시적이거나 급성이거나 만성적인 것으로 분류된다. 일시적인 불면증은 적어도 일주일 미만의 기간 동안 지속된다. 그것은 다른 질병이나, 수면 환경의 변화, 수면 시간의 선택, 극심한 우울증, 혹은 스트레스에 의해서도 야기된다. 졸음이나 손상된 정신운동수행과 같은 이것의 영향은 수면 부족의 영향과 같다. 급성 불면증은 한 달 이하의 기간 동안 지속적으로 잠을 자지 못하게 한다. 급성 불면증은 잠이 드는 것 혹은 잠을 계속 자는 것에 어려움이 있을 때 혹은 수면이 상쾌하지 않을 때 발생한다. 이러한 문제들은 수면의 충분한 기회와 환경에도 불구하고 발생하며, 낮 동안의 기능에 방해가 될 수 있다. 급성 불면증은 또한 단기간의 불면증 혹은 스트레스 관련 불면증으로도 알려져 있다. 만성 불면증은 한 달 이상 지속된다. 그것은 다른 질환에 의해 생길 수도 있거나 이것이 주요한 질병일 수도 있다. 시토카인 수치의 변화나 스트레스 호르몬의 높은 수치를 가진 사람들이 다른 사람들보다 더 만성 불면증을 겪을 가능성이 많다. 이 만성 불면증의 영향은 원인에 따라 다르다. 그 원인으로는 근육 피로, 환각, 혹은 정신적 피로들을 포함한다. 만성 불면증은 또 복시를 야기할 수 있다.」

18 밑줄 친 부분에 들어갈 말로 가장 적절한 것은?

> Kisha Padbhan, founder of Everonn Education, in Mumbai, looks at his business as nation-building. India's student-age population of 230 million (kindergarten to college) is one of the largest in the world. The government spends $83 billion on instruction, but there are serious gaps. "There aren't enough teachers and enough teacher-training institutes," says Kisha. "What children in remote parts of India lack is access to good teachers and exposure to good-quality content." Everonn's solution? The company uses a satellite network, with two-way video and audio _____.
> It reaches 1,800 colleges and 7,800 schools across 24 of India's 28 states. It offers everything from digitized school lessons to entrance exam prep for aspiring engineers and has training for job-seekers, too.

① to locate qualified instructors across the nation

② to get students familiarized with digital technology

③ to bridge the gap through virtual classrooms

④ to improve the quality of teacher training facilities

TIP founder 창립자 nation-building 국가건설 remote 고립된 aspiring 야망을 가진 familiarized ~에 친숙한
① 전국에서 능력 있는 교사를 발굴하도록
② 학생들이 디지털 기술에 익숙해지도록 하는 것
③ 가상 교실을 통해 차이를 좁히는 것
④ 교사 훈련 기관의 질을 향상시키는 것

「뭄바이의 Everonn 교육의 창시자인 kisha Padbhan은 그의 사업을 일종의 국가건설로 여긴다. 인도의 학생 연령 인구 2억 3천만 명(유치원에서 대학까지)은 전 세계에서 가장 큰 규모 중 하나다. 정부는 교육에 8백 30억 달러를 쓰고 있지만 심각한 격차가 존재한다. "교사와 교사 양성 기관이 충분하지 않다"라고 kisha는 말한다. "인도의 먼 지역에 사는 학생들에게 부족한 것은 좋은 선생님을 만나고 양질의 콘텐츠를 접하는 것이다." Everonn의 해결책은? 그 회사는 가상 교실을 통해서 그 격차를 메우기 위해 양방향 비디오와 오디오를 갖춘 위성 네트워크를 사용하는 것이다. 그것은 인도의 28개 주 중 24개 주에 있는 1,800개의 대학과 7,800개의 학교에 도입된다. 이것은 디지털화된 학교 수업에서부터 장래의 기술자들을 위한 입학시험 준비까지 모든 것을 제공해주고 구직자들을 위한 교육도 제공한다.」

19 주어진 문장 다음에 이어질 글의 순서로 가장 적절한 것은?

A technique that enables an individual to gain some voluntary control over autonomic, or involuntary, body functions by observing electronic measurements of those functions is known as biofeedback.

(A) When such a variable moves in the desired direction (for example, blood pressure down), it triggers visual or audible displays—feedback on equipment such as television sets, gauges, or lights.

(B) Electronic sensors are attached to various parts of the body to measure such variables as heart rate, blood pressure, and skin temperature.

(C) Biofeedback training teaches one to produce a desired response by reproducing thought patterns or actions that triggered the displays.

① (A) — (B) — (C)　　　　② (B) — (C) — (A)

③ (B) — (A) — (C)　　　　④ (C) — (A) — (B)

TIP voluntary 자발적인　autonomic 자율적인　involuntary 본의 아닌　biofeedback 생체 자기 제어 variable 가변적인 변수　desired 바랐던　direction 지시　trigger 유발하다

「이러한 기능의 전자적 측정을 관찰함으로써 개인이 자율적으로 또는 무의식적으로 신체기능을 자발적으로 제어할 수 있게 해주는 기술을 생체 자기 제어라고 한다.

(B) 전자 센서는 심장박동, 혈압, 체온 등과 같은 변수들을 측정하기 위해 신체의 다양한 부분에 붙여진다.

(A) 이러한 가변적인 변수가 원하는 방향(예 : 혈압 강하)으로 이동하면 텔레비전 세트, 측정기나 조명과 같은 장치에 시각적 또는 청각적 신호를 유발시킨다.

(C) 생체 자기 제어 훈련은 생각의 패턴이나 표시장치를 촉발시킨 행동을 재현하여 원하는 반응을 도출하도록 가르친다.」

20 우리말을 영어로 잘못 옮긴 것은?

① 그 연사는 자기 생각을 청중에게 전달하는 데 능숙하지 않았다.
　→The speaker was not good at getting his ideas across to the audience.

② 서울의 교통 체증은 세계 어느 도시보다 심각하다.
　→The traffic jams in Seoul are more serious than those in any other city in the world.

③ 네가 말하고 있는 사람과 시선을 마주치는 것은 서양 국가에서 중요하다.
　→Making eye contact with the person you are speaking to is important in western countries.

④ 그는 사람들이 생각했던 만큼 인색하지 않았다는 것이 드러났다.
　→It turns out that he was not so stingier as he was thought to be.

TIP ④ stingier → stingy. as와 as 사이에는 반드시 형용사나 부사나 원급이 위치해야 한다.

05

2018. 5. 19 제1회 지방직 시행

※ 밑줄 친 부분의 의미와 가장 가까운 것을 고르시오. 【1~2】

1

> The <u>paramount</u> duty of the physician is to do no harm. Everything else—even healing—must take second place.

① chief

② sworn

③ successful

④ mysterious

> **TIP** paramount 다른 무엇보다 중요한
> ① 주된 ② 선서를 한 ③ 성공적인 ④ 의문의
> 「의사의 <u>가장 중요한</u> 의무는 해를 끼치지 않는 것이다. 치료와 같은 그 밖의 다른 것은 2순위이다.」

2

> It is not unusual that people <u>get cold feet</u> about taking a trip to the North Pole.

① become ambitious

② become afraid

③ feel exhausted

④ feel saddened

> **TIP** get cold feet 겁이 나다, 용기를 잃다
> ① 자랑스러워하다
> ② 겁을 먹다
> ③ 기진맥진하다
> ④ 슬픔을 느끼다
> 「사람들이 북극으로 여행하는 것에 대해 <u>겁을 먹는 것은</u> 이상한 일이 아니다.」

3 밑줄 친 부분 중 어법상 옳지 않은 것은?

> I am writing in response to your request for a reference for Mrs. Ferrer. She has worked as my secretary ①<u>for the last three years</u> and has been an excellent employee. I believe that she meets all the requirements ②<u>mentioned</u> in your job description and indeed exceeds them in many ways. I have never had reason ③<u>to doubt</u> her complete integrity. I would, therefore, recommend Mrs. Ferrer for the post ④<u>what</u> you advertise.

TIP integrity 진실성 post 지위
④ what → that

「Mrs. Ferrer에 대한 문의를 요청하신 데에 대한 답장을 씁니다. 그녀는 지난 3년 동안 저의 비서로써 일했고 훌륭한 직원이었습니다. 저는 그녀가 당신의 직무기술서에 언급된 모든 요구 조건들을 충족시키고 정말로 여러 면에서 그것들을 능가한다고 믿습니다. 저는 결코 그녀의 완전한 성실성을 의심할 이유를 가져본 적 없습니다. 그러므로 저는 Mrs. Ferrer를 당신이 공고하는 그 자리에 추천합니다.」

4 우리말을 영어로 잘못 옮긴 것은?

① 모든 정보는 거짓이었다.
   → All of the information was false.
② 토마스는 더 일찍 사과했어야 했다.
   → Thomas should have apologized earlier.
③ 우리가 도착했을 때 영화는 이미 시작했었다.
   → The movie had already started when we arrived.
④ 바깥 날씨가 추웠기 때문에 나는 차를 마시려 물을 끓였다.
   → Being cold outside, I boiled some water to have tea.

TIP ④ Being cold outside → It being cold outside, 주절의 주어인 I와 분사구문의 주어가 일치하지 않는다.

5 밑줄 친 부분의 의미와 가장 가까운 것은?

> The student who finds the state-of-the-art approach <u>intimidating</u> learns less than he or she might have learned by the old methods.

① humorous   ② friendly

③ convenient   ④ frightening

> **TIP** state of the art 최첨단의 approach 접근법 intimidating 위협하는
> ① 재미있는 ② 친근한 ③ 편리한 ④ 위협하는
> 「최신식 접근법이 <u>위협적이라고</u> 생각하는 학생들은 그들이 구식 방법으로 배운 것보다 덜 배우게 된다.」

6 밑줄 친 부분에 들어갈 말로 가장 적절한 것은?

> Since the air-conditioners are being repaired now, the office workers have to _____ electric fans for the day.

① get rid of   ② let go of

③ make do with   ④ break up with

> **TIP** ① ~을 제거하다
> ② ~를 놓다
> ③ ~으로 임시 변통하다, 때우다
> ④ ~와 헤어지다
> 「에어컨이 현재 수리 중이기 때문에, 사무실 직원들은 오늘 하루 동안은 아쉬운대로 선풍기를 써야 한다.」

7 어법상 옳은 것은?

① Please contact to me at the email address I gave you last week.

② Were it not for water, all living creatures on earth would be extinct.

③ The laptop allows people who is away from their offices to continue to work.

④ The more they attempted to explain their mistakes, the worst their story sounded.

TIP contact 연락하다 extinct 멸종한 attempt 시도하다 sound ~처럼 들리다

① contact to me → contact me

③ is → are

④ worst → worse

「① 제가 지난주에 알려드린 이메일 주소로 연락 부탁드립니다.

② 물이 없다면, 지구상의 모든 살아있는 생물들은 멸종할 것이다.

③ 노트북 컴퓨터는 사무실 밖에서도 계속해서 일을 할 수 있도록 해 준다.

④ 그들이 자신들의 실수에 대해서 설명하려고 하면 할수록, 그들의 이야기는 더 안 좋게 들렸다.」

8   우리말을 영어로 옳게 옮긴 것은?

① 그는 며칠 전에 친구를 배웅하기 위해 역으로 갔다.

　　→ He went to the station a few days ago to see off his friend.

② 버릇없는 그 소년은 아버지가 부르는 것을 못 들은 체했다.

　　→ The spoiled boy made it believe he didn't hear his father calling.

③ 나는 버팔로에 가본 적이 없어서 그곳에 가기를 고대하고 있다.

　　→ I have never been to Buffalo, so I am looking forward to go there.

④ 나는 아직 오늘 신문을 못 읽었어. 뭐 재미있는 것 있니

　　→ I have not read today's newspaper yet. Is there anything interested in it?

TIP see off ~를 배웅하다 spoiled 망쳐진

② made it believe → make believe

③ looking forward to go → looking forward to going

④ interested in it → interesting

다음 글의 흐름상 가장 어색한 문장은?

The Renaissance kitchen had a definite hierarchy of help who worked together to produce the elaborate banquets. ①At the top, as we have seen, was the scalco, or steward, who was in charge of not only the kitchen, but also the dining room. ②The dining room was supervised by the butler, who was in charge of the silverware and linen and also served the dishes that began and ended the banquet—the cold dishes, salads, cheeses, and fruit at the beginning and the sweets and confections at the end of the meal. ③This elaborate decoration and serving was what in restaurants is called "the front of the house." ④The kitchen was supervised by the head cook, who directed the undercooks, pastry cooks, and kitchen help.

TIP definite 확실한 hierarchy 계급 elaborate 정교한 banquet 연회 scalco 식탁에서 고기를 잘라주는 사람 steward 집사장 in charge of ~을 맡아서 supervise 감독하다 butler 집사 silverware 은제품 linen 마섬유 undercook 휘하 pastry cook 페이스트리 요리사
③은 주방과 식당의 책임자들에 대한 설명과 어울리는 문장이 아니다.

「르네상스 시대 주방에는 정교한 만찬을 만들어내기 위해서 함께 일하는 조력자들의 명확한 위계질서가 있었다. ① 우리가 보아왔던 것처럼 꼭대기에는 집사 또는 집사장이 있었고 그는 주방뿐 아니라 식당까지도 책임을 지고 있었다. ② 식당은 집사에 의해서 감독되었다. 그는 은식기와 식탁용 린넨제품을 담당하고 있었으며 연회를 시작하고 마치는 요리, 즉 식사를 시작할 때의 차가운 요리, 샐러드, 치즈 그리고 과일과 식사의 끝에 있는 스위츠와 단 음식들을 서빙했다. ③ 이렇게 정교한 장식과 접객은 레스토랑에서 "FoH"라고 불리는 것이다. ④ 그 주방은 수석 주방장에 의해서 감독되어졌으며, 그는 휘하 요리사들과 페이스트리 요리사들, 주방 보조들을 감독했다.」

10 다음 글의 요지로 가장 적절한 것은?

My students often believe that if they simply meet more important people, their work will improve. But it's remarkably hard to engage with those people unless you've already put something valuable out into the world. That's what piques the curiosity of advisers and sponsors. Achievements show you have something to give, not just something to take. In life, it certainly helps to know the right people. But how hard they go to bat for you, how far they stick their necks out for you, depends on what you have to offer. Building a powerful network doesn't require you to be an expert at networking. It just requires you to be an expert at something. If you make great connections, they might advance your career. If you do great work, those connections will be easier to make. Let your insights and your outputs—not your business cards—do the talking.

① Sponsorship is necessary for a successful career.

② Building a good network starts from your accomplishments.

③ A powerful network is a prerequisite for your achievement.

④ Your insights and outputs grow as you become an expert at networking.

> **TIP** ① 후원은 성공적인 경력을 쌓기 위해 필수적이다.
> ② 좋은 인맥을 구축하는 것은 당신의 성취로부터 시작된다.
> ③ 영향력 있는 인맥은 당신의 성취를 위한 전제조건이다.
> ④ 인맥 쌓기의 전문가가 되면 당신의 통찰력과 결과물도 커지게 된다.
>
> 「나의 학생들은 종종 중요한 사람들을 만나면 그들의 업무 성과가 좋아질 것이라고 생각한다. 하지만 당신이 먼저 이 세상에 무언가 가치를 더하지 않은 이상 이런 사람들과 관계를 맺는 것은 상당히 어렵다. 그것이 바로 조언자들과 후원자들의 호기심을 불러일으키는 것이다. 성취는 당신이 무언가를 그저 취하는 것뿐만 아니라 무언가 줄 것이 있다는 것을 보여준다. 우리가 살아가면서 물론 꼭 필요한 사람들을 만나는 것은 도움이 된다. 하지만 이들이 얼마나 여러분을 위해 팔을 걷어붙일 지, 얼마나 큰 위험을 감수할 지는 당신이 그들에게 무엇을 제공할 수 있느냐에 달려있다. 강력한 인맥을 구축하는 것은 당신으로 하여금 인맥 전문가가 되기를 요구하는 것은 아니다. 단지 어떤 분야에 전문가가 되어야 한다는 것을 의미한다. 좋은 사람들과 관계를 맺으면 여러분의 경력을 향상시키는 데 도움을 줄 수도 있을 것이다. 당신이 대단한 성과를 낼 수 있다면 이러한 좋은 사람들과 더 쉽게 이어질 수 있다. 당신의 명함이 아닌 통찰력과 결과물이 당신의 실력을 대변할 수 있도록 해라.」

11 밑줄 친 부분에 들어갈 말로 가장 적절한 것은?

> A : My computer just shut down for no reason. I can't even turn it back on again.
> B : Did you try charging it? It might just be out of battery.
> A : Of course, I tried charging it.
> B : _____
> A : I should do that, but I'm so lazy.

① I don't know how to fix your computer.

② Try visiting the nearest service center then.

③ Well, stop thinking about your problems and go to sleep.

④ My brother will try to fix your computer because he's a technician.

> **TIP** shut down 멈추다 turn on 켜다 charge 충전하다
> ① 어떻게 네 컴퓨터를 고쳐야 할 지 모르겠어.
> ② 그럼 가장 가까운 서비스센터를 가봐.
> ③ 글쎄, 문제에 대한 걱정 그만하고 자러 가.
> ④ 내 동생이 기술자니까 네 컴퓨터 고쳐 보라고 할게.
> 「A : 내 컴퓨터가 이유도 없이 멈췄어. 심지어 다시 켤 수도 없네.
> B : 충전했어? 배터리가 거의 방전됐을지도 몰라.
> A : 물론 충전도 다시 해봤지.
> B : 그럼 가장 가까운 서비스센터를 가봐.
> A : 그래야 하는데, 내가 너무 게을러.」

12 다음 글에 나타난 화자의 심경으로 가장 적절한 것은?

> My face turned white as a sheet. I looked at my watch. The tests would be almost over by now. I arrived at the testing center in an absolute panic. I tried to tell my story, but my sentences and descriptive gestures got so confused that I communicated nothing more than a very convincing version of a human tornado. In an effort to curb my distracting explanation, the proctor led me to an empty seat and put a test booklet in front of me. He looked doubtfully from me to the clock, and then he walked away. I tried desperately to make up for lost time, scrambling madly through analogies and sentence completions. "Fifteen minutes remain," the voice of doom declared from the front of the classroom. Algebraic equations, arithmetic calculations, geometric diagrams swam before my eyes. "Time! Pencils down, please."

① nervous and worried

② excited and cheerful

③ calm and determined

④ safe and relaxed

TIP white as a sheet 백지장처럼 창백하다 convincing 설득력 있는 tornado 분출 swim 빙빙 돌듯 보이다 desperately 필사적으로 arithmetic 연산 geometric 기하학 scramble 허둥지둥해내다 algebraic 대수학
① 긴장되고 걱정하는
② 흥분되어 들뜬
③ 차분하고 단호한
④ 편안하고 안전한

「내 얼굴은 창백해졌다. 나는 시계를 쳐다보았다. 지금쯤 시험은 거의 끝나갈 것이다. 나는 완전한 공황상태로 시험장에 도착했다. 나는 내 사정을 이야기하려고 노력했지만 내 말과 설명하려는 몸짓이 너무 혼란스러워 나는 감정이 폭발하는 상황에서 설득력 있는 무엇도 전달할 수 없었다. 나의 산만한 설명을 제지하고자 시험 감독관은 나를 빈 좌석으로 이끌었고 시험지를 내 앞에 놓아두었다. 그는 미심쩍게 나로부터 시계로 눈을 돌렸고, 걸어서 나로부터 멀어져갔다. 나는 필사적으로 손실된 시간을 만회하려고 노력했고, 미친 듯이 허둥지둥 유사점들과 문장 완성들을 이어갔다. "15분 남았습니다." 운명의 목소리가 교실을 울렸다. 대수 방정식과 산술 계산, 기하학도표가 내 눈앞에서 빙빙 도는 것 같이 보였다. "끝. 연필 내려놓으세요."」

13 주어진 문장 다음에 이어질 글의 순서로 가장 적절한 것은?

> Devices that monitor and track your health are becoming more popular among all age populations.

> (A) For example, falls are a leading cause of death for adults 65 and older. Fall alerts are a popular gerotechnology that has been around for many years but have now improved.
> (B) However, for seniors aging in place, especially those without a caretaker in the home, these technologies can be lifesaving.
> (C) This simple technology can automatically alert 911 or a close family member the moment a senior has fallen.
>
> ※ gerotechnology : 노인을 위한 양로 기술

① (B) — (C) — (A)   ② (B) — (A) — (C)
③ (C) — (A) — (B)   ④ (C) — (B) — (A)

TIP 제시된 글은 건강을 감시 및 추적하는 장치들이 인기를 얻고 있다고 했다. (B)의 'these technologies' 는 이런 장치들을 뜻한다. (A)는 낙상 경보 기술이 필요한 이유를 설명하고, (C)에서는 낙상 경보 기술 을 연결하여 설명하고 있다.

「건강상태를 모니터링하고 추적하는 장치가 모든 연령층에서 인기를 얻고 있다.
(B) 하지만 지역사회 계속 거주 노인들 중 특히 가정 내에 돌보는 사람이 없는 경우 이러한 기술들은 생명을 구 할 수도 있다.
(A) 예를 들어, 낙상은 65세 이상 성인들에게 있어 사망의 주된 원인이다. 낙상 경고 장치는 수년 동안 있어 왔던 대중적인 노인을 위한 양로 기술이지만 지금은 개선되었다.
(C) 이 간단한 기술은 노인이 넘어지자마자 자동으로 911 또는 가까운 가족에게 알려준다.」

※ 밑줄 친 부분에 들어갈 말로 가장 적절한 것을 고르시오. 【14~15】

14

> A : Where do you want to go for our honeymoon?
> B : Let's go to a place that neither of us has been to.
> A : Then, why don't we go to Hawaii?
> B : _____

① I've always wanted to go there.
② Isn't Korea a great place to live?
③ Great! My last trip there was amazing!
④ Oh, you must've been to Hawaii already.

15

The secret of successful people is usually that they are able to concentrate totally on one thing. Even if they have a lot in their head, they have found a method that the many commitments don't impede each other, but instead they are brought into a good inner order. And this order is quite simple : _____. In theory, it seems to be quite clear, but in everyday life it seems rather different. You might have tried to decide on priorities, but you have failed because of everyday trivial matters and all the unforeseen distractions. Separate off disturbances, for example, by escaping into another office, and not allowing any distractions to get in the way. When you concentrate on the one task of your priorities, you will find you have energy that you didn't even know you had.

① the sooner, the better
② better late than never
③ out of sight, out of mind
④ the most important thing first

TIP commitment 약속   impede 지연시키다   unforeseen 예측하지 못한   get in the way 방해되다
distraction 부주의
① 바쁠수록 좋다
② 아예 안 오는 것보다는 늦게라도 오는 것이 낫다
③ 눈에서 멀어지면 마음에서도 멀어 진다
④ 가장 중요한 것이 먼저다

「성공한 사람들의 비결은 보통 그들이 한 가지 일에 완전히 집중할 수 있다는 것이다. 그들은 그들의 머릿속이 복잡하더라도 많은 책무들이 서로 방해하기는커녕 훌륭한 내적 질서를 이루는 방법을 찾아냈다. 그리고 이러한 질서는 매우 단순하다 : <u>가장 중요한 것 먼저</u>. 이론상으로 이것은 매우 명확해 보인다. 그러나 일상의 삶에서 이것은 다소 차이가 있다. 당신은 우선순위를 결정하려고 시도했을지도 모른다. 하지만 당신은 일상의 사소한 문제와 예측하지 못한 방해요소들로 인해 실패했을 것이다. 예를 들어, 다른 사무실로 탈출하여 산만한 상황들에서 벗어나라.. 당신이 당신의 우선순위에 있는 한 가지 과제에 집중할 때, 당신은 심지어 당신이 갖고 있으면서도 알지도 못했던 당신의 에너지를 발견할 것이다.」

16 다음 글의 제목으로 가장 적절한 것은?

With the help of the scientist, the commercial fishing industry has found out that its fishing must be done scientifically if it is to be continued. With no fishing pressure on a fish population, the number of fish will reach a predictable level of abundance and stay there. The only fluctuation would be due to natural environmental factors, such as availability of food, proper temperature, and the like. If a fishery is developed to take these fish, their population can be maintained if the fishing harvest is small. The mackerel of the North Sea is a good example. If we increase the fishery and take more fish each year, we must be careful not to reduce the population below the ideal point where it can replace all of the fish we take out each year. If we fish at this level, called the maximum sustainable yield, we can maintain the greatest possible yield, year after year. If we catch too many, the number of fish will decrease each year until we fish ourselves out of a job. Examples of severely overfished animals are the blue whale of the Antarctic and the halibut of the North Atlantic. Fishing just the correct amount to maintain a maximum annual yield is both a science and an art. Research is constantly being done to help us better understand the fish population and how to utilize it to the maximum without depleting the population.

① Say No to Commercial Fishing

② Sea Farming Seen As a Fishy Business

③ Why Does the Fishing Industry Need Science?

④ Overfished Animals : Cases of Illegal Fishing

> **TIP** fluctuation 변동 fishery 어장 mackerel 고등어 overfished 남획 된 blue whale 흰 긴수염 고
> 래 halibut 큰 넙치 deplete 격감시키다
> ① 상업적 어업을 거부하라
> ② 수산업으로 간주되는 양식 어업
> ③ 어업에 과학이 필요한 이유는 무엇인가?
> ④ 남획된 물고기들 : 불법 어업의 사례들
>
> 「과학자들의 도움으로 상업적 어업은 어획을 계속하려면 과학적으로 수행해야 한다는 사실을 알아냈다. 물고기
> 개체 수에 대한 어업의 압력이 없다면, 물고기의 개체 수는 예측 가능한 풍부한 수준에 도달하고 거기에 머무를
> 것이다. 유일한 변동은 음식의 가용성, 적절한 온도 등과 같은 자연적인 환경 요인 때문일 것이다. 만일 어업이
> 이러한 물고기를 잡도록 발전되고, 어획량이 적다면, 그것의 개체 수는 유지될 수 있다. 북해의 고등어가 좋은 예
> 이다. 우리가 매년 어업을 늘리고 물고기를 더 많이 잡는다면, 우리는 해마다 우리가 잡는 모든 물고기를 대체할
> 수 있는 이상적 수준 이하로 개체 수를 줄이지 않도록 주의해야 한다. 만약 우리가 '최대 유지 생산량'이라고 하는
> 이러한 수준에서 물고기를 어획하면, 우리는 매년 가능한 최대의 생산량을 유지할 수 있다. 우리가 너무 많이 잡
> 는다면 우리는 어업을 할 수 없을 때까지 물고기의 수는 매년 줄어들 것이다. 과도하게 남획된 물고기의 사례로
> 는 대서양의 흰 긴수염 고래와 북대서양의 넙치가 있다. 최대 연간 산출량을 유지하기 위해 꼭 정확한 양의 물고
> 기를 잡는 것은 과학인 동시에 기술이다. 우리로 하여금 물고기 개체 수를 더 잘 이해하고 개체 수를 감소시키지
> 않으면서 최대한 활용하는 방법에 대한 연구는 끊임없이 진행되고 있다.」

17 밑줄 친 (A), (B)에 들어갈 말로 가장 적절한 것은?

> Does terrorism ever work? 9/11 was an enormous tactical success for al Qaeda, partly because it involved attacks that took place in the media capital of the world and the actual capital of the United States, _____(A)_____ ensuring the widest possible coverage of the event. If terrorism is a form of theater where you want a lot of people watching, no event in human history was likely ever seen by a larger global audience than the 9/11 attacks. At the time, there was much discussion about how 9/11 was like the attack on Pearl Harbor. They were indeed similar since they were both surprise attacks that drew America into significant wars. But they were also similar in another sense. Pearl Harbor was a great tactical success for Imperial Japan, but it led to a great strategic failure : Within four years of Pearl Harbor the Japanese empire lay in ruins, utterly defeated. _____(B)_____, 9/11 was a great tactical success for al Qaeda, but it also turned out to be a great strategic failure for Osama bin Laden.

	(A)	(B)
①	thereby	Similarly
②	while	Therefore
③	while	Fortunately
④	thereby	On the contrary

TIP tactical 전술적인 thereby 그렇게 함으로써 take place in 열리다 coverage 보도 significant 중요한

「테러는 정말 효과가 있는 것인가? 9·11 테러는 알카에다에게는 엄청난 전술상의 성공이었는데, 그 이유 중 하나는 세계의 미디어 자본과 미국의 실제 수도에서 일어난 공격을 포함하기 때문이었고, (A) 그것으로 인해 이 사건의 가능한 가장 광범위한 범위를 확보했기 때문이다. 만약 테러가 많은 사람들이 보고 싶어 하는 극장의 한 형태라면 9·11 테러보다 인류 역사상 더 많은 전 세계 관객들에게 알려진 사건은 없었을 것이다. 그 당시에는 9·11 테러가 진주만 공격과 얼마나 유사한지에 대해 많은 논의가 있었다. 그것들은 둘 다 미국을 심각한 전쟁으로 몰아 넣은 기습 공격이었기 때문에 정말로 비슷했다. 하지만 그것들은 다른 의미에서도 비슷했다. 진주만 공격은 제국주의 일본의 커다란 전술적인 성공이었지만, 그 전략은 커다란 전략적 실패로 이어졌다. 진주만에서 4년 만에 일본 제국은 완전히 파괴되어 폐허가 되었다. (B) 마찬가지로 9·11 테러는 알카에다에게 커다란 전술적 성공이었지만, 오사마 빈라덴에게는 전략적으로 큰 실패로 판명되었다.」

18 다음 글의 내용과 일치하지 않는 것은?

> We entered a new phase as a species when Chinese scientists altered a human embryo to remove a potentially fatal blood disorder—not only from the baby, but all of its descendants. Researchers call this process "germline modification." The media likes the phrase "designer babies." But we should call it what it is, "eugenics." And we, the human race, need to decide whether or not we want to use it. Last month, in the United States, the scientific establishment weighed in. A National Academy of Sciences and National Academy of Medicine joint committee endorsed embryo editing aimed at genes that cause serious diseases when there is "no reasonable alternative." But it was more wary of editing for "enhancement," like making already—healthy children stronger or taller. It recommended a public discussion, and said that doctors should "not proceed at this time." The committee had good reason to urge caution. The history of eugenics is full of oppression and misery.
>
> ※ eugenics : 우생학

① Doctors were recommended to immediately go ahead with embryo editing for enhancement.

② Recently, the scientific establishment in the U.S. joined a discussion on eugenics.

③ Chinese scientists modified a human embryo to prevent a serious blood disorder.

④ "Designer babies" is another term for the germline modification process.

TIP human embryo 인간 배아 descendant 자손 eugenics 우생학 embryo editing 배아 수정 aim at 겨냥하다
① 의사들은 향상을 위한 배아 수정을 즉시 진행할 것을 권고 받았다.
② 최근에 미국의 과학계는 우생학에 대한 토론에 참여했다.
③ 중국 과학자들은 심각한 혈액 질환을 예방하기 위해 인간 배아를 변형시켰다.
④ "Designer babies"는 일반 수정 과정에 대한 또 다른 용어이다.

「우리는 중국의 과학자들이 잠재적으로 치명적인 혈액 질환을 제거하기 위해 – 단지 아이에게서 뿐만 아니라 아이의 자손 모두로부터 – 인간 배아를 변형시켰을 때 하나의 종으로서 새로운 국면에 접어들었다. 연구자들은 이 과정을 유전자 변형이라고 부른다. 언론은 이 단계를 "desigenr babies"라고 부르길 좋아한다. 그러나 우리는 바로 그것을 "우생학"이라고 불러야 한다. 게다가 인류는 우리가 그것을 사용하길 원하는지 아닌지 결정해야 한다. 지난 달 미국의 과학계가 관여하였다. 국립 과학원과 국립 의학 연구원 합동 위원회는 "대체 의학이 없을 때" 심각한 질병을 일으키는 유전자를 목표로 하는 배아 수정을 승인했다. 하지만 이미 건강한 아이들을 더 강하거나 더 키가 크게 만드는 것 같은 "향상"을 위한 수정에 대해 더 걱정했다. 위원회 측은 공개 토론을 권고하면서 의사들이 "이 시점에서 진행해서는 안 된다"고 말했다. 이 위원회는 신중을 주장하는 충분한 이유가 있었다. 우생학의 역사는 억압과 불행으로 가득하다.」

19 주어진 문장이 들어갈 위치로 가장 적절한 것은?

> If neither surrendered, the two exchanged blows until one was knocked out.

The ancient Olympics provided athletes an opportunity to prove their fitness and superiority, just like our modern games. (①) The ancient Olympic events were designed to eliminate the weak and glorify the strong. Winners were pushed to the brink. (②) Just as in modern times, people loved extreme sports. One of the favorite events was added in the 33rd Olympiad. This was the pankration, or an extreme mix of wrestling and boxing. The Greek word pankration means "total power." The men wore leather straps with metal studs, which could make a terrible mess of their opponents. (③) This dangerous form of wrestling had no time or weight limits. In this event, only two rules applied. First, wrestlers were not allowed to gouge eyes with their thumbs. Secondly, they could not bite. Anything else was considered fair play. The contest was decided in the same manner as a boxing match. Contenders continued until one of the two collapsed. (④) Only the strongest and most determined athletes attempted this event. Imagine wrestling "Mr. Fingertips," who earned his nickname by breaking his opponents' fingers!

TIP glorify 미화하다 wrestling 레슬링 gouge 찌르다 contender 경쟁자

「고대 올림픽은 현대 경기와 마찬가지로 선수들에게 그들의 체력과 우월성을 증명할 수 있는 기회를 제공했다. ① 고대 올림픽 경기들은 약한 자들을 제거하고, 강한 자를 찬양하기 위해 만들어졌다. 우승자들은 극단으로 내몰렸다. ② 현 시대와 마찬가지로 사람들은 극한 스포츠를 좋아했다. 가장 좋아하는 경기들 중 하나가 33회 올림픽 경기에 추가되었다. 그리스어로 판크라티온이라는 것으로 레슬링과 복싱의 극단적인 조합이었다. 그리스어로 판크라티온은 전체적인 힘을 의미한다. 선수들은 징이 박힌 가죽 끈을 착용했는데 이것이 상대방을 처참하게 엉망으로 만들어버릴 수 있었다. ③ 이 위험한 형태의 레슬링은 시간과 체중 제한이 없었다. 이 경기에서는 오직 두 가지 규칙만이 적용되었다. 첫째, 레슬러는 엄지손가락으로 눈을 찌르는 것이 허용되지 않았다. 둘째로, 그들은 깨물 수 없었다. 그 외에는 권투와 동일한 방식으로 결정되었다. 경쟁자는 두 사람 중 하나가 쓰러질 때까지 경기를 계속했다. ④ 만일 어느 쪽도 항복하지 않으면, 두 사람은 한 사람이 쓰러질 때까지 주먹을 휘둘렀다. 가장 강하고 가장 결의 있는 선수들만이 이 경기에 참가했다. 상대의 손가락을 부러뜨려 "Mr. Fingertips"라는 별명을 얻은 선수와 레슬링 한다는 것을 상상해 봐라.」

Answer

18.① 19.④

20 밑줄 친 부분에 들어갈 말로 가장 적절한 것은?

In our time it is not only the law of the market which has its own life and rules over man, but also the development of science and technique. For a number of reasons, the problems and organization of science today are such that a scientist does not choose his problems; the problems force themselves upon the scientist. He solves one problem, and the result is not that he is more secure or certain, but that ten other new problems open up in place of the single solved one. They force him to solve them ; he has to go ahead at an ever-quickening pace. The same holds true for industrial techniques. The pace of science forces the pace of technique. Theoretical physics forces atomic energy on us ; the successful production of the fission bomb forces upon us the manufacture of the hydrogen bomb. We do not choose our problems, we do not choose our products ; we are pushed, we are forced—by what? By a system which has no purpose and goal transcending it, and which _____.

① makes man its appendix

② creates a false sense of security

③ inspires man with creative challenges

④ empowers scientists to control the market laws

TIP physics 물리학 atomic 원자 fission bomb 원자 폭탄 hydrogen 수소 transcend 초월하다 appendix 맹장, 부록 empower 권한을 주다
① 인간을 그것의 부속물로 만드는
② 보안에 대한 거짓된 관념을 창조하는
③ 창조적인 도전 과제들로 인간에게 영감을 주는
④ 과학자들에게 시장 규칙을 통제할 권한을 주는

「우리의 시대에, 인간에 대한 그것만의 삶과 규칙을 가진 것은 시장의 법칙뿐만 아니라 과학과 기술의 발전에도 있다. 여러 가지 이유로, 오늘날 과학의 문제들과 구조는 다음과 같은데 과학자가 그의 문제점들을 선택하는 것이 아니라는 것이다. ; 문제점들이 과학자에게 그들 자신을 강요한다. 그가 하나의 문제를 해결하고, 그 결과는 그가 더 안전하거나 확신을 갖게 되는 것이다. 그러나 또 다른 10개의 새로운 문제들이 하나의 해결된 문제 대신 또 발생하게 된다. 그들은 그 과학자에게 그것들을 해결할 것을 강요한다, ; 그는 전례 없이 빠른 속도로 계속해야 한다. 산업 기술 분야에서 또한 이는 사실이다. 과학의 속도는 기술의 속도에도 영향을 준다. 이론 물리학은 우리에게 원자력 에너지를 강요한다. ; 원자 폭탄의 성공적인 생산은 우리에게 수소 폭탄 제조를 강요한다. 우리는 우리의 문제를 선택하지 않으며, 우리는 우리의 생산품을 선택하지 않는다. 우리는 강요받고, 강요받는다. – 무엇에 의해서? 그것을 초월하는 목표와 목적이 없는, 그리고 인간을 그것의 부속물로 만드는 시스템에 의해서.」

※ 밑줄 친 부분과 의미가 가장 가까운 것은? 【1~3】

1

> Man has continued to be disobedient to authorities who tried to <u>muzzle</u> new thoughts and to the authority of long-established opinions which declared a change to be nonsense.

① express
② assert
③ suppress
④ spread

> **TIP** disobedient 반항하는, 거역하는 authorities 당국, 관계자 muzzle 재갈을 물리다 authority 권한, 인가
> ① express 표현하다, 나타내다
> ② assert 주장하다
> ③ suppress 진압하다, 억제하다
> ④ spread 펼치다, 퍼뜨리다
>
> 「인간은 새로운 사상을 퍼뜨리지 못하게 한 정부 당국과 변화를 무의미한 것으로 선언한 오랫동안 확립된 의견의 권위에 계속해서 복종하지 않았다.」

2

> Surgeons were forced to <u>call it a day</u> because they couldn't find the right tools for the job.

① initiate
② finish
③ wait
④ cancel

> **TIP** call it a day ~을 그만하기로 하다 initiate 개시되게 하다, 착수시키다
>
> 「외과 의사들은 그들의 일에 적합한 도구를 찾을 수 없었기 때문에 어쩔 수 없이 그 날 일을 끝낼 수밖에 없었다.」

3

> Don't be <u>pompous</u>. You don't want your writing to be too informal and colloquial, but you also don't want to sound like someone you're not—like your professor or boss, for instance, or the Rhodes scholar teaching assistant.

① presumptuous   ② casual

③ formal   ④ genuine

> **TIP** pompous 젠체하는, 거만한 informal 일상적인, 편안한 colloquial 구어의, 일상적인 대화체의 for instance 예를 들어
> ① presumptuous 주제넘은, 건방진
> ② casual 무심한, 평상시의
> ③ formal 정중한, 형식적인
> ④ genuine 진짜의, 진실한
> 「잘난 척하지 마십시요. 당신은 당신의 글이 너무 일상적인 구어체가 되는 것을 원하지는 않지만, 예를 들어 여러분의 교수나 상사 같은 사람이나 로즈 상학생 같은 사림처럼 말하고 싶지도 않을 겁니다.」

4 대화 중 가장 어색한 것은?

① A : I'd like to make a reservation for tomorrow, please.

    B : Certainly. For what time?

② A : Are you ready to order?

    B : Yes, I'd like the soup, please.

③ A : How's your risotto?

    B : Yes, we have risotto with mushroom and cheese.

④ A : Would you like a dessert?

    B : Not for me, thanks.

> **TIP** 「① A ; 내일 날짜로 예약을 하려고 합니다.
>   B : 정확한 시간을 말씀해 주시겠어요?
> ② A ; 주문하시겠습니까?
>   B : 네, 수프를 주시겠어요.
> ③ A ; 리소토는 어떤가요?
>   B : 네. 버섯과 치즈를 곁들인 리소토가 있습니다.
> ④ A ; 후식 드시겠습니까?
>   B : 전 괜찮습니다. 감사합니다.」

5 밑줄 친 부분 중 어법상 가장 옳지 않은 것은?

His survival ①over the years since independence in 1961 does not alter the fact that the discussion of real policy choices in a public manner has hardly ②never occurred. In fact, there have always been ③a number of important policy issues ④which Nyerere has had to argue through the NEC.

TIP survival 생존, 유물 alter 변하다, 바꾸다 discussion 논의 argue 다투다, 주장하다
② 부정어는 1개만 사용해야 하는데 hardly와 never 2개가 연속으로 사용되었으므로 잘못되었다.
「1961년 독립 이후 수년 간의 그의 생존은 실질적인 정책 결정에 대한 공개적인 논의가 거의 일어나지 않았다는 사실을 바꾸지 않는다. 사실, Nyerere가 국가집행위원회를 통해 논쟁해 왔던 많은 중요한 정책에는 항상 문제가 있었다.」

6 밑줄 친 부분 중 어법상 가장 옳은 것은?

More than 150 people ①have fell ill, mostly in Hong Kong and Vietnam, over the past three weeks. And experts ②are suspected that ③another 300 people in China's Guangdong province had the same disease ④begin in mid−November.

TIP fall ill 병에 걸리다 mostly 주로, 일반적으로
① have fallen ill로 고쳐야 한다.
② are suspecting로 고쳐야 한다.
④ beginning로 고쳐야 한다.
「지난 3주 동안 홍콩과 베트남에 사는 150명 이상의 사람들이 주로 병에 걸렸다. 전문가들은 중국 광동성에 사는 다른 300명의 사람들이 11월 중순부터 같은 병을 앓고 있는 것으로 의심하고 있다.」

Answer
3.① 4.③ 5.② 6.③

7 글의 흐름상 빈칸에 들어갈 단어로 가장 옳은 것은?

> Social learning theorists offer a different explanation for the counter-aggression exhibited by children who experience aggression in the home. An extensive research on aggressive behavior and the coercive family concludes that an aversive consequence may also elicit an aggressive reaction and accelerate ongoing coercive behavior. These victims of aggressive acts eventually learn via modeling to _____ aggressive interchanges. These events perpetuate the use of aggressive acts and train children how to behave as adults.

① stop   ② attenuate

③ abhor   ④ initiate

TIP Social learning theorists 사회 학습 이론 counter 반대 counter-aggression 반격 aversive 혐오의, 회피적인 coercive 강압적인 victim 피해자 perpetuate 영구화하다, 영속시키다
② attenuate 약화시키다, 희석시키다
③ abhor 혐오하다
④ initiate 착수시키다, 접하게 하다

「사회적 학습 이론가들은 가정에서 폭력을 경험한 아이들이 보이는 반격행동에 대해 다른 설명을 제시한다. 공격적인 행동과 강압적인 가족에 대한 광범위한 연구는 피하려고 하면 결과가 오히려 공격적인 반응을 이끌어 내고 계속적인 강압 행동을 가속화할 수도 있다는 결론을 내린다. 공격적인 행동의 피해자들은 모델링을 통해 결국 공격적인 교환을 착수하도록 배운다. 이러한 사건들은 공격적인 행동의 사용을 영속시키고 아이들에게 어른으로서 행동하는 방법을 훈련시킨다.」

8 밑줄 친 인물(Marcel Mauss)에 대한 설명으로 가장 옳지 않은 것은?

Marcel Mauss (1872–1950), French sociologist, was born in Épinal (Vosges) in Lorraine, where he grew up within a close-knit, pious, and orthodox Jewish family. Emile Durkheim was his uncle. By the age of 18 Mauss had reacted against the Jewish faith; he was never a religious man. He studied philosophy under Durkheim's supervision at Bordeaux ; Durkheim took endless trouble in guiding his nephew's studies and even chose subjects for his own lectures that would be most useful to Mauss. Thus Mauss was initially a philosopher (like most of the early Durkheimians), and his conception of philosophy was influenced above all by Durkheim himself, for whom he always retained the utmost admiration.

① He had a Jewish background.
② He was supervised by his uncle.
③ He had a doctrinaire faith.
④ He was a sociologist with a philosophical background.

> **TIP** a close-knit 긴밀하게 조직된 공동체 pious 경건한, 독실한 orthodox 정통의, 전통적인 Jewish 유대인의, 유대교인인 philosophy 철학 nephew 조카 initially 처음에 admiration 감탄, 존경
> ① 그는 유대인 출생이다.
> ② 그는 삼촌의 지도를 받았다.
> ③ 그는 교리를 믿었다.
> ④ 그는 철학적 배경을 가진 사회학자였다.
>
> 「프랑스 사회학자인 마르셀 모스는 로레인의 에피날(보주)에서 태어났는데, 그곳에서 그는 친족들로 이루어진 경건하며 정통적인 유대인 가정에서 자랐다. 에밀 뒤르켐은 그의 삼촌이었다. 18살이 되었을 때 모스는 유대인에 대한 믿음에 반대하는 반응을 나타냈다. 그는 결코 종교인이 아니었다. 그는 보르도에서 뒤르켐의 지휘 아래 철학을 공부했다. ; 뒤르켐은 조카의 학업을 지도하는데 끊임없는 어려움을 겪었으며 심지어 모스에게 가장 유용한 자신의 강의의 주제를 선택했다. 그래서 모스는 처음에는 철학자였으며 (대부분의 초기 뒤르켐주의자들과 마찬가지로) 철학에 대한 신념은 무엇보다도 뒤르켐에 의해 영향을 받아 그는 항상 최고의 칭찬을 받았다.」

9 글의 문맥에 가장 어울리는 순서대로 배열한 것은?

ⓐ Today, however, trees are being cut down far more rapidly. Each year, about 2 million acres of forests are cut down. That is more than equal to the area of the whole of Great Britain.

ⓑ There is not enough wood in these countries to satisfy the demand. Wood companies, therefore, have begun taking wood from the forests of Asia, Africa, South America, and even Siberia.

ⓒ While there are important reasons for cutting down trees, there are also dangerous consequences for life on earth. A major cause of the present destruction is the worldwide demand for wood. In industrialized countries, people are using more and more wood for paper.

ⓓ There is nothing new about people cutting down trees. In ancient times, Greece, Italy, and Great Britain were covered with forests. Over the centuries those forests were gradually cut back. Until now almost nothing is left.

---

① ⓐ − ⓑ − ⓒ − ⓓ   ② ⓓ − ⓐ − ⓑ − ⓒ
③ ⓑ − ⓐ − ⓒ − ⓓ   ④ ⓓ − ⓐ − ⓒ − ⓑ

> **TIP** satisfy 충족시키다, 채우다 gradually 서서히
>
> 「ⓓ 사람들이 나무를 베는 것에는 새로울 것이 없다. 고대에는 그리스, 이탈리아 그리고 영국이 숲으로 덮여 있었다. 수세기를 거치면서 그 숲들은 서서히 축소되었다. 지금까지 거의 남아 있는 것이 없다.
>
> ⓐ 하지만 오늘날 나무들은 훨씬 더 빠르게 잘려 나가고 있다. 매년 약 2백 만 에이커의 숲이 벌채되고 있다. 그것은 영국 전체의 면적과 동일하다.
>
> ⓒ 나무를 베는 데는 중요한 이유가 있지만, 지구상의 생명체에게는 위험한 결과가 따르기도 한다. 현재 파괴의 주요 원인은 목재에 대한 전 세계적인 수요이다. 산업화된 국가에서는 사람들이 종이를 사용하기 위해 목재를 점점 더 많이 사용하고 있다.
>
> ⓑ 이 나라들에는 수요를 충족시킬 만큼 목재가 충분하지 않다. 따라서 목재 회사들은 아시아, 아프리카, 남미, 심지어 시베리아의 숲에서 목재를 벌채하기 시작했다.」

10 글의 흐름상 빈칸에 들어갈 표현으로 가장 옳은 것은?

Contemporary art has in fact become an integral part of today's middle class society. Even works of art which are fresh from the studio are met with enthusiasm. They receive recognition rather quickly — too quickly for the taste of the surlier culture critics. _____, not all works of them are bought immediately, but there is undoubtedly an increasing number of people who enjoy buying brand new works of art. Instead of fast and expensive cars, they buy the paintings, sculptures and photographic works of young artists. They know that contemporary art also adds to their social prestige. _____, since art is not exposed to the same wear and tear as automobiles, it is a far better investment.

① Of course — Furthermore

② Therefore — On the other hand

③ Therefore — For instance

④ Of course — For example

TIP 「현대 미술은 실제로 오늘날 중산층 사회의 필수적인 부분이 되었다. 스튜디오에서 갓 나온 예술 작품들도 심지어 인정을 받는다. 그들은 비우호적인 문화평론가의 취향에 있어 더욱 빨리 인정을 받는다. <u>물론</u>, 모든 작품을 즉시 구입할 수 있는 것은 아니지만, 확실히 새로운 예술 작품을 구입하는 것을 즐기는 사람들의 수가 증가하고 있다. 빠르고 값비싼 자동차 대신 그들은 젊은 예술가들의 그림, 조각품, 사진 작품을 산다. 그들은 현대 미술이 그들의 사회적 명성을 높여 준다는 것을 안다. <u>게다가</u>, 예술은 자동차와 같은 마모와 파손에 노출되지 않기 때문에, 훨씬 더 나은 투자이다.」

11 밑줄 친 부분과 의미가 가장 먼 것은?

> As a prerequisite for fertilization, pollination is <u>essential</u> to the production of fruit and seed crops and plays an important part in programs designed to improve plants by breeding.

① crucial

② indispensable

③ requisite

④ omnipresent

> **TIP** prerequisite 전제 조건 fertilization 수정, 수태 pollination 수분
> ① crucial 중대한, 결정적인
> ② indispensable 필수적인
> ③ requisite 필요한, 필수품
> ④ omnipresent 편재하는, 어디에나 있는
> 「수정을 위한 전제 조건으로, 수분은 과일과 종자식물의 생산에 필수석이며, 번식을 통해 식물을 개량히기 위해 고안된 프로그램에서 중요한 역할을 한다.」

12 글의 흐름상 빈칸에 들어갈 단어로 가장 옳은 것은?

> Mr. Johnson objected to the proposal because it was founded on a _____ principle and also was _____ at times.

① faulty — desirable

② imperative — reasonable

③ conforming — deplorable

④ wrong — inconvenient

> **TIP** ① 불완전한, 잘못된 – 바람직한, 가치있는
> ② 긴요한, 위엄 있는 – 합리적인, 적정한
> ③ 따르는, 순응하는 – 개탄스러운
> ④ 잘못된, 틀린 – 불편한, 곤란한
> 「존슨 씨는 그 제안이 잘못된 원칙에 근거하고 있고 때때로 불편하기 때문에 반대했다.」

13

I'm ① <u>pleased</u> that I have enough clothes with me. American men are generally bigger than Japanese men so ② <u>it's</u> very difficult to find clothes in Chicago that ③ <u>fits</u> me. ④ <u>What</u> is a medium size in Japan is a small size here.

> **TIP** ③ 관계대명사 that의 선행사는 clothes이므로 복수동사인 fit을 써야 한다.
>
> 「나는 내가 충분한 옷을 가지고 있어서 기쁘다. 미국 사람들은 일반적으로 일본 사람들보다 커서 시카고에서 나에게 맞는 옷을 찾기가 매우 어렵다. 일본에서의 M사이즈가 여기에서는 S사이즈이다.」

14

Blue Planet II, a nature documentary ① <u>produced</u> by the BBC, left viewers ② <u>heartbroken</u> after showing the extent ③ <u>to which</u> plastic ④ <u>affects on</u> the ocean.

> **TIP** ④ affect는 타동사이므로 affects on the ocean → affect the ocean으로 고쳐야 한다.
>
> 「BBC가 제작한 자연 다큐멘터리인 블루 플래닛 II는 플라스틱이 바다에 미치는 영향의 정도를 보여 준 후 시청자들에게 비통함을 남겼다.」

15 글의 흐름상 빈칸에 들어갈 가장 적절한 문장은?

What became clear by the 1980s, however, as preparations were made for the 'Quincentenary Jubilee', was that many Americans found it hard, if not impossible, to see the anniversary as a 'jubilee'. There was nothing to celebrate the legacy of Columbus. ＿＿＿＿＿＿＿

① According to many of his critics, Columbus had been the harbinger not of progress and civilization, but of slavery and the reckless exploitation of the environment.

② The Chicago World's Fair of 1893 reinforced the narrative link between discovery and the power of progress of the United States.

③ This reversal of the nineteenth−century myth of Columbus is revealing.

④ Columbus thus became integrated into Manifest Destiny, the belief that America's progress was divinely ordained.

> **TIP** preparation 준비하는 Quincentenary Jubilee 500주년 기념일 anniversary 기념일 slavery 노예제도 reinforced 보강하다, 강화하다 reversal 반전, 역전 divinely 거룩하게
> ① 많은 비평가들에 따르면, 콜럼버스는 진보와 문명이 아닌 노예제도와 환경의 무모한 착취의 선구자였다.
> ② 1893년 시카고 세계 박람회는 미국의 발견과 진보의 힘 사이에 서술적인 관련성을 강화시켰다.
> ③ 19세기 콜럼버스의 신화의 이러한 반전은 흥미로운 사실을 보여주고 있다.
> ④ 콜럼버스는 따라서 미국의 진보가 거룩하게 이루어졌다는 믿음인 매니 페스트 운명에 통합되었다.
> 「그러나 1980년대에 명확해진 것은 '500주년 기념일'을 준비하면서 많은 미국인들이 그 기념일을 '기념일로 보는 것이 불가능한 것은 아니지만 힘들다는 것을 발견하게 되었다는 것이다. 콜럼버스의 유산을 기념할 만한 것은 아무것도 없었다.」

16 글의 흐름상 빈칸에 들어갈 단어로 가장 옳지 않은 것은?

> Following his father's imprisonment, Charles Dickens was forced to leave school to work at a boot-blacking factory alongside the River Thames. At the run-down, rodent-ridden factory, Dickens earned six shillings a week labeling pots of "blacking," a substance used to clean fireplaces. It was the best he could do to help support his family. Looking back on the experience, Dickens saw it as the moment he said goodbye to his youthful innocence, stating that he wondered "how he could be so easily cast away at such a young age." He felt _____ by the adults who were supposed to take care of him.

① abandoned

② betrayed

③ buttressed

④ disregarded

TIP imprisonment 투옥, 감금
① 버려진, 유기된
② 배신당한, 저버린
③ 지지된, 힘을 실어 주는
④ 무시된, 묵살된

「그의 아버지가 투옥된 후, 찰스 디킨스는 학교를 떠나 템즈 강 옆에 있는 구두 닦는 공장에서 일하도록 강요받았다. 폐허가 되고 설치류가 들끓는 공장에서, 디킨즈는 벽난로를 청소하는 데 사용되는 물질인 "블래킹" 항아리에 라벨을 붙이면서 일주일에 6실링을 벌었다. 그것은 그가 가족을 부양하는 것을 도울 수 있는 최선이었다. 그 경험을 돌아보면서 디킨스는 "어린 시절이 그렇게 너무 쉽게 버려질 수 있는가"에 대해 의아해하면서 그 시절을 어린 시절의 순수함에 작별을 고하는 순간으로 보았다. 그는 자신을 돌봐주어야만 했던 어른들에게 배신감을 느꼈다.」

17 글의 내용과 일치하는 것은?

A family hoping to adopt a child must first select an adoption agency. In the United States, there are two kinds of agencies that assist with adoption. Public agencies generally handle older children, children with mental or physical disabilities, or children who may have been abused or neglected. Prospective parents are not usually expected to pay fees when adopting a child from a public agency. Fostering, or a form of temporary adoption, is also possible through public agencies. Private agencies can be found on the Internet. They handle domestic and international adoption.

---

① Public adoption agencies are better than private ones.

② Parents pay huge fees to adopt a child from a foster home.

③ Children in need cannot be adopted through public agencies.

④ Private agencies can be contacted for international adoption.

> **TIP** adopt 입양하다, 채택하다 handle 다루다, 만지다 disability 장애 abuse 학대하다 neglect 방치하다
> Prospective 곧 있을, 유망한 Foster 위탁 양육하다 temporary 일시적인, 임시의
> ① 공공 입양 기관은 민간 기관보다 낫다.
> ② 부모들은 위탁 아동을 입양하기 위해 엄청난 비용을 지불한다.
> ③ 도움이 필요한 아이들은 공공 기관을 통해 입양될 수 없다.
> ④ 민간 기관은 국제 입양을 위해 연락될 수 있다.
>
> 「아이를 입양하고 싶어 하는 가정은 먼저 입양 기관을 선택해야 한다. 미국에는 입양을 돕는 두 종류의 기관이 있다. 공공 기관은 일반적으로 나이 든 어린이, 정신적 또는 신체적 장애가 있는 어린이, 또는 학대 당하거나 방치된 어린이들을 다루고 있다. 곧 아이를 입양할 부모들은 공공 기관에서 아이를 입양할 때 보통은 비용을 지불할 것으로 예상하지 않는다. 공공 기관을 통한 위탁 양육이나 임시의 입양 형태도 가능하다. 민간 기관은 인터넷에서 찾을 수 있다. 그들은 국내와 국제 입양을 다룬다.」

18 글의 흐름상 빈칸에 들어갈 단어로 가장 옳은 것은?

Moths and butterflies both belong to the order Lepidoptera, but there are numerous physical and behavioral differences between the two insect types. On the behavioral side, moths are _____ and butterflies are diurnal (active during the day). While at rest, butterflies usually fold their wings back, while moths flatten their wings against their bodies or spread them out in a "jet plane" position.

① nocturnal
② rational
③ eternal
④ semi-circular

TIP moth 나방 Lepidoptera 인시목(나비나 나방류를 포함하는 곤충강의 한 목) numerous 많은 diurnal 주행성의 flatten 반반하게 만들다 spread 펼치다
① 야행성의
② 합리적인
③ 영원한
④ 반원형의

「나방과 나비는 모두 인시목에 속하지만 두 곤충 유형 사이에는 많은 물리적 및 행동상의 차이가 있다. 행동 측면에서, 나방은 <u>야행성</u>이고 나비는 주행성(낮에 활동적인)이다. 휴식을 취하는 동안, 나비는 보통 날개를 뒤로 접는 반면, 나방은 날개를 몸에 반반하게 만들거나 "제트기" 자세로 날개를 펼친다.」

19 글의 흐름상 빈칸에 들어갈 표현으로 가장 옳은 것은?

The idea of clowns frightening people started gaining strength in the United States. In South Carolina, for example, people reported seeing individuals wearing clown costumes, often hiding in the woods or in cities at night. Some people said that the clowns were trying to lure children into empty homes or the woods. Soon, there were reports of threatening-looking clowns trying to frighten both children and adults. Although there were usually no reports of violence, and many of the reported sightings were later found to be false, this _____.

① benefited the circus industry

② promoted the use of clowns in ads

③ caused a nationwide panic

④ formed the perfect image of a happy clown

TIP clown 광대 frightening 무서운 violence 폭행, 폭력 sighting 목격
① 서커스 산업에 이득이 되었다.
② 광고에 광대의 사용을 장려했다.
③ 전국적인 공황을 일으켰다.
④ 행복한 광대의 완벽한 이미지를 형성했다.

「사람들을 무섭게 하는 광대라는 생각이 미국에서 힘을 얻기 시작했다. 예를 들어, 사우스캐롤라이나 주에서는 사람들이 광대 복장을 하고, 종종 숲속이나 도시의 밤에 숨어 있는 모습이 보고되었다. 어떤 사람들은 광대들이 아이들을 빈 집이나 숲으로 유인하려 한다고 말했다. 곧, 어린이와 어른들 모두를 무섭게 하려는 위협적인 모습의 광대에 대한 보고가 있었다. 일반적으로 폭력에 대한 보고는 없었고, 보고된 많은 목격들이 나중에 거짓인 것으로 밝혀졌지만, 이것은 <u>전국적인 공황을 일으켰다</u>.」

20 글의 내용과 가장 부합하는 속담은?

It is one thing to believe that our system of democracy is the best, and quite another to impose it on other countries. This is a blatant breach of the UN policy of non-intervention in the domestic affairs of independent nations. Just as Western citizens fought for their political institutions, we should trust the citizens of other nations to do likewise if they wish to. Democracy is also not an absolute term — Napoleon used elections and referenda to legitimize his hold on power, as do leaders today in West Africa and Southeast Asia. States with partial democracy are often more aggressive than totally unelected dictatorships which are too concerned with maintaining order at home. The differing types of democracy make it impossible to choose which standards to impose. The U.S. and European countries all differ in terms of restraints on government and the balance between consensus and confrontation.

① The grass is always greener on the other side of the fence.

② One man's food is another's poison.

③ There is no rule but has exceptions.

④ When in Rome, do as the Romans do.

TIP ① 남의 떡이 더 커 보인다.
② 갑의 약은 을에게는 독이 된다.(사람마다 기호가 다르다.)
③ 예외 없는 법칙 없다.
④ 로마에 가면 로마법에 따르라.

「우리의 민주주의 체제가 최고라고 믿는 것과 다른 나라에 그것을 강요하는 것은 전혀 다른 것이다. 이것은 독립 국가의 국내 문제에 개입하지 않는다는 유엔 정책의 노골적인 위반이다. 서구 시민들이 그들의 정치 제도를 위해 싸운 것처럼, 다른 나라의 시민들도 원한다면 그렇게 할 것이라고 믿어야 한다. 민주주의는 절대적인 용어도 아니다. - 나폴레옹은 오늘날 서아프리카와 동남아시아의 지도자들처럼 권력 장악을 정당화하기 위해 선거와 투표를 이용하였다. 부분 민주주의 국가들은 종종 자기 국가의 질서 유지에 너무 관심이 있는 전적으로 선거에 의하지 않는 독재 국가보다 더 공격적이다. 민주주의의 다른 유형들은 어떤 규범을 도입할지 결정하는 것을 불가능하게 한다. 미국과 유럽 국가들은 정부에 대한 규제와 합의와 대립 사이의 균형 면에서 모두 다르다.」